基督教历史文化通俗读本

基督教：历史和文化

吴德玉·著

时事出版社
北京

图书在版编目（CIP）数据

基督教：历史和文化/吴德玉著.—北京：时事出版社，2018.7
ISBN 978-7-5195-0184-6

Ⅰ.①基… Ⅱ.①吴… Ⅲ.①基督教史—世界 Ⅳ.①B979.1

中国版本图书馆 CIP 数据核字（2018）第 044481 号

出 版 发 行：	时事出版社
地　　　　址：	北京市海淀区万寿寺甲 2 号
邮　　　　编：	100081
发 行 热 线：	（010）88547590　88547591
读者服务部：	（010）88547595
传　　　　真：	（010）88547592
电 子 邮 箱：	shishichubanshe@ sina. com
网　　　　址：	www.shishishe.com
印　　　　刷：	北京朝阳印刷厂有限责任公司

开本：787×1092　1/16　印张：22　字数：400 千字
2018 年 7 月第 1 版　2018 年 7 月第 1 次印刷
定价：128.00 元

（如有印装质量问题，请与本社发行部联系调换）

前 言

早在19世纪，有人曾乐观地预言，在科学技术发展的时代，宗教的根将会枯死。然而，在21世纪到来之际，世界年鉴给出的统计数字却显示出另外一番情景：在当今世界的60多亿人口中，仍有近80%的人是各种宗教的信徒，其中以基督教、伊斯兰教和佛教的信徒最多。在世界三大宗教中，基督教徒大约有21亿人，占世界总人口的三分之一还要多，是名副其实的世界第一大宗教。

许多人对此深感疑惑，为什么在科学技术如此发达的今天，仍然有那么多人信仰宗教？宗教之花不仅没有枯萎，在某些地方反而盛开？这是因为，人类社会在历经了数千年的发展后，虽然物质生活有了极大的提高，但是萦绕在祖先心头的种种疑问：我是谁？我从哪里来？我将到哪里去？我为什么活着？我应当怎样活着？……依然在现代人的脑海中不断回响。人类这种对宇宙终极的深切追求，科学技术似乎无法给出令人满意的答案。

如今，在地球每一个有人居住的地方，都能找到耶稣的信徒，基督教早已传遍人类社会的每一个角落。然而，对于这个拥有2000年历史的宗教，许多人依然充满了疑问和好奇：基督教为什么历经2000年的风霜雨雪，在新世纪依然还能拥有庞大的信徒队伍？它如何从一个犹太人的小教派发展为罗马帝国的国教？为什么它对欧洲有如此持久的影响？宗教改革是怎么回事？基督教的现状如何？……而本书的宗旨就是力图用通俗而简洁的语言，来解答这些问题。

纵观基督教的发展过程，大致可以分为五个阶段，即创立初期、早期、中世纪时期、宗教改革时期以及近现代时期。这五个时期是基督教发展壮大的总体脉络，它与当时的社会现实紧密相联，与众多的历史事件纠结缠绕、不可分割。在这本书里，我们将按照时间的顺序来阐述基督教的历史发展，同时介绍基督教的神哲学思想、宗教礼仪、宗教节日和独特的基督教文化。此外，也介绍了基督教在世界各地的传播，在中国的发展历程，以及在现代社会的状况。基督教在发展的过程中，逐渐分裂为三大支系，本书以罗马天主教作为论述的重点，也涉及东正教以及耶稣新教的形成及特点，由此显示基督教内部的巨大差异性。

我们将看到，在漫长的历史岁月中，基督教正是通过不断地调整自己，不断地适应社会发展的需要，才存活下来，并一直延续到今天的。我们也将看到，作为一个世界性的宗教，与时俱进是其充满生机和活力的根本动力，并由此造就了当今基督教多元化、多样化的特点。

注：1. 本书所有《圣经》引文，均出自中国基督教协会刊发的新标点和合本。

2. 《圣经》包括《旧约全书》和《新约全书》。不加标注时，本书的《圣经》通常指《新约全书》。

3. 《希伯来圣经》即基督教的《旧约全书》。

4. 凡有多种译法的人名、地名及名词，尽量采用现代通行的译名，有的标出原文。

5. 基督教的神，汉文旧译为"上帝"，现一般译为"神"。

目 录

第一章　创立初期的基督教 ………………………………… (1)
　一、基督教产生的背景 ………………………………… (1)
　二、《圣经》中的耶稣 ………………………………… (4)
　三、保罗传教 …………………………………………… (22)

第二章　早期的基督教 ……………………………………… (27)
　一、受迫害的新宗教 …………………………………… (27)
　二、早期的基督教会 …………………………………… (29)
　三、基督教神学思想的萌芽和建立 …………………… (34)
　四、早期的修道院制度 ………………………………… (50)

第三章　基督教正典的确立 ………………………………… (53)
　一、《圣经》的确立 …………………………………… (53)
　二、《新约全书》……………………………………… (55)

第四章　中世纪前期的基督教 ……………………………… (64)
　一、基督教成为罗马帝国的国教 ……………………… (64)
　二、东部教会的形成和发展 …………………………… (72)

三、罗马教会的建立和发展 …………………………… (75)
四、在不列颠诸岛的传教 ……………………………… (76)
五、在法兰克等地的传教 ……………………………… (78)
六、基督教七次大公会议 ……………………………… (83)
七、圣像运动 …………………………………………… (88)
八、东西方教会大分裂 ………………………………… (90)

第五章　中世纪的罗马天主教 ……………………………… (93)
一、罗马教皇与教皇国 ………………………………… (93)
二、主教叙任权之争 …………………………………… (98)
三、教权与皇权的较量 ………………………………… (101)
四、天主教会的第一次分裂 …………………………… (110)
五、十字军战争 ………………………………………… (115)
六、天主教修会组织 …………………………………… (128)
七、异端运动和宗教裁判所 …………………………… (149)
八、经院哲学 …………………………………………… (155)

第六章　中世纪的东正教 …………………………………… (162)
一、向斯拉夫人的传教 ………………………………… (162)
二、基辅罗斯皈依基督教 ……………………………… (163)
三、莫斯科大公国的政教联盟 ………………………… (170)
四、沙皇专制统治初期的东正教 ……………………… (175)
五、俄罗斯东正教的改革 ……………………………… (177)
六、东正教会的特点 …………………………………… (185)

第七章　基督教的教阶制度、礼仪、节日及其他 ………… (189)
一、教阶制度 …………………………………………… (189)

二、宗教仪式 …………………………………………… (192)
三、宗教节日 …………………………………………… (197)
四、传统习俗 …………………………………………… (202)
五、基督教堂 …………………………………………… (203)
六、拜占庭艺术 ………………………………………… (214)
七、教堂音乐 …………………………………………… (216)

第八章　宗教改革运动 …………………………………… (219)
一、宗教改革运动的背景 ……………………………… (219)
二、宗教改革运动的先驱者 …………………………… (221)
三、德国的宗教改革运动 ……………………………… (224)
四、瑞士的宗教改革运动 ……………………………… (234)
五、法国的宗教改革运动 ……………………………… (243)
六、英国的宗教改革运动 ……………………………… (249)
七、新教的共同特征以及祈祷仪式的变化 …………… (262)
八、天主教的反宗教改革运动 ………………………… (265)
九、宗教改革运动的历史意义 ………………………… (270)

第九章　18—19世纪的基督教 …………………………… (272)
一、新教虔敬派 ………………………………………… (272)
二、北美大觉醒运动 …………………………………… (275)
三、宗教现代主义运动 ………………………………… (279)
四、第一届梵蒂冈大公会议 …………………………… (285)

第十章　基督教在世界各地的传播 ……………………… (287)
一、海外传教运动 ……………………………………… (287)
二、拉丁美洲的基督教 ………………………………… (289)

三、在北美印第安人中的传播 …………………………………… (291)
四、在中国的传播 …………………………………………………… (293)
五、在日本的传播 …………………………………………………… (304)
六、在朝鲜半岛的传播 ……………………………………………… (310)
七、在菲律宾的传播 ………………………………………………… (312)
八、在越南的传播 …………………………………………………… (314)
九、在印度的传播 …………………………………………………… (315)
十、非洲的基督教 …………………………………………………… (317)

第十一章　20世纪的基督教 …………………………………… (321)
一、北美福音运动 …………………………………………………… (321)
二、梵蒂冈第二次大公会议 ………………………………………… (323)
三、主要神学思想 …………………………………………………… (326)
四、普世教会运动 …………………………………………………… (329)
五、新宗教运动 ……………………………………………………… (331)
六、结束语 …………………………………………………………… (340)

参考书目 ……………………………………………………………… (342)

第一章　创立初期的基督教

基督教的创立初期，大约指 1 世纪 30—70 年代，即耶稣传教至耶路撒冷圣殿被毁时为止。该时期是基督教形成的初期阶段，也称原始基督教时期。此时的基督教，无论从耶稣传播的思想还是信徒的人员构成上都与后来成为罗马国教的基督教有很大的不同。

初期的基督教还不是独立的宗教，它是作为犹太教的一个支派出现的。基督教的创始人耶稣，是一个来自拿撒勒（位于巴勒斯坦北方加利利地区）的犹太人，他宣传的思想具有浓厚的犹太色彩，而他的追随者也主要是一些贫苦的犹太农民和游牧民。由于耶稣传教的时间过于短暂，他还来不及提出系统的教义和教理，因此创立初期的基督教并不具有完备的宗教形态。

耶稣早期的信徒大多是犹太人，也有少数希腊人，他们被称为"外邦人"。在初期的信徒中，有一个名叫保罗的人，他是个深受希腊文化思想熏陶的犹太人。保罗一生致力于向外邦人传教，对初期基督教的传播和发展有着巨大的影响力。自保罗开始，基督教逐渐吸收并融合各种不同的文化要素和社会成分，最后终于从犹太教中分离出来，成为一个与犹太教完全不同的新宗教。

一、基督教产生的背景

巴勒斯坦是地中海东岸的一块狭长地带，古代称"迦南"，这里是犹太人的故乡。耶稣出生后不久，罗马人便占领了该地，犹太人处于被异族奴役的境地，人们的反抗情绪日益高涨，耶稣就是在这样一个动荡的环境里诞生，并慢慢长大的。耶稣成年后，开始在四处游走，不断告诫人们"天国近了，你们应当悔改！""天国"思想的提出，正是这一历史大背景下的产物，它顺应了当时被奴役人们的思想和需要，所以受到民众的拥护，并得到广泛的传播。因此，要了解耶稣的思想，首先要对犹太人和他们的宗教信仰——犹太教有一个大致的了解。

犹太人的祖先是希伯来人，他们属于闪米特人种，简称"闪族"。有学者认为，大约在公元前1900年左右，希伯来人离开两河流域向地中海东岸的迦南迁移。当地的迦南人信奉多神，而此时的希伯来人已经有了一神崇拜的萌芽。后来，一部分希伯来人留在了这里，他们与当地人通婚，逐渐融入迦南人中。但仍有一些人保持着游牧的生活方式，他们继续向南方行进，最后到达埃及，这些人就是后来的"以色列人"。

公元前1200年，以色列人又回到迦南地区，试图使自己重新融入迦南人的社会中，但宗教上的差异以及迦南人的激烈反抗，使这种融合难以实现。于是，双方进入一个全面的冲突时期，这就是以色列历史上的"士师时代"。"士师"实际上是一个松散的部落联盟的领导人，平时负责日常的行政事务，战时则是临时的军事统帅，负有领兵打仗、保卫家园的职责。然而，这个松散的联盟始终无法与周边的邻居相抗衡，夺取对这片土地的实际控制权。

大约公元前1000年时，一个名叫大卫的人成功地统一了以色列的12个部族，建立起犹太人的第一个王国——以色列国，并立迦南古城耶路撒冷为首都。王国时期，以色列人发展出一套极其复杂的、以献祭为中心的宗教礼仪体系。他们建起富丽堂皇的圣殿，有了一支专门的祭司队伍，一套繁杂的祭祀仪式。学者们认为，后来收集到的、最终编辑成《希伯来圣经》的各种素材，在此时已经基本形成了。

大卫王和他的儿子所罗门王在位共80年，在他们的统治下，以色列国成为一个庞大的帝国，其疆域从迦南一直延伸到埃及边界，这是以色列历史上的黄金时代。但这个时代过于短暂，所罗门王去世后，王国很快一分为二。北方十个部族组成新的以色列王国，拥立了新王。而南方两个部族仍由大卫王的后裔们统治，只是改称犹大国。

公元前722年，以色列国被新兴的亚述帝国所灭，十个部族被流放，从此不再见于历史。公元前586年，犹大国被另一支闪族部落迦勒底人所灭，迦勒底人建立起新巴比伦王国。为了便于统治，尼布甲尼撒王将犹大国的10万臣民掳往巴比伦，这就是犹太历史上的"巴比伦之囚"事件。从此，这些犹大国的臣民被称为"犹太人"，但随着犹大国的灭亡，犹太人从此丧失了对故乡巴勒斯坦的控制权。

　　50年后，波斯人征服新巴比伦王国，波斯王居鲁士允许被掳的犹太人重返家园。而此时，只有少数人选择了返回故乡，他们在耶路撒冷重建圣殿，以色列历史也随之进入"第二圣殿时期"。公元前4世纪，巴勒斯坦曾成为亚历山大帝国的一部分，希腊文化得到了广泛的传播。亚历山大去世后，这里又成为塞琉古和托勒密两个王朝长期争夺的对象。

　　希腊文化的广泛传播，对犹太人固有的文化传统和宗教信仰造成了巨大的冲击。此时，许多散居在地中海沿岸的犹太人开始大量吸收希腊文化，许多人甚至已经希腊化了。然而，生活在故土巴勒斯坦的犹太人坚决反对希腊文化的渗透和泛滥，反对希腊人的统治。公元前166年，一个名叫马提亚的老祭司率领全族人起义，经过几年的战斗，在犹太人的故地建立起一个政教合一的神权国家——以色列国，史称"哈斯蒙尼王朝"。

　　在该王朝统治的100年时间里，由于对希腊文化影响的不同态度，犹太教内部分裂出三大派别，即由祭司阶层组成的撒都该派、由犹太教的拉比（即宗教教师）及知识分子组成的法利赛派，以及避世苦行的艾塞尼派。在以后200多年的时间里，这三大派别在犹太人的历史中扮演了极其重要的角色。

　　长期的不幸遭遇，使犹太人不得不对他们的神学思想重新进行思考和评价。

　　《希伯来圣经》告诉我们，早在公元前8世纪，先知以赛亚就预言了两个犹太王国灭亡的命运。他告诫前来听他演讲的人们，耶和华对以色列人的作为极为不满，以色列人正在通往灾难的道路上。

　　然而，以赛亚在预言灾难即将到来的同时，也给人们带来巨大的希望。他告诉人们，总有那么一天，有一个大卫王的后裔将会拯救整个以色列。当时没有人知道他所指何人，但未来的王将是大卫王的后代，一个膏立的王——弥赛亚（Messiah，即救世主）即将到来的思想，从此成为犹太人信仰中一个永恒的主题。

　　公元前63年，罗马将军庞培占领耶路撒冷，哈斯蒙尼王朝灭亡。随后，罗马人在此扶植了一个新的以色列国，以东人希律（公元前37—前4年）成为犹太人的王。但希律并非大卫王的后裔，因此在犹太人的眼中，他只是一个篡位之主，罗马人的傀儡而已。在希律执政的后期，由于犹太人不肯宣誓效忠于罗马皇帝和希律本人,双方的关系极其紧张,民族矛盾也更加尖锐了。

此时,在犹太人的故乡巴勒斯坦,除了那些有影响的教派外,还存在着各种各样的"圣人"和"先知",他们中有工匠、术士、巫医、圣人、精神骗子以及暴乱煽动者。这些人有的自称"弥赛亚",有的自称是"弥赛亚派来的使者"……尽管每个人招摇的时间都不长,但这类人却从来没有断绝过。这是因为倍受蹂躏的犹太人,一直在强烈地期盼弥赛亚的到来,热切地希望弥赛亚将他们引领到一个和平的新世界中去。

1世纪初期,耶稣就出生在这里,并在这种混乱不堪的环境中长大。

二、《圣经》中的耶稣

耶稣是一个卑微的木匠之子,只活了33岁,他生前没有留下任何著作和传记。长期以来,学者们努力从同时代的史书中寻找耶稣存在的凭证,却收获甚微,仅在极个别的著作中找到一些有关基督的只言片语,对于耶稣则始终没有找到他真实存在的历史记录。

著名犹太史学家约瑟福斯(Josephus,约57—98年)在其著作《犹太古事记》中,对耶稣有一段极为简洁但十分明确的描述,其中提到信徒们称耶稣为基督,并提到基督徒由基督而得名。但有人对这段文字的真实性提出了质疑,经过考证后,认为这段话是由后代的基督徒添加进去的,因而不足为证。

罗马历史学家塔西陀(Tacitus,约55—120年)在书中记述了公元117年罗马发生的迫害基督教徒的事件,其中提及基督被罗马总督本丢·彼拉多处死一事,但没有说明耶稣和基督是否为同一个人。

在其他一些重要的历史文献中,也发现有基督的字样,但都没有提到耶稣的名字。

由于找不到真凭实据,学者们对历史上是否真的有过耶稣这个人,一直感到困惑不解。一些现代学者曾试图从他的家乡拿撒勒寻找出蛛丝马迹,但结果依然令人失望,因为根本就没有找到真正的拿撒勒,对历史上是否真的有过拿撒勒这个地方,同样感到茫然。

尽管找不到耶稣存在的确切记载,但大多数现代学者仍然相信:耶稣确有其人,他并非传说或臆造的人物。在《圣经》的四部福音书中,详细记述了耶稣一生的活动。但福音书都是在耶稣死后,由其信徒们撰写出来的，因此福音书的真实性倍受人们的关注。近代的圣经学者们对这些耶稣的传记进行了详细的研究和大量的考证后得出结论，认为其中尽管不乏言词夸大和神学渲染的成分，但绝大部分内容还是真实可信的。正是在这样的前提下，我们才有可能在四部福音书的基础上，结合公元1世纪巴勒斯坦犹太社会的实际情况，对耶稣的一生有个概括性的了解和认识。

因此，本书对耶稣生平的描述是以《圣经》的四部福音书为依据而写成的。

1. 出生

《马太福音》和《路加福音》详细列出了耶稣可追溯到大卫王的家谱，但两份家谱的内容却有所不同。当代学者推测：耶稣很可能于公元前6年（或前4年）的某个时刻，出生在耶路撒冷城附近的伯利恒。《福音书》说他的父亲约瑟是大卫王的直系后裔，这与先知对弥赛亚的预言十分相符。因为先知以赛亚曾预言，即将来到人间的弥赛亚是大卫王的后代，并且诞生在大卫王的家乡伯利恒。

但也有学者认为，耶稣的家乡应该是巴勒斯坦最北部的下加利利地区，他很可能出生在一个名叫拿撒勒的小地方。当时，罗马人扶持的犹太王希律还在位，犹大地和加利利都在他的管辖之下。由于加利利远离耶路撒冷，属于偏远地区，加上加利利的居民并非全是犹太人，因此人们经常讥笑加利利是乡下，也公开鄙视那里的人是乡下人。因此，福音书中关于耶稣出生在伯利恒的说法，很可能只是为了附会大卫王后裔的牵强之说。

马利亚的丈夫约瑟是个忠厚善良的木匠，家境虽然贫寒但并不困苦。和当时地中海沿岸的许多农民一样，约瑟在种地之余，还做些木匠活来贴补家用。除此而外，我们对约瑟的情况几乎再无更多的了解。耶稣的母亲马利亚，曾在耶路撒冷的表姐伊丽莎白家里住过很长一段时间，帮助她料理家务，直到小侄儿约翰出生后，才回到自己家里。这个小约翰并非等闲之辈，他就是后来的施洗者约翰。

《路加福音》说，约瑟和马利亚当时还没有结婚，后来马利亚感受圣灵怀孕了。约瑟是个老实人，他知道此事后，不想羞辱她，便将马利亚娶过来，但两人一直没有同房。就在马利亚快要生产之前，他们却不得不回到老家伯利恒去。因为当时政府规定，所有人必须到祖籍所在地进行人口登记。于是，约瑟带着怀孕的马利亚开始了艰难的回乡之旅。

他们来到伯利恒时，天色已晚，客栈早已住满了人。马利亚眼看就要生产了，无奈之下，店主只得让他们住进一间马厩里。晚上，马利亚顺利地产下一个男婴，孩子取名耶稣，意思是"神拯救的人"。

这个故事后来广为流传，人们认为从耶稣诞生在一个马厩中，可以看到基督教义中宣扬的谦卑精神。

《路加福音》对耶稣的出生进行了神学上的渲染。书中说：听到有一个孩子降生在牲口棚里的消息后，许多邻近的穷苦牧人，前来向耶稣表达崇敬之意。此时，天使突然显现，告诉人们一个好消息："救世主已经降临人间了！"这就是后来圣诞夜"报福音"的来源。

《马太福音》中则讲述了"三王来朝"的故事。耶稣降生的那天，正巧从东方来了三个波斯商人，他们看到可爱的小耶稣，便拿出一些随身携带的物品送给他，这似乎属于人之常情，并不奇怪。但福音书中将三个波斯商人说成是"东方圣人"或"东方三博士"，他们是来朝见耶稣的，他们带给耶稣孩童时象征性的礼物：黄金、乳香和没药树脂，以此来证明耶稣王者的身份以及受到非犹太人崇敬的事实。

"三王来朝"的事情很快一传十、十传百地扩散开来了。

按照犹太人的传统，长子是属于神的，因此孩子出生一个月内，要到圣殿里为婴儿举行一个赎回的宗教仪式。《路加福音》记述了圣婴进入圣殿时的情景。当时，耶路撒冷有一位虔诚的长者西面，已经老迈。他自知来日无多，便请求神能让他在有生之日亲眼见到弥赛亚。对于西面的这个要求，神应允了。那天，当马利亚抱着耶稣进入圣殿时，圣灵引导西面也来到这里。西面一眼便认出耶稣就是圣婴，就是弥赛亚。他兴奋地将耶稣抱过来，口里赞颂道：

> 主啊！如今可以照你的话，
> 释放仆人安然去世。
> 因为我的眼睛已经看见你的救恩——
> 就是你在万民面前所预备的，
> 是照亮外邦人的光，
> 又是你民以色列的荣耀。（《路加福音》2：29—32）

西面的这首赞颂诗后来被称为《西面颂》，成为天主教晚祷中的一首颂歌。

很快，这些离奇的消息传到犹太王希律的耳中。此时的犹太国，只是一个名义上的自治王国，实际上处处受到罗马人的制约。希律是以东人，犹太人不认可他是犹太人的王。希律王听到弥赛亚降临的消息后，十分恐慌，为了保住自己的王位，以免后患，他便下令：将两年之内、在伯利恒出生的男孩子全部杀死。于是，一场大屠杀就要开始了。

很快，大屠杀的消息传到约瑟的耳里，他立刻带着家人逃到南方的埃及。

半年后希律死了，约瑟才带着家人回到故乡拿撒勒，重新过着平静的生活。

2. 受洗

在拿撒勒这个偏僻的小村镇里，耶稣平静地度过了孩童时代。《路加福音》记述了耶稣12岁那年，随父母亲到耶路撒冷过逾越节的情景。除此之外，我们对耶稣的童年生活再无知晓。

逾越节那天，耶稣一家人在圣殿完成祭祀仪式后，便回家了。走了一天路之后，父母亲才发现耶稣没跟他们一起回来，于是两人又返回耶路撒冷寻找孩子。三天后，他们在圣殿里找到了耶稣，此时他正在和拉比们讨论问题，《圣经》说"凡听见他的，都希奇他的聪明和他的应对"。母亲走过来对他说，"我儿，为什么向我们这样行呢？看哪，你父亲和我伤心来找你！"耶稣却问到"为什么找我呢？岂不知我应当以我父的事为念吗？"在犹太人的眼里，圣殿就是神的家。耶稣说的这些话，当时大家没有听明白。随后，耶稣便顺从地跟着父母亲回家去了。

这个故事向人们表明，耶稣在孩童时期就有一种神圣的使命感。他对犹太传统所具有的知识令大人们叹服，同时显示出他与唯一的神之间具有一种亲密的个人关系。他的信徒后来描述耶稣时，说他称神为"阿爸"（Abba），这个词很像"爸爸"（Baba）的读音。

四部福音书对耶稣青少年时代的描述虽然不多，但有一个人对耶稣来说至关重要，那就是施洗者约翰。

约瑟福斯在其著作中，记载了希律之子希律·安提帕特（4—39年）统治加利利时，将犹太首领施洗者约翰处死一事。学者们据此推断，施洗者约翰很可能是一位真实的历史人物，他大约死于公元36年之前。

在福音书中，施洗者约翰被神化了，他是作为弥赛亚降临之前的一位先知来到人间的，福音书对约翰有极为生动的描述。福音书告诉人们，约翰是耶稣的表哥，年龄比耶稣大一岁，他是个年轻的预言家。约翰很小离开家，在荒野中流浪。《圣经》说他身穿骆驼毛衣衫、腰束皮带，靠吃蝗虫和野蜂蜜为生，他四处游走，向人们传播"天国近了，你们应当悔改！"的预言。

很快，约翰便吸引了众多的追随者。他告诉人们：这个腐朽的世界正在向上帝的国转变，希望幸免于难的人们，只有接受古老的洁净仪式——洗礼，才能够得到神的宽恕。他在约旦河边为人们施洗礼，许多人闻讯赶来忏悔自己的罪恶，然后慢慢浸入约旦河的水中。

四部福音书中都记述了耶稣受洗一事，当时他大约30岁。有一天，耶稣来到这里，请约翰为自己施洗。约翰感到很奇怪，说："我当受你的洗，你反倒上我这里来吗？"《圣经》中说，耶稣坚持要受洗，于是约翰为他施了洗。对于耶稣受洗一事，有的基督徒不太理解，他们认为既然耶稣是纯洁无罪的，为什么也要受洗呢？对此，学者们也有不同的见解：

一种解释是：对耶稣而言，受洗是他作为弥赛亚为神献身的一种仪式。《路加福音》中写道：

> 众百姓都受了洗，耶稣也受了洗。正祷告的时候，天就开了，圣灵降临在他身上。形状仿佛鸽子；又有声音从天上来，说"你是我的爱子，我喜悦你"。(3：21)

另一种解释是：约翰自称是弥赛亚的使者，耶稣受洗，说明弥赛亚已经降临人间。

也有人认为耶稣要求受洗，说明耶稣自认是充满罪恶的人类社会的一员。尽管他纯洁无暇、无须忏悔，但他是为了全人类的利益，才坚决要求受洗的。

不久，约翰因直言，得罪了当时的犹太王小希律，从而招致了杀身之祸。

约翰死后，耶稣开始了自己的传教生涯。

3. 传教

《约翰福音》告诉我们，耶稣受洗后，在荒野里静修了40天。不久，在他周围聚集起首批12个门徒。他们都来自于社会的最底层，其中西门（后来耶稣给他取名彼得）及其弟安德烈、西庇太之子雅各及其弟约翰都是捕鱼人。他们四人原来是施洗者约翰的门徒，约翰死后，他们便追随耶稣。腓力是耶稣亲自招收的第一个门徒。这12个人都承认耶稣是弥赛亚，他们自愿追随耶稣，做他的门徒。12个门徒中，除犹大来自南方外，其余都是加利利本地人。于是，年轻的耶稣带着他的门徒们，在加利利的乡间小镇，向人们宣传他的新见解。许多人被他超凡的魅力所吸引，称他为救世主。很快，在他的身后聚集了一大批追随者。

福音书告诉我们，耶稣12个门徒的思想都是很复杂的。起初，他们对耶稣的教义并没有真正的理解和认识，他们追随耶稣，辛苦奔劳的目的就是期望日后能有一份丰厚的报酬。但耶稣却对他们说："你们中间，谁愿为大，就必做你们的佣人。在你们中间，谁愿为首，就必做众人的仆人。"耶稣还告诉他们"因为人子来，并不是要受人的服侍，乃是要服侍人，并且要舍命做多人的赎价"。

从福音书中可以看到，耶稣传播的预言与约翰有些微妙的变化。他在传教中向人们暗示地球上已经建立了"上帝的国"。作为"上帝的国"存在的标志，耶稣向人们施展了许多不可思议的神迹，如他在迦拿的婚礼上将水变成酒，他能在水面上行走、能让死人复活，他抓住了使人中邪的恶魔，更奇怪的是他变出几块面包和几条鱼，却能让几千人吃饱等。每一次，耶稣都是充满同情心，平静地完成这些神迹。

在福音书中，耶稣的种种神迹是"天国就要近了"的迹象，人们对这些神迹做出种种隐喻性的解释，从而使耶稣展现的神迹具有了象征性的意义。例如，关于几千人分享面包和鱼的传说，神学家是这样解释的：首先几千人分享食物，暗示了犹太人大宴会的传统，这是天国的盛宴，是弥赛亚时代到来的一个象征。

其次，此时食物的意义已不单纯是指物质上的面包和鱼。《路加福音》告诉人们，耶稣说："所有人都吃了，并且都满意。"以此来隐喻那些追随耶稣的人都是精神上的饥饿者，耶稣用慷慨的爱滋养着他们的心灵。

人们经常用"面包"来象征维持生命的物质，耶稣称自己为"生命的面包"就表达了这样一种寓意，"鱼"则是早期基督教中耶稣基督的一个象征性的标志。由此来说明耶稣馈赠给人们的是他平等地对待一切人，是他无歧视、无分别的爱。

耶稣最重要的神迹是他能治愈各种疾病。福音书中说他治愈了许多患有疑难杂症的危重病人，有的人甚至是用担架抬着来的，耶稣总是手到病除，病人立即痊愈，康复如常人，福音书中说他甚至可以让死人复活。学者们由此推测耶稣在传教之初，很大程度上是依靠给人们治疗各种身体上和精神上的疾病，来吸引大批追随者的。除了用不可思议的神迹吸引众多的信徒外，耶稣传播的思想对处于社会下层的民众具有极大的感召力，从而使听众在思想上产生强烈的共鸣。

就这样，耶稣的信徒队伍不断地扩大。

4. 耶稣的教导

耶稣是犹太人，他从小就生活在犹太人的圈子里，深受犹太文化的熏陶，熟悉犹太教的经典和传统。尽管耶稣的教义是以犹太教圣书《托拉》（即《希伯来圣经》前五卷）为基础的，但是耶稣所宣扬的思想，却不同于犹太教一般的传统观念。耶稣在传教之初，不断地向贫苦大众提出"天国就要近了"的预言，这在当时无疑是一种具有革命性的新思想。当耶稣行走在加利利的乡村小镇时，他又向人们提出了一整套伦理道德准则和价值观念，同时向人们宣扬一种"质朴而深邃"的新思想，这就是"爱"。

耶稣的教导构成了基督教信仰最核心的内容。

（1）洒向人间的爱

耶稣宣扬的"爱"，不仅仅是人们通常理解的亲人间的"亲爱"和异性间的"情爱"，而是指一种道德上的最高境界。他将"爱"作为信仰的核心内容加以宣讲，使生活在社会最底层的农牧民心中感受到一种从未有过的温暖，从而产生极大的吸引力。有学者对《圣经》中耶稣所说的"爱"进行了详细的研究，总结出他在说"爱"的时候大体使用了三个词，"慈爱""仁爱"和"爱"，它们所表达的意思在程度上有所不同。爱——是耶稣教义中最主要的内容。他说：

> 你要尽心、尽性、尽意爱主——你的神。这是诫命中的第一，且是最大的。其次也相仿，就是要爱人如己。这两条诫命是律法和先知一切道理的总纲。（《马太福音》22：37—40）

第一，首先要爱神。

在耶稣眼中"神是普天下仁慈的父"。耶稣所宣扬的神与犹太教中的神有很大的不同。犹太教是一个强烈的崇拜一神的宗教，犹太人所信仰的神，是与以色列人签定誓约的耶和华神。《希伯来圣经》中说神和以色列人有一个约定，以色列人是"神的选民"，只要他们世代严格遵守神的诫命，神就会保佑他们的子孙后代福寿延绵、繁荣昌盛。犹太人认为他们是世界众多民族中，唯一受到神感召和惠顾的民族，因此自称为"神的选民"。

犹太人所尊崇的耶和华是一个偏狭而暴戾的神，他经常在雷鸣电闪中向人们显现，百姓远远地站立，不敢靠前。神通过犹太先知做中介，向人们传达自己的旨意。对于不尊从神的旨意，违背诫命的人，耶和华定会采取最严厉的手段予以报复和惩罚，从而导致了犹太历史上各种灾难性事件的发生。

而耶稣所宣扬的神，已经不再是以色列人崇拜的部落之神了，他是全人类的神，他不分种族、不分信仰、不分男女、不分贵贱、无分别地对待他的子民。他是普天下所有人都能亲近的慈父，他像牧羊人一样看护着他的羊群，将无知的羊赶到正义与和平的安全地带。

耶稣告诉人们，要爱神就意味着要将神放在人生的首要位置上，而不是关注人世间的种种世俗琐事。耶稣告诉他的信徒们：应当将精力集中于天国的精神宝藏中，而不是人间的物质财富上；物质财富的占有是短暂的，而天国的精神宝藏是久远的。耶稣尤其反对谋取私人财产和个人利益，他说：

> 不要为自己积攒财宝在地上，地上有虫子咬，能锈坏，也有贼挖窟窿来偷。只要积攒财宝在天上；天上没有虫子咬，不能锈坏，也没有贼挖窟窿来偷。因为你的财宝在哪里，你的心也在那里。（《马太福音》6：19—21）

在《马可福音》中，耶稣对其门徒说：

> 依靠钱财的人进上帝的国是何等地难啊！骆驼穿过针的眼，比财主进上帝的国还容易呢。（10：24—25）

第二，要爱人如己。

耶稣告诉人们要爱人如己，就是要无私地为任何别的人服务，包括那些被社会所歧视、鄙视的人们。在谈到娼妓、税收官和最贫困、最底层的百姓时，他时常为宗教权威的欺诈行为感到愤怒和震惊。

耶稣在传教的过程中，遇到各色人等，他遇到过"瞎子"、"瘫子"、麻疯病人和患血崩的妇女，对所有这些人他都一视同仁毫不嫌弃，用一颗慈爱的心，治好他们的病，使他们身体康复，过上和正常人一样的生活。他为信徒彼得洗脚，他和各个阶层的人同桌共餐。在当时的社会里，妇女经常受到各种严格的限制，但耶稣欢迎女人做他的信徒。在他的眼里，人人都是平等的，人人皆是兄弟姐妹，他以仁慈的爱来对待一切人。

耶稣的爱是博大的。他告诉人们，不仅要爱神，爱自己的邻居，甚至：

> 要爱你们的仇敌，为那逼迫你们的祷告。这样就可以作你们天父的儿子；因为他叫日头照好人，也照歹人；降雨给义人，也给不义的人。（《马太福音》5：44—45）

耶稣说，在最后审判的时刻，这种爱应当成为基督徒的一种标志，那些"尽心、尽性、尽意爱神"并服从神的谦卑的"羊"——将在天国得到永生。

（2）普遍的道德准则

耶稣在传教时，向人们提出了一整套普遍的道德准则。

一天，在加利利山的一处坡地上，耶稣向前来听道的人们宣讲了自己的全部思想和教义，这就是著名的"登山宝训"。在这次讲道中，他将《希伯来圣经》中的诫命发展为具有实际意义的基本行为准则。由于这套行为准则要求极高，普通人是无法完全做到的，耶稣也承认这一点，因为他后来又说，"在人这是不能的，在神凡事都能。"（《马太福音》19—26）

在《登山宝训》中，耶稣提到八种有福的人，即：

> 虚心的人有福了！因为天国是他们的；
> 哀恸的人有福了！因为他们必得安慰；
> 温柔的人有福了，因为他们必承受地土；
> 饥渴慕义的人有福了，因为他们必得饱足；
> 怜恤人的人有福了，因为他们必蒙怜恤；
> 清心的人有福了，因为他们必得见上帝；
> 使人和睦的人有福了，因为他们必称为上帝的儿子；
> 为义受逼迫的人有福了，因为天国是他们的。（《马太福音》5：3—10）

耶稣赞赏这些谦卑的、哀恸的、仁慈的、慕义的、心地纯洁的人，称他们是有福的，这显然是对世俗观念的一种挑战，由此也显示出基督教早期信徒们低微的社会地位。

对于犹太教的律法和先知,耶稣持肯定的态度,他说:

> 莫想我来要废掉律法和先知,我来不是要废掉,乃是要成全,我实在告诉你们,就是到天地都废去了,律法的一点一划也不能废去,都要成全。(《马太福音》5:17—18)

随后,他还对律法的规定做出了具体而详细的说明。例如:他说:"当孝敬父母……咒骂父母的,必治死他。"(《马太福音》15:4)

他提倡兄弟之间要和睦相处,他说:"凡向弟兄动怒的,难免受审判。"(《马太福音》17:22)

他告诉人们要正确对待钱财:

> 只要有衣有食,就当知足。(《提摩太前书》6:8)

> 贪财是万恶之根。有人贪恋钱财,就被引诱离了真道,用许多愁苦把自己刺透了。(《提摩太前书》6:10)

他要人们宽容地对待他人,他说:

> 你们饶恕人的过犯,你们的天父也必饶恕你们的过犯;你们不饶恕人的过犯,你们的天父也必不饶恕你们的过犯。(《太马福音》6:14—15)

对于施舍,他反对有人借施舍作秀、沽名钓誉的做法。他说:

> 你们要小心,不可将善事行在人的面前,故意叫他们看见,若是这样,就不能得你们天父的赏赐了。(《马太福音》6:1)

他说,做祷告的目的不是要神替你做事,而是"请求"神"帮助"你做事。他反对在祷告说许多重复的话,"你们所需要的,你们的父早知道了"。他反对那些故意在公共场所或十字路口做祷告的"假冒伪善的人",他告诉大家,祷告要关起门来私下里进行,只要这样"你敲的门就会向你敞开"。

为了给忙碌的人们以更具体的指导,耶稣还亲自编了一段祈祷文。全文如下:

> 我们在天上的父:
> 愿人都尊你的命为圣。
> 愿你的国降临;

> 愿你的旨意行在地上，
> 如同行在天上。
> 我们日用的饮食，今日赐给我们。
> 免我们的债，
> 如同我们免了人的债。
> 不叫我们遇到试探；
> 救我们脱离凶恶。
> 因为国度，权柄，崇耀全是你的，
> 直到永远。阿门！（《马太福音》6：9—13）

"阿门"（Amen）一源自希伯来语，最早出现在《民数记》中。在《新约》中常作为祈祷和赞颂的结束语，有时也用来指称耶稣。

这篇简洁的祷文，至今仍然有千百万人每天在诵念。

"登山宝训"结束后，耶稣就下山去了。在他的身后，许多人跟着他，成了他的信徒。

（3）提出"上帝的国"的思想

"上帝的国"是耶稣传教时另一个重要的思想，但在基督教后来的发展中却变得不那么重要了。

耶稣传教时，他的听众主要是下层的贫苦民众，因此在传教时，他经常用寓言的方式来讲解他的思想，若不用比喻，就不对他们说什么。因为比喻可以将深邃的哲学思想讲得深入浅出，使听的人易于接受。有学者指出，耶稣寓言中的人物都酷似他那个时代的人。

在《马太福音》中，耶稣使用了多种比喻的手法对"天国"这样一个重要的概念进行描述：

> 天国好像一粒芥菜种，有人拿去种在田里。这原是百种里最小的，等到长起来，却比各样的菜都大，且成了树，天上的飞鸟来宿在它的枝上。（13：31—32）
>
> 天国好像宝贝藏在地里，人遇见了就把它藏起来，欢欢喜喜去变卖所有的，买这块地。（13：44）
>
> 天国又好像买卖人寻找好珠子，遇见一颗重价的珠子，就去变卖他一切所有，买了这颗珠子。（13：45）

对于最后的审判，耶稣是这样描述的：

天国又好像网撒在大海,聚拢各样水族。网既满了,人就拉上岸来,坐下,拣好的收在器具里,将不好的丢弃了。世界的末了也要这样。天使要出来,从义人中把恶人分别出来,丢在火炉里;在那里必要哀哭切齿了。(13:47—50)

耶稣所处的时代,犹太人正处于罗马人的统治之下,民族矛盾十分尖锐,大众百姓期盼有一天能够获得解放,不再受罗马人的奴役。因此,人们强烈地期盼救世主弥赛亚的到来,耶稣在传教时,一遍遍地向人们呼喊:"日期满了,上帝的国近了,你们当悔改,信福音。"

福音书告诉我们,宣传"上帝的国"是耶稣的重要职责,他不断告诫人们,要为"上帝的国"的到来而祈祷。他说:"天国就要到了,他将来到世间如同在天上一样。"

天国的教义是耶稣的一个重要教导。现代学者乔·韦尔斯(G. Walse, 1866—1946 年)指出,"这是改变人类思想最革命的教理之一……是对人类既定习惯和制度的巨大挑战。"[1] 这也是早期基督教被称为"穷人的宗教"所具有的革命性的表现。很明显,耶稣当时所传布的教义是有着明确的政治倾向性的。但是,这个革命性的教义,在后来基督教的发展进程中被逐渐弱化了。

从福音书中我们可以看到,耶稣所称的"天国"有两个不同的侧重点。一个是人们期盼中的、即将到来的国,一个是已经在人间的国。耶稣不断说这个国就要到来了,他以不可思议的神迹向人们显示,神的能量正在进入这个世界中。这个即将到来的国在《启示录》里已经预言。但在彼拉多面前受审时,耶稣却对彼拉多说:"我的国不属这世界。"

耶稣说在这个世界即将结束之前,会有许多最坏的事情发生,有种种迹象和灾难出现。随后,人们会看到人子在云端发出灿烂的光芒,他将派遣天使大声地召唤,将从天这边到天那边,从四面八方将他的选民都召集起来。耶稣正是通过传教的方式,来召集每一个能够得到拯救的人。

然而,与从罗马人统治下解放出来的世俗期待不同,耶稣所说的国似

---

[1] [英]赫·乔·韦尔斯著,吴文藻等译:《世界史纲:生物和人类的简明史》,广西师范大学出版社 2005 年版,第 358 页。

乎只是一个充满神的光辉的完美世界。有时耶稣所说的"天国",似乎也不在这个世界上,而是建立在每个人的心里,指的是人内心深处的一种福乐的境界。他告诉人们,只有在独自面对神时,才能体验到这种感觉。从这个意义上讲,"天国"成了信徒们一种精神上的追求,从而为日后基督教神学体系的建立奠定了基础。

5. 挑战权威

耶稣在加利利传道时,经常有许多人聚集在他的周围,请他治愈疾病。当时,统治加利利的行政长官是希律·安提帕特,他怀疑耶稣可能是制造麻烦的人,因为此时奋锐党人正力图用武力推翻罗马人的统治。为了减少不必要的麻烦,耶稣便离开家乡,到地中海沿岸的推罗和西顿(在今黎巴嫩境内)一带继续传教。

据福音书说,耶稣的活动及其所传播的思想逐渐引起犹太团体法利赛人、撒都该人和犹太律法学者的怀疑和敌视。尽管耶稣从没有对摩西律法提出过任何的质疑,但他却毫不留情地揭露了那些自称依照律法生活的犹太宗教权威的虚伪。《马太福音》说,法利赛人和犹太律法学家对耶稣及其门徒一些违背传统的做法提出了质询。

(1)挑战犹太教传统

基督教源自于犹太教,在某种程度上是对犹太教教义的一种延续和发展。因此,耶稣在传教时,十分注重对犹太教律法的宣传,要求人们谨言慎行,遵守律法的各项规定。同时,耶稣对犹太律法中的一些内容持坚决否定的态度,特别是有关安息日和洁净的规定。

有一天,耶稣走进一座会堂,看见有个枯手的人,便走过去,想给那人医治。此时,有人看见了,就故意问耶稣:"安息日治病可以不可以?"耶稣对那人说:"你们中间谁有一只羊,当安息日掉在坑里,不把它抓住,拉上来呢?人比羊何等贵重呢?所以在安息日做善事是可以的。"随后,他对枯手的人说:"伸出手来!"那人把手一伸,手立刻恢复正常,与另一只手一样了。

又有一天,有法利赛人和文士从耶路撒冷来见耶稣,对耶稣说:"你的门徒为什么犯古人的遗传呢?因为吃饭的时候,他们不洗手。"听到这样的指责,耶稣便将众人叫过来,对他们说:"你们要听,也要明白,入口的不能污秽人,出口的乃能污秽人。"法利赛人听了不服气,就连耶稣的门徒也没明白耶稣的意思。耶稣解释道:

你们到如今还不明白吗？岂不知凡入口的，是运到肚子里，又落到茅厕里吗？惟独出口的，是从心里发出来的，这才污秽人。因为从心里发出来的，有恶念、凶杀、奸淫、苟合、偷盗、妄证、诽谤。这都是污秽人的；至于不洗手吃饭，那却不污秽人。(《马太福音》15：16—20)

耶稣用形象的比喻，对于法利赛人的挑衅，做出了针锋相对的驳斥。

尽管耶稣不断劝戒人们要善待和宽容他人，但福音书中却充满了对犹太拉比、祭司和文士们辛辣的讽刺。耶稣怒斥"假冒伪善的文士和法利赛人"，称他们"在人前，外面显出公义来，里面却装满了假善和不法的事"，并将他们比喻为是"瞎眼领路的"……

许多现代学者认为，福音书中许多反犹太人的语言并非耶稣所说，而是由福音书的作者们加进去的。在早期基督教时期，基督教与犹太教之间的关系极为紧张，他们不仅为争夺信徒展开竞争，而且犹太教拒不接受耶稣是弥赛亚的说法，最终迫使基督教从犹太教中分离出来，成为一个新的宗教。

(2) 清理圣殿

逾越节快到了，耶稣从加利利北部的迦百农来到耶路撒冷城，他打算趁着节日人多，来宣传自己的教义。快到耶路撒冷了，耶稣打发两个门徒到对面的村子里，牵了一头驴驹来。于是，在一大群信徒的簇拥下，耶稣骑着驴进了城，随行的人们大声地呼喊：

和散那！
奉主名来的是应当称颂的！
那将要来到我祖大卫之国是应当称颂的！
高高在上和散那！(《马可福音》11：9—10)

"和散那"，原有求救的意思，在此是赞美称颂的话。

耶稣一行进了城，远远看见圣殿的广场里热闹非常，人们正忙着宰杀牲畜做供奉耶和华的祭品呢！

走进圣殿的院子里，买卖牛羊和鸽子的生意正在红红火火地进行，牛羊的乱叫声和商人的吆喝声混在一起。从偏僻乡间来到这里的耶稣，看到眼前这种杂乱不堪的场面，心中十分厌恶。于是，他径直走过去，推翻了收钱人的桌子和卖鸽人的凳子，并顺手抄起一根鞭子，驱赶正在交易的人们，口中还不停地教训道："经上不是记着说：我的殿必称为万国祷告的殿吗？你们倒使它成为贼窝了。"

不一会儿，牵着牲畜的、卖牲口和买牲口的人都被赶出了圣殿广场。可这样一来，耶稣也没法儿在这里传道了，只得匆匆地离开圣殿，出城去了。

这件事很快传到大祭司和犹太法学家们的耳中，他们便想办法要除掉耶稣。一来是怕他宣扬的教义会带走更多的犹太教信徒，二是耶稣的做法直接损害了圣殿祭司的经济利益，因为他们是靠献祭的动物牺牲和供品来维持生计的。更严重的是，耶稣曾表明自己就是预言中的弥赛亚。福音书中说他曾私下里问门徒，"你们说我是谁？"彼得回答："你是基督，是永生上帝的儿子。"对此，耶稣不置可否，只是叮嘱他不要跟别人说这件事。

基督（Christ）是希伯来语"弥赛亚"（Messiah，"受膏者"）一词的希腊文翻译，该词的希腊文原意除"膏立者""救世主"的意思外，还有"完美"或"觉者"之含义。在福音书里，耶稣只自称"人子"，他从未称自己是"基督"，他只是含蓄地说："你们要找我，却找不着；我所在的地方，你们不能到。""你们是从下头来的，我是从上头来的……"用这些玄妙的话语，来影射他与众不同的身份。

耶稣的言行早已引起犹太教权威们的不满，而越来越多的人追随耶稣，这更是他们所不能容忍的。

于是，一场灾难悄悄向耶稣逼近了。

6. 受难

耶稣知道，他清理圣殿的行为已经引起犹太教权威们的不满，如果再到耶路撒冷去，很可能会有生命的危险。但在逾越节前夕，耶稣还是决定前往耶路撒冷。因为在节日期间，耶路撒冷城内人头攒动，是向民众进行宣讲的最佳场所。这一次，他遇到了犹太权威们的挑战。

福音书中记述了耶稣在圣殿里的情景。当耶稣正在圣殿里高声布道时，大祭司和犹太长老一起走了进来。他们质问耶稣："你杖着什么权柄做这些事？给你这权柄的是谁呢？"耶稣反唇相讥，问道："约翰的洗礼是从哪里来的？是从天上来的？是从人间来的？"这些人被问得张口结舌，只好说："我们不知道。"于是，耶稣对他们说："我也不告诉你们我杖着什么权柄做这些事。"

随后，耶稣继续他的演讲，法利赛人十分尴尬地退了出去。此时，他们已经决定要除掉耶稣，而耶稣也知道自己将不久于人世了。回到住所后，他便对门徒们说："你们知道过两天就是逾越节了，人子将要被交给人，钉在十字架上。"

逾越节的前一天，耶稣嘱咐门徒们在伯大尼的一个小客栈里准备好一桌酒席。逾越节那天的晚上，耶稣和12个门徒坐在一起，共进晚餐。在席间，他平静地说："我实在告诉你们，你们中间有一个人要卖我了。"听他这样说，屋里的气氛立刻紧张起来了。随后，耶稣拿起一快饼来，掰开了分给大家，说："你们拿着吃，这是我的身体。"又端起一杯酒，递给大家说："你们都喝这个，因为这是我立约的血，为多人流出来，使罪得救。"晚餐笼罩在一种不祥的气氛中，大家都默然无语，心事重重。15世纪，文艺复兴时期的天才艺术家达·芬奇（1452—1519年）创作出著名的油画《最后的晚餐》，将这一幕定格为永恒。

晚餐后，耶稣带着门徒们回到住地——客西马尼园。他让其他门徒们在屋里等候，只带着彼得、雅各和约翰三人继续往前走。走了不多远，他让这三人停下来，自己走向更远的地方。耶稣已经预感到形势的严峻，他需要找一个安静的地方来静默祷告。此时，耶稣面临两种选择：一是赶快逃跑，时间还来得及，但逃跑就等于承认自己有罪。二是留下来，等待他的就将是一场灾难。耶稣进行着激烈的思想斗争，他向神诚恳地祈祷了三遍，最后决定还是留下来。

耶稣待心绪平静后，才回到朋友那里，而此时他的三个门徒早已睡着了。

过了一会儿，花园里传来一阵喧闹声，犹太教公会派人来抓耶稣了。此时，耶稣的门徒犹大也在其中，他为得到30块银币出卖了耶稣。犹大一见耶稣，便上前搂住他，还在他的脸上吻了一下，而这正是抓捕耶稣的暗号。士兵们看见后，立刻蜂拥而上，将耶稣带走了。耶稣刚被抓走，他的门徒们便一哄而散，各自逃命去了。

四部福音书都记述了犹太大祭司该亚法审讯耶稣的过程。该亚法大声问道："你是上帝的儿子基督不是？"耶稣回答："你说的是。然而，我告诉你们，将来你们要看到人子坐在那权能者的右边，驾着天上的云降临。"大祭司认为他的话亵渎神灵，众人便涌向前，对耶稣拳打脚踢。

第二天，众长老要求处死耶稣，他们将他绑起来，押送到总督府。因为根据当时的法律，犹太人没有审判权，嫌疑犯必需要经过罗马总督彼拉多的审讯，才能最终判刑。彼拉多问："你是犹太人的王吗？"耶稣答道："你说的是。"然后就是沉默。

彼拉多听了法利赛人指控的罪行后，认为耶稣并没有触犯罗马帝国的法律，没有理由抓捕他。但法利赛人坚持要治耶稣以死罪。于是，彼拉多借口耶稣是加利利人，便将此事推给了当地的长官小希律。此时，小希律恰巧正在耶路撒冷。但小希律也不想介入宗教的争端，于是他又让士兵将耶稣送回彼拉多那里去。

此时的彼拉多，虽然明知耶稣没有罪，但在权衡利弊后，还是决定不得罪法利赛人和撒都该人为好。因为这两个犹太教派平时虽然观点不同，但在处理耶稣的问题上却惊人的一致。于是，彼拉多下令鞭打耶稣，又交代人钉十字架，准备将耶稣处死。

按照罗马帝国当时处决犯人的习惯做法，他们让耶稣自己背上沉重的十字架，走到一个名叫各各地（意"骷髅地"）的小山丘上。耶稣是文弱的，走了没几步，他就跌倒了，然后爬起来，继续趔趄前行。到了刑场，两个刽子手将他钉在十字架上。一群士兵嘲弄他，给他戴上用荆棘编成的王冠，还在他的头顶上挂一个牌子，上面写着"拿撒勒人耶稣，犹太人的王"，和他一起绑赴刑场的还有两个以色列强盗。阴险的法利赛人、无知的百姓、刽子手，此时都在讥讽耶稣："他是犹太人的王，他救了别人，此时却救不了自己。"

四部福音书都用极其庄严崇敬的笔调，描述了耶稣被捕、受审和被钉死的过程，这是一个大义凛然、为正义事业献身的革命者形象。耶稣被捕后，他的门徒都各自逃命去了，跟随他到刑场去的，除了看热闹的无聊百姓外，只有几个近亲和一些虔诚的女信徒，是他们陪伴着耶稣，走完了生命的最后一程。

福音书说，耶稣被钉在十字架上后，又痛又渴，倍受煎熬。当太阳西下时，他用尽所有的气力大声地呼喊："我的上帝，我的上帝，为什么离弃我？"随后，气就断了，没有了痛苦。但耶稣留下的这句世代震响的话语，成为信徒们心中永远的谜。

7. 复活

耶稣死后，一个名叫约瑟的男子去见彼拉多，请求为耶稣收尸并安葬他，罗马总督批准了他的要求。于是，约瑟将耶稣的尸体小心地从十字架上拿下来，用细麻布裹好后，将他安葬在自家的一座空墓里。

一切都结束了。

耶稣领导的这个小团体，很可能像当时流行的其他救世主崇拜一样，从此销声匿迹了。

然而，接下来发生的事情，似乎改变了一切。

第三天，有两个妇女来到各各地拜谒耶稣的墓。眼前的景象让她们惊恐不已：堵住墓门的大石头滚到了一边儿，墓内空无一物。她们赶紧跑出去，找了两个男人来。经过查看，证明墓里面确实没有埋着人，是一座空墓，就连裹尸布也折叠得整整齐齐，放在一边。

随后，耶稣死而复活的消息不胫而走，四处传开了。

根据《约翰福音》的描述，复活的耶稣见到的第一个人是抹大拉的妓女马利亚，她因此被称为"使徒的使徒"。起初，她没有认出耶稣。耶稣叫她的名字，并问她好，马利亚转过身来，用希伯来语说"拉波尼"，意思是"夫子"。耶稣说："不要摸我，因我还没有升上去见我的父。你往我弟兄那里去，告诉他们说，我要升上去见我的父……"随后，各种传说不胫而走，复活后的耶稣出现在不同信徒的面前。为了消除人们对他复活的疑虑，耶稣还让人们触摸他的伤痕，甚至与大家一起吃鱼。

对于耶稣复活后显现的细节，四部福音书中的描述有很大的不同，尤以《约翰福音》比较详细，而在《马太福音》中，则根本未提及有关耶稣复活后再现的事情。

对于耶稣受难后到底发生了什么事情，历史上没有留下任何确凿的资料。可以推测的是，当耶稣的门徒们四散之后，他所创立的宗教面临着消亡的命运。但耶稣的信徒并非都作鸟兽状四散而去了，至少有一小部分人仍然保持着彼此之间的联系。此外，耶稣超凡的魅力继续影响着信徒们的想象力，使他们冷静地思考，力图对耶稣在十字架上残忍而屈辱的死，做出某种合乎逻辑的解释。

耶稣的信徒们相信，他就是救世主弥赛亚。然而，如果耶稣就是弥赛亚，他怎么会死呢？对这个问题唯一可能的答案就是：他并没有死。或者说：即便死了，他也将死而复生，也就是说他依然活着。作为弥赛亚，他不久将重返人间，引领人们到一个他宣称的"上帝的国"中去。

神学家对耶稣的死做出的解释是：他的死是为众人的罪恶所做的一次伟大的救赎，是一次巨大的牺牲。然而，当耶稣作为替众人赎罪的象征时，他是作为一个人出现的。从这个意义上看,耶稣的死和复活应当是同时发生的,这便向人们传递出一个信息——人有希望在死后得到拯救。

在这种信念的支配下,一些基督徒陆续回到耶路撒冷城,开始传播耶稣的预言和他死而复活的好消息。

三、保罗传教

在基督教发展的初期阶段,必须要提到一个人,他对基督教的最终形成起到了至关重要的作用,这个人就是保罗。

1. 皈依

保罗(?—67年)原名扫罗,他出生于小亚细亚的塔尔苏斯(Tarsus,今土耳其境内)一个犹太人家庭。保罗的父亲是虔诚的法利赛人,由于提供军需得力而获得罗马公民的资格。因此,保罗是罗马公民。保罗在希腊文化的影响和熏陶下长大,虽然他只是个做帐篷的工匠,但保罗通晓希腊语,熟悉希腊哲学和罗马律法,具有一定的文化水平。

从保罗的早年经历来看,他似乎不太可能接受耶稣的主张,而更多地会赞同犹太教权威们的观点。在《使徒行传》中,保罗最初就是以迫害者的形象出现的。但一次奇特的经历,使他的思想发生了根本的转变。有一年,扫罗到大马士革去寻找更多的异教徒,准备将他们绳之以法。在途中,突然天上发出一道光,从四面向他射来,有自称耶稣的声音对他说:"扫罗!扫罗!你为什么逼迫我?"扫罗吓得伏倒在地,他的同伴只听见有声音在响,却没看到人。他们慌忙将扫罗扶起来,可他的眼睛什么也看不见了,同行的人只得将他领到大马士革。保罗不吃不喝地过了整整三天三夜,此后便决定改信基督教了。他接受洗礼,还重新取了一个罗马名字——保罗。这一年大约是公元36年。

保罗和耶稣生活在同一个时代,但两人从未见过面。人们认为保罗对耶稣教义的了解,很可能来自耶稣门徒们的传道,但他显然比其他信徒更能真正地理解耶稣的思想。很快,保罗便利用自己会希腊语、熟悉罗马帝国环境的优势,在地中海沿岸地区开始了他的传教生涯。

在此后的30年里,保罗矢志不渝,不畏艰险,将自己的全部心血倾注在传播基督教义的伟大事业上,直到殉道的那一天。

2. 传教

传教的道路上,充满着常人难以想象的艰辛。基督教在创建初期,遭到犹太教权威人士的仇视和抵制，而罗马帝国的绝大多数居民，也不想有人干扰自己对各种神灵的信仰。因此，许多人对基督教传教士的劝导感到厌烦，甚至对新宗教怀有敌意。保罗在传教的途中，经常遇到有人向他投掷石子、乘坐的船只在海上失事，他也曾被捕入狱、甚至几次险遭暗算。每一次，都是在信徒们的帮助下，他才得以逃脱，而幸免于难。

保罗传教之时，罗马帝国正处于国力强盛、人民生活相对安定的黄金时代。此时，古希腊—罗马的哲学思想正朝着日益世俗化的方向发展，晚期的斯多噶学派已经抛弃了朴素的唯物主义，而发展出一种宗教的神学观点。他们主张敬畏神、对神要绝对地服从、生活中则尽守安分、忍让克己，这些思想无疑对保罗产生了一定的影响。

保罗在传教的过程中，极力神化耶稣。他鼓吹犹太教的先知们已经预言了耶稣的出生、受难和复活，耶稣就是人们期盼的弥赛亚。保罗宣称作为救世主，耶稣将神的仁慈和宽容，带给真诚忏悔和追随上帝的人们。保罗具有卓越的演讲才能。在传教中，他善于根据民众的心理需求，对耶稣的教义进行深入浅出、通俗易懂的解说。在小亚细亚，保罗的巡回传教很快取得了显著的成效，有大批非犹太人开始追随他，成了基督徒。保罗及时地建立起新的基督教聚会所，从而使小亚细亚成为早期基督教的重要基地之一。

为了使更多的非犹太人加入信徒的行列，保罗废除了非犹太人加入基督教，必须先施行割礼的做法，这引起耶路撒冷的犹太基督教会的极大反感。犹太基督教权威们坚持：外邦人入教时必须行割礼，并严格遵守摩西律法，才能成为基督教徒。在这个问题上，保罗和耶路撒冷基督教会之间产生了严重的分歧。保罗担心，长期的分歧会破坏整个新宗教的统一和发展，于是他来到耶路撒冷寻求解决问题的办法。

48年，在耶路撒冷召开了一次使徒会议，学者们认为这是基督教历史上的第一次宗教会议。在会上，犹太基督徒重申了他们的立场："必须给外邦人行割礼，吩咐他们遵守摩西的律法"，保罗也极力为自己的做法辩护。双方经过长时间的激烈争论后，最后使徒彼得站起来表明自己的态度。他说外邦人能够听到福音，这也是神的意愿，"又借着信洁净了他们的心，并不分他们我们"，主张"凡求告我主耶稣基督之名"的人都可以成为基督教徒。彼得权威性的发言，使会场的气氛发生了转变。

最后，耶路撒冷基督教会的首领小雅各（耶稣的表弟）做总结性发言，他认为外邦人只要禁戒偶像崇拜，遵守必要的戒律，便不再难为他们归服上帝。于是，双方在这个问题上达成共识。最后大家一致同意，将会议的决定写成文件，派人送达各地的教会。

这次使徒会议，为非犹太人皈依基督教敞开了大门，保罗对会议的结果感到满意。随后，他来到叙利亚继续传教，并开始将传教活动向希腊中部地区推进。

然而，保罗很快发现，耶路撒冷的基督教权威们言行并不一致，他们仍然要求非犹太教徒遵守《希伯来圣经》中的传统仪式，不断指责保罗带领信徒远离了犹太律法和传统，并在暗中破坏他的传教活动。对此，保罗明确地表示，拒绝犹太教的仪式和习俗。保罗不断地说服犹太人：耶稣就是人们长久期盼的弥赛亚，他是神的化身，他是受神的派遣来拯救整个人类的，并非只限于犹太人。他说："难道上帝只做犹太人的上帝吗？不也做外邦人的上帝吗？"尽管神最早与犹太人订立了盟约，但现在它已经被与非犹太人订的新盟约取代了。他认为正是非犹太人，恢复了对神的忠诚和信仰。保罗相信，基督教应当是一个拯救全人类、具有普世意义的新宗教。

保罗对耶稣生平事迹的宣传，以及将耶稣神圣化，令犹太教权威们极为反感。他们自认为是"神的选民"，而保罗对耶稣的神化，必定会将人们的注意力集中到耶稣身上，从而弱化了对神的信仰。此外，保罗在传教中，还提出"因信称义"的神学思想。他说"人称义是因着信，不在乎遵行律法"，认为"义"（即得救），不是依靠履行传统律法和仪式来获得的，只有通过对神和耶稣基督的完全信仰，并通过内心的忏悔，才能得到神的宽恕，获得拯救，由此颠覆了犹太教靠遵行律法，向神献祭才能得救的传统观念。学者们认为，正是从保罗起，基督教开始将耶稣的思想发展成为一套完整的神学体系。

值得一提的是，保罗的传教对象也与耶稣有了很大的不同。耶稣的听众主要是社会底层的农牧民。而保罗则以小亚细亚和希腊的城市为根据地，向城市各个阶层，特别是中上阶层的人士传播耶稣的教义，从而使基督教的社会基础悄然发生了变化。

3. 殉道

从《使徒行传》中我们可以知道，保罗一生进行了三次长途巡回传教活动，他的足迹遍及整个小亚细亚、叙利亚、马其顿、希腊、塞浦路斯、罗马等地。公元58年，他回到基督教的大本营耶路撒冷城，想在这里休息一段时间。

雅各表面上很热情地欢迎他的到来，但对保罗"不要给孩子行割礼，和不要遵行条规"的做法，仍然明确表示反对。他让保罗先到圣殿里行洁净礼，然后在那里静修七天，以免反对他的人惹乱子。保罗照着雅各的安排住进了圣殿。谁知在第七天，保罗还是被人发现了，于是犹太人制造了一系列的麻烦和骚乱。许多人听到消息就跑来，他们抓住保罗，将他拉出圣殿，有人还拳脚相加殴打保罗，整个耶路撒冷城都乱了。负责治安的官员闻讯后急忙赶来了，为稳定局势，他命令士兵将保罗押起来。

此时的保罗和当年耶稣的处境极其相似。犹太教权威们坚决要除掉他，因为他称耶稣是弥赛亚，这是正统派犹太教不能容忍的，而地方官员则不想牵扯到教派斗争中去。于是，他们将保罗交给腓力斯巡抚，由他来处置。巡抚审问保罗后，认为他没有罪，加之保罗是罗马公民，于是巡抚派人将他押解到罗马去。到罗马后不久，保罗便被释放了。在获得人身自由后，保罗不顾年老体衰，在罗马继续向人们传播耶稣的思想。

67年，正是罗马暴君尼禄执政之时。这一年，一场突如其来的大火将罗马城的一半烧得面目全非。事发之后，城里很快谣言四起，有人将矛头指向基督教徒，指控是基督徒纵火烧毁了罗马城，全城发生了骚乱。许多人开始追杀基督徒，现代学者认为保罗很可能就死于此时。据说彼得此刻也在罗马，他可能同样死于这场大火，因为从此以后，再也没有人听到保罗和彼得的消息了。

保罗死后，他的后继者们继续向更远的地方传播耶稣的福音。保罗的信徒后来被称为保罗派，他们以非犹太人的中产阶级作为骨干力量。在与耶路撒冷犹太人基督教会的斗争中，保罗派最终占据了主导地位。公元70年，罗马军攻克耶路撒冷城，摧毁了第二圣殿，七万居民被杀，其余人被赶出城，亡命天涯。耶路撒冷的基督教会被迫逃到乡下，很快就衰落了。

从此，基督教从犹太教中分离出来，成为一个独立的新宗教。

在基督教的历史上，保罗的作用是任何人无法替代的。保罗传道最重大的精神成果之一，就是将耶稣质朴的教义演化为一种神学思想，将耶稣即将到来的天国预言转变为一种遥远的期待,这就为日后基督教神学体系的建立奠定了基础。此外,保罗坚持对外邦人传教,坚持基督徒不受偏狭的犹太律法的束缚,使基督教摆脱了作为犹太教一个小教派的命运,最终成为具有普世意义的世界性宗教。

保罗为基督教的发展所做出的巨大贡献,得到后人充分的肯定,因此被尊为"圣保罗"。

第二章 早期的基督教

早期的基督教指1世纪70年代—4世纪末期,这段基督教发展的重要时期。在此期间,基督教从犹太教中脱离出来,成为一个独立的新宗教。在罗马帝国的环境中,基督教顺应时代的潮流,建立健全了教会的组织体制。教阶体系的创立,为基督教会的发展提供了组织保障。在确立《圣经》经典地位的同时,基督教逐渐形成系统的教义和神学思想,从而具有了一个世界性宗教的完备形态。随着罗马帝国的衰落,基督教从一个初期受迫害的新宗教,最终成为帝国的国教。而国教地位的确立,也为中世纪基督教独霸欧洲大陆奠定了基础。

一、受迫害的新宗教

1—2世纪,是罗马帝国的黄金时代。此时的罗马帝国,历经几代皇帝的不断征战,已经成为一个以罗马为首都,横跨亚非欧三大洲、拥有众多民族、疆域辽阔的庞大帝国。

1世纪后期,基督教在帝国境内迅速传播,开始并没有引起罗马当局的注意。但随着信徒人数的不断增加,这才引起了统治集团的关注。罗马帝国,自奥古斯都(公元前30—公元14年)开始,已经将希腊的英雄崇拜演变为皇帝崇拜,民众将皇帝视为神灵,对他们顶礼膜拜。但基督教徒只信仰自己的神,拒绝崇拜其他神灵,他们不拜皇帝,不承认皇帝的至高地位,因此被认为是反政府的叛乱分子。自尼禄(54—68年)开始,基督徒日益受到皇帝的打压和迫害。德尔图良在《护教篇》中曾极力为基督徒不拜皇帝进行辩护,从一个侧面证明了这是基督徒受迫害的原因之一。

3世纪开始,罗马的中央政权逐渐衰微,北方的游牧部族开始频繁骚扰国家的边境地区。在抵御外敌的同时,罗马帝国对基督教也采取了更加严厉的打击措施。据记载，公元250年，皇帝狄西乌斯（Decius，249—251年）将一些基督徒以"敌视国家罪"判处死刑，成为历史上第一个正式迫害基督徒的皇帝。第二年，狄西乌斯在与哥特人的战斗中丧生。

对基督徒大开杀戒的皇帝是戴克里先（Diocletian，284—305年）。戴克里先在位近20年，他采取了一系列改革措施，来强化中央集权制，将原来的元首制改为专制的君主制。为了有效地抵御外敌的入侵，戴克里先将帝国分为东西两部分，实行分治。292年，他正式任命自己为东部皇帝，马克西米安（Maximian，292—305年）为西部皇帝，均称"奥古斯都"。两人各自建立新都，东部帝国以小亚细亚的尼科米迪亚为都，而西部帝国的首都则是意大利北部城市米兰。

293年，为了解决皇位继承问题，两位皇帝又各自设立一个副手（均称"恺撒"），将自己管理的一部分国土交给他们管理。戴克里先规定，两位奥古斯都均将自己的恺撒收为养子，并将自己的女儿嫁给恺撒。于是，戴克里先任命加莱里乌斯为自己的恺撒，西部皇帝马克西米安则任命康士坦提乌斯为自己的接班人，他就是后来的罗马皇帝君士坦丁的父亲。由此而形成的四帝共治的局面，为以后帝国的分裂埋下了祸根。

戴克里先进一步神化王权，自称是罗马神朱庇特之子。他头戴王冠，身穿王袍，完全采纳东方君主的礼仪，要求所有人向他行跪拜礼。戴克里先认为基督徒不拜皇帝，是对皇帝的藐视。于是，他宣布基督教为非法组织，在整个帝国范围内予以镇压。有学者指出，这是帝国历史上对基督教最大规模的一次迫害。

戴克里先颁布法令：拆毁所有的基督教堂；星期日秘密举行崇拜仪式的人一律处以极刑；没收教会财产，将其拍卖或赏赐给朝臣；当众焚烧基督教书籍和使徒著作；凡坚持基督教信仰的人不受法律保护，等等。据说，皇帝的法令刚一贴出来，有一个基督徒看到后，便愤然将其撕了下来。很快，这个人被火刑烧死。

303年，戴克里先借口行宫两次失火，怀疑是基督徒所为，下令严厉镇压基督徒。在六年的时间内，全国约有2000多名基督徒和教士被杀害。尽管戴克里先残酷地迫害基督教徒，但收效却不大。基督教被迫转入地下发展，信徒人数反而越来越多了。

在戴克里先之后，皇帝加莱里乌斯（Galerius，305—311年）更是变本加厉地迫害基督徒。他下令凡拒绝向皇帝献祭者，一律火刑烧死。在其执政期间，各省的监狱里塞满了基督教的长老和主教，许多人受到严刑拷打，有的被驱逐出境，还有的被处以死刑。加莱里乌斯不许在地面上修建基督教堂，基督徒便在地下墓穴或地窖里举行崇拜仪式。在地下的礼拜堂里，人们在墙壁上凿出许多龛，将遇难者的尸骨碎片供奉在龛中。直至今日，在罗马城内仍保留着60多座地下墓穴，它们是1—4世纪时基督教徒的墓地。最大的多米提拉地下墓穴，有17公里长的通道和地窟，里面有早期基督教的绘画，该墓穴因此而闻名海外，每年吸引着来自世界各地的众多信徒前来瞻仰。

然而，处于迫害之下的基督教，不仅没有被消灭，反而更加发展壮大，甚至许多政府官员也成了基督教的信徒。311年，加莱里乌斯承认对基督教的镇压失败。同年，他与东、西部的首领君士坦丁和李锡尼（Licinius, 308—324年）达成共识，颁布了《宽恕赦令》。

313年，君士坦丁和李锡尼联合签署《米兰赦令》。从此，罗马帝国恢复了宗教信仰的自由，基督教成为合法的宗教，基督徒受迫害的日子一去不复返了。

二、早期的基督教会

2—3世纪，是基督教蓬勃发展的时期。从地中海东部的巴勒斯坦、小亚细亚一直扩展到西班牙以及北非等地，在罗马帝国的所有大城市里，几乎都建起重要的基督教中心。此时，为了适应发展的需要，基督教不断完善组织体制，规范宗教仪式，逐步成为一个具有完备形态的宗教组织。

1. 教阶制度的建立

基督教创建初期，在使徒们的领导下，陆续建起一些分散的小团体——聚会所，大家在一起，过着人人平等、财物共享的集体生活。随着信徒队伍的不断扩大，为了让使徒们从繁琐的事务中解放出来，专心于传教布道，出现了管理日常事务的专职人员——执事。执事由社团大会选举产生，是基督教会最早的教职人员。

2世纪中叶，罗马帝国仍处于强盛时期。此时，人们清醒地认识到，耶稣的第二次降临将是一件十分遥远的事情。几十年前急不可待的期盼，已经被一种长期的等待所取替。为了将基督教一代一代地传下去，聚会所开始寻找一种能够长期存在的方式。于是，一种三级神品的等级教阶制度开始出现了。在此基础上，聚会所发展为规模更大的教会组织，教会的管理机构也逐步建立并完善起来。

三级神品中，级别最高的是主教（Bishop），该词由希腊文"监督"一词引申而来。主教是一个教区全体信众的精神领袖，也是神与信徒之间的主要中介人。在早期的教会里，只有主教才能为信徒举行洗礼和圣餐礼仪式。此时，尽管主教比其他人拥有更大的权力，但他们还不是教会的领导者。学者们认为，主教一职最初可能产生在小亚细亚地区，现知的最早主教是士每拿的主教玻里卡普（约69—155年）。到2世纪中期，由主教来主持教会已经是十分普遍的现象了。但此时的教会是各自独立的，它们之间没有统属关系。

主教下设长老，亦称司祭（Presbyter），由希腊语"祭司"一词引申而来，长老辅佐主教工作，除了协助主教主持宗教仪式之外，还负责各项决议的实施及财务管理等方面的事务，对于谁将成为教会的新成员，他们往往拥有重要的发言权。

此外，还有称为执事（Dcacon，希腊语是"仆人"意）的神品。执事负有许多重要的职责，他们对那些希望加入教会的人进行指导，使之能尽快符合入教的条件。此时的教会，通常还设有面向穷人、孤寡者的慈善机构，这些机构也由执事们负责管理。

2. 宗教仪式

1—2世纪早期，由于基督教在罗马帝国还未取得合法的地位，所以宗教仪式必须小心谨慎地进行。早期的基督徒，大多聚集在私人家里举行宗教仪式，偶尔也会到人迹罕至的墓地里做礼拜。现代考古发现，在当时属于罗马帝国的一些城市里，有许多地下室，这些就是当年基督徒秘密聚会的场所。

早期的宗教仪式很简单，除了每周的礼拜仪式外，圣礼只有洗礼和圣体礼两种。洗礼是入教的仪式，只有经过洗礼仪式的人才能成为正式的基督教徒。圣体礼是纪念耶稣受难的仪式，据称凡是参加圣体礼仪式的信徒，都能亲身感受到圣灵神秘的力量。

礼拜仪式通常在主日（星期日）举行，这样不仅是为了纪念耶稣的复活，也是为了与犹太教的安息日区别开来。早期的礼拜仪式大致可分为两个阶段——布道和圣体礼。首先是面向信众的布道，通常由主教诵念一段《圣经》中有关耶稣生平的经文，然后对这段经文的内容加以通俗的讲解。布道结束后，还未受洗的听众就可以自行离开了。接下来，正式信徒进入仪式的第二个阶段——圣体礼仪式。早期的教会通常由两部分人组成的，即还未举行洗礼仪式的新教徒和已经接受洗礼仪式、被教会接纳的正式教徒。只有受过洗礼的正式教徒才能参加圣体礼仪式。

圣体礼又称圣餐礼。当时，在每个主日礼拜仪式后都会举行一个类似于逾越节晚宴的会餐。会餐中，信徒们分吃面饼，喝葡萄酒。此时，圆形的面饼寓意团结，葡萄酒是经过压榨而制成的，以此来象征基督徒所受的压制和迫害。到2世纪中叶，这种"主的晚宴"逐渐演变为固定的圣体礼。圣体礼重现了耶稣与使徒们共进最后晚餐时的情景，并有了饼和酒代表耶稣的肉和血的说法。从此，圣体礼成为基督教最重要的礼仪之一。

为了重现最后的晚餐时的情景，执事们通常会给主教准备好一个饼和一些酒，代表最后的晚餐所吃的食物。主教在向酒饼祝祷后，将其递给教徒们，于是大家分吃掉酒和饼。仪式虽然简单，但圣餐礼能使人们强烈地感受到神的存在。这是一种严肃的、令人敬畏的体验，据信它能够保护信徒不受异教徒和其他卑鄙小人的伤害。

早期教会在举行圣体礼之后，还会有一个真正完整的晚餐，称为"爱宴"，受洗和未受洗的信徒都可以参加。与圣体礼产生的敬畏感完全不同，爱宴更强调温暖的爱、信徒之间的友谊和焕发的精神面貌。虽然"爱宴"的仪式持续了很多年，但后来人们认为爱宴不能很好地体现和保持圣体礼庄严肃穆的气氛，最终还是放弃了这个仪式，只将圣体礼保留下来。

教会第二个重要的仪式是洗礼，它是依据福音书里耶稣在约旦河畔接受约翰施洗的场景而设置的。早期教会只对成年人实施洗礼。当时新教徒入教，除了自己有皈依基督教的愿望外，还要经过教区全体教民的同意，才能被接纳为正式成员。在施洗礼之前，新教徒还有一个学习基督教教义的阶段。

当时，新教徒的洗礼仪式是相当隆重的。在举行仪式之前，领洗者和受洗者必须斋戒1或2天。受洗时，受洗人必须脱去衣服，全身浸入水中，以象征将以前所有的罪恶涤除干净。从水里上来时，受洗者会披上一件白色的袍子。洗礼使用的水，也有明确的要求，最好用流动的活水，如果没有则用清洁的冷水，温水也可以。当时，受洗者的斋戒日必须要避开犹太人的法定斋戒日，由此可以看出早期基督教对犹太人的厌恶和排斥。已经获准加入基督教会的新教徒，一般也要等到复活节，才能正式举行洗礼仪式。因为只有在复活节期间，主教才会走访每一个聚会所，为新教徒主持洗礼仪式。

后来，随着聚会所数量不断增加，主教显然已经不能便捷地走访每一个聚会所了。于是，主持圣体礼和洗礼的任务便落在司祭们的身上。但司祭必须通过教士的授圣职礼，在正式取得教士的资格后，才能主持这些仪式。

3. 圣徒崇拜

除了正规的教堂礼拜仪式外，早期的基督教还有许多非正式的宗教仪式。这些仪式吸收了许多异教的成分，是不同信仰调和的产物，其中最为突出的是圣徒崇拜。

1—2世纪，基督教受到罗马当局的严厉镇压。在此期间，有许多为信仰而牺牲的人，他们后来被称为"殉道者"。与异教中的英雄崇拜一样，殉道者的坟冢和墓地很快吸引了众多虔诚的信徒。每年，人们都会在当地殉道者的墓地，举行专门的纪念活动。与当时的大多数人一样，基督徒也相信殉道者具有某种特殊的能量，到他们的墓地朝圣，会给人们带来安康，使人的疾病得以痊愈，并能够免受邪恶精灵和妖魔鬼怪的侵扰。

与这种信念相适应，基督教逐渐发展出一种关于殉道的神学思想，认为为了信仰而献出自己的生命，最完美地体现了一个人对耶稣信仰的坚定信念。人们相信殉道的人，不需要等到最后的审判，他们死后会立刻升入天堂。因此，殉道者成为神与人之间的中介者，由他们来代为祈祷，能够取得更好的效果。殉道者在世间留下的遗物被称为"圣物"，人们相信这些物品也同样有着巨大的精神能量。

当基督教成为罗马帝国的国教后，为信仰而献身的机会几乎没有了。然而，由殉道者代祷的神学理论却进一步得到扩展，认为那些过着神圣生活、品德高尚、为基督教事业做出卓越贡献的群体，也具有替信徒代祷的能力，这些人被称为"圣徒"（Saint）。出于同样的原因，他们的墓葬地也受到信徒狂热的追捧。圣徒的遗留物品同样被称为"圣物"，同样被认为具有强大的精神能量。

在古代社会后期，对殉道者和圣徒的崇拜已经十分普遍。除了圣徒的墓葬地成为公共场所外，有时候，基督徒也会使用异教徒的神龛来保存圣物。正是通过这种方法，许多古老的当地异教神灵也变得类似于基督教的圣徒了。直到现代社会，基督教对圣徒的崇拜依然存在。

4. 妇女的作用

1—2世纪，在基督教发展的初期，妇女发挥了重要的作用，他们积极参与各项活动，成为基督教会中的一支骨干力量。

人类社会在早期发展的很长时期内，女性曾拥有较高的地位。考古发现，许多地方在古代都有女神崇拜的传统。但随着社会的不断发展，男性逐渐取得主导地位，女性反而被边缘化了。在《希伯来圣经》中，尽管也有对女性英雄如路德、以斯帖和犹谪的称颂，但此时妇女的地位已经十分低下了。

耶稣传教时，主要面向社会的底层民众，其中包括穷人和妇女。福音书告诉我们，耶稣的门徒中有男人也有女人。特别是四部福音书对耶稣复活的描述，尽管在细节上有所不同，但追随耶稣到刑场的人中"有几个女信徒"却是一致的。最早发现耶稣的墓是空的，也是两个女信徒。耶稣复活后遇到的第一个人，是抹大拉的妓女马利亚，耶稣遣她向其他信徒报信，告诉他们"我要升上去见我的父"。

学者们认为，福音书在描述耶稣受难和复活的时候都提到女信徒，是有其深层寓意的。由此可以看出，在早期基督教团体中妇女是一支重要的力量，她们比男人更虔诚，更容易接受耶稣的预言及其救世主的身份，一些女信徒还为耶稣的传教提供资金上的支持。但对此也有不同的理解，有的学者据此相信，耶稣复活之事肯定具有某些历史的真实性。因为在当时的社会里，妇女没有什么社会地位，因此人们不会去编造由妇女来证明的事情。反过来，也可能是完全相反的情景，正由于妇女的地位低下，人微言轻，因此她们所说的话，也就不足为凭了。

从保罗的书信里，可以知道女信徒并不比男信徒差，她们以传教士的身份出现，积极传播耶稣基督的信仰，她们中的一些人还被保罗称为"使徒"。在基督教受到压制和迫害的日子里，许多富有的妇女将自家的厅堂清理出来，作为基督教团体聚会的场所，供信徒们在这里听布道、举行简单的崇拜仪式等，这就是所谓的"家庭教堂"。同时，她们也为早期的聚会所提供了大量的钱财，使这些聚会所能够健康的发展。

可以肯定的是，在早期基督教团体中，妇女是可以被授予圣职的。她们担任副司祭，专门负责女教徒的工作。许多人选举妇女担任执事一职，因为她们比较有耐心、能够更好地帮助新教徒学习耶稣的教义。此外，她们也能更加主动地开展各项慈善救助工作。有的女信徒由于具有超常的洞察力,甚至被所在的聚会所公认为预言家。

然而,随着基督教队伍的不断壮大,妇女的作用逐渐受到严格的限制,究其原因有两个:

首先,基督教在罗马获得巩固的国教地位后,它的教义和神学思想日益变得保守。此时的教会领袖,已经不再宣传耶稣"上帝的国"和"新天新地"的思想了,他们不希望基督教成为一种具有反叛性质的革命力量,而是更加强调伦理道德观念,使教会以一种家庭和伦理保护者的面目出现。

罗马文化是希腊文化的继承和发展,希腊人十分注重家庭的作用,认为妇女的价值应当体现在家庭中,而不是参与社会活动。因此,即使在希腊古典文明的黄金时代,雅典的公民大会也只有男性才能参加。此时的教会同样认为,女性应以一种更加温顺的姿态出现,并重新承担起家庭中母亲和妻子的传统角色。

其次,大多数基督教会认为,妇女在教会中担任职务包括授予圣职是各种异教的习惯做法。为了与异教保持距离,教会要求妇女服从正统信条的要求,不再担任圣职,只做一个虔诚的信徒就好了。后来,教会不断给妇女施加更多的限制,如禁止离婚、禁止再婚、禁止避孕和堕胎等,种种束缚甚至已经超过了当时罗马社会对妇女的限制。

三、基督教神学思想的萌芽和建立

在基督教传播的初期,尽管发展的速度很快,各地相继建立起教会组织,但此时的教会不相统属,各自为政。教义还没有体系化,礼拜仪式也不统一,信徒们对信仰和教义的理解更是五花八门。而当时的罗马帝国疆域辽阔,民族众多,教派林立,基督教不仅受到周边异教的影响,而且内部也面临着各种不同思想的挑战。在这种情况下,一批具有哲学思想的信徒,开始从理论上对基督教义进行阐述和论证,他们的工作不仅推动了基督教正典的确立,也为基督教义的系统化、理论化创造了必要的条件。在长时期的论战中,基督教神学思想开始萌芽,并得到初步的发展,为以后基督教庞大神学体系的建立奠定了基础。

1. 犹太人的世界观

世界观的产生源于大多数人本能的需要,正如现代宗教学的奠基人马克斯·缪勒(Max Muller,1823—1900年)所说,"对无限的探求是人的第三种能力",世界观反映了人类对宇宙、对世界最深切的关怀。从根源上来说，基督教脱胎于犹太人的传统，并在这种环境中得到最初的发展。毫无疑问，基督教早期的哲学思想属于希伯来人世界观的范畴之内。

希伯来人的世界观有两个比较突出的要素：

首先，表现在神学思想方面。犹太人认为神是完全独立于人类的，神和人之间、精神和物质之间存在着永远的鸿沟，这是维系神与人盟约的一个基本保证。神按照自己的影像创造了人类，人就应当遵守神的意愿，不可违背，否则将受到神严厉的惩罚。而人，只是神的创造物，绝对不会对神构成任何威胁。

其次，在宇宙论方面，希伯来人相信是神创造了世界，那么无论世界怎么变，变成怎样，人类都会在这个世界上繁衍生息。物质世界是神对人类的一个永远的赏赐，也是一个恩典。

这两种要素构成了犹太教以及早期基督教不可磨灭的理性背景。

与希伯来人不同，希腊哲学家认为人的本质是精神和物质的混合体，人神之间没有不可逾越的障碍。于是希腊奥林匹亚山上的众神，不仅具有人的形态、人的情感，而且自由地穿梭往来于人界和神界之间。

尽管存在着如此巨大的差异性，但由于希腊文化的广泛传播，希腊人的世界观在罗马帝国具有普遍的影响力，它的一些基本理念很快在基督教中找到了市场。保罗在致教会的书信中，已经使用希腊哲学的语言来诠释基督耶稣的教义。此外，于1世纪末期编撰而成的《约翰福音》，明显受到希腊哲学思想的影响，有学者认为该书对耶稣的描写和渲染，就具有希腊神话的某些特征。

2. 晚期希腊哲学的影响

当基督教进入庞大的罗马帝国之后，人们才深切地感受到这是一个希腊文化普及的多元化社会，不觉已处在另一种哲学的氛围之中了。此时的希腊哲学，已由早期的追问宇宙本原的自然哲学阶段，经过苏格拉底、柏拉图为代表的崇尚理性的古典本体论哲学阶段，而开始进入希腊哲学的晚期。

公元前400年至公元400年是希腊哲学的晚期阶段，其持续时间长达800余年。晚期希腊哲学包括了希腊化时期和罗马帝国时期的全部哲学思想。在此期间，哲学思考的问题主要集中在人生哲学方面，故此时期，又被称为"伦理学时期"。

在伦理学方面，亚里士多德（前384—前322年）做出了重大的贡献。

他的《尼哥马科伦理学》是一部专著,深入地讨论了伦理学方面的各种问题。亚里士多德认为:

> 德性分为两类:一类是理智的,一类是伦理的。理智德行主要由教导而生成,由培养而增长,所以需要经验和时间。伦理德性则是由风俗习惯沿袭而来。①

希腊语"伦理"一词就是由"习惯"演化而来的。亚里士多德将最好的生活方式称为"幸福",他说:

> 我们选择幸福是为了幸福本身,而不是为了别的东西;有时我们之所以选择荣誉、快乐、智慧等等,那是因为我们相信通过它们我们能够获得幸福。②

但他又认为幸福并不是终极之善。除了一定的物质条件之外,幸福的主要条件是理智的生活。亚里士多德认为:美德是一种艺术修养,只有经过训练才能掌握,因此伦理学是一门实践性很强的学问。

到了罗马时期,由于东西方文化的不断碰撞和融合,因此在哲学界产生了众多的学派,其中主要有伊壁鸠鲁派、斯多噶学派、怀疑主义和新柏拉图主义等。它们从不同的角度和层面,寻求如何才能得到心灵安宁、获得个人幸福的答案。针对同样的问题,不同学派的思想家向人们开出了各种不同的药方。其中,对基督教产生重大影响的当属斯多噶学派和新柏拉图主义。

3. 斯多噶学派

斯多噶学派产生于公元前4世纪,其创始人是芝诺(Zenon,约前336—前264年)。芝诺出生在塞浦路斯岛一个商人之家。他原来也经商,后因商船在海上失事便留在了雅典,在这里开始了对哲学问题的研究。"斯多噶"(stoitikos)是希腊文"画廊"一词的音译,由于芝诺经常在雅典一个朋友家的画廊里讲学,故有"画廊派"之称。该派是希腊哲学中持续时间最长、影响最大的一个派别,前后长达500余年。

早期斯多噶学派具有朴素的唯物主义倾向,宣扬的伦理学具有一种理性主义的倾向,他们主张"德性论",芝诺认为:"合乎自然的生活即德行

---

① 张志伟:《西方哲学十五讲》,北京大学出版社2004年版,第113页。
② [美]威尔·杜兰特著,梁春译:《西方哲学简史》,新世界出版社2005年版,第69页。

的生活，德性是自然引导我们所趋向的目标。"① 并且相信：德性是唯一的善，不道德是唯一的恶。

该派的伦理观还包括人人平等和世界主义的思想，主张人与人之间不应有种族、财富和门第的差异。晚期斯多噶学派的代表人物是塞涅卡、爱比克泰德、马可·奥勒留，他们将斯多噶学派发展为一种命定论或宿命论哲学，对早期基督教神学思想产生了极其重要的影响。

（1）塞涅卡（公元前4—公元65年）

塞涅卡（Seneca）是西班牙人，他出生在科尔多瓦一个富裕的家庭里。其父是著名的修辞学者，塞涅卡的作品文笔流畅，辞句优美，很可能得益于父亲的遗传和熏陶。

赛涅卡很小被送到罗马接受教育，年轻时便开始混迹于上流社会，在充满凶险的政治漩涡中几度沉浮。他曾是朝廷的重臣，后因被人指控与皇帝的一个侄女关系暧昧，被元老院判处死刑。皇帝克劳狄一世（Claudius，41—54年）认为他罪不致死，将死刑改为流放，塞涅卡这才保住了一条性命。

七年后，克劳狄一世娶另一个侄女阿格丽皮娜为妻，并收养了她与前夫的儿子、11岁的尼禄（Nero，54—68年）。在妻子的鼓动下，克劳狄任命塞涅卡担任尼禄的宫廷教师。于是，57岁的塞涅卡离开了度过七年流放生活的科西嘉岛，重返罗马。

尽管宦海沉浮，但塞涅卡从没有停止过对哲学问题的思考，他为后人留下了大量哲学著作。塞涅卡极力宣扬人要过有德性的生活，而德性就是要尊重自然。他说，"按照自然的规范进行自我修养……这样就会得到一种持久的心灵安宁，一种自由，不为任何刺激和恐惧所动。"并告诉人们"肉体上的快乐是不足道的、短暂的、而且是非常有害的"。② 在2000年前，他就提出了这样的口号：藐视财富，崇尚人类自有，弃绝此世物质享受，视死如归。

塞涅卡赞同精神和物质的二元论，认为身体是心灵的枷锁，只有克制欲望、抛弃激情，人的心灵才能得到自由。与此同时，他得出的结论也是宿命论的，那就是：任何人都无法改变自己的命运，人只能顺应命运的安排。

虽然塞涅卡妙笔生花，为后人留下了许多精美的传世之作，但现实中的塞涅卡却是个品德低下、言行极为不一的伪君子，无法抵御权力、地位

---

① 张志伟：《西方哲学十五讲》，北京大学出版社2004年版，第127页。
② 同上书，第129页。

和财富的巨大诱惑。塞涅卡利用帝师的特殊身份,在乡间大放高利贷,不择手段地聚敛财富。当他收回在英国的私人钱财时,由于数额巨大,引起当地民众的恐慌,以致发生了骚乱。尼禄被认为是罗马帝国最荒淫无道的暴君,他杀妻弑母,手段极其残忍。但做为哲学家和宫廷教师的塞涅卡,不仅纵容尼禄的凶残,而且助纣为虐,为他开脱罪责。

为了儿子尼禄能够登上皇帝的大位,阿格丽皮娜毒死了克劳狄一世。而当17岁的尼禄顺利当上皇帝后,他竟残忍地将母亲杀死。在这场宫廷丑闻中,塞涅卡扮演了极不光彩的角色。为了帮助尼禄逃脱元老院的制裁,他竟然伪造出尼禄母亲"谋反"的文件,作为"阴谋败露"而被诛杀的证据,为尼禄的行为做出合乎逻辑的解释。但即使这样,塞涅卡最终并没有得到好下场。

随着尼禄的日益暴虐,他的疑心也越来越重,臣子们稍有不慎,就会有人头落地的危险。直到此时,年事已高的塞涅卡才痛下决心,离开了这个是非之地,但他还是没能逃脱尼禄的手心。

65年,在塞涅卡离开宫廷一年之后,尼禄怀疑他参与一起政变阴谋,诏令他自尽。据说在死亡面前,塞涅卡倒是表现出了斯多噶学派哲学家漠视死亡、视死如归的精神。他平静地喝下尼禄送来的毒酒,在药性缓慢的作用下,他死得很痛苦。

塞涅卡的所作所为,为后人留下了很多思考,人们无法为他做出合理的解释。其实,人的理性和欲望之间的矛盾和斗争,也是人性中善与恶的斗争,这种挣扎在我们每个人的心中时时发生,只是在位高权重的塞涅卡身上,这种善恶的两面性得到了极致的表现。

(2) 爱比克泰德(约55—135年)

爱比克泰德(Epictetus)为希腊人,原是尼禄的奴隶,在获得自由后,开始学习哲学。后来,他成为斯多噶学派的学者,并在罗马讲学。公元90年,罗马皇帝图密善(81—96年)下令将所有的哲学家赶出罗马,爱比克泰德才回到故乡希腊,在伊庇鲁斯的小城尼克波里定居下来,直到终老。

爱比克泰德一生也是述而不著,没有留下任何文字。他死后,他的学生将他的言论汇集成书,这才使他的思想能够流传下来。

爱比克泰德认为世间的一切都是神创造的,人的一切也都是由神或天意所决定和支配的,因此人只要服从于神的意志、忍受命运的安排、克制自己的欲望,就能够达到善的境地。他的名言是:"好好地运用我们能力范围内的东西，别的就顺其自然吧。'自然'是什么意思呢？就是神的愿望。"① 这句话听起来，很有点儿中国人"生死有命，富贵在天"的味道。爱比克泰德认为只有这样，人的心灵才能够得到安宁。

同时他也认为，人具有明辨是非、判断事物的能力，可以在事物面前做出正确的抉择，这也是在"我们能力范围内的"。具有这种判断能力的人，就是一个有德行的人。

(3) 马可·奥勒留（161—180年）

与出身低微的爱比克泰德截然不同，晚期希腊哲学斯多噶派的另一位代表人物马可·奥勒留（Marcus Aurelius），不仅是一个卓有成就的哲学家，也是一位杰出的君主。

奥勒留出身于罗马贵族家庭，祖籍西班牙。其父曾担任过行政长官，但早亡。奥勒留随祖父长大，从小就受到皇帝哈德良（117—138年）的喜爱，在希腊文、拉丁文、法律、修辞、绘画、哲学等方面都接受过良好的教育，对哲学尤其有浓厚的兴趣。

哈德良在世时，他选定的接班人维鲁斯英年早逝。于是，又选择奥勒留的叔父、元老安东尼·庇护（Antonius Pius，138—161年）为新的继位者，并指定他收养17岁的奥勒留和维鲁斯的儿子（也叫维鲁斯）为未来的王位继承人。当时罗马皇帝的传位，不是按照血缘关系来传承的，而是由事先选定的继承者（即养子）来继承皇位。其实，哈德良自己有两个亲生的儿子，但按照罗马法律他们不能继承皇帝的大位。

161年，皇帝安东尼·庇护去世，传位于两个养子奥勒留和维鲁斯（Virus，161—169年），由两人共同执政。169年，维鲁斯病死，奥勒留开始一人执掌皇帝的大权。在他统治的20年中，罗马帝国处于内忧外困的局势，边境上外敌频繁入侵，国内则是一连串的灾害。此时的奥勒留必须付出更多的努力，来维持国家的统一和安全。奥勒留是个智慧而勤勉的皇帝，在他的日夜操劳、内外征伐下，在位期间总算保住了帝国的疆域，勉强维持了江山一统的局面。

180年，北方的游牧部落再次南下，侵犯帝国西部的多瑙河地区，年已六旬的奥勒留又一次御驾亲征，不幸在潘诺尼亚（今奥地利）染上瘟疫，病死在军中。

---

① 张志伟：《西方哲学十五讲》，北京大学出版社2004年版，第130页。

历史学家们认为，随着奥勒留的去世，罗马帝国的黄金时代也宣告结束了。从此，帝国进入一个外敌入侵、军阀混战的动乱年代。

虽然奥勒留是个勤政的皇帝，但使他名留青史的不是他的政绩，而是他在哲学上做出的巨大贡献。

奥勒留在鞍马劳顿的空余时间里，对许多哲学问题进行了深入的思考，用希腊文写下了12卷日记，这就是流传百世的《沉思录》。即使在今天，它仍然是许多政治家的案头书，也是众多普通百姓喜爱的经典著作，斯多噶学派也因此得到更加广泛的传播。

奥勒留的《沉思录》是一本写给自己的书，它没有完整的体系，它是思考的记录，是自己内心的独白。《沉思录》涉及到人生哲学的各个方面，为我们留下了许多至理名言，激励人们做一个虔诚、仁爱、宽容，具有高尚品德的人。与其他斯多噶学派的思想家一样，奥勒留认为万物均来自于神，一切由神决定。认为宇宙是一个由神安排好的、有内在秩序的统一整体。人既然是整个宇宙体系中的一部分，那么人就会在某种程度上与人类的其他部分密切关联。因此，只有与宇宙相协调的生命才是美好的。他说：

> 记住我是这整体的一部分……把我的全部精力用于公共利益……一个不断做对其他公民有利的事情的人，满足国家指派给他的一切的人，他的生活是幸福的。①

奥勒留似乎用自己一生的奋斗，来实践着他所说的幸福生活。

在《沉思录》的最后一卷，奥勒留记述了他对死亡的思考。他说：

> 死亡不是一件可怕的事情……把你打发走的只是送你进来的自然，那么这又有什么困苦可言呢？这正像一个执法官雇用一名演员，现在把他辞退让他离开舞台一样。

当有人不甘心就这样退场，还在为自己申辩"可是我还没有演完五幕，而只演了三幕"时，奥勒留告诉他："那么满意地退场吧，因为那解除你职责的人也是满意的……"②

千百年来《沉思录》以其深邃的思想，平实的语言，荡涤着无数人的

---

① ［古罗马］马可·奥勒留著，何怀宏译：《沉思录》，中央编译出版社2008年版，第160页。
② 同上，第210—211页。

心灵。直到今天，仍有许多人从中汲取精神的力量，也正是这本流传百世的哲学著作，才使得奥勒留皇帝名垂青史。

总体而言，斯多噶学派的命定论、禁欲主义和人人平等的思想，对早期基督教产生了很大的影响。

4. 新柏拉图主义

在西方哲学史上，柏拉图（前427—前347年）是第一位提出先验论的哲学家。他似乎受到古印度人和古波斯人的影响，他的哲学思想具有神秘主义的倾向。有时，他所说的神圣存在并非客观的真实，而是在自我中的发现。由于人是堕落的神灵，因此神性可以被理性"触摸"到，而这里所说的"理性"，并不是大脑的思维活动，而是指已存在于我们身心之中、一种对"永恒真实"的领悟，如同佛教中的"真如"。

柏拉图的先验论和神秘主义思想，对后来的基督教神学产生了重要的影响。

到3世纪时，一些人对柏拉图学说中的政治观点和伦理思想不感兴趣，但对他的先验论倾向却极为着迷。柏拉图认为一个国家只有相信神灵才会强盛，纯粹的宇宙力量是不具有人格的，因此难以唤起人们的希望、热忱和献身精神。它不能给痛苦的心灵带来慰籍，也不能给灵魂带来勇气，但一个活生生的神却能做到这一点。在柏拉图先验论思想的影响下，形成了新柏拉图主义。

新柏拉图主义的奠基人和主要代表人物是普罗提诺（Plotinus，204—270年）。

普罗提诺被认为是古代时期最后一位伟大的哲学家，他出生于埃及的来科波利斯。28岁时，普罗提诺来到亚历山大里亚学习哲学，中途一度从军，曾随从罗马皇帝远征到波斯。40岁以后，普罗提诺才到罗马定居，在这里开办了一所哲学学校，开始著书立说。

普罗提诺去世后，其学生波菲利（Porphyry，233—305年）将他的54篇文章汇集起来，编纂成书。波菲利按照内容，将论文分为六集，每集收有九篇文章，故称《九章集》。《九章集》涉及到可感世界、灵魂、理智和太一等多个方面的问题，是普罗提诺一生心血的结晶。

普罗提诺被视为神学发展的分水岭，他将柏拉图的理念论加以改进，吸收了斯多噶学派和东方宗教的某些成分，演绎出一套神秘主义的理论体系。受东方哲学思想的影响，他不寻求对外部世界做客观的解释，而是在内心透视真实的本质。他认为人的本质是精神和物质的混合体。人具有理性的灵魂，可以通过某种特殊的形式直接与超自然的本原相联系。早在公元前6世纪，希腊哲学家就提出了"本原"（arche）的概念，所谓"本原"就是万物由它而来，最终又回归它那里去。万物有生灭变化，唯独本原是永恒不变的，亚里士多德称之为"永恒的实体""不动的动者"。有人称本原为"唯一"，也有人称之为"神"。

普罗提诺认为"太一"是宇宙的本原。"一"是一切存在的产生者，但它本身不是存在。"一"空无一物，万物由它而生。为了突出"一"是超越一切的神圣本原，通常称之为"太一"。普罗提诺汲取了古代的宇宙流溢说，将所有存在的事物看成是从同一个源头向外扩散的产物。他将流溢的过程比喻为：从太阳发出的光，或从火中发出的热。他还把太一类比为一个圆心，它蕴涵了无数可能的圆，"流溢"的过程如同将石子投入水中，在水面激起层层涟漪一样。

普罗提诺认为由"太一"或"神"首先流溢出努斯，由努斯流溢出"灵魂"，由"灵魂"流溢出可感知的世界。这里所用的"努斯"（nous）一词，是希腊语，原意为"精神"，但又有"理智"的含义在内，在其他语言中很难找到一个确切的词来对应它，因此通常采用音译的方式。普罗提诺认为由努斯流溢出来的灵魂既不是物质，也不是某种物体的形式，而是本质。灵魂存在于人的身体中，它是永恒不朽的，当人的身体死亡后，灵魂继续存在，它可以轮回，并且继续流溢。由于灵魂存在于努斯之中，而努斯存在于"太一"之中，因此反过来灵魂又可以通过"静观"，经由努斯回归"太一"。这个过程类似于印度教中的"梵我合一"，或佛教禅定的最高境界，也就是通常所说的进入"天人合一"的状态。

由于人和"太一"有这种联系，人的灵魂自然会渴望与"太一"即神汇合。然而，许多人对灵魂的这种渴望时常抱着漠不关心的态度，这是因为他们被困扰在物质的躯体中。普罗提诺认为只有经过长时间的"静观"或"观照"，灵魂才有可能在刹那之间脱离身体的桎梏，达到与神合一的解脱状态。这种状态是无法用语言表达的无比的宁静和欢愉，极少有人能够达到这种境界。据说，普罗提诺一生中曾经有过四次这样的体验，这是非常难得的，许多人修行一辈子，也无法体验到这种至福的状态。在此之前，许多思想家都认为人神之间是不可逾越的，犹太教尤其如此。而普罗提诺吸收了东方宗教思想的某些成分，因此，他更注重于人与神合一的解脱状态。

尽管新柏拉图主义具有东方神秘主义的色彩，可它仍然属于理性的思辩的哲学范畴，与后来以信仰和经验为诉求的基督教神学是完全不同的思想形态。然而，新柏拉图主义对基督教神学思想的建立，无疑产生了深远的、多方面的影响。

当基督教取得罗马帝国的国教地位后，基督教神学逐渐在西方社会的意识形态领域占据了主导地位。529年，东罗马皇帝查士丁尼（527—565年）下令关闭了雅典所有的哲学学校，这一举措被现代学界认为是希腊哲学终结、基督教神学兴起的标志。

5. 古代教父和教父神学

2—6世纪，是基督教神学萌芽和建立的时期。这一时期历经数百年之久，其中有一段时间，大约与晚期希腊哲学时期相重合。

基督教在初期，不仅受到罗马帝国的压制和迫害，也受到犹太教和其他异教的攻击和质疑，为了维护基督教的教义，反击社会上的各种诬陷之词，当时涌现出一大批为基督教进行辩护的人。他们中的许多人或许还不能称之为思想家，因此在基督教史上，这些人被称为"护教士"（Apologists）。

在众多的护教士中，有一些人取得了杰出的成就。他们在对基督教义进行诠释的过程中，力图将基督教信仰与哲学的理性结合起来，逐步将基督教义提升到理论的高度，为中世纪基督教神哲学体系的建立打下了基础。后来，这些人被尊称为"教父"，他们的思想被称为"教父神学"。

希腊文中的"神学"一词，不能望文生义地简单看成是关于"神"的学问。"神"（theos）是亚里士多德哲学中的最高范畴，指的是"最高的实体""不动的动者"，是具有形而上意义的理性神，亚里士多德关于最高实体的学说，被称为"神学"。亚里士多德的神与基督教中人格化的神是一脉相承的，后来"神学"一词被基督教所利用，成为基督教神哲学体系的主要内容。

基督教神学是以基督教《圣经》、基督教教义和信条、最高的神为研究对象的学科。教父神学是基督教神学体系的初级形态。教父神学对中世纪的经院哲学产生深远的影响，甚至在近现代的哲学体系中，仍然能够找到他们的思想踪迹。

由于教父们生活在不同的区域、拥有不同的文化背景、使用不同的语言，因此又有"希腊教父"和"拉丁教父"，或"东方教父"和"西方教父"之分。而东、西方教父的关注点也各有不同。

(1) 德尔图良 (Tertullian, 160—240 年)

德尔图良是著名的基督教神学家,他出生于北非的迦太基(今突尼斯),是西方教父神学的创始人。他精通希腊语和拉丁语,具有广博的学识,其著作多用拉丁文写成。德尔图良积极批驳异教徒对基督教的攻击,在维护基督教教义上做出了巨大的贡献。

197 年,德尔图良向皇帝塞维鲁 (Severus, 193—211 年) 呈送了《护教篇》,为基督教徒进行辩护。他在辩护中明确指出,基督教徒之所以在罗马受到迫害,并非因他们信仰基督,而是因为他们不拜皇帝,不承认皇权的神圣性。但德尔图良并不反对皇帝的权威,他在文章中写道:"我们向永恒的真神活神祈求,赐皇帝健康……"并说:"国家是不足道的。我们所关心的真正国家是宇宙。"[①] 由此可见,在德尔图良的心中,基督教的着眼点并不仅仅局限于罗马帝国,它将是一个遍及全球的世界性宗教。

在神学思想上,德尔图良是最早提出神的三个位格说的人,认为神可以分离出三个位格,即圣父、圣子和圣灵,圣子为圣父所生,而圣灵也出自圣父,它们在本质上是一体的。后来,在尼西亚大公会议上,三位一体论被定为基督教的正统派教义,成为基督教最独特、最有争议的教义。德尔图良经常引用古希腊和罗马的律法来解释基督教的经典——《圣经》,他也是最早提出"人有内在之罪"观点的人。后来,该观点发展为"原罪说","原罪说"是基督教神学的主要教义之一。

德尔图良推崇信仰,认为信仰和理性是对立的,在哲学和信仰之间没有调和的余地。他认为在神面前,一切世俗知识都是愚蠢的。既然神是超然的存在,那么神的启示,也是超越理性的,是理性无法理解的。

(2) 查士丁·马特里 (Justin Martry, 约 100—165 年)

与德尔图良的观点尖锐对立的是查士丁·马特里,他出生于巴勒斯坦的恺撒里亚,是最早的东方教父之一。据说,查士丁早年受教于斯多噶学派及毕达哥拉斯学派的哲学家,曾花费很长的时间研究希腊哲学,但始终不得要领。于是,他将目光投向基督教,在这里继续寻求他对人生问题的答案。

150 年和 155 年,查士丁·马特里完成了两篇《护教论》。他广为流传的名言是:真哲学就是真宗教,真宗教就是真哲学。查士丁认为只有神才

---

① [荷兰] 彼得·李伯庚著,赵复三译:《欧洲文化史》,上海社会科学院出版社 2004 年版,第 85 页。

具有永恒的智慧,哲学家只能分到神的一部分智慧,由于每个哲学家只能认识到部分真理,因此哲学家之间时常会发生争吵。而耶稣基督则不同,他能够得到神的全部启示,所以基督教拥有世间的全部真理。但无论哲学家的真理还是基督教的真理,全都源自于神,它们在本质上是没有分别的。由此,查士丁认为基督教义就是真正的哲学,并得出结论:哲学家就是神学家,神学家就是哲学家。

查士丁论证说,耶稣是神圣理性的降生,或是斯多噶学派所说的神圣理性的具体表现。他认为神圣理性是用不断启示人类的方式,在世界上发挥着积极的作用。但他对神圣理性这个观念,并没有做出更深层次的探讨,也没有给出更有说服力的解释。

查士丁致力于将希腊人和基督教的两种世界观协调在一个框架内。实际上,这两者是根本无法调和的,因为哲学源自于理性的思考,而宗教则诉诸信仰的情感。虽然它们都关注同一个问题,即对人类精神的终极关怀,但宗教和哲学毕竟不是一回事。

(3) 哲罗姆 (Jerome,约340—420年)

哲罗姆出生于小亚细亚的斯特利同城,是古代著名的拉丁教父、圣经学家。366年,他到罗马学习修辞学,并游历高卢,在此成为一个禁欲主义者。以后,他又在叙利亚的沙漠里,以粗麻布蔽体,苦修五年。373年,哲罗姆抵达安提阿,在教会担任神职。382年,他得到罗马主教达马苏斯(Damasus)的赏识,成为主教的顾问。

到4世纪后期,《新约全书》的希腊文版的目次和内容已全部确定,但拉丁文译本的抄本依然很不规范,罗马教会急需一部具有权威性的、拉丁文版的《圣经》,作为统一使用的圣典。于是,达马苏斯主教请哲罗姆出面,由他来编订统一的拉丁文本的《圣经》。哲罗姆学识渊博,精通三种语言,无疑是担当此大任的合适人选。383年,哲罗姆接受了这项神圣的使命,开始做各项准备工作。

386年后,哲罗姆在伯利恒的一所隐修院里,潜心将《新约》译成拉丁文。以后,又以希腊文版《七十士译本》为蓝本,重新校译了《旧约》。到405年,经过20多年的辛勤耕耘,哲罗姆终于将整部《圣经》翻译成拉丁文,这就是著名的"通俗拉丁文译本"。

然而,哲罗姆的译本公布后,却遭到许多人的质疑。原因是哲罗姆在翻译时,为了更准确地表达《希伯来圣经》的内容,他曾请教过一些犹太学者，这让一些人感到不满。他们怀疑犹太人会篡改《圣经》中原有的对弥赛亚的预言，因此声称对新译本进行抵制。但最终该译本还是被天主教会所接受，成为天主教法定的《圣经》译本。后来，世界各国都是依据这个版本将《圣经》译成了各种文字。

哲罗姆也是一个勤奋的学者，还著有《教会史》《历代史》，并有《名人传记》留世。420年，哲罗姆在隐修院里安然逝去，但他给后人留下了的权威《圣经》拉丁文译本，一直流传到今天。

(4) 奥古斯丁（Augustine，354—430年）

奥古斯丁是基督教历史上最伟大的思想家之一，被尊为"最伟大的教父"，他的思想不仅使教父神学达到顶峰，也体现了基督教会由希腊化向拉丁化的演变过程。

奥古斯丁出生在北非的塔加斯特（今阿尔及利亚境内），母亲是虔诚的基督教徒，父亲则为异教徒。17岁那年，他到迦太基攻读修辞学和哲学，一度迷恋于波斯的摩尼教，长达九年时间。毕业后，他在米兰的一所修辞学校任教，在此结识了主教安波罗修，安波罗修是当时最著名的教父之一。米兰主教曾规劝奥古斯丁加入教会，但基督教的禁欲主义令他望而却步，所以迟迟不肯皈依基督教。直到387年，奥古斯丁在经历了一次剧烈而痛苦的经验后，才最终接受洗礼，成为基督教徒。

391年，奥古斯丁访问希波城，在当地主教和信徒的一再挽留下，留在希波当神父。五年后，他继任希波教区的主教，从此在这个职位上一干就是34年，直到430年去世。在希波期间，他将全部精力投入到教会的工作中，致力于传教事业，得到信徒们的拥护和好评。为了维护教会的权威和统一，他积极著书立说，驳斥异教徒的攻击和责难，为基督教进行辩护。为了培养教会的神职人员，他将自己的祖宅改建成修道院，该修院后来成为北非的基督教中心，也是后来著名的圣奥古斯丁修会的前身。

奥古斯丁一生勤于笔耕，著述极多。据他自己回忆，共写有著作232部，另外还有数百封书信和布道文，其中最重用的著作有三部，即《忏悔录》《论三位一体》和《上帝之城》。在这些著作中，奥古斯丁对基督教的许多问题进行了剖析，并做出全面的阐述。

奥古斯丁的许多著作，事先似乎并没有完备的写作计划，正如他自己所说："随着生活进展而写作，又在写作中进展。"因此，他的三部经典之作都是宏篇巨著，经常是想到某件事，就娓娓道来，故而论题经常重复；

对同一件事情，前后的说法也不完全一致。但他许多闪光的重要思想，就隐藏在这些看似不经意写下的文字中。此外，他的传世之作写作时间都很长，除《忏悔录》外，其他两部均在十年以上。有学者认为奥古斯丁"多变的生活轨迹和复杂的思想历程，是造成这一现象的重要原因"。[1]

第一，《忏悔录》（*Confessions*，397—401 年）。

奥古斯丁的《忏悔录》是在他当希波主教后写作的，该书共有 13 卷，可以分为两大部分。一部分是回顾自己过去的行为，以及信仰上的转变过程；第二部分则是对神学问题的思考。

需要指出的是，奥古斯丁所谓的"忏悔"，并不是指道德上的"悔过"，而是指整个意志的转向，即内心世界对神的寻找。在《忏悔录》中，奥古斯丁充满热情地诉说了对自己在台伯河畔，一次出神地体验，一次发现神的经历。他也讲述了年轻时期如何歧途彷徨，沉沦在情欲的漩涡之中。尽管奥古斯丁自称"有悬河之口，能写美妙文字"，但因为家境贫寒，他还是中途辍学了。

后来，在他人的赞助下，奥古斯丁重回迦太基继续学习修辞学。但此时，他却与一些浪荡子为伍，与一位有夫之妇厮混，并有了一个私生子。母亲知道后，写信敦促他过一种洁净的生活，并为他安排了一门亲事。然而，就在婚期到来之前，奥古斯丁突然醒悟，毅然地皈依了基督教。从此，他开始过禁欲的独身生活，将自己余下的全部生命用在传教和写作上。

在《忏悔录》中，奥古斯丁讲述了孩童时期一次偷梨的经历。他说在他家园子的外面，长着一棵梨树。秋天，树上结满了果子。他并不觉得梨有多么好吃、多么诱人，因为在他家里还有比这更好吃的水果。

一天晚上，奥古斯丁和几个小伙伴一起来到梨树下，将树上的梨全摇了下来。可他们只是随便捡起一个，咬两口就扔了。最后，梨全被扔进猪圈喂了猪。奥古斯丁深挖了当时的思想根源，认为这是一种令人难以置信的罪恶，是为了罪恶而作恶，并用了很长的篇幅来请求神的宽恕。现代的人似乎无法理解奥古斯丁的这种反思精神。但对奥古斯丁来说，对往事的回顾，深挖思想根源，不是为了表白自己，而是为了诉说对神的"爱"。在该卷的结尾，奥古斯丁恳切地请求神的原谅。正如奥古斯丁自己所说，写

---

[1] ［古罗马］奥古斯丁著，王晓朝译：《上帝之城》，中译本序，人民出版社 2007 年版，第 19 页。

作《忏悔录》的目的："是为了激发我和读我书的人们的热情，使我们都能说'主，你是伟大的，你应受一切赞美。'"

赞美神，这才是《忏悔录》的真正主题。

第二，《论三位一体》（De Trinitate，399—419年）。

325年，在尼西亚召开的基督教第一次大公会议上，将"三位一体论"定为基督教的正统教义，但早期教会对于耶稣人性和神性的争论却一直在进行，始终没有停止。

许多基督徒对"三位一体"教义感到难以理解，人们无法用语言来表述"三位一体"的概念，也无法想象神与三个位格之间的关系。为此，一些希腊和拉丁教父从不同的角度对"三位一体"论做出解释。

奥古斯丁在《论三位一体》中，尽量避免使用晦涩抽象的形而上学的概念，也不做纯粹字面上的解释，而是从心理学的角度来解析神的三个位格。他认为人的灵魂具有三种特质即记忆、理解和意志，如同神圣的三个位格一样，这三种特质也是一体的，每一部分都充满于心，但并没有因此而组成三个心。奥古斯丁告诉人们："这三种性质组成一个生命，一个心，一个本质。"① 他告诉那些困惑的信徒：圣父、圣子和圣灵是一个神，他们的本质和性质是同一的。

奥古斯丁还提出"信仰三位一体"的观点，认为通过坚信、沉思和喜乐，就能使人不断感受到神的存在。首先信徒要坚信耶稣就是道、道成肉身的信条，并通过沉思冥想，从内心来感受神的无所不在，从而进入痴迷喜乐的状态中。与许多人将神看成一个非人格化的神不同，奥古斯丁心中的神是高度人格化的。但他也认为神并非客观的真实存在，人们不可能从外部世界寻找到神，只能从我们的内心世界来感知神的踪迹，奥古斯丁的神似乎更接近于神秘主义者的神。

第三，《上帝之城》（De Civitate Dei，413—426年）。

奥古斯丁生活的年代，西罗马帝国已经走到了灭亡的边缘。公元410年，哥特人在首领阿拉里克的率领下，攻入罗马，在罗马城中洗劫三天，这件事震惊了整个帝国。一些异教徒将罗马的这次劫难归咎于基督教，指责罗马人由于改信基督教，得罪了罗马众神，才遭此大难。而基督徒也感到困惑不解，神为什么不保护他们呢？

---

① ［英］凯伦·阿姆斯特朗著，蔡昌雄译：《神的历史》，海南出版社2001年版，第146页。

在朋友马凯利乌斯的建议下，奥古斯丁开始写作一本书，以驳斥异教徒对基督教的攻击。但连他也没有想到，这本后来定名为《上帝之城》的书，竟然用了14年的时间才完成，其内容也从对异教徒的驳斥，而最终成为涵盖全部基督教历史及神学的宏篇巨著。

《上帝之城》全书共22卷，分为两部分。前10卷主要从多个角度驳斥异教徒对基督教的攻击，而后12卷则是对《圣经》的解读以及对神学问题的思考。该书的每一卷下面又分成数量不等的"章"，每卷少则20多章，最多的一卷有54章。每章的文字并不长，只是围绕一个中心议题，从不同的角度展开讨论。粗略算来，大约讨论了800多个问题，足见其涵盖面之广。

在《上帝之城》的第一卷第一章中，奥古斯丁首先告诉牢骚满腹的异教徒们：你们之所以能够保全性命，全靠蛮族人由于敬爱基督而宽恕你们。他说，阿拉里克是最仁慈的入侵者，因为他听从了罗马主教利奥的劝告，对躲在圣堂里的人们不加侵扰，这才使许多人得以活命。他还告诉人们：罗马自建城以来就灾难不断，在基督教出现以前，对罗马众神的崇拜，并没有避免这些灾难的发生。而罗马帝国后来成为一个疆域辽阔的庞大帝国，则应当归功于耶稣基督。

在《上帝之城》中，奥古斯丁将人分成两类，一种人按照世俗的方式生活，一种人按照上帝的意志生活。他们分属于两座城，即"属地之城"和"属天之城"。他告诉人们：

  两座城市是被两种爱创造的：一种是属地之爱，从自爱一直延伸到轻视上帝；一种是属天之爱，从爱上帝一直延伸到轻视自我。因此，一座城在它自身中得荣耀，另一座城在主里面得荣耀；一座城向凡人寻求荣耀，另一座城在上帝那里找到了它的最高荣耀，这是自心的见证。[①]

他还告诉人们，这"两座城始终相互混杂在一起"，我们不可能将它们分开。有时，他似乎又在说"上帝之城"并非真实的存在，而是存在于每个人的心中。

在《上帝之城》中，奥古斯丁对两座城的起源、发展和终结进行了全面的论述。首先，他对"属地之城"罗马的起源、历史上发生的各种

[①] ［古罗马］奥古斯丁著，王晓朝译：《上帝之城》，人民出版社2007年版，第631页。

事件、异教神灵、崇拜仪式、伦理道德、各种哲学、各种神学、衰落原因提出自己的见解。然后，又对"属天之城"进行了论述。他从《创世纪》开始，对《圣经·旧约》进行了详细的解读，对神的创世、犹太历史、先知、精灵、魔鬼、复活、永生、灵魂得救、最后的审判等表达了自己的看法。在这些论述中，奥古斯丁提出的许多观点，后来成为基督教神学思想的重要来源。

在理性与信仰的关系问题上，奥古斯丁虽然倡导用理性解释信仰，但又引用先知的话说"除非你相信，否则你将不会理解"，"心灵由信进而理解"，认为信乃是一切认识的先决条件。

在解决世界上为什么有恶存在的问题上，他引入了"自由意志论"。他认为"自由意志是恶的来源"，人因为有了自由意志，才可能弃善而从恶。他提出了"原罪论"及"恩典论"的神学观点，认为人生而有罪，这个罪来自于人类的始祖亚当和夏娃。由于人有原罪，自己无法得到解脱，所以只有靠神的恩典，才能得救，获得新生。在说到人的命运时，他提出"命定论"的思想，认为"尽管并非一切人的意志来自上帝，但是上帝是一切权能的源泉"。[①] 然而，奥古斯丁的"命定论"一直没有被后来的基督教会所接受。

16世纪宗教改革时期，加尔文宗将命定论作为该派的基本理论，由此来证明其神学思想与奥古斯丁是一脉相承的。至此，奥古斯丁的"命定论"在加尔文宗的大力倡导下，才焕发出新的光彩。

奥古斯丁的神学思想在西方教会长期占有统治地位。直到13世纪，托马斯·阿奎那的神哲学才占了上风。但即使在今天，他的思想仍对许多近现代的思想家产生重要的影响。正如现代神学家丹尼尔·威廉姆斯（Daniel D-Williams）所说：

> 无论是谁，若想了解15个世纪以来一直在塑造我们心灵的基督教传统和西方哲学的结构性观念，就必须了解圣奥古斯丁。[②]

四、早期的修道院制度

在基督教产生之前，僧侣已经存在了，在埃及的沙漠里很早就有修道

---

① ［古罗马］奥古斯丁著，王晓朝译：《上帝之城》，人民出版社2007年版，第193页。
② 同上书，中译本序，第22页。

士住在那里。修道士（monk 或称僧侣），是指那些为了追求更纯正的信仰生活，远离世俗社会和色情世界，过一种冥想生活的人们。

早期基督教在不断发展教义和巩固教会体制的同时，避世苦行也作为一种趋势发展起来了。在当时的社会，避世修行的主要有两部分人：一些人是为了躲避罗马帝国的迫害，另一些人则是因为厌恶现实世界，他们向往超越，希望做禁欲的苦行者，过一种与神交流的独居生活，这种修行方式被称为"独修"。在保罗的书信中，曾提到过某些苦行主义者。保罗自己也是独身，他认为避开家庭的拖累，可以更加专注于神，将自己的一切完全奉献给神。

3 世纪，基督教隐修士在埃及出现，其开创者是圣安东尼（St. Anthony，250—356 年）。圣安东尼出生于埃及中部一个富有的家庭，20 岁时父母亲双亡后，除了将一部分遗产留给姐姐外，他将其余的田地和钱财全部变卖了，散给穷人。从此，他离开了家，在附近的一间茅舍里隐居，后又到尼罗河畔的荒蛮之地苦修 20 年。55 岁后，圣安东尼开始出世讲道，鼓励人们修行，很快吸引了众多的追随者。圣安东尼的苦修生活极其严苛，他以棕榈树叶或兽皮遮体，将睡眠和饮食降低到能维持生命的极限。他将独修归结为四个内容即静默、工作、守戒、祈祷，这四条后来成为独修生活的基本准则。很快，受安东尼感召的隐修士们遍及尼罗河畔的荒山旷野。

320 年，埃及一个名叫帕克米乌斯的修士将独居的修行者组织起来，形成一个松散的修行团体，由此创办了第一座修道院。修士们在这里过集体生活，他们没有私人财产，实行公餐制，大家遵守共同的宗教礼仪。此后，修道院便如雨后春笋般迅速发展起来了。到 4 世纪，仅上埃及就有了 7000 多名修道士。100 年后，尼罗河畔的修道士已达 5 万人，而且有了女修院。与此同时，这种集体的修行方式开始从埃及向外传布。4 世纪，已经传到巴勒斯坦和小亚细亚地区。

对于修道院的出现，基督教会中出现了反对的意见，认为这种做法违背了基督教的教义。380 年，在西班牙萨拉戈勒召开的宗教会议上，曾明确规定教士不得出家修行。但这些规定不能阻止修道院的继续发展，这使得许多教会人士开始以一种关切的态度对待之。他们认识到，修士们拒绝一切权威和教会的仪式活动，是其对世俗世界的一种抗拒，但他们仍然会以虔诚的修士作为自己的榜样。同时，教会权威们也意识到隐修士们虔诚的信仰，对传播基督教有着重要的影响力和示范作用。因此，一些教会人士开始采取怀柔政策，试图通过榜样的力量，有目的地将修道士们的修行活动纳入教会的轨道中。

早期著名的亚历山大里亚主教阿塔纳修（Athanasius，约296—373年）也是修士出身，他为安东尼写了一部传记《圣安东尼传》。在书中，他将安东尼塑造成一个信仰坚定的虔诚基督教徒，从而为修行的僧侣们树立了一个楷模、一个学习的榜样。

4世纪中期，恺撒里亚的主教大巴斯尔（Basil the Great，约330—379年）亲自考察了埃及和巴勒斯坦地区的修道院，肯定了修道院是追随上帝的一种虔诚的方式。随后，他在小亚细亚北部的荒郊建立了一座修道院。为了对僧侣们的修行活动加以正规化的管理，巴斯尔为修士们制订了共同生活的准则——《巴斯尔教规》。该教规分为《布道教规》（55条）和《日课教规》（313条）两部分，明确规定修道士每天要做的三件事是：祈祷、劳动和读《圣经》。该教规虽然继续强调苦行，但更加重视劳动的价值，认为劳动具有完善心灵的作用，是灵魂得救的重要途径。此外，注重将修院与教会的服务有机地结合起来。在一些地区，修道院开始设立孤儿院、开办男童学校，从事慈善活动，受到普通百姓的欢迎。

埃及的修道院并非宗教团体，只是一些完全独立的苦修团体。当修道院传入欧洲后，在基督教会的干预和改造下，修道院逐渐被纳入教会的轨道，成为有严格组织纪律、由修道院院长领导的宗教组织。而后，修道士的生活规范也成为基督徒，特别是教士应当遵循的行为准则。修士被认为是抛弃自己的一切所有追随上帝，具有高尚品德的人。然而，修道院的大量建立和发展，也引起社会上一些人的强烈不满，以致有人对修道院提出质疑：如果大家都进修道院，过与世隔绝的生活，那么传播福音的工作又该由谁去做呢？

5世纪后，随着罗马帝国的分裂和西罗马帝国的灭亡，修道院在西欧迅速发展起来，并得到上层社会的认可，成为教会控制下的一种封闭的组织。此后，修道院逐渐成为正统派教会培训教职人员的学院，同时也是学术研究的中心。在漫长的岁月中，修道院里的修士们除了研究神学，也研究自然科学和文化艺术。因此，修道院不仅培养出大批主教和传教士，还产生了众多知名的学者和思想家。事实上，中世纪的修道院在欧洲文明薪火的传承上起到了极其重要的作用。

第三章 基督教正典的确立

自基督教创建初期开始,有关耶稣生平的事迹已在聚会所里广为流传。1世纪50年代,基督教经典中最早的文字已用希腊文写成,到2世纪中期,《新约全书》的内容基本形成。

基督教《圣经》由《旧约全书》和《新约全书》两大部分组成。《旧约全书》即通常所称的《希伯来圣经》,它是犹太教的圣典,公元前5世纪由犹太教的拉比们编纂而成,并用希伯来文字书写下来。《新约全书》是基督教自身的典籍,由基督教徒写成。据考证,《新约》中的许多篇章最初是用阿拉米文书写成的,阿拉米语是当时西亚地区通行的语言,但基督教正典是用希腊文写成的。

2世纪初期,《新约全书》的内容已经全部产生了,但此时教会里还流传着各种各样的福音书、启示录和使徒书等。经卷的不统一,不仅引发了教会内部宗派之间的争论和斗争,而且干扰了整个基督教协调有序地发展。此时,确立正典成为基督教会必须要解决的一个问题。

一、《圣经》的确立

2世纪初期,一个称为马西恩派(Marcionism)的基督教派别运动,引起人们对当时存在的各种基督教文献的关注。马西恩(Marcion,? —160年)是小亚细亚一个富裕的造船主,据说为了加入罗马的教会,他离开家乡来到罗马。公元140年左右,他与聚会所的人吵翻了,于是决定自己建立一个聚会所。造成这种紧张局势的原因是马西恩认为:《希伯来圣经》中的耶和华与福音书中的神不是同一个神。他声称《希伯来圣经》中的耶和华是一个愤怒的图谋报复的神,而耶稣则是一位教化人、充满爱心的神。

马西恩受诺斯替教派①的影响,将《希伯来圣经》中的神与造物主联系在一起,而将基督教的神看成是柏拉图所说的"唯一的最高存在"。

马西恩不仅告诫他的信徒不要将《希伯来圣经》当作经典,而且要求基督教会也放弃《希伯来圣经》。在马西恩自己编纂的基督教正典中,就只保留了《路加福音》和保罗的书信。即使在这些文献里,凡是以肯定的态度提及《希伯来圣经》某些内容的,马西恩也毫不犹豫地将其全部删掉。

对于正统派基督教会来说,这是完全不能接受的。因为耶稣作为救世主的主要证据,就在于他一生都在履行《希伯来圣经》中的各种预言,正是这种历史的连续性,才给了基督教以一脉相承的传统力量。如果没有犹太教的《希伯来圣经》做为基础,那么基督教岂不成了无本之木、无源之水?马西恩的这种做法,使正统基督教会认识到,对众多流传的经典有必要加以甄别,将那些必须要永远保留的部分,作为基督教的正典确定下来。

但确定正典的工作进行的并不顺利,因为当时流行的基督教文献实在太多了。除了收入《新约》中的文献外,还有大量经书在社会上流传,传播较广的有《托马斯福音》《真理福音》《马太福音Ⅱ》《彼得行传》《约翰行传》《十二使徒遗训》等,这些经书中的很多内容明显受到诺斯替教派的影响,肯定不符合正统派教会的要求,因此必须将它们清除,还有一些来历不明的经书,也必须排除在正典之外。

面对浩繁的基督教文献,对于哪些可列入永远保留的正典,哪些必须禁止流传,在教会内部产生了长期的争论。直到330年,罗马皇帝君士坦丁命令恺撒利亚主教犹西比乌(Eusebius,约260—340年)主持编定《新约全书》后,争论才告结束。

基督教《圣经》包括《旧约全书》46卷,《新约全书》27卷。正典确立后,君士坦丁大帝下令分别抄录50部,以皇帝的名义下发各地,以此来保证《圣经》的独一性和权威性。对于未被选入正典的文献,正统派将其统称为"伪经",禁止在教会内流传。

397年,在迦太基召开的第三次宗教会议上,基督教会做出决定,再次

---

① 诺斯替教(Gnosticism),又称"灵智派",古代东方的一个教派,后吸收基督教的某些观念,成为早期基督教的一个派别,该派主张善恶二元论,将精神和物质严格区分开来,提出原神和造物主的概念,认为世界是由较低级的神祇造物主创造的。鼓吹只有该派的导师才能获得神圣的理性逻各斯(道),拯救世人。耶稣降临人世间,并非为了全人类的救赎,而只是为了将神圣的逻各斯传递给诺斯替教派的首领。4世纪,被基督教会斥为异端,基督教正典确立时,该派的福音书被排斥在正典之外。该派一度流传于地中海东部沿海地区,5世纪后逐渐消失。

确认了《新约全书》的内容和编排目次,这就是流传至今的《圣经》版本。然而,对于《圣经》正典的一些内容依然存在争议,这是因为在确定正典时,《旧约全书》中有七卷已经找不到其希伯来语的原文了。于是,对于没有争议的《旧约》各卷统称为"正经",而没有原文的这七卷则称为"次正经",对于"次正经"是否应当归入正典也一直有不同的意见。直到 5 世纪后,争论才逐渐平息下来。

到 16 世纪宗教改革时期,"次正经"的问题又被提了出来。大多数新教派别认为没有希伯来原文的《旧约》各卷,没有权威性,因此拒绝接受《次正经》为《圣经》的组成部分。这样,新教《圣经》的《旧约》部分就少了七卷。

1564 年 11 月 13 日,在天主教特兰多公会议结束之时,教皇庇护四世正式宣布《通俗拉丁文译本》为天主教《圣经》的法定版本。认为《次正经》和《正经》都是神的启示,具有同样的价值。于是,天主教的《圣经》正典包括《次正经》在内,而基督新教的《圣经》中,《旧约》不包括《次正经》。东正教各派除俄罗斯正教会外,大多与天主教一样,承认《次正经》。而俄罗斯正教会与新教一样,不承认《次正经》。

对于《新约全书》,各派都没有区别。

二、《新约全书》

《新约全书》共 27 卷,其中《福音书》4 卷,《使徒行传》1 卷,《使徒书信》21 卷和《启示录》1 卷。

1. 福音书

《新约全书》以福音书开篇。"福音"(Gospel)一词源于希腊文,意为"好消息"或"喜讯",福音书传播的是耶稣降临的好消息。福音书共四卷,分别是《马太福音》《马可福音》《路加福音》和《约翰福音》,它们都是耶稣的传记,是了解耶稣生平的主要资料来源。这些书大都写于公元 50 年之后,一些最初的文字用阿拉米语写成。当时,基督教正在向希腊世界的非犹太人地区传播,撰写福音书的目的是为了吸引更多的非犹太人信徒。尽管福音书均冠以马太、马可、约翰等耶稣使徒们的名字,但现代学者们经过考证后认为,四部福音书与使徒本人没有关系,都是后人的托名之作。

现代学者认为,在前三部福音书中,以《马可福音》的写作时间为最早,《马太福音》和《路加福音》的成书时间可能稍晚于《马可福音》,流行的地区也有所不同。尽管在体裁的编排组织上有一些差异,但这两部福音书的内容、观点与《马可福音》大体相同,只是材料更为详实丰富而已。学者们认为,它们很可能是受《马可福音》的影响而写成的,正因为有这种相互依存的关系,人们常将这三部福音书称为"对观福音书"或"同观福音书",意思是"等同观之的福音书"。

(1)《马太福音》

《马太福音》是《新约全书》的开篇之作,位列四部福音书之首。传统教会认为该书为使徒马太所作,大约写于公元 50 年左右,是最早的福音书,原本用阿拉米语写成,后失传。现在通行的《马太福音》是公元 70 年的希腊文译本。但现代学者经考证后认为,该书是 2 世纪初期,依据原始的《马可福音》而形成的。

《马太福音》结构严谨,内容丰富,是信徒最为熟悉、教堂使用频率最高的一部福音书。全书共分 28 章,首先记述了耶稣的家谱,表明耶稣是大卫王的后裔,以此来契合犹太先知对弥赛亚的预言。随后讲述了耶稣的一生,从诞生、受洗、传道、受难直到复活。该卷对耶稣布道的描述,大体可以分为五个部分,每部分都是先写耶稣的活动或神迹,然后是他对民众的教诲。有学者认为,马太写作该书的目的,在于将耶稣五个部分的言论集合起来,形成一部新的《托拉》,以取代犹太教的《摩西五经》。在这些演讲和布道中,耶稣将天国做为宣讲的重点,对人们有许多重要的训诫。

《马太福音》说,耶稣传道之初,在迦百农的一个山坡上,做了一次重要的演讲,这就是著名的"登山宝训"。耶稣首先提出八种人是有福的,然后对诸如福与祸、犹太律法、施舍、祷告、财宝、禁食等许多方面提出自己的见解。"登山宝训"是《新约》中最重要的经文,它是耶稣传教的宣言,不仅阐述了其"天国"的思想,而且告诫天国的臣民应当遵循的基本行为准则。在后来的传道中,耶稣用各种比喻向人们描述天国的来临、世界末日以及最后的审判。

在《马太福音》的结尾部分,死后的耶稣复活了,他对众人说了以下的话:

> 天上和地上的所有权柄都赐给我了。所以,你们要去,使万民作我的门徒。奉父、子、圣灵的名给他们施洗。凡我吩咐你们的,都教

训他们遵守，我就常与你们同在，直到世界的末了。(28：18)

这一段话，就是著名的"大使命"，它不仅是对犹太人说的，也是对全人类而言。

在《马太福音》中，有许多章节记述了耶稣对犹太律法的态度，许多训诫被重复多次，表明耶稣并不抛弃犹太律法，而是要强化律法，以显示新教派与犹太教的传承和延续。但与此同时，耶稣又不断以尖刻辛辣的语言讽刺犹太教拉比和宗教权威们，说他们是"瞎子""伪善者"……耶稣诅咒道："叫世上所流义人的血都归到你们身上……这一切的罪都要归到这世代了。"（23：35—36）这些话，很可能不是出自耶稣之口，但无疑反映了作者当时的思想。有现代学者指出：长期以来，这些言辞激烈的反犹词句一直为基督教会所认同，并成为中世纪欧洲反犹主义思想的依据和根源。

此外，《马太福音》多次引用犹太先知的预言，来验证所叙述的事情，是四部福音书中引用《旧约》经文最多，也是最具犹太色彩的一部福音书。因此，学者们认为该书当为早期的犹太基督徒所写，主要流行于巴勒斯坦地区，故位列福音书之首。

(2)《马可福音》

《马可福音》大约成书于公元70年之前。书中预言了耶路撒冷圣殿被毁以及人子的降临，作者将这两件事联系在一起，似乎是在向人们宣告：圣殿的被毁标志着犹太教时代的终结，基督教世界的开始。

传统教会认为该书的作者是保罗的助手约翰·马可，马可曾随同保罗一起传道，但两人的关系似乎并不好，后来马可离开了保罗，追随彼得。据说彼得很喜欢马可，称他为"儿子"。传统教会认为，马可是根据使徒彼得的口述记录下这部福音书的，故又称《彼得福音》。但现代学者却认为，此书的作者不可能是《使徒行传》中的马可，而是另有其人。

《马可福音》原文为希腊文，共分16章，是四部福音书中篇幅最短的一部。有学者指出，该书的原稿全部用大写的希腊字母写成，不分章节，没有标点符号，也无断句。直到2世纪中叶，才根据原始的版本，加以标点，定型为现在通行的希腊文版本。

《马可福音》较为详细地讲述了耶稣被捕、受审、遇难的情节，没有大篇幅的说教。对于耶稣的复活，没有任何细节的描述，全书至此结束。有学者指出，现在的结尾是后人加上去的，对于《马可福音》为何突然结束，至今在学界仍有种种猜测和疑问。

在《马可福音》中,耶稣预言了自己的受难和复活,他对门徒说:"人子必须受许多的苦,被长老、祭司长和文士弃绝,而且被杀,过三天复活。"在犹太人的观念中,弥赛亚是神派遣来引领人们进入新世界的救世主,他不会死。因此,耶稣的死与犹太人的观念格格不入,必须重新加以定义。于是,耶稣的复活便成为符合弥赛亚观念的必然结果。

有学者指出,复活并不是恢复原来的身躯,而是进入另一种模式的存在。"他的追随者开始以一种新的方式体验到他……他现在在任何地方都为人所知,而不只是在他现身时才为人所知。"①"复活"观念的产生,成为基督教会建立和基督教神学思想发展的基础。

在《马可福音》中,耶稣预言了耶路撒冷圣殿的被毁和灾难的到来。耶稣对一个门徒说:"你看见这大殿宇了吗?将来在这里没有一块石头留在石头上,不被拆毁了。""你们听见打仗和打仗的风声,不要惊慌。这些事是必须有的,只是末期还没有到。民要攻打民,国要攻打国,多处必有地震、饥荒。这都是灾难的起头。"同时,耶稣告诫民众:"福音必须先传给万民……惟有忍耐到底的,必然得救。"(13:2—13)

作者用了许多个"立即",以强调耶稣预言的即时性,灾难不在遥远的未来,而是近在眼前。

《马可福音》虽然预言了耶路撒冷圣殿的被毁,但并未提及罗马人攻占耶路撒冷之事,因此有学者推断该书可能写于公元70年之前。此外,该书很少提及犹太先知的预言和犹太戒律,显示出其传教的对象不再是犹太人,而是外邦人,这与彼得在罗马向非犹太人传教的时间相契合。由此推断,《马可福音》最初是流行于巴勒斯坦以外地区的一部福音书。

(3)《路加福音》

《路加福音》相传是保罗的同伴路加所写。路加出生于叙利亚的安提阿,曾是一名医生。大约公元40年,他受洗皈依基督教,成为保罗的门徒和助手。路加长期追随保罗,在各地传教。《路加福音》共24章,学者们指出该书有近一半以上的内容取材于《马太福音》和《马可福音》,其成书时间可能要晚于前两部书。而且,该福音书的内容并非作者的亲身经历,而是各种资料的汇编。

---

① [美]休斯顿·史密斯著,刘安云译:《人的宗教》,海南出版社2013年版,第313页。

在《路加福音》的开始，首先写明该书是献给一位名叫提阿非罗的"大人"的，作者写道："有好些人提笔作书，述说在我们中间所成就的事，是照传道的人从起初亲眼观看又传给我们的。这些事我既从起头都详细考察了，就定意要按着次序写给你，使你知道所学之道都是确实的。"（1：1—4）

现代学者认为，《路加福音》并非出自路加，而是他人的托名而作。

《路加福音》按照时间顺序讲述耶稣的一生，该书极力表明耶稣是一个虔诚的犹太教徒。在四部福音书中，只有该书提到耶稣出生后八天行割礼以及在圣殿论道的故事。该书还讲述了耶稣在传教之初，曾回到家乡拿撒勒，在这里被乡亲们所厌弃。安息日那天，耶稣照平常的规矩进了会堂，众人认出他是马利亚的儿子，指责他没在家乡行神迹。耶稣则说："没有先知在自己的家乡被纳税的。"乡亲们听他这样说，都怒气满胸，要撵他出城。因城建在山上，他们要把他从山崖上推下去。而耶稣从他们中间直行，过去了。离开家乡后，耶稣来到迦百农，开始在这里传道。

可见，耶稣所以将传教中心设在迦百农，是因为与犹太先知以利亚和以利沙一样，他在家乡不受欢迎。这个故事告诉人们，耶稣在遭到犹太人的拒绝后，只得转向非犹太人传教，由此来预示传教的艰辛与磨难。此外，《路加福音》更加强调祷告的重要性，强调神的慈爱，强调对罪人的爱和救赎的普世性，这些显然受到保罗思想的影响。

（4）《约翰福音》

四部福音书中，成书最晚的是《约翰福音》，它大约写作于2世纪中期。因此，它的作者不可能是使徒约翰。《约翰福音》开篇就是"太初有道，道与上帝同在"之语，接着便是"道就是上帝，这道太初与上帝同在。万物是借着他造的……生命在他里头，这生命就是人的光，光照在黑暗里，黑暗却不接受光"。

这些玄奥的话语，在前三部福音书中是没有的，从而将耶稣"人间的主"的现实否定，将其演化为神秘的天国。学者们指出，与其他福音书相比，《约翰福音》的写作风格有明显不同。该书涉及耶稣的生平事迹较少，而代之以众多人物的对话，其中许多人没有名姓，但这并不妨碍他们与耶稣的交谈，如水井旁与撒马利亚女人的对话、与尼哥底母的对话……许多人物形象生动鲜明。在这里，耶稣随着人物场景的变换，高谈阔论，宣传自己的思想和见解。

《约翰福音》不断强调并反复出现耶稣救世主的形象。他说:"我实实在在地告诉你们,你们将要看见天开了,神的使者上去下来在人子身上。""除了从天降下,仍旧在天的人子,没有人升过天。摩西在旷野怎样举蛇,人子也必照样被举起来。叫一切信他的都得永生。"

《约翰福音》极力对耶稣加以渲染和神化,将他视为一个永恒的、神在人世间的圣子来宣传,具有典型的古希腊神话的色彩。在前三部福音书中,都提到耶稣驱魔的故事,但在该福音书中耶稣不是驱魔者,只是提及耶稣所行的神迹。耶稣行的第一个神迹,就是在迦拿的婚礼上,将水变为酒。后来他显示了一连串的神迹,这些神迹具有某种神学上的象征意义,令后来无数神学家对此做出种种不同的解读。

起初,有人对这本书的正典地位提出了质疑,觉得它的论述有点儿特别。但正统派教会最终还是接受了《约翰福音》,将它列入《圣经》正典之中。

2.《使徒行传》

传统教会认为《使徒行传》与《路加福音》的作者是同一人,即保罗的门徒、医生路加所写。路加曾长期追随保罗,因此《使徒行传》中记述的许多事件也是作者的亲身经历。但现代学者经考证后认为,该书大约写于1世纪末或2世纪初期,因此它不可能出自路加之手。

长期以来,《使徒行传》被认为是一部历史书,它记述了彼得和保罗传教的过程。但现代学者指出《使徒行传》只是将基督教传播过程中的一些材料加以重新编排,它更像是对历史的解读,而非真实的记录。作者将这些材料汇集在一起,是为了陈述某种神学、道德、政治观点,体现出某种意识形态,并不是无倾向的叙述。

该书就内容而言,大体分为两大部分。第一部分主要记述使徒彼得在巴勒斯坦和小亚细亚等地的传教活动,后一部分讲述保罗三次旅行布道以及晚年回到耶路撒冷,被犹太人误解,遭到逮捕,最后被押送回罗马的经历。书中记述了彼得和保罗的不同观点,以及两派之间的矛盾和斗争,因此,《使徒行传》是研究彼得和保罗生平事迹的重要资料,也是了解早期基督教会的历史文献。

《使徒行传》没有记述保罗和彼得的死亡,只写到保罗晚年回到罗马传教,遭到囚禁后又被释放出来,继续传教为止。而后,罗马发生大火,基督教徒遭到迫害。现代学者们认为保罗和彼得很可能都在这场大火中殉难。但天主教会认为，保罗被释放后，离开罗马，又到外地传教。公元68年，保罗在特罗亚被捕，押送到以弗所受审，同年在罗马城外被钉死在十字架上。为了纪念这位圣者，罗马天主教会将每年的6月29日定为保罗瞻礼日。

3.《使徒书信》

使徒书信共21篇，包括《罗马书》《哥林多书》《加拉太书》《以弗所书》等，是使徒之间的书信集，传统教会认为其中大部分是保罗写给教会和教友的信件。但现代学者认为除了极少数章节为保罗亲自书写外，绝大多数信件是由他的信徒们撰写的，其中的《加拉太书》据信为保罗所书，大约写于1世纪40—50年代，是《新约》中最早成文的部分。

加拉太是小亚细亚中南部的一个省份，保罗在第一次巡回布道时在此建立了一个教会。后来，当地的犹太基督徒以保罗不是耶稣的十二使徒之一为理由，鼓动信徒反对他，并强迫非犹太教徒必须先施割礼加入犹太教、遵守摩西律法，才能成为基督教徒。为此，保罗亲自写了这封信。在信中保罗除了为自己的使徒身份进行辩护外，还阐述了律法与信仰的关系，提出"因信基督称义，不因行律法称义"的思想，有力地批驳了犹太基督徒的狭隘观点。

这些以使徒名义所写的书信，都是针对当时教会存在的各种具体问题所做出的答复，并非有计划、系统的神学解释。但从这些书信中，我们可以了解到当时基督教内部的矛盾和斗争，获知基督教在教义、神学、伦理道德和政治观点诸多方面的演变过程。具体表现在：将耶稣基督神圣化，开始出现基督教神学思想的萌芽，在政治上弱化原始基督教的革命性，将耶稣在世间建立"上帝的国"演化为对死后天国的期待……同时鼓吹要服从罗马帝国的统治者，这也是后来基督教为罗马皇帝所接受、确立为国教，成为历代君主统治工具的重要原因之一。

4.《启示录》

《启示录》是《圣经》最后的篇章，原文用希腊语写成，是一部涉及耶稣降临的预言书，篇幅并不长，仅有22章。它以预言的形式反映了原始基督教反对罗马人统治、主张人人平等、期盼实现千年王国的政治思想，是启示文学的经典之作。作者显然对小亚细亚的情况极为熟悉，因此有学者推测当是小亚细亚的犹太基督教徒所写。对于该书的写作时间，学界一直存在争议，有人认为大约写于公元70年代，也有人说是1世纪末期的作品。

《启示录》开篇便说："耶稣基督的启示，就是神赐给他，叫他将就要快成的事指示他的众仆人。"虽然该书明确交代作者是"使徒约翰"，但有学者指出《启示录》有许多语法上的错误，仅就希腊文的水平而言，在整部《新约》中算是最差的了。但即使这样，使徒约翰也写不出来，因为《新约》明确告诉我们，他是个不识字的渔夫。因此，《启示录》的作者只能是另一个名叫约翰的人。

《启示录》依据内容大体可分为两部分。前半部分主要是写给小亚细亚教会的七封信，"七"是犹太传统中的一个神秘数字，是一个圣数，在此寓意全体教会。人子要求约翰给以弗所、士每拿等七个教会写信。每封信首先对教会的优点加以肯定，随后便尖锐地指出该教会存在的问题，如教会中存在程度不同的偶像崇拜、言行不一、说谎话、行奸淫等违背基督教义的行为，告诫他们"你当悔改"。在每封信的结尾，是同样的叮嘱"圣灵与众教会所说的话，凡有耳的，就应当听！得胜的，必不受第二次死的害"。

后半部分则描述了约翰所见的奇异景象。《启示录》中充满了各种异象、数字和比喻，是《新约》中最为晦涩难懂的一部书。约翰告诉人们，他见到了基督的异象：有七个金灯台，灯台中间有一位好像人子，身穿长衣，直垂到脚。胸前束着金带，他的头与发皆白，如白羊毛，如雪，眼目如同火焰……一个异象刚过，另一个异象接踵而至。

在看见一连串的异象之后，约翰告诉人们，他看见一只有七角七眼的羔羊（象征神的七灵）揭开宝座旁边的书卷上的七个封印，预示将要发生的一切。有学者指出《启示录》在叙述过程中，没有单一的时间直线，而是以周而复始的方式来预示重大灾难的发生，一个大的循环结束，另一个循环接着展开。

第一个封印被羔羊揭开时，表示征战者的征服：见有一匹白马；骑在马上的，拿着弓，并有冠冕赐给他……封印一个个揭开，红马、黑马、灰马和殉道者的灵魂相继而出，分别代表战争、饥饿贫困、死亡与不幸。直到第六印打开：看见地大震动，天上的星辰坠落在地……

一切彻底崩溃，焦虑和绝望充满大地……

当羔羊揭开第七印的时候"天上寂静了约有二刻"，第一个灾难的大循环结束了。

在紧张的片刻等待之后，另一个大循环开始了……

最后，审判死人的时候到了。所有受到审判的人，无论长幼都站在宝座前面。案卷展开了，生命之卷同时展开：死了的人都凭着这些案卷所记载的，照他们所行的受审判。当最后的审判结束时，先前的天地就已经过去了，随之而来的是"新天新地"。

《启示录》向人们展示了世界末日时的情景，试想当那一幅幅诡异奇幻的画面浮现在我们的脑海中时，将在人们的心中激起怎样的恐惧和惊悚！

总体而言，《新约全书》的内容有许多自相矛盾的地方，即便是同一件事情，在不同的章节时常会有不同的说法。近代学者经过详细的考证后，还是排除了编造说，认为《新约全书》尽管有许多牵强附会之处，但仍能从中看到早期基督教发展的历史脉络，对于研究基督教早期历史具有重要的史料价值。

第四章 中世纪前期的基督教

中世纪前期是基督教社会的形成时期。此时的基督教已经成为罗马帝国的国教，影响遍及整个帝国及其周边地区。但由于地理、文化上的差异，随着罗马帝国分为东西两部分，教会也有了东部教会和西部教会的区分，基督教内部的矛盾和争论也日益尖锐起来。

一、基督教成为罗马帝国的国教

180年，随着马可·奥勒留皇帝的去世，罗马帝国的黄金时代结束了。此后，中央集权制严重削弱，权力争斗导致皇帝频繁更替。在这种内忧外患的局势下，迫使皇帝们开始以一种新的思维来面对现实，力图寻找出一条拯救帝国的妙方良策。此时，君士坦丁登上了罗马帝国的历史大舞台。

1. 君士坦丁皈依基督教

君士坦丁（Constantine，324—337年）出生于显赫的家庭。其父是著名的军事将领康士坦提乌斯，其母海伦娜出生于塞尔维亚，是个小店主的女儿。当时，罗马正值四帝共治的时代。293年，当其父被选为西部帝国的恺撒，与皇帝马克西米安的女儿结婚时，君士坦丁19岁，已投身军营，在中东和埃及为帝国效力了。其生母海伦娜是一个虔诚的基督教徒，这对君士坦丁后来皈依基督教无疑有很大的影响。

305年，康士坦提乌斯成为西部帝国的奥古斯都。出于私心，他没有按照惯例为自己再选定一个恺撒作为接班人。306年，康士坦提乌斯在征战时去世，军队拥立随军的君士坦丁为西部帝国的奥古斯都，迫使东部皇帝加莱里乌斯宣布他为恺撒，使他名正言顺的承继父位。

311年，皇帝加莱里乌斯去世。此时在西方，君士坦丁的主要竞争对手是前皇帝马克西米安的儿子、自称恺撒的马克森提乌斯（Maxcetius）。312年，双方在罗马城外的米尔维桥交战。在这场决定命运的大战中，马克森提乌斯不幸落水身亡，君士坦丁大获全胜。随后，君士坦丁占领了原属于马克森提乌斯统辖的地区，成为西部皇帝。对于君士坦丁在这场战斗的胜利，流传有两种说法：

一说，君士坦丁在出战前一天夜里梦见天使。天使告诉他，只要将基督的名字用希腊文写在战士的盾牌上，他就能获胜，于是君士坦丁立刻照办。第二天，两军交战，君士坦丁的军队旗开得胜。

而恺撒利亚大主教、《君士坦丁传》的作者优西比乌（约260—342年）则提出另一种说法：出战的前夜，君士坦丁正在祈祷，突然看见天空显现出一个闪闪发光的十字架，许多士兵也看到此异象，大家惊恐不已。于是，君士坦丁下令士兵将十字架绘在军旗和战士们的盾牌上。第二天开战，君士坦丁的军队大战告捷。战后，君士坦丁声称是耶稣基督的护佑，使他战胜了敌军。正是米尔维桥之役的胜利，为他日后统治帝国，登上罗马皇帝的宝座铺平了道路。

313年，君士坦丁与东部奥古斯都、其姐夫李锡尼（Licinius，250—325年）在米兰会晤，在对待基督教的问题上达成共识，随后发布了一系列指示，这些文件后来被统称为《米兰赦令》。指示中说：

> 先前所发限制基督徒活动的指令，现在予以撤销，任何人愿信奉基督教，可以自由公开从事活动，他人不得骚扰……其他宗教也享有同等自由活动的权利……①

随后，基督教会被没收的财产予以归还，并承认主教在教会中的领导地位。

《米兰赦令》成为基督教历史上的一个转折点，从此结束了基督教受迫害的状态。

然而，两位奥古斯都并没有维持长久的和平。314年，为了边界问题，双方兵戎相见，不久又缔结了和约。323年再次开战，这次君士坦丁占领了东部的巴尔干半岛和小亚细亚地区，并包围了东部首都尼科米迪亚。在君士坦丁声言保障安全的条件下，李锡尼被迫开城投降。但第二年，君士坦

---

① ［荷兰］彼得·李伯庚著，赵复兰译：《欧洲文化史》，上海社科院出版社2004年版，第86页。

丁便以叛逆罪将李锡尼杀死。324 年，君士坦丁正式登上皇帝宝座，重新将庞大的罗马帝国统一起来，置于自己的统治之下。

君士坦丁上台后，首先废除"四帝共治制"，将自己的几个子侄任命为恺撒，各管一方，以加强皇帝对整个帝国的统一领导。同时他将地方政府的军权与政权分开，使地方的权力不至于过分集中，从而将军权和政权都集中在皇帝一个人的手中。

君士坦丁在执政的十几年里，采取了多项措施来强化中央集权制的统治，维持了帝国的和平与稳定。但使他彪炳青史的，主要有两大功绩。

第一，将帝国首都迁移到小亚细亚古城拜占廷（Byzantine），为日后东罗马帝国的建立奠定了基础。

君士坦丁放弃罗马城、另立新都是出于两个方面的考虑。首先，罗马城位于巴尔干半岛中部偏西的位置，远离帝国的各个行省，由于当时没有充分利用便利的水路交通，致使中央的命令难以很快通达全国。此外，罗马城自古就有着浓厚的多神崇拜的传统。为了远离异教，君士坦丁决定建造一座纯粹基督教化的新城作为首都，新城的地址选定在拜占庭。

拜占庭为历史古城，是公元前 7 世纪希腊人建立的殖民地。这里地理位置优越，有通达四海的便利交通，是连接中亚和欧洲的必经之地。在贯通黑海和地中海的海峡南北两端，还各有一个狭长且能通航的海峡，似两扇海上大门守卫着拜占廷。此外，拜占庭还在陆地上建立起两道高大的城墙，与巴尔干山脉的天然屏障连为一体。有了海陆两道防御屏障，拜占廷占尽地利，易守难攻，具有极为重要的战略位置。

330 年，君士坦丁正式宣布迁都拜占廷，在那里大兴土木，建设新首都，并将其改称为君士坦丁堡，意思是"君士坦丁之城"，亦称"第二罗马"。但遗憾的是直到他死时，新首都还没有建好。

君士坦丁堡的建立，对后来的东罗马帝国具有极其重要的意义。正是君士坦丁堡独特的地理环境，才使得东罗马帝国能够在外敌不断侵袭下，凭借着古老文明的积淀、繁荣的贸易和相对先进的技术，一直维持着君主的统治。直到 1453 年，奥斯曼人占领了君士坦丁堡，历经千年的帝国才最终落下了帷幕。

第二，基督教成为合法的宗教，为其日后成为罗马帝国的国教奠定了基础。

君士坦丁继位时，罗马帝国的国内外矛盾极其尖锐。在这种情况下，他独具慧眼地看到了基督教所潜藏的巨大凝聚力。君士坦丁意识到正在分裂破碎的庞大帝国，需要一种强有力的精神力量来统一人们的思想和行为，以维护帝国内各民族的团结，使整个帝国保持统一的局面。君士坦丁清楚地认识到，只有基督教才能够担当起这样的历史重任，成为统一庞大帝国思想的精神力量。于是，在继皇帝位后不久，他便开始着手使基督教合法化的工作，使之得到帝国法律的承认。

此后，君士坦丁对推动基督教运动表现出了极大的积极性。他捐献出大量金钱，在罗马以及新都君士坦丁堡修建起多座富丽堂皇的教堂。他还努力恢复被人们遗忘的耶路撒冷城，在那里建起最早的圣墓大教堂。此外，他废除了古罗马用十字架钉人的死刑方式，而将十字架作为耶稣基督的象征性标志。

尽管君士坦丁对基督教充满了热情，但他始终没有加入基督教会，也有人说他是在临终前才受洗成为基督徒的，然而这并不妨碍他直接领导和干预教会的各项事务。君士坦丁以皇帝的身份多次召开宗教会议，教会按照他的意见制定信条、解释教义，对君士坦丁而言，基督教不过是他手中运用自如的统治工具而已。但作为皇帝，他为基督教提供了巨大的发展空间，为日后基督教登上世界大舞台铺平了道路。

2. 尼西亚大公会议

到君士坦丁统治时期，基督教历经数百年的发展，已经具有相当的规模了。但是，仍然存在许多问题，如教义不统一、礼仪不规范、组织机构不健全、内部教派纷争……这些都严重地制约了基督教会的健康发展，使它难以担当起凝聚帝国思想的重任。

在这种情况下，当务之急是要将帝国内所有的聚会所统一起来，使之成为由中央管理的组织。然而，组织上统一的前提是思想上的统一，而此时基督教还没有一部为所有聚会所公认、大家共同接受的基督教教义，而基督教内部关于"三位一体论"的争论还在不断升级，甚至达到白热化程度。当时争论的焦点主要集中在耶稣的属性问题上。

自德尔图良提出耶稣三个位格的神学观点后，经过奥古斯丁的诠释和演绎，人们对于耶稣的神性、其神的本质从来没有怀疑过，但对其神性的准确性质却一直存在分歧，没有定论。

318年，亚历山大里亚教区一个名叫阿利乌斯（Arius，约256—336

年)的司祭,提出自己的看法,他不否认耶稣的神性,但认为耶稣不是永恒的生命,在某些方面他是由神创造的,因此,耶稣的神性低于唯一的神。也就是说,圣子为圣父所造,他的神性低于圣父,不能与圣父同性、同体。为了宣传自己的思想,阿利乌斯将自己的观点编成歌曲,到处传唱,引起了很多人的关注。

亚历山大里亚的主教阿塔那修,即《圣安东尼传》的作者,认为这是涉及耶稣本质的原则问题。他坚决反对阿利乌斯关于耶稣为神受造之说,认为耶稣就是神,并永远存在。他认为如果耶稣是受造者,那么他便无法拯救人类,所以耶稣必定与圣父具有同样的本性,即圣子出于圣父,与圣父同性、同体。于是,他召开宗教会议,将阿利乌斯革职,并将其斥为"异端"。

此时,恺撒利亚主教优西比乌也表了态,他支持阿利乌斯。阿利乌斯的见解似乎更容易理解,因此得到教会许多普通成员的赞成和支持。双方的争论日益激烈化,随着参加争论的人数越来越多,教会面临着分裂的危险。君士坦丁意识到,不同观点之间的长期争论会给教会带来严重的后果,而他需要的是一个统一、团结的基督教会。于是,君士坦丁大帝决定亲自出面干预这件事。

325年,君士坦丁在小亚细亚的尼西亚(Nicaea)召开首次全基督教会议,制定出一部为所有聚会所接受的、具有约束力的统一教义即信条。优西比乌在《君士坦丁传》中说:"君士坦丁召集了此次总会议,邀请所有的主教们参加……参加的主教有250多名……为的是平息教会内的争论。"[1]此次会议邀请所有教区的主教参加,故会议冠以"全体"两字,但实际前来参加会议的主教,大多来自东部地区。然而,由皇帝主持通过的会议决议,在整个帝国内依然具有绝对的权威性。

尼西亚位于博斯普鲁斯海峡东端,是与君士坦丁堡隔海峡相望的一个小镇。日后,这个小镇因此次会议的召开而名扬四海。在尼西亚会议上,双方就耶稣的神性问题展开了激烈的辩论。由于当时还没有正统教义的概念,争来争去,也不知谁对谁错,总之谁也说服不了谁。作为皇帝,君士坦丁对基督教神学并不了解,但他决定对两派的争执进行调解。最后,皇帝表态支持阿塔那修的观点,耶稣和神之间的关系被定义为"同体"(ho-

---

[1] [荷兰]彼得·李伯庚著,赵复三译:《欧洲文化史》,上海社科院出版社2004年版,第88页。

moousius），即圣子与圣父同体；包括圣灵在内，也是同体的。也就是说：圣父、圣子、圣灵是由神分离出来的三个位格，其本质是合一的，都是神而非人，这就是三位一体说。

尼西亚会议的实际结果就是将三位一体说奉为信经，使之成为基督教的正统教义，要求所有信徒遵奉。虽然在尼西亚会议上，许多人并不同意阿塔那修的观点，但在皇帝的直接干预下，大多数人还是随声附和了强者，最后只有阿利乌斯和两个支持他的朋友坚持自己的意见，拒绝在尼西亚信经上签字。这些坚持己见的人，被斥为"异端"，受到革除教籍的处分。

大会结束前，通过了《尼西亚信经》，以此来统一基督教会的思想，基督教第一次大公会取得了丰硕的成果。

《尼西亚信经》

我们信独一的神，全能的父
是天地和一切可见和不可见的事物的创造者。
我们信独一的主，耶稣基督是神的独生子。
在永久之前，为父所生，是从神的神，从光的光，从真神的真神，
不是受造的，是与父神为一，万物都是藉他造的。
又为我们，为了救我们他从天降下。
藉着圣灵的力量，从童贞女玛利亚取肉身成为世人。
为我们的缘故在本丢彼拉多手下被钉十字架受死，埋葬，
根据《圣经》上的话，第三天复活升天并坐在天父的右边；
他将来必从荣耀里再来，审判活人和死人，他的国就没有穷尽。
我们信圣灵是主，是赐生命的，是从圣父和圣子出来的。
与圣父和圣子一同受敬拜和荣耀，
他曾通过先知们讲话。
我们信神圣的使徒的教会。
我们接受赦罪的洗礼。
我们期望死人的复活和来世的永生。阿门。[①]

此外，尼西亚会议正式决定按照帝国的行政区域来划分教区，并给予罗马教区、耶路撒冷教区和亚历山大里亚教区的主教们更大的权力，同时

---

① 张志伟：《西方哲学十五讲》，北京大学出版社2004年版，第168页。

规定由皇帝来任免主教。

后来，至少又召开了三次会议才将《尼西亚信经》最终确定下来。君士坦丁本人对尼西亚会议取得的成果表示满意，在他看来教会的统一似乎有了实现的可能性。从此，这个非教徒的皇帝成了整个基督教会的首脑，教会开始围绕着皇帝这个中心运转，皇帝的好恶也决定着教会甚至主教的命运。

尽管尼西亚会议将阿利乌斯派斥为异端，但关于三位一体的争论并没有得到真正的解决。

337年5月，君士坦丁在他的驻地尼科墨迪亚去世。随后，他被封为"凯撒"的三个儿子和二个侄子为争夺权力，大打出手，混战持续了16年。直到353年，君士坦丁的次子、君士坦提乌斯二世（353—361年）胜出，再次统一了帝国，而他本人就是一个阿利乌斯派。

3. 基督教成为罗马国教

在罗马帝国，基督教义的确立与基督教社会的形成和发展，都离不开皇帝的权威。君士坦丁以君权凌驾于神权之上的做法，为后世的皇帝们所效仿，狄奥多西一世（Theodosia，379—395年）是其中最突出的一位。

狄奥多西登上皇帝宝座时，罗马帝国的边界线早已形同虚设，任由高卢人、汪达尔人、哥特人、勃艮第人等游牧民族自由出入。此时，他深刻地认识到一个统一的精神力量，对于巩固皇权、维护领土完整的重要作用。381年，狄奥多西上台后不久，便颁布了一项指令，明确表达他罢黜百教，独尊基督的决心。

> 我们的旨意是一切臣民都应信奉由使徒圣彼得传给罗马人的神圣信仰。按照使徒的吩咐，他们应当信奉圣父、圣子、圣灵三位一体的神。兹命令，凡这样信奉的人得称为大公基督教徒，除此之外的其他信仰都是异端……各种异端……一律取缔，不准传播。[①]

《尼西亚信经》虽然已经颁布多年，但基督教内部的阿利乌斯派并没有停止活动。381年，为了解决纷争，统一思想，狄奥多西在首都君士坦

[①] ［荷兰］彼得·李伯庚著，赵复三译：《欧洲文化史》，上海社科院出版社2004年版，第88页。

丁堡召开了第二次大公会议。会议重申了《尼西亚信经》，坚定不移地维护三位一体的教义。为了使教会停止争执，达到团结统一的目的，此次会议对阿利乌斯派采取了更加严厉的制裁措施，再次将该派定为"异端"，并驱逐出境。从此，阿利乌斯派被迫离开罗马帝国，转而向东方发展。

宗教的不宽容性也表现在对异教的态度上。随后，狄奥多西多次下令关闭一切异教神庙、禁止献祭活动、不准非正统的基督教派继续举行有组织的活动，将基督教会全部交给三位一体派掌管。与此同时，他也给了罗马教区的主教以更大更多的权力。395年，皇帝又一次宣布：

> 任何地方，凡神殿、神龛中仍有神像，仍有异教徒前往敬拜的，此等地方应一律夷平……建在城镇的神殿，应予没收，改归公用，一切神坛都予摧毁。①

皇帝的这种做法引起一些异教人士的强烈不满，当时就有学者写信质问到：

> 我们这些异教徒和我们的基督教邻居，为什么就不能和平共处呢？我们仰望着同一个星空，都是同一个星球上的过客，住在同一个天空下，每一个人顺着什么道路到达最终真理，这有什么要紧呢？②

这段1700年以前写下的话语，直到今天仍然具有极大的现实意义，因为在我们生存的这个世界上，由宗教引发的各种冲突甚至战争从来没有中断过。如今，人类虽然已经步入第21个世纪，但我们距离宗教宽容依然还很遥远。

在皇帝们的大力扶持下，基督教终于从初期一个"奴隶和被释放的奴隶，穷人和无权者，被罗马人征服和驱散的人的宗教"（恩格斯语）成为罗马帝国内唯一合法的宗教，成为庞大帝国内各族人民共同的信仰。由此，开创了世界文明史上前所未有的一种新局面，也为日后基督教进入欧洲奠定了基础。

---

① [荷兰]彼得·李伯庚著，赵复三译：《欧洲文化史》，上海社科院出版社2004年版，第90页。
② [美]房龙著，秦立彦、冯士新译：《宽容》，广西师大出版社2008年版，第60页。

二、东部教会的形成和发展

1世纪时，基督教在向以罗马为中心的西方世界传播的同时，在帝国东部也取得了骄人的成就。东部地区是基督教的发源地，这里曾经是亚历山大帝国的一部分，长期以来深受希腊文化的影响。当基督教受到罗马皇帝的压制时，在帝国东部已经建立起了四大主教区（后称牧首区），它们是耶路撒冷牧首区、君士坦丁堡牧首区、安提阿牧首区和亚历山大里亚牧首区，人们习惯将这四大牧首区统称为东部教会。

在基督教形成时期，东部教会是思想最为活跃、斗争最为激烈的地方，正统派和各种"异端"的争论此起彼伏。直到11世纪中期，东西方教会分裂后，有关教义的争论才逐渐平息下来。

1. 耶路撒冷牧首区

耶路撒冷是最早的基督教社团中心，相传该教区是由耶稣的兄弟雅各创建的，耶稣曾在这里传过教。耶路撒冷教区的早期成员都是信奉耶稣的犹太人，他们主张信徒必须先行割礼、加入犹太教之后，才能成为基督教徒。为此，耶路撒冷教会与圣保罗之间产生了激烈的冲突。公元前48年，在耶路撒冷召开了使徒会议，以调解双方的分歧，最终达成和解。从此，基督教向非犹太人敞开了大门。

67年，巴勒斯坦爆发了反罗马人的起义。70年，罗马将军提图斯率军镇压犹太人，摧毁了第二圣殿。138年，犹太人最后一次大起义失败后，罗马人将耶路撒冷犁成平地，犹太人开始了长期的大流散。从此，该教区衰落了。

451年，在查尔西顿举行的基督教第四次宗教会议上，决定正式成立耶路撒冷牧首区，管辖范围包括巴勒斯坦和阿拉伯半岛等地区。

7世纪时，阿拉伯穆斯林攻打耶路撒冷城。在保障宗教信仰自由和城市和平的条件下，当时的牧首被迫向阿拉伯帝国的哈里发投降。此后，耶路撒冷地区的教会活动受到种种限制，以至在其后的60年里一直没有设立牧首的职位。后来，耶路撒冷虽然恢复了牧首区，但该地区仍长期处于阿拉伯穆斯林的统治之下。

20世纪中期，由于以色列国的建立，耶路撒冷再次成为犹太人和阿拉伯人激烈争夺的焦点。直至今天，实现该地区的和平仍然任重而道远。尽管这样，耶路撒冷牧首区始终是东正教的一个独立教会。如今，该教区大约有七万名信徒,其中大多数是皈依基督教的阿拉伯人,也有居住在此的希腊人。除了本教区的数万名成员外,每年还有大批基督徒来耶路撒冷朝圣,参加教会举行的各种纪念活动。

2. 君士坦丁堡牧首区

君士坦丁堡具有悠久的历史。自330年起,它一直是罗马帝国、东罗马帝国的首都。1453年,东罗马帝国灭亡后,奥斯曼人仍以此为都,只是改称"伊斯坦布尔"。

君士坦丁堡的教会组织,相传为使徒安德烈所建。由于君士坦丁堡在历史上的重要政治地位,因此这里的主教拥有更多更大的权力。381年,皇帝狄奥多西在此召开第二次宗教会议上,确立了君士坦丁堡主教"普世牧首"的地位,但其权威性一直受到罗马主教的挑战。在451年举行的查尔西顿会议上,为了调解东西方教会的矛盾,会议宣布君士坦丁堡主教和罗马主教拥有平等的权力。

这样做的结果是,东西方教会的矛盾非但没有丝毫的化解,争夺权力的斗争反而愈演愈烈了。在这个过程中,君士坦丁堡教会作为东方教会的首领,坚决地、毫不动摇地与西方教会进行抗衡。1054年,长期的尖锐对立,终于导致了东西方教会的彻底分裂。东罗马帝国灭亡后,君士坦丁堡地区成了穆斯林的天下。

18世纪后,随着各国民族独立运动的发展,许多隶属于君士坦丁堡牧首区的东正教会,相继分离出去,成为独立的正教会。如今的君士坦丁堡教区,除了在土耳其有三个郡主教区和一个大主教区外,一些尚未独立的海外教区也归它管辖。尽管君士坦丁堡牧首仍然享有"荣誉上的首席地位",但除了自己的辖区外,它对其他独立的正教会没有辖制权。

3. 安提阿牧首区

安提阿为叙利亚古城,这里的教会是最古老的基督教会之一。传说圣保罗皈依基督教后,第一个传教的地点就是安提阿,使徒圣彼得也曾多次在这里讲经布道。史书记载,正是在安提阿,耶稣的门徒首次被称为基督徒,因为他们是信奉救世主的人。

3世纪,安提阿成为单独的郡主教区。5世纪后,在此设立了牧首区,其地位仅次于君士坦丁堡牧首区,主要管辖范围包括叙利亚、巴勒斯坦、小亚细亚、塞浦路斯、美索不达米亚等地区。后来,巴勒斯坦从安提阿教区分出,划归耶路撒冷牧首区管辖。

安提阿牧首区历史悠久，产生了众多的知名人士。这里曾经是基督教教派最为活跃的地方。

早期的安提阿主教伊格纳修（Ignatius，约37—107年）是著名的教父和神学家，据说他是圣保罗的门徒，也有说他曾追随使徒圣彼得。他有15封书信传世，记述了早期教会的情况，成为珍贵的历史文献。

另一个著名人士就是聂斯托利（Nestorius，约380—450年）。他曾是安提阿教区的神父，428年成为君士坦丁堡主教。他在神学上提出二性二位论，引起教会内激烈的争论。

此外，早期的阿里乌斯派和一性论派，在这里也有很大的影响。

7世纪后，安提阿地区为阿拉伯穆斯林所占，教会活动受到限制。如今，总部设在大马士革的安提阿正教区，仍是东正教会重要的牧首区之一。除周边的教区外，该牧首区还辖有澳大利亚、墨西哥、智利等海外都主教区。

4. 亚历山大里亚牧首区

亚历山大里亚是埃及最大的海港，公元前332年，亚历山大大帝征服埃及后，在尼罗河口建立起一座新城，以自己的名字命名。相传公元1世纪时，使徒圣马可在这里创建了该教区，统辖埃及和北非地区的教务，是基督教早期活动中心之一。4—5世纪，亚历山大教区曾多次与君士坦丁堡主教发生争执，最早的阿里乌斯派便源于此地。

5世纪，埃及出现了科普特（Kopties）教派，"科普特"一词原意是"埃及人"，是希腊语"埃及人"的讹词。该派主张教会独立，反对由罗马皇帝和牧首任命主教的做法。后来，科普特教会接受了基督一性论主张，与正统派教会抗衡。最终，该教派从亚历山大里亚牧首区分离出去，成为独立的科普特教会。

如今，总部设在亚历山大里亚的科普特教会，仍然是埃及基督教会的重要派别，其成员分布在埃及和埃塞俄比亚地区。他们在举行宗教仪式时，使用科普特语。由于长期受穆斯林影响，该教会也采用了一些伊斯兰教的习俗，如进教堂要脱鞋、面向东方祈祷等。可以说，科普特教会是一个具有埃及特色的、与正统东正教会不同的基督教会。

而亚历山大里亚牧首区的正教会，仍然是正统的基督教会。目前，它的管辖范围主要是非洲地区，统管非洲的传教和宗教事务。该教区的信徒有数十万人之多，除希腊人、阿拉伯人外，还有黑人教徒。

三、罗马教会的建立和发展

以罗马为首的西部教会，其历史也很悠久。

1世纪，当圣保罗将基督教传到罗马及周边地区时，许多非犹太人加入了这个新的宗教。当东部的耶路撒冷建立基督教会后不久，作为帝国首都的罗马也毫不示弱地建起了自己的聚会所。

圣彼得和圣保罗都曾在罗马传教，传说罗马的聚会所是由圣彼得亲自建立的。圣彼得位居耶稣的十二使徒之首，他是耶稣最信任的人，耶稣生前曾将建立教会的重任委托于他。因此，罗马主教们认为，由圣彼得建立的罗马教会，其地位理应高于一切其他的教会，而作为圣彼得继承人的罗马主教，也应是整个基督教世界当之无愧的领袖。

罗马城是具有悠久历史的古城，自建立之日起，一直是罗马人的首都。尽管君士坦丁放弃罗马，在拜占庭另建新都，但罗马浓厚的政治氛围和独特的人文环境，却是任何人无法改变的。历任罗马主教，不仅具有强烈的政治优越感，而且十分清楚权势的重要性，他们个个精明强干，雄心勃勃。为了不断扩大聚会所的规模，主教们想尽各种办法、不厌其烦地劝导社会上层人士加入基督教会，并使他们热心而慷慨地向教会捐献出大量的金钱和财物。在主教们卓有成效的管理下，罗马教会迅速发展并壮大起来了。

随着权势的不断扩大，罗马主教很快开始宣称对其他主教之间的争执有审理裁决的权力，不仅对自己管辖的教区，而且将这种权力扩大到整个帝国的范围内。2世纪，罗马主教在意大利中部地区开展了一场声势浩大的传教运动，至少有几十个聚会所加入传教的队伍中，由此可见罗马主教所具有的强大号召力。

此外，凭借着雄厚的财力，罗马主教还开展了一项庞大的扶持行动，帮助那些有需求的、贫困的聚会所更好地发展。通过这些活动，罗马教区的地位得到了极大的提升，而主教们也在这些活动中，逐步树立起自己的威望，并开始要求更大更多的权力。

4世纪后期，由于异族的不断入侵，西罗马帝国已经气息奄奄，濒临灭亡了。此时的罗马主教们，开始将目光投向那些尚未开化的异教徒，他们及时地、持续不断地派出传教使团，迎着日耳曼人的刀剑之声，向异族的入侵者传播耶稣的福音。应该说，此时的传教活动具有独特的意义，因为它不仅仅是在传播一种宗教、一种信仰，更是在传播一种文明，向尚未开化的游牧民族传播一种更加先进的文化和思想。因而，此时的传教具有文明征服野蛮、先进征服落后的性质，对欧洲历史的发展产生了极其深远的影响。

在传教士们的不懈努力下，基督教传播取得了巨大的成功，无数野蛮的异教徒在皈依基督教后，心灵得到了升华。虽然西罗马帝国最终崩溃，欧洲不再属于罗马的皇帝了，但它依然属于基督教。

罗马教会的传教活动，就在呼啸而来的异教徒中悄然进行。

四、在不列颠诸岛的传教

1. 对原住民的传教

不列颠群岛很早就有人居住了。公元前8世纪开始，居住在欧洲大陆的凯尔特人开始迁移至此，他们为不列颠带来了冶铁技术和金属货币。公元前5世纪左右，第二批凯尔特人来到今英格兰地区，他们被称为"布立吞人"（Briton），"不列颠"（Britain）一词就源于此，意思是"布立吞人之地"。

43年，罗马皇帝克劳狄（Claudius，41—54年）顺利征服英格兰南部地区，将这里变为帝国的一个行省。此后，罗马士兵和商人便将罗马文化、拉丁语和基督教带到了这里。

在罗马人统治不列颠300余年的时间里，辉煌灿烂的罗马文化深刻地改变了不列颠荒蛮落后的面貌，不列颠的文明开始发展起来。从此，城市取代了低矮的草棚，在这里修建起罗马式的教堂、广场、浴池以及地下排水管道等设施。与此同时，基督教在英格兰、爱尔兰和苏格兰也得到广泛的传播。

2世纪时，布立吞人皈依基督教，建立起自己的教区。314年，当罗马教会在高卢的阿尔（Arles）召开宗教会议时，有三位不列颠主教分别代表伦敦、约克和林肯地区参加了会议。

432年，罗马教会委派布立吞人帕特里克（Patrick，389—461年）到爱尔兰地区传教。帕特里克到达后，成功利用爱尔兰人原有的氏族体制，建立起基督教会，并成为第一任爱尔兰主教。圣帕特里克去世后，爱尔兰教会发展出以修道院为中心的教会体制。在那里，不设主教管区，而由氏族家庭成员担任主教和修道院长的职务，主教仅有授予圣职的权力，其余则听命于修道院长。爱尔兰的修道院都极为重视文化研究，它不仅是教会中心，也是学术教育中心，培养出众多知名的学者，并有大批具有学术价值的著作流传后世。

5世纪末期，爱尔兰人在苏格兰建立国家。6世纪，爱尔兰传教士科伦巴（Columba，521—597年）在国王的支持下，带领12名传教士，在西海岸的爱奥纳岛（Iona）建立起一座修道院，然后以此为基地，向苏格兰地区传教。在科伦巴的影响下，诺森布里亚的林弟斯法恩（Lindsfaine）、爱尔兰的凯尔斯（Kells）都建起了修道院，许多小修道院更是如雨后春笋般出现在凯尔特人居住的地区。

2. 对盎格鲁—撒克逊人的传教

4世纪末期，为了集中力量对付入侵的西哥特人，罗马皇帝决定撤回在英格兰的驻军。407年，最后一批罗马士兵撤离英格兰，罗马帝国对这里的统治宣告结束，基督教会也随之衰落了。

西罗马帝国灭亡后，新一轮的入侵者迅速来到不列颠。他们是三个条顿部落（Teutonic tribes），即朱特人、撒克逊人和盎格鲁（Angles）人，他们是居住在易北河流域的日耳曼人。这些条顿人很快占领英格兰的南部、西部、中部，威尔士以及苏格兰边界地区。从此，这片土地被称为"英格兰"，意思是"盎格鲁人之地"。条顿人不信基督教，他们把祖先的多神崇拜带到不列颠岛。基督教很快在这里消失了，只在被赶到苏格兰和爱尔兰的凯尔特人中保留下来。

但罗马教会并没有放弃这些遭到异教徒入侵的地方。

597年，受教皇格列高利一世（590—604年）的派遣，圣安德烈修道院的院长奥古斯丁带领40名传教士前往不列颠，劝说那里的盎格鲁—撒克逊人皈依基督教。据说，格列高利在未当教皇之前，有一天在罗马的奴隶市场里看到一些碧眼金发、漂亮的英国男孩在等待贩卖。有人告诉他，这些孩子来自"盎格里亚"（Anglia），教皇立刻说"不，他们是'安琪儿'（angle意'天使'）"。这些孩子使他想起"盎格里亚"曾经是罗马帝国的一个行省，也曾经是基督教世界的一部分。虽然那里已经被勇猛彪悍、生性好斗的异教徒占领，但格列高利有信心让不列颠的新主人皈依耶稣基督，重新成为基督教世界的成员。

盎格鲁—撒克逊人占领不列颠后，并没有建立起统一的国家，而是相互争斗，各霸一方，在这块土地上，相继建立若干大小不等的王国。奥古斯丁等人首先来到东部沿海地区，在肯特王国传教。肯特国王埃塞伯特

（Ethelbert）是当时英格兰的七位霸主之一，也是一位颇有谋略的政治家，他娶信奉基督教的法兰克公主为妻，这对他皈依基督教无疑有很大的影响。

奥古斯丁将肯特王作为第一个传教对象，在他的劝说下，精明的肯特王认识到基督教对他巩固统治地位的重大作用，于是很快接受洗礼，皈依基督教。不久，肯特王将坎特伯雷提供给奥古斯丁作为驻地，并出巨资修建了坎特伯雷大教堂，在附近还建起奥古斯丁修道院，奥古斯丁成为第一任坎特伯雷大主教。随后，奥古斯丁以坎特伯雷为根据地，继续向更远的地方传播基督教。在肯特王的带动下，周边几个小国及其臣民也顺利地皈依基督教，很快英格兰东南部地区成为基督教的天下。从此，坎特伯雷大教堂声名远播。如今，它不仅是坎特伯雷大主教的主教座堂，也是英国圣公会最重要的精神中心。

奥古斯丁不仅成功地使肯特王和大批贵族皈依基督教，他在北方的传教活动也取得重大进展，大批普通百姓接受洗礼，成为基督教徒。在不到20年的时间里，基督教已经传遍整个不列颠岛。与此同时，教皇还派出许多修道士，协助不列颠的君主们制定出90多部法律，在他们的帮助下，英格兰逐步建立起一整套行之有效的行政管理体系，确立了法律体系和税收制度；同时明确了基督教的法律地位。这些法律法规的制定，为英格兰最终建立统一的国家打下了基础。

到8世纪，整个不列颠群岛除威尔士外，爱尔兰及苏格兰的教会都已经归属在罗马教皇的管辖之下了。

五、在法兰克等地的传教

在西罗马帝国衰落之时，日耳曼部族中的法兰克人，占领了原属于罗马帝国的高卢北部地区。高卢即今法国一带，地处欧洲西部，三面环海，与不列颠岛隔海相望。

公元前51年，罗马将军凯撒亲征高卢，将高卢作为一个行省，纳入帝国的版图。在罗马人统治时期，高卢深受罗马文化的影响，规模宏大的建筑，笔直整齐的街道，出现一批罗马化的城市。由于高卢人没有自己的文字，所以拉丁文成为官方文字，而拉丁语更是深入人心，以致后来没有人会说高卢语了。在宗教信仰上，罗马人将自己崇拜的众神与高卢人的神并列，形成新的宗教。后来，当基督教成为罗马帝国的国教后，高卢地区也很快地顺应潮流，放弃原有的信仰而接受了基督教。

1. 克洛维皈依基督教

476 年，西罗马帝国灭亡，罗马人对高卢的统治随之结束。此前，原居于莱茵河下游的日耳曼人各部族已经占领了高卢的大部分土地。西哥特人占领西南地区，勃艮第人占领东南部，法兰克人则占领了整个北方地区。进入高卢的法兰克人部族中，有两个部落相对比较强大，一个是居住在莱茵河口的萨利克法兰克人，另一个是在莱茵河下游平原生活的里普利安法兰克人。

481 年，萨利克法兰克人的酋长去世了，他年仅 15 岁的儿子克洛维（Clovis，481—511 年在位）继承父亲的酋长职位。486 年，克洛维联合里普利安法兰克人部落，打败了罗马将军在高卢的割据势力。随后，他以巴黎为首都，建立法兰克王国，这就是法国历史上的第一个王朝，史称墨洛温王朝（486—751 年）。

法兰克王国建立后，雄心勃勃的克洛维开始向外扩张。496 年，在一次与南方阿拉曼人的战斗后，克洛维皈依了基督教。据说，当时法兰克人不敌阿拉曼人，几乎处于被歼灭的绝境。克洛维只得向神祈祷，承诺只要神保佑他取得胜利，他就率军皈依基督教。结果，奇迹发生了。两军正在激战之时，敌军突然阵脚大乱，克洛维趁机重新组织力量，向敌军发起进攻，结果反败为胜。战后，克洛维毫不迟疑地带领 3000 名士兵接受洗礼，成为基督教徒。

应该说，克洛维皈依基督教是一个明智之举，这也是他日后成功统一高卢的重要原因。皈依基督教后，他不仅得到罗马教会的大力支持，也得到罗马化的高卢人的普遍拥护。在随后十几年的时间里，克洛维征服了高卢东南部的勃艮第王国，将西哥特人赶出高卢，使法兰克王国的南部疆界直抵比利牛斯山。

511 年克洛维去世，他将王国的国土分给四个儿子治理。克洛维的儿子们继续对外征伐，最终将整个高卢的土地连在一起。到 6 世纪中期，法兰克王国已经成为西欧最大的国家。

当克洛维的儿子们死后，国土被进一步细分，又由其众多的孙子来继承。为了争夺权力和土地，法兰克王国逐渐处于分裂的状态中。自 639 年后的 100 年时间里，墨洛温王朝的国王不是幼主便是昏君，基本上是扶不起来的阿斗，于是大权旁落入宫相手中。到王朝后期，原来负责王宫内务的宫相成了真正掌握实权的人物，由他们来维持国家表面上的统治，而国王只是他们手中的一个工具和傀儡而已。

宫相中最著名的当数查理·马特（Charles Martel）。从714—741年，他一直是墨洛温王朝的实际掌权者。他在职期间，不仅采取了一些巩固政权的措施，而且积极支持传教事业，将基督教作为对外扩张的工具。

722年，教皇格列高利二世派遣英格兰传教士卜尼法斯（Boniface, 665—754年）向聚集在莱茵河以东的日耳曼人传教，得到了查理·马特的大力支持。经过几年的努力，传教在黑森和图林根获得了成功。732年，卜尼法斯就任大主教。随后，他在巴伐利亚和美因兹等地的传教活动也取得进展，在那里相继建立起主教区，并修建了多所修道院，这些新教区都隶属于罗马教皇管辖。为了制定教规，规范礼仪，使基督教在日耳曼人中得到更好的传播，卜尼法斯在法王的支持下，还多次召开宗教会议，统一教会的思想，协调教会的事务。卜尼法斯的传教得到了教皇高度的评价，教皇称赞他"靠一部教会法和一个修道院，教育了一个民族"。[①]

后来，卜尼法斯在荷兰殉道，罗马教廷追封他为圣徒。

查理·马特还有另一个功绩使他名留青史。7世纪，崛起的阿拉伯穆斯林在征服中亚、西亚和北非之后，将矛头直指欧洲。732年，一支穆斯林军队越过比利牛斯山脉，进入法兰克境内。查理·马特得知消息后，立刻率军前往迎敌，此时穆斯林已经快到卢瓦河了。在万分危急的情况下，法军在卢瓦河南岸的图尔（Tour）附近，与穆斯林军展开了生死决战，最终将穆斯林军打得大败而逃。正是此次战役，阻止了穆斯林西进的步伐，从而使整个西欧免遭穆斯林的征服。为此，查理·马特在欧洲历史上留下了浓墨重彩的一笔。

查理·马特去世后，他的两个儿子效仿其父，在扶助新王上台之后，挟天子以令诸侯。他们击退北方撒克森人和巴伐利亚人的侵扰，平定了南方的骚乱，使国家得到安定。与其父一样，他们也极为重视传教工作，派出传教士继续向弗西尼亚的日耳曼人传教。法兰克人的积极传教，不仅扩大了自己的影响力，也为日后法兰克王国与教皇的结盟与合作，铺平了道路。

2. 丕平献土

然而，当国家安定之后，查理·马特的两个儿子却反目为仇，开始了

[①] ［荷兰］彼得·李伯庚著，赵复三译：《欧洲文化史》，上海社科院出版社2004年版，第114页。

权力的争夺。746年，矮子丕平（Pepin，714—768年）最终战胜其兄卡洛曼，成为法兰克王国唯一的宫相。失败了的卡洛曼，从此隐退于修道院中，不再过问政事。大权在握的丕平，已经不再满足于宫相之位了，他决心要改朝换代，建立属于自己的王朝。

然而，要实现自己的政治野心，丕平还需要一个强有力的支持者。于是，他私下派人来到罗马，试探性地征求教皇的意见。来人询问教皇"是有实权的人称王好，还是徒有国王虚名的人好？"此时的教皇斯蒂芬二世（Stephen，750—757年）正在为伦巴德人入侵意大利而感到烦恼，他也急需一个强大的世俗王国来护佑教会的安全。于是教皇回答"当然是前者好"，丕平得知此话后，立即心领神会。751年，丕平召开贵族会议，在会上宣布了教皇的旨意，由此顺利地被贵族们推举为新国王，末帝希尔德里克三世随后被软禁。

至此，维持了200年统治的墨洛温王朝结束，代之以加洛林王朝（751—843年）。

为了对新王朝表示支持，教皇派遣特使参加了丕平的登基典礼，并代表教皇为他行加冕礼。此举的意义非同寻常，由此首开教皇为世俗国王加冕的先河，同时表明教皇已经拥有废立国王或皇帝的大权，从而引发了中世纪皇权和教权的激烈争夺。

丕平登上法兰克国王的宝座后，果然不负教皇所望，为保卫教皇、建立教皇国做出了积极贡献。

754年，伦巴德人向教皇所在地进逼，局势十分危险，教皇斯蒂芬二世不畏路途遥远，翻越阿尔卑斯山亲自前往巴黎，请求丕平出手相救。754年和756年，丕平两次出兵攻打伦巴德人，迫使他们将占领的拉文纳总督辖区和彭塔波利斯地区交出来。随后，丕平将这两块意大利中部地区的土地赠送给教皇。此次事件，史称"丕平献土"。从此，教皇有了自己的地盘，教皇国的历史由此开始。

丕平亡故后，按照法兰克人的传统做法，将国土一分为二，由他的两个儿子查理和卡洛曼分别治理。768年，弟兄两人同登王位。771年，卡洛曼在毫无征兆的情况下突然去世。随后，卡洛曼之妻便带着儿子匆忙逃离法国，到意大利避难去了。

于是，长子查理顺利继承父亲留下的全部国土，成为唯一的法兰克国王。

3. 查理曼大帝

查理，史称查理曼（Charlemane，768—814年）大帝，是历史上战功卓著、建有丰功伟业的一代帝王。在他统治时期，加洛林王朝达到鼎盛时期。查理曼在位46年，共发动50多次对外侵略战争，仅对撒克森人的战争就长达30年。经过多次征服与反征服的较量，804年，查理曼终于让撒克森人俯首称臣。与其父一样，查理曼也深知教化的作用，每征服一地，他便强迫那里的人们改信基督教。在他的威逼下，其他被征服地如弗西尼亚、巴伐利亚和奥地利大部分地区，也都皈依了基督教。对此，现代学者韦尔斯形象地说查理曼"是用火和剑来给撒克森人、波希米亚人宣讲基督教的福音……"[1]

查理曼在南北征战、不断扩大疆域的同时，也成为教皇最得力的保护人。查理曼即王位后不久，伦巴德王利用卡洛曼遗孀避难一事，向教皇施加压力，要求给卡洛曼之子以合法的王位继承权，这显然是对查理曼的挑战。因此，当教皇哈德良一世（Adrian，772—795年）向查理曼求救时，查理曼立即亲率大军奔赴意大利，征讨伦巴德人。这次，他一举灭了伦巴德国，将其纳入法兰克王国的版图，他让儿子在罗马加冕为意大利王，随后将多管闲事的伦巴德国王送进了修道院。

教皇哈德良去世后，继任的利奥三世（Leo Ⅲ，795—814年）把圣彼得墓的钥匙和一面旗帜赠送给查理曼，以象征他拥有统治罗马城的权力。后来，利奥三世因行为不检，激起教士的不满和反对，一度被囚禁起来。800年，查理曼率领大军，再次开赴罗马，迅速平定了动乱，帮助教皇保住了皇位。为此，心存感激的教皇决定给查理曼一个惊喜。

公元800年圣诞节，查理曼正在罗马圣彼得大教堂做弥撒。此时，教皇利奥三世突然将一顶皇冠戴到查理曼的头上，并称他为"罗马人的皇帝"，亲自为他举行了加冕仪式。从此，由教皇加冕就成为西方国家君权神授的一种模式。据说，查理曼事前对教皇要给他加冕一事毫不知晓。因此有人调侃道，查理曼恐怕并不愿意由教皇为他戴上这顶皇冠，他很可能更乐于自立为皇。

对于教皇的做法，拜占庭的皇帝们并不认同，他们拒绝承认查理曼罗

---

[1] ［英］赫·乔·韦尔斯著，吴文藻等译：《世界史纲：生物和人类的简明史》，广西师大出版社2005年版，第435页。

马皇帝的身份。直到812年，拜占庭才迫于现实，正式承认查理曼"神圣罗马皇帝"的称号。

查理曼称帝后，大规模的军事扩张已经结束，他开始致力于帝国内部的整顿和治理。查理曼广招人才，将许多学识渊博之士网罗到他的宫廷中。由于当时教会垄断了文化教育，因此这些文化精英人士大多是传教士和修道士。在他们的帮助下，查理曼很快建立起一套行之有效的行政管理体制，修订了多部法律法规，有效地稳定了国内局势，巩固了自己的统治地位。

虽然查理曼贵为皇帝，但他本人的文化程度并不高，只能认识一些字，由于手指患有风湿病，他始终没有学会书写。但查理曼尊重知识，尊重人才，积极推动文化教育事业的发展，在历史上留下一段佳话。他在宫廷设立学校，教育贵族子弟，同时鼓励教会和修道院兴学办教，让更多的普通孩子受到教育。学校里通常聘请教士为老师，他们用拉丁语讲课，传授"七艺"即语法、逻辑、修辞、几何、算数、天文和音乐七门课程，当然这些课程都是为宗教神学服务的。

在修士们的长期熏陶下，查理曼对《圣经》十分熟悉，他下令对拉丁文版的《圣经》进行校对后，在全国推行。此外，他派人收集并誊写古代的各种手抄本，将许多古希腊罗马时期的著作保留下来，甚至还整理出许多异教蛮族的传说、歌谣和故事等。与此同时，查理曼大兴土木、兴建宫殿和教堂，使法国呈现出一派朝气蓬勃的文化复兴的局面，后世学者誉之为"加洛林文化复兴"。但有现代学者认为，称之为"文化复兴"似乎评价有些过高，因为此时主要是收集一些古代文献，将其抄写后保留下来而已，不能与15世纪的欧洲文艺复兴相提并论。

在查理曼时期，皇帝已经开始插手宗教事务，将主教叙任权掌握在自己的手中。皇帝不仅有权委任主教，就连选举新教皇也要经过皇帝的批准。尔后在德国发生的主教叙任权之争，成为中世纪教权与皇权争斗的导火索。

六、基督教七次大公会议

东西方教会由于种族、语言、文化、风俗习惯等方面的差异，对基督教教义产生不同的认识和理解，并形成各自不同的宗教礼仪，是很正常的事情。然而，对不同意见不能持宽容的态度，求同存异，而是采取排斥打击的方式，最终导致了东西方教会的大分裂。从基督教的七次大公会议中，我们可以看到教会是怎样一步步走向分裂的。

1. 第一次大公会议——尼西亚会议（325年）

在第二章里已经对此次会议予以介绍。这是基督教历史上最重要的一次会议。它开创了几项第一，即基督教历史上第一次全基督教大公会议，第一次由世俗皇帝召开的大公会议，会议通过的《尼西亚信经》是基督教历史上的第一部信经，至今它仍被天主教和东正教奉为正统教义。也是在此次会议上，基督教会首开将不同意见斥为"异端"，加以排斥的先例，从此成为一个"不宽容的宗教"。对此，房龙这样写道：

> 把保罗和巴拿巴从亚洲带到欧洲的那条小船，也载着希望仁慈的福音。但是，还有一个乘客也偷偷上了船。他带着圣洁、德行的面具，但是在面具下面的脸，却露出残忍和仇恨。他的名字是——宗教不宽容。①

尼西亚会议决定按照罗马帝国的行政区划来划分各主教辖区的范围，也就是说，各教区的主教即各行省的宗教领袖。这就为日后帝国灭亡后，罗马教会不仅是欧洲的精神领袖，也成为欧洲世俗世界的领导者打下了基础。此次会议，为了满足主教们的权力要求，决定给罗马教区、亚里山大里亚教区和耶路撒冷教区的主教以更大的权力；同时加强了皇帝对教会的控制，明确规定由皇帝任免主教。此外，会议还决定采用儒略历作为教会的历法，这项规定一直为东正教所遵循，并沿用至今天。

2. 第二次大公会议——君士坦丁堡第一次会议（381年）

由皇帝狄奥多西一世亲自召开的这次会议，目的在于解决阿利乌斯争端问题。因为自尼西亚会议后，虽然对阿利乌斯派进行了谴责，但争执并没有就此结束，反而有愈演愈烈之势。为了维护教会的团结和统一，皇帝认为有必要再召开一次会议来解决这个问题。

会议再次重申《尼西亚信经》，表明皇帝是坚决支持"三位一体"教义的。在对待不同意见的问题上，会议没有持宽容的、允许争论的态度，而是以强硬的措施，将阿利乌斯派定为"异端"，并逐出罗马帝国。

这一做法成为以后基督教对待所谓"异端"的通行做法。随着权势的增强，教会日益唯我独尊，听不得一点儿反对意见，凡是持反对意见者，动辄便扣上"异端"的帽子，受到革除教籍，驱逐出境的处罚。到中世纪

---

① ［美］房龙著，秦立彦、冯士新译：《宽容》，广西师范大学出版社2008年版，第52页。

时期，更是发动十字军加以镇压，直至后来宗教裁判所的"火刑烧死"。基督教对待"异端"的手段日益残忍，而它距离"宽容"也渐行渐远了。

3. 第三次大公会议——以弗所会议（431年）

以弗所位于小亚细亚，是一个古老的城市。公元前334年归入希腊，是小亚政治、经济、商业和宗教中心。圣彼得曾三次到这里传教，圣保罗和其他使徒也在此传过教，以弗所是最早的基督教城市之一。

426年，安提阿的神父聂斯托利（Nestorius，约381—451年）成为君士坦丁堡大主教，他提出基督二性二位论，反对基督一性论的主张。基督一性论认为：基督只有一个本性即神性，他的人性已融入神性之中，因此他与人并非同类。而聂斯托利与正统派一样，认为基督有二性即神性和人性，但他认为基督神性与人性是分开的，他们只是相对地结合在一起，并非完全地融合。此外，他提出基督是人，圣母马利亚是人子基督的母亲，而非神之母。依照他的说法，基督似乎只具有二个位格，这显然不符合基督教的正统思想。因此，遭到正统派、亚里山大里亚主教西利尔（Cyrilus，约376—444年）的反对，双方展开了激烈的争论。

430年，罗马主教克莱斯丁一世（Celestine I，422—432年）明确表态支持西利尔的观点，要求聂斯托利放弃自己的主张，但聂斯托利坚持己见，不予理睬。431年，东罗马帝国皇帝狄奥多西二世在以弗所召开宗教会议，试图平息事端，避免发生更大的争执。

会议期间，正统派和聂斯托利派尖锐对立，双方无法坐在一起开会，只能是各开各的会，最后皇帝下令罢免双方的主教，会议不欢而散，没有取得任何结果。435年，皇帝颁发诏书，宣布聂斯托利为异端，将他流放到埃及，同时宣布尊马利亚为天主圣母。但在安提阿地区，聂斯托利仍然有众多的追随者，逐渐形成"聂斯托利派"，开始向东方发展。

后来，聂斯托利派得到波斯教会的支持，并以波斯为基地，继续向东方发展，曾于唐朝初年传入中国。直到今天，在中亚的叙利亚、伊朗、伊拉克和印度还有该派的教会存在。

4. 第四次大公会议——查尔西顿会议（451年）

对于基督神性和人性的争论，虽经过几次大公会议的调解，但争论始终未得到平息。450年，马西安（Marcians Flarius，约450—457年）成为罗马帝国的皇帝。与前面的几位皇帝不一样，他支持聂斯托利派的"二性二位说"。451年，他在小亚细亚的查尔西顿召开宗教会议，宣布坚持一性论的埃及（科普特）教会为异端，将亚历山大里亚主教丢斯卡卢斯（Dioscarus）革除教职，驱逐出境。此次会议，对基督的人性和神性问题做出新的解释：

> 我们的主耶稣基督，有完全的神性，也有完全的人性。他是真神，也是真人，有理性的灵魂和身体。按理性来说，与圣父同体，按人性来说，与我们同质，在凡事上与我们一样，但没有罪……①

这个解释被会议奉为正统教义。

此外，此次会议首次以教令的形式明确了主教的职权范围，其中规定了主教对修道院拥有管辖权、监督权和处罚权，强调了修道院对主教的从属性，体现了罗马教会的宗法地位。该项教令在后来的宗教会议上被多次重申，将原本游离于教会之外的修道院，纳入基督教会的组织体系之中。会议还宣布奴隶未经主人的同意，不得擅自加入修道院。同时决定，君士坦丁堡主教与罗马主教具有平等的权力，一心要称霸整个教会的罗马主教利奥一世对该项决议十分不满，当场提出了抗议。

此次会议虽然严厉打击了亚历山大里亚主教，但坚持一性论的教会如科普特教会、亚美尼亚教会和埃塞俄比亚教会，仍然坚持自己的观点，并相继从帝国的教会中分离出去，成为不受管辖的独立教会。

5. 第五次大公会议——君士坦丁堡第二次会议（553 年）

查尔西顿会议通过的正统派教义，即认为耶稣既有神性也有人性的信条，得到西部罗马教会的赞同和认可，但东方教会的意见仍无法统一。

457 年，科普特教会的成员刺杀了正统派的主教。此后，持基督一性论观点的提摩太（Timothy）成为亚历山大里亚主教。几年后，新任的安提阿主教也是一性论者。于是，一性论派活跃的埃及和叙利亚教会联合起来，公开对抗君士坦丁堡牧首，关于基督神性的争论再次掀起波澜。

482 年，东罗马皇帝芝诺（Zeno，474—491 年）为了息事宁人，颁布圣谕，宣布取消查尔西顿会议关于基督神性的解释，向一性论者表示妥协，但这种做法遭到西方教会的强烈不满。484 年，罗马大主教宣布革除君士坦丁堡牧首的教职，宣布与东方教会断绝关系，由此造成东西方教会的首次分裂。

---

① 陈曦文：《基督教与中世纪西欧社会》，中国青年出版社 1998 年版，第四章。

527 年，查士丁尼（Justinian，527—565 年）成为东罗马帝国皇帝，他不但雄心勃勃地要收复北非、意大利南部和西班牙南部地区，恢复昔日罗马帝国大一统的雄风，在宗教事务上也表现出唯我独尊的强硬姿态。对于教会内部的不断争论，他决定以皇帝的身份出面干涉，并利用行政手段强行贯彻自己的神学主张。

544 年，查士丁尼召开会议，允许对有关基督神性的"一性论"和"二性论"展开大辩论。553 年，查士丁尼在君士坦丁堡召开第二次宗教会议，意在终结大辩论，使教会的思想得到统一。此次会议再次将"基督二性论"定为"异端"，并推出皇帝自己的"上帝受苦说"。为了让支持"基督二性说"的罗马主教维吉里（Vigilus，537—555 年）同意自己的观点，皇帝还将罗马主教扣押起来，逼迫他违心地接受"一性论"的观点。

为了使君士坦丁堡主教具有普世教会领袖的地位，会议决定君士坦丁堡主教的地位高于罗马主教，这再次引起罗马主教的反对。尽管在皇帝的亲自干预下，会议在神学问题上达到了表面上的一致，实际上却加剧了内部的矛盾和东西方教会之间的不和。

6. 第六次大公会议——君士坦丁堡第三次会议（681 年）

7 世纪，东罗马帝国不仅受到穆斯林的威胁，周边的日耳曼人、匈奴人也都对拜占庭虎视眈眈，边界的战事接连不断。然而，即使在这种情况下，基督徒对教义问题的思考也从未停止过。对基督神性问题的讨论暂告一个段落后，又有人提出基督耶稣是否具有两种意志的问题，再次引起长达半个世纪的新一轮争论。

在这场争论中，提出基督一志论的是前君士坦丁堡主教塞尔其（610—638 年），此时的罗马主教洪诺留一世（Honorius，625—638 年）也支持这一观点。该派认为基督只有神的意志，而人的意志是依附于神的意志之中的，这与长期争论的一性论很相似，可以说是一性论的翻版。

649 年，罗马主教马丁一世（Martin，649—655 年）在罗马召开宗教会议，他宣布基督具有两种意志，即神的意志和人的意志。681 年，东罗马皇帝君士坦丁四世（668—685 年）在君士坦丁堡的王宫内，召开第六次大公会议，在这次会议上明确基督具有两种意志，即神的意志和人的意志，而人的意志从属于神的意志。会议将一志论者定为"异端"，将主要成员革除教职，有的人还受到驱逐。

692 年，罗马皇帝查士丁尼二世（685—694 年）在君士坦丁堡再次召开会议,作为对前两次君士坦丁堡大公会议的补充,史称"五六会议"。参加这次会议的都是东部教会的主教,西部教会没有派主教参加。会议再次明确罗马主教与君士坦丁堡主教拥有平等权力、允许下级神职人员(如执事、长老)娶妻生子、禁止早期基督教使用羔羊影射、象征基督的做法,而代之以圣像。

7. 第七次大公会议——尼西亚第二次会议(787年)

自4世纪开始,圣像崇拜之风就已在基督教中出现,在君士坦丁大帝的支持和推动下,大有愈演愈烈之势,并形成截然对立的两派,即圣像崇拜者和反圣像崇拜者。在皇帝们的干预下,两派斗争此起彼伏。780年,皇帝君士坦丁六世(780—797年)即位后,摄政的皇太后艾琳(Irene)表示支持圣像崇拜派。787年,她在尼西亚召开了第七次大公会议,宣布恢复圣像崇拜,由此结束了持续数百年的圣像崇拜之争。

以上的七次大公会议都是由罗马帝国的皇帝们召开的,主要目的是解决神学问题上的争论。这七次会议为东西方教会共同承认,会议的决议对基督教具有普遍的意义,是基督教普世性的宗教会议。此后,随着东西方教会的分裂,基督教再也没有召开过这种具有普世性质的主教会议了。

七、圣像运动

在《出埃及记》中,耶和华向摩西亲授"十诫","十诫"中明确指出禁止一切偶像崇拜。但在东方,对圣像和圣物的崇拜是由来已久的古老传统。早期的基督徒认为耶稣、圣母马利亚、天使、圣徒和殉道者们的像具有某种特殊的保护功能。此外,由于初期的信徒大多是贫苦的下层百姓,为了让这些目不识丁的人们能够领会基督的教义,借助于形象的绘画来讲述基督的故事,也是一种经常采用的做法。通过简洁生动的图画,可以使这个"穷人的宗教"更容易为穷人所理解。因此,当基督教受到罗马帝国的压制时,教徒们经常在地下墓穴集会,在这些墓穴中留下了许多讲述《圣经》和基督故事的早期基督教绘画。

4世纪,圣像崇拜之风开始兴起,君士坦丁大帝本人就是一位积极的倡导者,他的母亲海伦娜更是圣像和圣物的崇拜者。据说,326年海伦娜前往圣城耶路撒冷朝拜时,在耶稣的墓地找到了真十字架,她将一部分十字架碎片带回来,交给了皇帝君士坦丁。君士坦丁将这些碎片藏在自己的雕像中,祈求耶稣保佑国泰民安、江山永固。海伦娜发现十字架的那一天,后来成为基督教的重要节日——"举荣圣架节"。每到这一天，天主教和东正教都会举行仪式，以示庆祝。直到 1962 年第二次梵蒂冈大会时，天主教才明令取消了这个节日。

在不断神话耶稣的同时，圣母马利亚也被提升到神的地位，她被尊为圣母，成为大众心目中的保护神。与耶稣出生有关的天使也都成为人们崇拜的对象，君士坦丁为天使长米迦勒在君士坦丁堡修建了一座大教堂。5 世纪时，罗马教会也为米迦勒建造了教堂，向圣母报喜的天使加百利同样受到人们普遍的尊崇。

在皇帝的带动下，圣像崇拜之风日益高涨，到圣地朝拜也开始兴起。395 年以后，以东方艺术为特点的拜占庭艺术得到迅猛发展，拜占庭时期最著名的教堂是圣索菲亚教堂。教堂内布满色彩斑斓的马塞克壁画，向人们讲述着耶稣基督的故事，在不经意间将人们的视线引入到中心位置的耶稣身上。

圣像崇拜者认为：圣像并不是偶像，而是"形象的形象"。《圣经》中说神是按照自己的影像造人的，因此在宇宙中，第一个创造形象的正是神。耶稣是圣子，是"那不能看见的神的像"。（《雅歌》1：15）

圣像崇拜之风的盛行，引起基督教内部一些人士的反对。反对派认为：基督与天父是一体的。天父是超越现实真实性的神，他是不可描述、不可理解的，人类不可能描绘出神的真实形象。既然基督的身体继承了永恒，那么任何艺术创作都无法描绘出真实本质的形象来。反圣像派还提出，基督教是一个诉诸心灵的宗教，对基督徒来说，内心的省悟才是最重要的。而外在的图像只能转移人们的视线，分散人们的注意力，因此违背了《圣经》中"神是一个灵"，"必须用心灵和诚实拜他"的教导。（《约翰福音》4：24）

于是，能不能在传播基督教的过程中采用圣像的形式？能否绘制出耶稣和圣徒们的形象？在这个问题上出现了截然不同的意见，一场有关圣像问题的斗争开始了。

拜占庭皇帝利奥三世（710—740 年）执政后，清楚地认识到圣像之风愈演愈烈，必将导致偶像崇拜，从而降低皇帝的权威。726 年，皇帝颁布诏令：清除教堂和修院内的一切圣像和圣物，对一切反抗者予以镇压。并果断动用行政手段，逮捕不听从命令的教士，严厉打击了教会的势力。

利奥三世的意旨一下，东部教会立刻分化为两大阵营，即圣像崇拜者和反圣像崇拜者。圣像崇拜者没有因皇帝的一道旨令就放弃自己的观点，依然我行我素，坚持自己的做法。

754年，皇帝君士坦丁五世（740—775年）在君士坦丁堡召开会议。会议宣布圣像崇拜就是偶像崇拜，是违背基督教正统教义的，要求禁止圣像崇拜，并强制推行废除圣像崇拜的各项措施。对于这次会议和会议做出的决定，罗马教会不予承认。君士坦丁五世在位期间，关闭了多座修道院，强迫大批修士还俗为民，将大片土地和巨额的教会财产收归国有充实国库，反圣像运动由此进入新的高潮。

反圣像运动轰轰烈烈地进行，令罗马教会极为反感和不满。769年，罗马主教在罗马召开宗教会议，宣布支持圣像崇拜，并绝罚一切反圣像崇拜者。由此，圣像派与反圣像派的争斗演变为东西方教会之间的斗争。

圣像运动在反复的较量中持续了近100年的时间。

780年，君士坦丁六世即位拜占庭皇帝后，皇太后艾琳摄政，她是一位圣像崇拜者。艾琳掌握权力后，圣像派和反圣像派的斗争发生了戏剧性的变化。787年，艾琳在尼西亚召开第二次宗教会议，下令停止圣像破坏活动，恢复圣像崇拜，认为拒绝圣像崇拜就是拒绝对耶稣基督的崇拜。但圣像毕竟不能等同于神，因此又规定可以敬拜圣像，但不可以当作神来供奉。

此次会议还制定了一系列教会法规，以强化教会的管理和建设。参加会议的主教大多数来自东部教会，罗马教会派出两名代表参加了会议。此次会议得到罗马教会的承认，成为东西方教会公认的最后一次大公会议，即第七次大公会议。后来，为了纪念圣像崇拜运动的胜利，东正教还专门设立了东正教节。

在以皇帝为首的反圣像运动中，罗马教会始终站在圣像崇拜者一边。经过一个世纪的斗争，罗马主教赢得了最后的胜利。从此，圣像画成为基督教文化中一个永恒的主题，涌现出无数精美绝伦的圣像画作品，成为基督教文化艺术宝库中一颗璀璨的明珠。

八、东西方教会大分裂

罗马帝国的分离，为基督教会的最终分裂埋下了种子。由于罗马帝国东西方两部分地理、历史、语言、文化传统和风俗习惯上的巨大差异，使东西方教会逐渐形成不同的宗教神学和礼仪制度。随着争夺教会权力的斗争进入白热化状态，基督教会最终分裂为两大派别，从此分道扬镳、各奔东西。

857年，东罗马皇帝迈克尔三世（Michael，842—867年）开始亲政，他对此前辅助皇太后的君士坦丁堡牧首伊格纳爵（Ignatius，799—877年）十分不满，一上台便准备将其撤职，另立新牧首。伊格纳爵向罗马教皇尼古拉一世申诉，请求得到帮助。于是，尼古拉一世给皇帝写了一封信，告诉皇帝只有教皇才是教会的最高权威，没有他的同意，不得任意撤换牧首。但教皇也并非完全不能通融，如果皇帝同意将意大利南方的西西里岛交给他管辖，他就可以对皇帝新任命佛提乌斯（Photius）为君堡牧首一事表示默许，不再干预。对于罗马教皇的这些话语，迈克尔三世没有做出任何反应。

863年，教皇在罗马召开宗教会议，宣布革除佛提乌斯的君堡牧首一职，恢复伊格纳爵的牧首职位。实际上，教皇完全知道他的任命不会产生任何实际的效果，只能激化东西方教会之间的矛盾。867年，佛提乌斯在君士坦丁堡召开会议，宣布绝罚罗马教皇，将尼古拉一世革除教籍。从此，双方的矛盾不断升级，互相革除对方的教籍，直到10世纪才逐渐平息下来。

11世纪中期，北欧的诺曼人找到了通往地中海的陆上通道，开始分批逐渐南下，对君士坦丁堡和罗马均构成新的威胁。面对异族的侵扰，东罗马皇帝和罗马教皇曾一度携手，组成同盟，反击诺曼人的入侵。但是，这些抗击没能阻挡住蛮族入侵的脚步，很快诺曼人进入意大利南部地区。当意大利南方和西西里岛都被诺曼人占领后，东西方教会又为了这些地区的教权，展开了激烈的争夺。

罗马教会早就想将东部教会的势力从意大利南部排挤出去，只是苦于没有适当的时机。现在，趁着诺曼人入侵时的混乱，教皇利奥九世（1049—1054年）宣称由罗马教会的教士担任西西里岛的主教。对于罗马教会趁虚而入的举动，君士坦丁堡牧首迈克尔·塞鲁拉里斯（Michael Cerularius，1043—1058年）毫不退让，他明确要求在意大利南部传教的主教们坚守住自己的阵地，不给西部教会任何可乘之机。于是，在意大利南部，双方派出的主教相互对峙，各不相让。

1054年7月的一天，教皇派遣红衣主教洪贝尔为代表，前往君士坦丁堡商讨解决问题的办法，但君士坦丁堡牧首拒绝与其谈判。遭到冷遇的教皇代表，一气之下闯入牧首座堂，将一份绝罚塞鲁拉里斯的《教皇通谕》

放在圣索菲亚大教堂的圣坛上，以示与君士坦丁堡教会的决裂。塞鲁拉里斯看到对东方教会横加指责的绝罚书后，怒不可遏，立刻召开会议，将利奥九世及其代表一并开除出教。至此，基督教终于连表面上的统一也无法维持了，东西方教会彻底决裂，从此基督教会正式分裂为两大教派。

以君士坦丁堡为中心的东部教会称"正教"，亦称"东正教"。他们自认为是正统的基督教会，因其以希腊语为主要语言，采用希腊文化的礼仪，具有东方神秘主义的色彩，所以又称"希腊正教"。

以罗马为中心的西部教会则继承了拉丁文化的传统，更强调律法和普世性，自称为"公教会"（Catholic 希腊语意为"普世的""大公的"），又称"罗马公教"，汉译为"天主教"。

从此以后，东正教和天主教走上了完全不同的发展道路，并创造出各自不同的宗教文化。

第五章　中世纪的罗马天主教

中世纪，通常指西罗马帝国灭亡至东罗马帝国灭亡（476—1453年）之间的1000年。中世纪早期，欧洲各民族国家还处于萌芽阶段，力量弱小，从而使掌握巨大教权的教皇，能够充分利用宗教的影响力，干涉各国的内政，在欧洲基督教化的过程中发挥巨大的作用。在中世纪，教皇的权力一度凌驾于王权之上，到12世纪更是达到顶峰。但随着各国君主制的确立，一些强权、有实力的国王开始挑战教皇的权威。于是，在中世纪的欧洲上演了一幕幕惊心动魄的教权与皇权的争夺战。最后，这场斗争以王权的胜利而告终，基督教随之衰落。而基督教会的日趋腐败，为16世纪宗教改革运动的兴起，搭建好了舞台。

一、罗马教皇与教皇国

5世纪后，随着西罗马帝国的日渐衰微，罗马主教的重要作用愈加凸显，其野心也在持续膨胀，不断向教会提出更多的权力要求。在基督教发生大分裂之后，罗马主教最终独霸了"教皇"一称，成为天主教的最高权威，而教皇国也随之达到鼎盛时期。

1. 罗马教皇

教皇（Pope）一词源于希腊文"pappas"，原意是"爸爸"，是早期基督教徒对神职人员的尊称，后来只限于四大牧首区的牧首和罗马大主教使用。1054年东西方教会大分裂后，罗马主教格列高利七世垄断了"Pope"的称号。当"Pope"作为罗马天主教最高首领的专用称谓时，汉译为"教皇"或"教宗"。

罗马主教们都有着强烈的优越感，他们自称是"圣彼得的继承者"，是"圣父在人间的代表"，自视为基督教会当然的领袖。为了成为教会的首脑，罗马主教进行了长期而不懈的努力。

445 年，在罗马主教利奥一世的要求下，西罗马皇帝瓦伦丁尼三世（Valentinian，425—455 年）发布诏令，授予罗马主教以特权：凡罗马主教制定的法规，当视为通行于全教会的法律文件；罗马主教有传召地方主教的权力等。尽管有皇帝的诏书作为依据，但罗马主教的领袖地位并没有得到其他主教们的认可，人们坚持所有主教地位平等的传统。然而，罗马主教并没有放弃对权力的要求。

451 年，在查尔西顿召开的第四次大公会议上，会议决定：君士坦丁堡主教和罗马主教在处理教务上拥有同等的权力。这显然与罗马主教成为教会唯一领袖的要求有距离，因此遭到利奥一世的拒绝。

尽管罗马主教要成为教会唯一首脑的努力一再落空，但他们从没有放弃过。直到 560 年，西部教会被迫承认了罗马主教的领袖地位。从此，所有西部教会的各个聚会所统一为一个整体，形成罗马天主教会。

罗马主教最初与普通主教一样，是由世俗君主决定或贵族选举产生的。在东西方教会分裂后，1059 年罗马教皇尼古拉二世（1058—1061 年）召开宗教会议，决定教皇由枢机主教选举产生。1179 年，教皇召开第三次拉特兰大公会议，为杜绝皇帝废立教皇的事件再次发生，会议确定了教皇选举制度，颁布了《教皇选举法》，从而使教皇选举有了法律的依据，不再是皇帝的个人行为。选举法明确规定，教皇必须由罗马教廷的枢机主教团选举产生；候选人必须得到枢机主教三分之二以上的赞成票，方可当选；并规定凡私生子不得当选为主教。这次会议通过的选举法，一直沿用到今天。

1274 年，在第二次里昂大公会议上，对教皇选举的程序做出明确规定，进一步完善了教皇选举法。然而在中世纪，由于教会与世俗君主之间的密切利益关系，教皇的选举绝不仅仅是教会内部的事情，在教皇的人选上，通常还会征求一些大国君主的意见。在很长的时间内，德国、法国和西班牙的君主对教皇候选人拥有否决权。直到 20 世纪初期，才取消了这一做法，从此世俗君主不再干预教会的事务。

1973 年，为了使教皇的选举更具有代表性，保罗六世（1953—1978 年）决定：选举教皇时要吸收非枢机主教团的主教参加。教皇一经选出，即为终身职务，没有严重罪行不得任意废黜。虽然教皇可以自行提出辞职，但他无权指定继承人。

2. 教皇国

自中世纪以来，罗马教皇不仅是教会的领袖，也是拥有领土的政教合一的教皇国的最高统治者。756年，法兰克王国的宫相丕平篡位成功后，将从伦巴德人手中收复的意大利中部地区的两块土地赠送给教皇，丕平赠送的土地，奠定了教皇国的基础。774年，查理曼大帝出兵伦巴德王国后，将征服的贝内文托和威尼斯等城市送给教皇。962年，神圣罗马帝国皇帝奥托一世也将一些意大利城市赠与教皇。在这些世俗君主的支持下，教皇国的国土面积不断扩大，在12—13世纪时达到了顶峰。

后来，随着欧洲封建社会的不断发展，民族国家的实力不断增强，教皇国逐渐衰落，其领土相继被一些封建贵族霸占。直到14世纪，教皇英诺森六世（1352—1362年）重新树立教皇的权势，整顿教皇国，使教皇国的疆域不断扩大，一度将包括罗马在内的意大利中部地区囊括在内。

1798年，拿破仑率军进驻罗马，他要求年已82岁的教皇庇护六世放弃教皇国的领土，放弃其教皇国首脑的地位，遭到教皇的拒绝。于是，年迈的教皇被放逐，不久死在法国。继位的庇护七世试图恢复教皇国，受到拿破仑的追捕，庇护七世被迫逃走。1809年，称帝的拿破仑下令：将教皇国的土地并入法国的版图。

1815年6月，在维也纳召开的国际会议上，根据"正统主义""遏制"和"补偿"的原则，在法国战败的局势下，重新分配各国的利益，形成后拿破仑时代欧洲政治的新格局。这次会议做出了一些重要的决定，其中包括：恢复被拿破仑推翻的各国君主的王位；恢复教皇国，委托奥地利为其保护国。

教皇国虽然恢复了，但后来奥地利被意大利打败，教皇国的大部分土地并入了意大利王国，仅罗马及周边的一部分土地在法国的保护下得以幸存下来。1870年，意大利半岛获得了统一，建立起独立的、以罗马为首都的意大利王国。意大利国家的建立，使罗马的教皇没有了立足之地，只得退居罗马城西北角的梵蒂冈一隅，尽管教皇对此提出了抗议，但历史上的教皇国已经不复存在了。

1929年，意大利国家元首墨索里尼与教皇庇护十一世签订了《拉特兰条约》，正式承认梵蒂冈是一个独立的国家。从此，只有区区0.44平方公里土地的梵蒂冈，成为一个政教合一的主权国家，它也是罗马天主教的中心。直至今日，教皇不仅是罗马天主教会的首领，也是这个小国的法定国家元首。

3. 教皇格列高利一世

中世纪中，第一位强有力的教会管理者是格列高利一世，亦称"大格列高利"（Gregory the Great，590—604年）。他出生于罗马元老院的贵族家庭，从小受到良好的教育，在君士坦丁堡居住过六年。格列高利年轻时热衷于政治，曾担任过罗马政府的高级官员，在经历了健康的困扰后，他渴望过一种平静的生活。574年，格列高利辞去官职，进入圣本笃修道院，成为一名修士。后来，他将自己的宅第、庄园全部捐献出来，建立了七所修道院，并将所有的钱财用来资助穷人。579年，他作为教皇佩拉吉二世的代表出使君士坦丁堡。586年，格列高利任修道院院长。

590年，佩拉吉二世去世，格列高利当选为新一任教皇，他是基督教历史上第一位担任教皇职务的修道士。那时的欧洲，是一个战火纷飞的混乱年代，加之瘟疫肆虐、洪水泛滥，广大民众的生活苦不堪言。正是这种动荡的局势，为格列高利施展才华，提供了广阔的舞台和空间。

格列高利就职后，首先采取措施以提高教皇的权威性。此时，尽管罗马教皇已是教阶最高的人，但除了自己所在的教区外，教皇对其他主教并没有实际的管辖权。格列高利坚信既然教皇是教会的最高首脑，那么他就应当拥有并行使最高的辖制权，他将这种想法付诸于行动。他以教皇的身份，为意大利北方城市拉文纳的主教制定了一部《教牧法规》，并给赛比耶的主教也寄了一份。该法规的内容主要是对主教们的忠告，劝导主教们要奉守职责，谨言慎行，不要得罪当权者……并告诫他们，如不听从教会的劝告，则要受到地狱劫火的惩罚。这份法规很快得到主教们的认可和接受，成为主教的必读之书。

《教牧法规》对中世纪初期的基督教会产生了很大的影响，以致在查理曼时期，在授任主教圣职的同时，也会将该法规授予主教。后来，《教牧法规》被译成英语及希腊语，刊行于世。

此外，格列高利通过不断给各地主教和各国君主写信的方式，对地方事务发表自己的见解，并要求他们遵照执行。后来，他的意见不仅为全体西方教会所认可，甚至一些东方教会也予以采纳。如今，从格列高利的这些信件中，我们不仅可以了解到教会的情况，也能够知道当时的社会现状。现代著名学者勃特兰·罗素（Russell，1872—1970年）这样描述他对待下级："他的口吻竟然有如一个校长——有时称赞，经常斥责，对自己发号施令的权限从未有过丝毫的犹豫。"① 他写信给一个行为不检点的老年地方主教，毫不客气地告诉他："如果你体察到我们原谅你头发斑白，那么，老头儿，今后你可要好好反省，在行为上切忌轻举妄动，在举止上切忌蛮横恣睢。"他痛斥高卢的两位主教，因为那里有一位修女，后来又被迫结了婚。他在信中说到："果真如此……你们两人应当从事雇佣劳动，因为你们不配作为牧者。"② 他还插手东部教会的事务，写信给安提阿主教，要他迅速矫正那里用金钱贿买教职的事态。

格列高利极为重视传教工作，他派遣奥古斯丁到英格兰传教，并积极促使信奉阿利乌斯派的哥特人改宗天主教。587 年，西哥特王理查德皈依天主教后，格列高利十分高兴。为此，他专门写了一封信表示祝贺，还赠送给哥特王一个小钥匙，以期为哥特王"带来祝福"。

格列高利对基督教会的影响是多方面的。据说他极其善于理财，也深知金钱的重要作用。在他的管理下，教会财产迅速增加，不仅足以支付教会的日常开支，还大力兴办慈善事业，为穷人提供必要的物质帮助，从而极大地提高了教会的威望。

格列高利积极鼓励神职人员过禁欲独身的生活，大力推进修道院制度，认为修道院是治理社会的一种很好的形式。他多次召开宗教会议，为修道院制定规则，严格修院内部的管理，明确了修院院长的职责权限，并试图捋顺教区主教与修道院的关系。在他的积极推动下，圣本笃制定的修道院规程作为统一的修院制度得到了广泛的传播。修道院的蓬勃发展，最终使基督教"确立了基督教中教士与修士两个基本的教阶，以及教会和修道院两个基本的机构"。③ 从此，教会和修院成为基督教中两个并行不悖的机构，在各自的领域里获得发展的空间。

格列高利还改进了圣餐仪式，在仪式中加入圣歌的咏唱，被称为"格列高利咏叹调"。他力图使教会更合乎礼仪，具有更高的精神价值，带领更多的人走在基督指引的道路上。

在神学思想上，格列高利也对后世产生深远的影响。他认为人的原罪只有接受洗礼、接受基督的救赎，才能得到解脱。而本罪则必须通过行善功来予以补赎。他告诉信徒们：对于行善功、追求补赎的人，教会可以用

---

① [英] 勃特兰·罗素著，何兆武译：《西方哲学史》，商务印书馆 2010 年版，第 212 页。
② 同上，第 213 页。
③ 王亚平：《修道院的变迁》，东方出版社 1998 年版，第 20 页。

许多方法来帮助他们，其中最为重要的就是参加圣餐礼仪式。此外，格列高利极力宣扬圣徒崇拜，认为圣徒有替人代祷的能力，他告诫人们：凡自己毫无功德可靠的人，可以到殉道的诸圣徒墓前朝拜，以求得到他们的庇护。他警告那些可以通过行善功来补赎的人，如果不好好行善事，那么他们将在炼狱中受到磨难。正是在格列高利的倡导下，朝拜圣地成为一种得救的功德，在中世纪广为流行。

在西罗马帝国灭亡后，伦巴德人屡次侵犯意大利。在当时群龙无首的情况下，作为教皇的格列高利，亲自领导罗马人，用武力和金钱抵抗伦巴德人的围攻，维持了罗马的和平与稳定。

格列高利一世担任教皇期间，不仅将教会的大权牢牢掌握在自己的手中，而且使教会凌驾于世俗权力之上，从而成为当时意大利最有权势和最有威望的人。

二、主教叙任权之争

9世纪中期，法兰克王国分裂为三个部分。10世纪，日耳曼人路易分到的东法兰克地区，已经由一个松散的诸侯联合体，逐渐形成一个统一的国家——德意志的雏形。随着国力的强盛，德国皇帝开始登上欧洲历史的大舞台，主教续任权的争夺战就从这里开始。

1. 历史背景

自查理曼大帝去世后，罗马教皇便失去了强大的法兰克王国的庇护和依托，不得不独自面对各种威胁。此时，君士坦丁堡继续向罗马施加种种压力，而入侵的撒拉森人已经攻占西西里岛，直接威胁罗马的安全。更为严重的是，罗马城内的贵族趁机将教皇控制在自己手中，使他沦为贵族手中的一个筹码。

与此同时，德意志帝国正在崛起。936年，年轻的撒克森公爵奥托即德国王位，这就是后来被称为"大帝"的奥托一世（936—973年）。在迅速平定诸侯叛乱，巩固自己的政权之后，奥托开始了野心勃勃的对外扩张计划。951年，奥托首次入侵意大利，占领意大利北部地区。又一个强势君主的出现，使处于尴尬境地的教皇看到了希望。

961年，教皇约翰十二世给奥托写了一封信，请他出面，帮助教廷摆脱罗马贵族的控制。奥托接到来信后，欣然应允。很快，他便亲率大军，翻越阿尔卑斯山进入意大利，奥托迅速将占领教皇地盘的贵族赶走，解除了对教皇的威胁。次年，为了感谢奥托的出手相助，约翰十二世在罗马为奥托举行了隆重的加冕仪式，尊他为"神圣罗马帝国的皇帝"。由此开始，德意志王国也称为"神圣罗马帝国"（962—1806年）。这个帝国历经840年，在中世纪的欧洲历史上扮演了极其重要的角色。

接受加冕后的第11天，奥托便与教皇签署了《奥托特权协定》，明确规定皇帝要保护教皇的安全，而教皇则必须忠于皇帝，同时奥托将主教叙任权掌握在自己手中。但没过多久，约翰十二世便违背协定，不听从奥托的安排。一气之下，奥托将约翰十二世废黜，另立利奥八世为新教皇。奥托此举极大地挑战了教皇的权威，从而打破了教皇为皇帝加冕、凌驾于皇帝之上的传统，开创了由皇帝废立教皇的先河。

11—12世纪，是神圣罗马帝国最强盛的时期。此时的德国皇帝们已经具备了足够的实力，与教皇展开权力的角逐，由此拉开了中世纪教权与皇权斗争的序幕。

教权与皇权的较量，由主教叙任权开始。

2. 主教叙任权

主教叙任权的争夺，从本质上来说是教会试图摆脱皇权控制的一场战斗。

所谓"主教叙任权"，就是任命主教的权力。在任命主教举行的授圣职仪式上，通常会授予主教权戒（戒指）和权杖，以象征对所辖教区拥有的宗教权力。在中世纪初期，皇帝不仅掌握世俗王国的统治权，同时也拥有教会神职人员的任命权。因此在1054年之前，主教和修道院长的任命是由皇帝或国王决定的。东西方教会大分裂后，随着罗马教皇势力的不断增强，天主教会对由皇帝授予圣职的做法有了不同的意见。

其实早在6世纪，格列高利一世就提出皇帝应当服从教会的说法，而8—9世纪出现的伪教令集也在宣扬教会至上论，为教会争夺权力制造舆论。1049年，教皇利奥九世（1049—1054年）登上教皇宝座，他和他的后继者维克多二世（1055—1057年）都要求教会摆脱封建国王和领主的控制，反对由皇帝任命主教的做法，而且认为教权应当高于政权，政权要服从教权。

1057年，教皇维克多二世去世，而此时的德国皇帝亨利四世（1056—1106年）年仅六岁，由其母后摄政。此时，罗马教廷未经皇帝同意，自行选举斯蒂芬九世为教皇，并宣布由平信徒（指世俗皇帝）授予的神职一律无效。由于教皇继位时多已老迈，没过两年斯蒂芬就离开了人世。后来的两位教皇，尽管都主张将选举教皇的权力交给枢机主教，反对皇帝和贵族插手教会的内部事务，无奈他们在位的时间都不够长，没有施展抱负的机会。

1073年，枢机主教希尔德布兰德（Hildebrand）当选为新的教皇，这就是著名的格列高利七世（1073—1085年）。格列高利七世是克吕尼修会的修士，曾在几任教皇手下任职，直到老年才如愿以偿地当上教皇。他是个权力欲极强、野心勃勃的政治家，一上台，他便独霸了"教皇"的称号。从此以后，只有罗马主教才能称"教皇"，其他地区的主教不得以此相称。

1075年，格列高利七世颁布《教皇赦令》，内容达27条之多。赦令加强了教会中央集权的管理体系、禁止君主和贵族祝圣神职、将国王控制教会的权力收归教皇，并宣称教皇"有权废黜皇帝"。

格列高利七世积极推行克吕尼修会的独身禁欲的教规，反对神职人员结婚。他下令所有神职人员，无论主教还是神父必须独身、过禁欲生活，不得结婚生子。该规定刚一下达，立刻遭到数千名主教和神父的强烈反对。但格列高利毫不妥协，坚决地将一些不肯听命的主教免职，将这个规定强制推行下去。此外，他还将那些品行不端、有不良行为以及不称职的神职人员一律清除出教会，以恢复教会的良好形象。

3. 卡诺莎事件

在大力整顿教会内部的同时，教皇格列高利七世拉开了与皇帝争夺主教叙任权斗争的大幕。

1075年，教皇与德皇亨利四世为了争夺米兰大主教的锡封权展开斗争。此时的亨利四世虽然年轻，但并不畏惧年迈资深的教皇，他认为皇帝任命主教是天经地义的事情。而教皇则坚持只有教皇有权任命神职人员，反对皇帝干涉教会事务。于是，两人僵持不下。

1076年，格列高利七世召开宗教会议，宣布绝罚亨利四世，并废黜其帝位。绝罚即"革除教籍"，是天主教会对神职人员和平信徒最严厉的惩罚手段，该词的原意是"断绝来往"。按照教会的说法，受绝罚的人，死后不能进入天堂，并禁止与一切其他人员往来。皇帝受到绝罚的消息一传开，德意志国内的局势骤然紧张起来了，一些反对派的王公贵族们立即蠢蠢欲动，想趁机夺取王位。1077年，亨利四世迫于各方面的压力，不得不屈尊，亲自到罗马向教皇请罪。

当亨利四世带着一行人马、风尘仆仆地来到罗马时，才知道教皇此时不在罗马，于是又匆忙赶到教皇的驻地卡诺莎城堡。为了表示悔改之意，亨利四世身穿麻衣，光着脚，在院子里的雪地上站了三天，等候赦罪。直到他亲自向教皇认罪，恳请原谅后，教皇才宽恕他，撤销了绝罚令，这就是历史上著名的"卡诺莎之行"，此行后来在西方成为"忍辱投降"的代名词。

但事情并没有到此结束，后来的局势发生了戏剧性的逆转。

1080年，在诺曼人的支持下，亨利四世亲率大军攻入意大利，占领罗马城，年迈的教皇无法与之抗衡，只得逃出城去。随后，亨利四世立克雷芒三世（1080—1100年）为新教皇，取代格列高利七世。五年后，格列高利客死他乡，罗马枢机主教团选出同样出身于克吕尼修会的修士为教皇，这个教皇就是后来发动十字军东征的乌尔班二世（Urban II，1088—1099年）。于是，罗马天主教会首次出现了两位教皇并存的局面。

1099年，帕斯卡二世（Paschal II，1099—1118年）即教皇位，又与德皇亨利五世发生了矛盾。1110年，亨利五世率军兵临罗马城下，迫使教皇做出让步，教皇只得暂且从之。1112年，教皇在维也纳召开宗教会议，绝罚亨利五世。很快，亨利五世再次出兵罗马，他驱逐了教会任命的教皇，自立卡利克特斯二世（Calixtus II，1119—1124年）为新教皇，在这场此消彼长的争夺战中，胜负总是暂时的，似乎谁都不是最后的赢家。

1122年，教皇卡利克特斯与亨利五世在德国西部的沃尔姆斯（Worms）会面，签署了《沃尔姆斯宗教协议》，双方达成妥协。该协议规定：主教和修道院长均由教士代表选举产生；皇帝或其代表有权参加会议进行监督；教皇承认皇帝有世俗的委任权，允许皇帝用权标触及受圣职者，表示已经授予他世俗的权力，但以指环和权杖为象征的神权则必须由教皇授予；皇帝作为平信徒不再授予神权……至此，历时数十年的主教叙任权的争夺，总算在双方的妥协中握手言和，暂告结束。

但没过多久，新的斗争又开始了。

三、教权与皇权的较量

11—13世纪，是欧洲各民族国家形成和发展时期。除德国外，英国、法国也相继成为强大的国家。为了维护国家的统一和独立，这些国家的君主与教皇的矛盾日益尖锐化。此时教权与皇权的较量，说到底是新兴国家对基督教独霸天下的一种反抗，是欧洲社会试图摆脱教会的束缚，争取民族独立和自主的一种斗争方式。这场战斗最后以皇权的胜利而告终，从此结束了基督教独霸欧洲的时代。

1. 制伏腓特烈一世

亨利五世后，德国进入霍亨施陶芬王朝（1138—1250 年）时期，腓特烈一世（Frederick I, 1152—1189 年）是该王朝第二位君主。他 29 岁登帝位，因留着红色的胡须，故有"红胡子"之称。年轻气盛、桀骜不驯的腓特烈一上台，便将扩张的目标锁定在意大利。那里水路交通便利，是欧洲最为富庶的地区。腓特烈对意大利早就垂涎三尺，只是在等待合适的机会。

1154 年，意大利爆发反罗马教皇的异端运动。为此，教皇尤金三世请求腓特烈出兵镇压，作为回报，教皇承诺为腓特烈举行加冕仪式。对腓特烈来说，这真是天赐良机啊！他立刻率领大军，昼夜兼程，直奔意大利而来。到罗马后，他没费吹灰之力，就将那些手持棍棒的闹事民众赶跑了，首领阿尔诺德被绞刑处死。对于腓特烈的出手相助，尤金三世感恩不尽，但是他没能兑现自己的诺言，便郁郁而终了。

然而，新就任的教皇哈德良四世（1154—1159 年），对腓特烈却没有什么好感。在腓特烈的加冕仪式上，他对腓特烈的举止挑三拣四，让性情暴躁的腓特烈不胜其烦。在仪式的最后，教皇竟然还要求腓特烈按照惯例为他牵马扶蹬，这可将腓特烈惹火了。他怒火中烧，一声令下，喜庆的典礼顿时变成了血腥的屠场，许多参加仪式的修士成了刀下之鬼。腓特烈的暴虐由此可见一斑。而他就在一片血泊之中，成了"神圣罗马帝国的皇帝"。

腓特烈称帝后，立即对政治上四分五裂的意大利进行整治。1154 年，他要求那些各自为政、不服管束的城邦，派出代表到隆卡利亚参加会议。在会上，腓特烈宣布：我是"神圣罗马帝国"的皇帝，对意大利拥有绝对的统治权；以后从官员任命到税收，一切事情均由皇帝说了算。与会的代表个个惧怕他，只好乖乖地在会议纪要上签字同意。

会议刚一结束，急于聚敛财富的腓特烈，便下令手下的士兵在罗马城中大肆劫掠，他们将抢来的金银财宝统统装上马车，一车一车地运回德国。这种强盗行径激怒了意大利的广大民众，他们联合起来，组成城邦同盟，共同对抗腓特烈一世。

1158 年，腓特烈再次出兵意大利，在他的强势进攻下，反抗他的城邦同盟不是他的对手，只得乖乖投降。1159 年，他扶持红衣主教屋大维为新教皇，称维克多四世（1159—1164年），而将枢机主教们推举的教皇亚历山大三世（1159—1181年）赶出了意大利。

新教皇亚历山大三世并非懦弱之辈，他坚决反对皇帝干预教廷事务的做法，于是果断地投身到反腓特烈的斗争中。1160年，教皇宣布绝罚腓特烈一世，废除他的帝位。1167年，威尼斯等城邦组成"伦巴第同盟"，共同抗击腓特烈的入侵，此举得到了教皇的大力支持。从此以后，腓特烈对意大利发动的战争就再也没有打赢过。

1174年，腓特烈率领大军第五次入侵意大利，此时加入"伦巴第同盟"的城邦已达22个，同盟军的力量空前强大，士气空前高涨。1176年，德军与同盟军在米兰附近决战，结果，同盟军取得了决定性的胜利，腓特烈一世身负重伤，只得率部投降。

1177年，腓特烈不得不跪在教皇面前，承认自己的失败和教皇至上的权威。在被迫签订的《威尼斯和约》中，他同意归还教会财产，不再插手教会事务，这才使意大利恢复了短暂的平静。

嚣张跋扈、不可一世的德意志皇帝，终于败在教皇亚历山大三世的手中。

1181年，教皇亚历山大去世后，教会陷入混乱之中，教皇频繁更迭。1186年，野心不死的腓特烈，又对意大利发动了新的进攻，但这次出兵仍然以失败而告终。

1189年，年迈的腓特烈参加十字军战争，在途中不幸落水身亡，从此结束了他戎马征战的一生。

2. 威廉一世的疏离

在欧洲君主中，敢于叫板教皇权威的，绝不仅仅是德皇，1066年征服英格兰的威廉一世，以及几乎与腓特烈一世同时在位的英王亨利二世，也都让教皇头痛不已。

1066年，诺曼底公国的威廉公爵征服英格兰，在此建立诺曼王朝。威廉的征服，是英国历史上具有划时代意义的重要事件。从此以后，英国结束了异族征服的历史，进入和平发展的新阶段。同年圣诞节，威廉公爵在威斯敏斯特大教堂即英格兰王位，称威廉一世（William，1066—1087年）。

威廉一世在位期间，对英国进行了一系列重大的改革，有力地推动了英国封建制社会的发展。他将法国的土地分封制引入英国，扩大皇室的领地，从根本上扭转了此前英王受制于贵族的被动局面。他改变原有的行政编制，在各地设立"郡"，由国王委派官员行使管理权。为了全面掌握税收情况，他下令对全国的土地、领主及财产状况进行全面的清查，由此编制的登记清册《末日审判书》，成为后人研究英国经济发展史的珍贵资料。

威廉对英格兰教会的发展极为关注，在征得罗马教皇的同意后，他免除了五位主教的职务，任命诺曼底教士兰福莱克（Lanfranc）为坎特伯雷大主教，威廉要求兰福莱克将诺曼人讲求效率的工作方法带入到教会的管理中。同时，威廉也小心谨慎地保持着英国教会的独立性。威廉时期，正是教皇格列高利七世专权之时，格列高利七世被称为"神圣的魔鬼"，他采取各种措施加强对教会的控制，使教皇具有绝对的权威性。但是，对于远在英格兰的威廉一世，他还是鞭长未及，只得听之任之。

因此，在英格兰，教会的事情是国王威廉一世说了算。没有他的许可，教皇就得不到承认；没有他的批准，教皇通令就只是一纸空文；没有他的同意，没有一个主教敢拜访罗马，甚至不能私自给教皇写信，反映情况。除非威廉点头，没有人能把革除教籍的罪名强加到任何英格兰人的头上。

在威廉时期，就已经可以看到日后英格兰教会独立的身影。

3. 与亨利二世的教权之争

亨利二世（Henry，1154—1189年）是威廉一世的曾外孙，从小在法国长大，受到良好的教育。他精通法语和拉丁语，却不会说一句英语，但这并不妨碍他成为一个有作为的英国国王。亨利二世21岁即英国王位后，便采取果断措施，迅速铲除国内的异己力量。仅用了短短四年的时间，他便摧毁了英格兰所有的贵族城堡，有利地巩固了自己的地位。

在巩固王权，继续扩张领土的同时，亨利进行了一系列改革，如采用新的税制，强化税务管理机构等。特别是他大刀阔斧地进行的司法改革，在历史上具有重要意义。

首先，亨利强化国王法庭，扩大国王法庭的审判权限。他将全国分为六大巡回区，并为每个区任命一名法官，巡回法官不仅审理王室领地上的案件，也审理原来只能由领主法庭审理的案件。亨利允许自由人在缴纳一定费用后，可以越过领主法庭，直接向国王法庭提出申诉。此外，对于领主法庭不公正的裁决，国王法庭有推翻重审的权力。

其次，为了改变各地私法和地方法执行中的混乱局面，亨利二世推行《习惯法》（亦称《普通法》）。与一般具有普遍指导意义上的法律不同，《习惯法》是以判决案例为基础的，它是由公认的习俗演化而来的。英国的

《习惯法》由贵族、主教组成的"王堂"议定，经王室法庭公布后，具有法律效力。《习惯法》属于不成文法，它适用于所有的人。亨利推行的《习惯法》，使英格兰的法律体系有别于苏格兰和欧洲大陆的法律体系，并一直沿用到今天。

作为司法改革的一部分，亨利二世也将基督教会纳入自己的管辖范围内。他免除了教士们享有的司法特权，坚持所有受到指控的犯罪嫌疑人，都要在国王法庭中受审，教士也不能例外，因为教会法庭没有体罚，只使用训斥、革除教籍、苦行赎罪等惩罚措施。因此，当时不仅教士和修道士有这种特权，任何一个犯罪嫌疑人，只要他会说几句拉丁语，都能够提出这种特权要求。为了教士的特权问题，亨利二世和坎特伯雷大主教之间爆发了激烈的冲突。

1162年，亨利二世任命宠信的大臣、曾任英格兰大法官的托马斯·贝克特（Thomas Becket）为坎特伯雷大主教，希望他能在教会的司法改革问题上助自己一臂之力。但令亨利意想不到的是，贝克特就任主教后，很快与亨利发生了分歧，两人由此反目为仇。

在贝克特上任的第二年，林肯主教法庭判处一位教士犯有谋杀罪，按照教会的惯例，该教士将受到最严厉的惩罚，那就是革除教籍。国王知道此事后，命令该教士到国王的民事法庭受审，但遭到大主教贝克特的拒绝。此时，贝克特已经完全站在教会一边，反对国王干涉教会事务。

1164年，亨利二世授权议会制定《克拉林顿宪章》，其中增加了民事法庭的司法管辖权限，要求犯罪的教士必须在民事法庭接受审判。当时，参加会议的贝克特大主教也在这部宪法上签了字，但很快他又翻盘了，对此予以否定。亨利二世得知消息后，勃然大怒，下令将贝克特流放。

1170年，贝克特流放期满后回到英格兰，不久与亨利又发生了新的争吵。气急败坏的亨利扬言要"除去这个爱管闲事的牧师"。不幸的是，这句气话无意中竟然被皇家卫队的四名骑士听见了，他们决心帮助国王实现这个愿望。不久，贝克特在坎特伯雷大教堂的圣坛台阶上被杀死。

第二天，当贝克特的遗体下葬在教堂地下室时，他的墓穴立即成为信徒们的朝圣地。

教皇亚历山大三世知道此事后，声称要绝罚亨利二世。亨利二世来到贝克特的墓前，苦行赎罪，最终绝罚之事不了了之。1173年，罗马教会追封贝克特为圣徒。

在亨利与教会的这场斗争中，教会似乎占了上风，取得了胜利。但实际上，《克拉林顿宪章》的制定，为英格兰最终摆脱罗马教会的控制奠定了法律基础。

4. 教皇英诺森三世

1181 年，教皇亚历山大三世去世，此后教会陷入混乱之中，十年间换了五位教皇，直到英诺森三世登上教皇的大位。在英诺森任教皇期间，教会的权势达到了顶峰。

1189 年，英诺森三世（Innocentius Ⅲ，1198—1216 年）就任教皇，这年他 37 岁。英诺森是个能干、专制、权力欲极强的人，罗素称他是"第一个没有神圣素质的大教皇"。从那时起，对权力的追逐取代了圣洁的思想，日益专横地支配着教廷，以致在英诺森在世时已经遭到一些虔诚信徒的反对。

英诺森一上台，就再次重弹教皇的权力直接来自唯一的神，教权高于王权的老调。他提出教皇是"基督在人世间的代表"的理论，认为世俗君主应当听命并服从教皇的旨意，使教皇成为圣俗两界的最高统治者。英诺森发布的教皇通谕，后来被汇集为《通谕汇编》，成为后世教皇维护自身权力的依据，英诺森四世还亲自为之做注释，有学者称该汇编是"地狱给予人类的一本最黑暗的书"。①

此时的欧洲各国，仍处于诸侯割据的分裂状态，为了在竞争中处于优势地位，诸侯和国王之间经常通过联姻来增强自己的实力。因此，欧洲各国的王室之间，形成了一种错综复杂的关系网，激烈的争斗就在直系和旁系的亲属中间展开。而英诺森便巧妙地利用这种复杂的关系，使用各种手段干预西欧各国的内政，与德皇、英王进行反复的较量，迫使多位君主臣服于他。

1199 年，英王理查德一世（1189—1199 年）在一次决斗中身亡，临死前将王位交给弟弟约翰。约翰王接手的是一个烂摊子，理查德参加第三次十字军战争的巨大花费，给英国造成了巨额的财政赤字。为了弥补财政上的亏空，约翰强行在全国征收高额的赋税，激起广大纳税人的愤怒。他宣布原来由贵族收取的罚金也要上缴国库，这无疑触犯了贵族的特权。此外，约翰竟然还要向从不纳税的教会征收产业税，更是引起教会人士的强烈不

---

① ［英］伯特兰·罗素著，何兆武译：《西方哲学史》，商务印书馆2010年版，第243页。

满。这些不满的情绪终于汇聚为一股势力，成为贵族对抗国王背后的支持力量。

1215年，贵族代表将一纸请愿书呈送国王。请愿书中共列出63条要求，其中有：

> 没有大议会的批准不得征税
> 教会拥有其所有的特权
> 伦敦及其他城市保留其古老的权力和特权……①

这些要求限制了国王的权力，维护了教会的利益，也使贵族的政治、经济和司法特权得到了保证。

6月，在贵族代表的强烈要求下，英王被迫与贵族达成协议，这就是闻名于世的英国《大宪章》。《大宪章》在英国历史上具有重要的地位，它是英国国民享有自由的基础，也是教会权力的保证，对欧洲各国产生了巨大的推动力和深远的影响。

尽管教皇英诺森三世权倾一时，但约翰王并没有对他俯首称臣。他反对教皇任命斯蒂芬·朗顿（Stephen Langdon）为坎特伯雷大主教，与教皇发生了激烈的争吵，以致教皇一怒之下，将他革除教籍，并下达禁教令，停止在英格兰的一切宗教活动。对此，约翰王并不担心，英格兰离罗马教廷实在太远了，教皇的话在这里起不了太大的作用。而对于《大宪章》，他也没放在心上，照样我行我素。在《大宪章》签字后不久，约翰便出兵劫掠北方，报复反对自己的贵族。不久，约翰王在征战途中病逝。

英诺森三世在位期间，还多次组织十字军，采取严厉措施打击异端。

教皇的权威在英诺森三世时达到顶峰，但是教皇的唯我独尊，顺我者昌、逆我者亡的做法，引起各国君主和人民的强烈不满。具有讽刺意味的是，在英诺森监护下长大、由教皇亲自培养和调教的德皇腓特烈二世就首先造他的反，不买他的账。正如罗素所说，"此时的教廷仍能取得一些显赫的胜利，但其日后的衰落景象已可预见于此了……英诺森没有活着看到他培养了一个多么可怕的攻击教廷的敌人。"②

---

① 周一良、吴于廑主编：《世界通史》（中古部分），人民出版社1972年版，第170页。
② [英]伯特兰·罗素著，何兆武译：《西方哲学史》，商务印书馆2010年版，第243页。

随着英诺森三世的故去，教皇呼风唤雨的日子一去不复返了。

5. 腓特烈二世的反叛

腓特烈二世（1211—1250 年）是德皇亨利六世之子、"红胡子"腓特烈一世的孙子，其母是西西里岛的诺曼王罗杰之女、王位继承人。1196 年，亨利六世去世。一年后，年仅四岁的腓特烈从外祖父那里继承了西西里的王位，母亲代为摄政。但没想到的是，只过了半年，母亲也撒手人寰。临终前，王后将小腓特烈托付给新任教皇英诺森三世，请他做孩子的监护人，并代理西西里国的摄政王。

年幼的腓特烈在西西里王宫里长大，在英诺森的监护下，腓特烈从小受到一种良好而独特的教育。在幼年时期，教皇的专权、狡诈和贪婪就在他心中留下了深刻的印象，教皇并没有成功地将腓特烈培养成一个虔诚的天主教徒，长大后，他经常直言不讳地说出自己对宗教的怀疑和不同的见解，他的种种悖教和渎神的言论被记录下来，但教皇对他却毫无办法。在教皇的严厉管束下，这个从小缺少父母疼爱的孩子，学会了在强权面前如何运用智慧，通过迂回和逃避的方式，来达到自己的目的。

腓特烈 15 岁时，英诺森三世亲自为他选择了一门亲事，新娘是西班牙阿拉贡王国的公主，年龄比腓特烈大 10 岁。很显然，这是一桩政治联姻，教皇看上的并不是新娘本人，而是新娘带来的政治和经济上的巨大利益。果然，新娘丰厚的嫁妆，特别是她随身带来的一支装备精良的军队，给腓特烈帮了大忙。他开始在西西里建造城堡，削弱贵族势力，加强王权，使西西里的国势日益强盛起来。

虽然已是一国之君，但腓特烈毕竟是德皇的直系后代，他心中念念不忘的仍然是德国的皇位。亨利六世死后，德意志另一个豪门趁机与霍亨施陶芬家族争夺王位。因为在德意志，国王虽然号称皇帝，但王位不能世袭，仍然需要由贵族选举产生。结果，奥托四世（1196—1211 年）打败亨利六世的弟弟腓力，当选为新的皇帝。

奥托四世上台后不久，便与教皇英诺森三世发生了矛盾，教皇虽有心将他换下来，但一时没有合适的人选。这一切，腓特烈都看在眼里。等到时机成熟了，他便与英诺森做了一笔交易。腓特烈承诺，只要教皇帮助他登上德皇的宝座，他就放弃西西里和意大利南部的领地，将它们交给教皇治理。此外，他还答应出兵平息德国境内的异端，给予教士不受世俗法律约束、教会不纳税等特权。这正合英诺森三世的心意，于是两人一拍即合，教皇开始积极筹划，促成腓特烈登上德国皇帝的大位。

1211年，在英诺森的支持下，腓特烈率领大军，浩浩荡荡地回到老家德意志。他的到来，引起人们对"红胡子"腓特烈的怀念。很快，他被贵族们推举为德意志国王。随后，腓特烈联合法王菲利普二世，彻底铲除了奥托四世的势力，坐稳了自己的皇帝位子。

当局势安定后，教皇开始催促腓特烈履行当初的诺言，但此时的腓特烈却好像没这回事一样。他积极治理西西里岛，不仅没有将一寸土地交给教皇，当初承诺给教会的特权也再没提起了。这个19岁的毛头小皇帝，翅膀刚刚一硬，就不把教皇放在眼里了。除了生气外，英诺森却毫无办法。但直至去世，他也没给自己亲手扶持起来的腓特烈举行加冕典礼。

1216年，教皇英诺森三世离开人世，霍诺里乌斯三世即任为教皇。这是个平庸之辈，毫无作为，腓特烈根本没把他放在眼里，就更加不受他的管束了。然而在1220年，这位教皇为他举行了隆重的加冕仪式，腓特烈二世由此成为"神圣罗马帝国的皇帝"。

除了"德意志国王""神圣罗马帝国皇帝"的皇冠外，腓特烈二世头上还有着众多的王冠和头衔，但他总是自称"西西里国王"，很少以"神圣罗马帝国皇帝"自居。而且，他绝大部分时间都住在意大利南部和西西里岛。

1227年，格列高利九世（1227—1243年）任教皇后，腓特烈对以前的承诺还是一条也不履行，这让新教皇十分气愤。于是，新教皇发布了一封公开信，历数腓特烈二世的悖教言论和行为，宣布将他革除教籍。腓特烈对此迅速做出回应，他也发表了一封致欧洲王侯的公开信，驳斥教皇对他的指责，教皇和德皇之间长期存在的矛盾终于公开化了。

1228年，为了履行镇压"异端"的誓言，腓特烈被迫进行了一次和平的十字军东征。他佯装率军出征，实际上在外边兜了一个圈子，便以爆发瘟疫为借口，又转了回来。格列高利得知后，宣布立即将腓特烈革除教籍，并组织十字军征讨之。很快，十字军便向腓特烈在意大利南部的领地进军了。腓特烈一看形势不好，立即亲率大军直奔耶路撒冷而来，这就是第六次十字军战争。

与以往的打打杀杀不同，这次十字军乘船经海路直接来到了耶路撒冷。在这里，腓特烈充分展示了他杰出的外交才能和会多种语言的天赋，他与埃及苏丹卡米勒举行会谈，利用苏丹与叙利亚总督之间的矛盾，得到了卡米勒的信任。最后双方签订协议书，苏丹将耶路撒冷、伯利恒等地交给腓特烈管辖，并由他兼任耶路撒冷王国的国王。1228年，腓特烈在耶路撒冷举行了加冕典礼，据说他从圣坛上取下王冠，自己戴在头上。从耶路撒冷回来后，腓特烈迅速地将教皇征讨他的十字军从其领地赶了出去。

1230年，教皇又派出一支军队征讨腓特烈，这次的进攻目标是西西里王国。腓特烈得知消息后，立刻率军回到西西里岛，将教皇的军队赶走，并迫使教皇收回将他革除教籍的决定。

教皇格列高利九世也不甘示弱，为了遏制腓特烈的嚣张气焰，他联合意大利诸城市组成的"伦巴第同盟"，共同对抗腓特烈二世。面对教皇的挑战，腓特烈立刻亲自率领大军攻入意大利。

1237年，腓特烈彻底打败伦巴第同盟军，并占领撒丁岛。1239年，无计可施的格列高利九世，只得再次宣布绝罚腓特烈，将他革除教籍。很快，腓特烈又率军来到意大利，将矛头直指罗马教廷。面对腓特烈的威逼和藐视，格列高利九世愤懑不已，不久便离开了人世。

1243年，英诺森四世（1243—1254年）继任教皇，为了避开腓特烈，他逃到法国里昂。在那里，新教皇向欧洲各国君主发出呼吁，要求大家联合起来，共同反击腓特烈二世对抗教廷的行为。这次，腓特烈二世又发表了一封致欧洲君主的公开信，在信中他猛烈地抨击教会的种种不是，并发出号召，要求没收教会的财产。双方的这种相互指责和对骂，严重地损害了教皇的尊严，动摇了罗马教廷的权威。

1250年12月，腓特烈二世在外出狩猎时突然病倒，不治身亡，终年54岁。

随着他的去世，德意志霍亨施陶芬王朝随即终结。

腓特烈二世一生与三位教皇周旋，始终处在皇权和教权争斗的漩涡中。他所处的年代，教皇的权势达到了顶峰，但腓特烈二世不惧强权，勇于与教皇抗争，使教皇的权威受到极大的挑战。然而，腓特烈绝非最后一个对教会说"不"的人。在随后到来的时代里，更多难于管教的"孩子"一起来造教会"母亲"的反了。

四、天主教会的第一次分裂

腓特烈二世后，德意志进入王位空缺的虚君时代。而此时的法兰西王国，在菲力普二世的孙子路易九世（1226—1270年）的领导下，逐渐强盛起来。于是拉特兰宫的教皇们开始支持法兰西国王，寻求法国君主的保护。而有"圣路易"之称的法王路易九世，是一个极其虔诚的基督教徒，很快他便接替德国皇帝，成为教皇的有力保护者和坚定的支持者。直到1294年卜尼法斯八世任教皇后，情况才有所改变。

1. 教皇卜尼法斯八世

卜尼法斯八世（Boniface Ⅷ，1294—1303年）是意大利人，出生于贵族家庭，据说他充满了罗马伟大的传统意识和使命感。与历任教皇一样，卜尼法斯也认为神权高于政权，教皇的地位高于世俗的君主。

1299年12月，卜尼法斯宣布1300年为大赦之年。凡该年来到罗马的天主教徒，都可以通过拜谒圣彼得墓和圣保罗墓举行忏悔仪式而获得大赦。此后，该制度便成为天主教的定制，称"大赦年"或"圣年"。大赦年最初每100年举行一次，后来逐渐缩短至25年一次，并一直延续至今。1300年，卜尼法斯八世在罗马主持了世纪大庆典，成千上万的朝圣者汇聚在广场向他欢呼。

这一年，是教皇权力达到顶峰的时刻。这一年，也是罗马教廷衰落的开始。

卜尼法斯上台后不久，就因税收问题与法王菲利普四世（1285—1314年）产生了矛盾，从而引发新一轮教权和王权的争夺战。在这次斗争中，以教皇的彻底失败而告终，此后的几十年，教皇被法王所控制，罗马教廷从此走向了衰落。

在中世纪，基督教会向各地的百姓征收"什一税"。所谓"什一税"，就是人们要将收入的十分之一交给教会，作为一种宗教捐款，供教会和教皇使用。在《利未记》中，耶和华要摩西告诉以色列人：凡地上所有的，无论是地上的种子，是树上的果子，十分之一是耶和华的，是归给耶和华为圣的。这就是"什一税"的由来，也是基督教教会向民众征收"什一税"的依据。

欧洲最早交纳"什一税"的国家是法国。查理曼规定：缴纳"什一税"是每个法兰克国民的义务。从此，欧洲各国普遍开始推行"什一税"制度，"什一税"也逐渐成为教会的主要收入之一。

在中世纪，罗马教廷拥有至高无上的权力，但维持一个庞大的教会管理机构，需要巨额的资金支持，除应付日常的开销外，降服不听话的世俗君主、出兵讨伐异端，也都需要金钱作为后备保障。因此，教皇们总是挖空心思，通过各种途径来筹集资金。首先，教皇向所属的欧洲各国教会收取"什一税"，即各地教会要将收入的十分之一交给教皇。其次，各地的领主要向教皇缴纳一定数量的贡品，各国的君主每年也都向教皇提供一笔赞助金，供教皇使用。除此之外，教皇还向神职人员抽取任命费、觐见费等。到后来，罗马教廷更是随心所欲，巧立各种名目聚敛财富，以致卖官鬻爵、出售"赎罪券"，终于激起民众的怨恨，成为16世纪宗教改革运动的导火索。

1296年，教皇卜尼法斯为维护教会的特权，下令禁止教士向世俗君主纳税、要求各国君主不得向教会征收税款。在中世纪的许多封建王国中，大约四分之一的土地属于教会所有，如此大面积的土地免税，意味着世俗君主每年要流失大量的金钱财富。此外，在要求对教会和教士免征税款的同时，罗马教会对各国人民的盘剥却一点儿也没减少。由此，引发了法王菲利普四世的抵触和反感，教会"母亲"另一个不驯服的"孩子"开始造反了。

菲利普四世是一个有作为的君主，他上台后，通过一连串的战争和联姻等方式，扩大了王室的领地和势力范围。同时强化国家行政管理机构，加强了国王的权力。为增加国内税收，他对教皇的命令置之不理，照样向教会和教士们征收税款。同时，他还下令，禁止国内资金外流，使法国教会上缴给教廷的"什一税"，无法到达罗马教廷的手里，这引起教皇的强烈不满。

1302年，教皇严厉谴责法王侵犯了教会的权利，而菲利普四世也不示弱，他认为教皇无权干涉法国的内政。为此，教皇发布通谕，再次重申王权必须服从教权，世俗君主必须服从教皇的命令，才能够得救。但菲利普四世对此不闻不问，毫无反应。1303年，卜尼法斯准备发布绝罚菲利普四世的教令，却不料菲利普先下手为强，他宣布废黜教皇，然后派人到教皇家中将他逮捕，教皇受到士兵们的恐吓和侮辱。两天后他被释放，回到了罗马。但很快，教皇又被另一伙人拘捕，并被投入监狱。不久，教皇在牢里郁郁而终。

卜尼法斯八世是基督教史上一个具有划时代意义的人物，他是最后一个与世俗君主争夺权力的教皇，随着他的离世，西欧历时200余年的教权与王权的争斗结束了。

2. 阿维尼翁教廷

1305 年，在菲利普四世的干预下，法国大主教克莱门特五世（Clement，1305—1314 年）即教皇位。克莱门特是第一位法国籍的教皇，他从未到过罗马，而此前的所有教皇都是意大利人。1309 年，为了躲避意大利人，克莱门特将教皇的官邸从罗马迁到阿维尼翁（Avignon）。阿维尼翁虽然位于意法边境的法国一侧，但它并不是法国的领土，而是罗马教区的一部分。此后的六任教皇都住在这里，他们都是在法王扶持下上台的，是法王控制下的傀儡。在此期间，甚至连教廷的红衣主教也大多是法国人，罗马天主教廷俨然成了法国人的天下。

此时的教廷，虽然已经沦为法王控制下的御用工具，但仍然肆意干涉别国的事务，引起多个国家的不满。教廷迁到阿维尼翁后，开始大规模建造新的教堂和宫殿，耗费了巨大的人力和物力。如今，总长 5000 米的城墙以及雄伟壮丽的教皇宫殿依然完好地保存着，向世人展现着教皇昔日的权威和风光。为了建造恢宏的宫殿和教堂，教廷只得向各国民众筹措更多的资金，他们要求各国提高"什一税"的比率，增加更多的苛捐杂税，使民众的负担更为沉重。尽管教廷躲在远离喧嚣、幽静的阿维尼翁小镇，但各地民众的反抗之声仍然不绝于耳。

1370 年，格列高利十一世（1370—1378 年）继任教皇，他也是法国人。此时，教皇国已经面临着巨大的威胁了。1375 年，意大利 80 个城市联合起来，反对教皇国的存在，要求推翻教皇的统治。此时，拯救天主教会的大本营成了当务之急，迫使教皇不得不放弃阿维尼翁这个世外桃源。1376 年，格列高利十一世亲自率领军队前往罗马，镇压闹事者。为了稳定局势，格列高利十一世决定将教廷迁回罗马。

1377 年，天主教廷正式回到罗马，延续 70 年的阿维尼翁教廷结束了。直到这时人们才发现，由于长年无人居住和管理，历代教皇的官邸——拉特兰宫几乎成了废墟，从此梵蒂冈宫便成了教廷的所在地。

3. 天主教会的第一次分裂

天主教廷迁回罗马后的第二年，教皇格列高利十一世因病去世。当时，枢机主教团的大部分成员还是法国人，他们更愿意住在阿维尼翁，因此希望教廷再迁回阿维尼翁。但是，在罗马民众的强烈要求下，枢机主教团被迫选举意大利人乌尔班六世（1378—1389 年）为新教皇，教廷终于又回到了罗马人手中。

乌尔班六世是个心机缜密、精于权术的人。他上台后，便假借民众的支持，排挤教廷中的法国势力。乌尔班自称改革者，用严刑逼迫别人支持他，据说他曾将五名不肯追随他的红衣主教拷打致死。教皇的所作所为，引起枢机主教团中一些法国主教的不满。三个月后，他们宣布选举无效，另选来自日内瓦的枢机主教克雷芒七世（Clemens Ⅶ, 1378—1394 年）为新教皇。但乌尔班六世不肯退位，于是出现了两位教皇并立的局面。后来，克雷芒还是将教廷设在阿维尼翁，与罗马的教廷分庭抗礼，天主教会出现了第一次大分裂。

两个教廷的出现，不仅严重地分裂了天主教会，而且由于分裂的双方都极力寻求自己的支持者，致使各国的君主不得不选边站队。很快，西欧出现了两大阵营对峙的局面。凡反对法国的各国君主如德意志、英格兰、波兰、匈牙利、佛兰德以及北欧的丹麦、瑞典诸国都支持罗马教廷，而支持阿维尼翁教廷的则是法兰西、苏格兰、西班牙、葡萄牙、西西里以及部分反德皇管辖的德意志诸侯王。显然，教会的分裂最终将导致整个西欧社会的分裂和动荡。

自 1378 年起，两大教廷便互相攻击，互相将对方革除教籍，这种分裂不仅严重降低了教会在整个欧洲的地位，而且动摇了世俗政权的统治。此时的欧洲，在东方文化、拜占庭文化和伊斯兰文化的不断影响下，社会已经在逐渐觉醒，开始出现人文主义思想的萌芽，蒙昧的黑暗时代即将过去了。天主教廷的分裂和对峙，不仅严重影响到整个社会的稳定，而且将使整个欧洲处于分裂和动乱之中。对于这种巨大的、潜在的危险性，争斗的双方都十分清楚地意识到了。

1409 年，双方终于决定坐下来商量一个解决的办法。于是由两个枢机主教团出面组织，在意大利的比萨召开了宗教会议。会议首先进行调停，希望双方做出妥协，但两个教皇都不肯退让，结果调解失败。在这种形势下，与会代表一致认为教会的利益高于一切，为使整个教会得以统一，会议决定同时废黜两个教皇，另选亚历山大五世（1409—1410 年）为双方都能接受的新教皇。结果，两个对立的教皇仍不肯退位，又加上一个新的教皇，形成三足鼎立之势，局势愈发地混乱了。此时，宗教改革的先驱者胡斯领导的运动已经兴起，天主教会和各国君主们都面临着巨大的挑战，教会无论如何不能再分裂下去了。

1417 年，在康斯坦茨宗教会议上，为了统一教会、共同应对日益高涨的宗教改革运动，会议决定将三个分裂的教皇同时废黜，另立马丁五世（1417—1431 年）为新教皇。

康斯坦茨会议后，西方各国争夺对教会控制权的斗争基本结束，分裂达 40 年之久的天主教会再次统一起来。但是，元气大伤的天主教会从此走向了衰落。

五、十字军战争

1. 十字军战争的时代背景

十字军战争是基督教历史乃至欧洲历史上一次重要的事件。有学者指出，这场持续 200 年的侵略战争，它的发生有着极其复杂的原因，各种社会、政治、经济方面的矛盾与纠结，最终打着"向异教开战"的旗帜，以宗教战争的形式表现出来。

10 世纪时，西欧各民族国家开始初步形成，虽然内部的争斗仍未停止，但相对的和平局面，使欧洲各国的人口开始增长，而此时经济发展仍然相对滞后，小农经济的农业生产已无法满足人们日益增长的物质需求。对外扩张，获取更多的财富，是最简单的解决方法，也是十字军产生的最内在的动力。

到 11 世纪，靠武力强盛一时的阿拉伯帝国已经衰败了。北方的塞尔柱突厥人侵入阿巴斯王朝，夺取了哈里发的实际统治权。此时的哈里发，只是一个蜗居在巴格达的傀儡国王。塞尔柱突厥人也是伊斯兰教徒，他们是正统的逊尼派穆斯林。1057 年，在横扫中东的什叶派穆斯林后，塞尔柱人占领了耶路撒冷，他们肆意破坏圣墓，对前往圣地朝圣的基督徒进行敲诈勒索。这些消息一经传播，立刻引起基督教徒的强烈不满。

随后，塞尔柱突厥人征服了小亚细亚的大部分地区，他们占据了与君士坦丁堡相望的尼西亚要塞，对拜占庭帝国构成极大的威胁。皇帝米海尔七世（1067—1078 年）在万般无奈之下，请求教皇格列高利七世给予帮助。但此时的格列高利七世，正忙着与德皇亨利四世争夺米兰主教的叙任权，无暇对拜占庭的求援做出及时的回应。

阿列克塞一世（1081—1118 年）即位拜占庭皇帝后，为了解除突厥人对拜占庭的威胁，他再次向罗马教皇发出求救信。作为条件，阿列克赛表示愿意将东正教会归于罗马教皇的统一领导之下。此时的罗马教皇是乌尔班二世，他接到信后，认为这是一个扩张天主教势力的绝好机会，如果接受拜占庭的求援，不仅可以将欧洲的各种力量聚集起来，结束内部的争斗，将矛头共同指向异教的穆斯林，同时可以从政治上和军事上削弱拜占庭帝国和穆斯林的势力，趁机将天主教会扩展到小亚细亚、中东和北非一带。更重要的是，耶路撒冷所在的巴勒斯坦地区，自古以来就是连接欧洲和亚洲、非洲的交通要道，从中国延伸而来的丝绸之路直抵叙利亚。长期以来，穆斯林一直控制着利润丰厚的欧亚经济贸易通道，令欧洲各国的贵族和商人们垂涎不已。正是这种经济、政治和宗教利益的相互纠结，成为十字军战争背后巨大的推动力。

1094 年，乌尔班二世在意大利北部的皮亚琴察召开宗教会议，会上宣读了皇帝阿列克塞的来信，教皇表达了要帮助同是基督教兄弟的拜占庭帝国的决心。随后，教会在意大利北部和法国南部展开了大规模的宣传活动，以鼓动民众的宗教热情。此时，亚眠地区有个名叫约翰的赤脚隐士，他身披一件粗布袍子，背负一个大十字架，骑着小毛驴，走遍了法国和德国各地。每到一处，他便在人口密集的教堂门口、集市和街头，向民众宣读一封来自天堂的信。这封信告诉人们，圣墓大教堂被塞尔柱突厥人毁坏了，号召基督教徒到东方去，将异教徒赶出圣地。无数虔诚的基督教民众在教会的动员下，慢慢地将心凝聚在一起了。

1095 年 11 月 26 日，在法国南部的克莱蒙特（Clermont）宗教会议上，教皇乌尔班二世对耶路撒冷的局势表示关注，他用法语发表了一篇极富煽动性的演讲。这次讲话，成为十字军战争的动员令，在整个欧洲立刻引起强烈的反响。教皇的演讲，当时并没有被逐字逐句地记录下来，后来根据人们的回忆，出现了多个版本。据当时法国夏特大教堂的一个神父回忆，教皇在讲话中列举了穆斯林的种种"暴行"后号召：

> 所有的人，所有的骑士和士兵，不论贫富……献身援助我们的东方兄弟，要像刮旋风那样，从我们大众的国土上刮走那邪恶的民族……各种游民，要来参加基督的军队，过去和自己兄弟作战的，现在要去反对蛮族……①

乌尔班告诫那些要求参加十字军的人，不要拖延时日，把家里的事情安

---

① [荷兰] 彼得·李伯庚著，赵复兰译：《欧洲文化史》，上海社科院出版社 2004 年版，第 148 页。

排好，凑足路费，等到冬去春来之时，就立刻上路。面对群情激昂的民众，教皇还当场宣布：凡参加十字军的战士，死后可以"取得永生的奖励"！

乌尔班二世的讲话刚一结束，全场立刻沸腾起来了，许多人当即将红十字标志缝在衣服上，表达参加十字军的坚定决心。在教皇的鼓动下，民众的宗教热情空前高涨，一场以"帮助东方兄弟"为口号，以"扫除异教""夺回圣墓"为目的，持续200年的侵略战争由此开始了。

2. 十字军战争

现代学者韦尔斯指出的，十字军从一开始"就将灼烈的狂热和卑下的动机结合在一起"。天主教会是想借此机会取代拜占庭的教会、将自己的势力扩展到中东地区，各国君主看重的是东方的财富，商人们梦想着打开通往东方的贸易通道，入侵意大利的诺曼人，试图趁机掠夺更多富庶的新地盘。而普通的信徒则带着一种"比人类天性之爱更深的东西——因恐惧而引起的怨恨"，[1] 参加到十字军的队伍中来。在十字军队伍中，更有一些是逃避瘟疫和灾荒的难民和无所事事的游民。就这样，不同的人，怀揣着不同的动机，踏上了共同的征程。

（1）第一次十字军战争（1096—1099年）

第一批十字军出发的时间定在1196年8月15日，这天是圣母升天日，但被宗教狂热激励的民众已经等不及了，他们决定提前出发。

1196年2月，首批十字军被组织起来，这就是"人民十字军"。虽然号称"十字军"，但他们并非军队，而是一群未经过军事训练、被教会鼓动起来的虔诚农民和游民的汇合。他们在法国隐修士彼得和德国落魄骑士华尔特的领导下，形成数路大军，分别沿莱茵河和多瑙河向东南方向推进，目的是到达君士坦丁堡。

由华尔特带领的一支十字军沿多瑙河行进，离开德国后，来到匈牙利。此时，属于突厥族的马扎尔人已经在这里定居，他们虽然也皈依了基督教，但在政治上仍然保持着独立。十字军在匈牙利的肆意妄为，激起马扎尔人的愤怒和仇恨，结果数万人被杀，十字军受到重创。随后，他们又遇到其他突厥人的袭击，最后仅3000人得以生还。另一支队伍，更是一群乌合之众，还没等走出国门，刚到莱茵兰地区便大开杀戒，肆意劫掠和屠杀居住

---

[1] ［英］赫·乔·韦尔斯著，吴文藻等译：《世界史纲：生物和人类的简明史》，广西师大出版社2005年版，第453页。

在这里犹太人。他们刚一进入匈牙利，立刻被马扎尔人驱散了。

由法国修士圣彼得带领的两支队伍，经过长时间的跋涉，终于到达了君士坦丁堡。但他们一来，便四处劫掠财物、强暴妇女，令请他们而来的拜占庭皇帝大为恼火。最后，阿列克塞皇帝下令强行用船将他们送往前线战场。在途中，十字军遭到突厥人的攻击，数万人伤亡，其余则下落不明。

作为打头阵的两支"人民十字军"，就这样被屠杀、驱散和战死了。

1096年8月，一支由德国、法国和意大利骑士组成的正规十字军开始集结。他们在各国贵族首领的领导下，分成四路大军，浩浩荡荡地向拜占庭进发。1097年春天，各路人马在君士坦丁堡会合。经过短暂休整后，十字军渡过博斯普鲁斯海峡，夺回被塞尔柱人占领的尼西亚要塞。接着，他们击溃小亚细亚的另一支突厥军队，收复了小亚西部大部分城镇，缓解了塞尔柱人对君士坦丁堡的威胁。随后，十字军主力避开塞尔柱人占领的地区，按照当年亚历山大进军西亚的路线，沿地中海东海岸南下，向圣城耶路撒冷的方向前进。而此时，另外一支十字军在路林的鲍德温率领下，继续向东进军。

十字军大军在穿越小亚细亚之时，正值盛夏季节，天气炎热，粮草不接，致使大批士兵饥渴而死，队伍损失惨重。鲍德温领导的军队，与十字军主力分手后，进入小亚细亚的亚美尼亚地区，亚美尼亚人也是基督教徒，在他们的帮助下，十字军收复了突厥人占领的重镇埃德萨（Edessa）。随后，鲍德温以此为基地，建立起第一个基督教小王国——埃德萨伯国。

沿地中海东岸南下的十字军主力，在教皇使节贝伊·阿尔摩西领导下，进入叙利亚地区。在此，十字军攻打被塞尔柱人盘踞的古城安条克。守城的塞尔柱人一边顽强抵抗，一边向巴格达的哈里发求救，但被塞尔柱人视为傀儡的哈里发，此时并没有向他们伸出援手。1098年6月，在攻城八个月后，安条克终于失陷。十字军冲进城里，大肆抢劫，随意屠杀穆斯林。随后，十字军的一位将军波西蒙德率部留守在安条克，其余人继续南进。看到两个同僚都得到了自己的地盘，法国十字军的另一个首领、来自图卢兹的康德·雷蒙十分忌恨和不满。于是，当他的军队占领马拉特·努曼后，他下令一把火将该城化为灰烬。

1098年，十字军首领、教皇使节阿尔摩西去世，来自波伊伦（今比利时境内）的法国贵族戈弗雷率领十字军继续朝目的地前进。在戈弗雷的敦促下，雷蒙这才带领人马与主力军会合。1099年6月7日，十字军到达耶路撒冷城外，此时守城的穆斯林仅有1000多人，双方力量悬殊，穆斯林据城死守。1099年7月15日，经过一个多月的围攻后，十字军终于从城北突入，占领了耶路撒冷城。接下来，是残酷的大屠杀和持续七天的大抢劫。

十字军的暴行，激起伊斯兰世界无比的愤怒和仇恨。

占领耶城后，随军而来的罗马教会教士，立即将耶路撒冷城大主教的权力抓到自己手里，而十字军的将领们则迅速建立起"耶路撒冷拉丁王国"，戈弗雷成为这个拉丁国的首位统治者。1100年，戈弗雷死后，他的弟弟鲍德温即国王位。鲍德温继续扩张领土，将国土向南延伸到红海，向北抵达今黎巴嫩的贝鲁特。在其弟鲍德温二世时期，又将地中海沿岸的西顿、恺撒里亚、阿苏夫等重要的港口城市收归囊中。

戈弗雷死后，图卢兹的雷蒙不甘心自己还是个受人差遣的将军，决心也要为自己争得一片江山。1101年，雷蒙向叙利亚重镇的黎波里（Tarabulus）发动攻击，塞尔柱人顽强抵抗，但最终还是被十字军攻下。雷蒙在这里建立了属于自己的国家——的黎波里王国。

于是，十字军在地中海东岸地区建立了四个拉丁小国，即耶路撒冷王国、安条克公国、埃德萨公国和的黎波里公国。三个小公国虽然名义上隶属于耶路撒冷王国，实际上是不相统属的独立国家。这些拉丁小国完全按照西欧封建制的模式进行管理，并接受罗马教皇的辖制，在宗教信仰上废止希腊东正教的仪式仪规，采用天主教会的礼拜仪式。在此后100年的时间里，这几个和穆斯林毗邻的拉丁小国，虽然也互有争斗，但总体上一直维持着和平的局面。

第一次十字军东征，取得了"丰硕"的成果，所有的参战者都得到了自己想要的东西，其中意大利商人获利最为丰厚。在战争期间，威尼斯和热那亚的商业船队，为十字军运送所需要的物资，提供可靠的后勤保障，地中海沿岸一系列港口城市的征服，都离不开商人船队的帮助。在战争结束后，意大利商人不仅分得大量战利品，还得到被征服城市三分之一的土地。此外，十字军削弱了突厥人在地中海东岸的势力，使对外贸易的一些商路再次掌握在意大利人手中。

参战的十字军将军们，也不虚此行。他们不仅获得了极高的荣誉，还为自己和后代子孙打下了江山。在占领地建立的拉丁国家，直到100多年后才被穆斯林收复。而那些幸存的战士们，当他们带着大量劫掠的财富荣归故里时，不仅引来左邻右舍赞美的目光，也使得那些身处穷乡僻壤的人们知道了东方,知道在遥远的东方,还有一个比欧洲更为发达和更为富庶的世界。

(2) 第二次十字军战争 (1147—1149 年)

1144 年,摩苏尔的突厥首领赞吉收复了被十字军占领的埃德萨,耶路撒冷王国因无力抵抗,只得向教皇求援。1146 年,教皇尤金三世 (Engenius Ⅲ, 1145—1154 年) 决定发动十字军战争,夺回失去的十字军领地。尤金三世为西多会修士出身,其老师就是著名的法国神学家、明谷隐修院的院长伯尔纳 (Bernard of Clairvaux, 1090—1153 年),伯尔纳口才极佳,具有杰出的演讲能力。于是,教皇派他去游说法王路易七世 (1137—1180 年) 和德皇康德拉三世 (1138—1155 年),希望能够得到两位君主的支持。

在伯尔纳的煽动下,加之第一次十字军对土地和财富的掠夺,激起各国君主和民众的极大热情,怀着不同的目的,第二次十字军又开始出发了。

然而,由康德拉三世和路易七世率领的 2.5 万人的十字军队伍,进展很不顺利。在小亚细亚,他们遇到强大的突厥穆斯林的进攻,队伍损失惨重,只得且战且走。1148 年,当他们抵达叙利亚时,只剩下不到 5000 人了。十字军围攻大马士革时,穆斯林据城固守,围攻数月,始终无法攻破城池。由于德军伤亡过大,德皇只得先行回国了,剩下法王路易,也无心孤军作战。1149 年,路易七世也找了一个理由,带领法军打道回府。第二次十字军以失败而告终。

以十字军名义集结的队伍,并非都是朝着圣地耶路撒冷行进,与突厥穆斯林作战。其中一支德国大军,中途转向易北河以东地区进发,他们降服了那里仍信奉异教的文德人。而此时,英格兰人向南攻占里斯本,为日后葡萄牙成为基督教王国奠定了基础。这种对异端的征服,也称为"十字军"。从此,十字军便成了天主教会扫除异端、扩张领土的代名词。

第二次十字军失败后,积极鼓吹十字军东进的伯尔纳,从此退隐明谷的修道院,避世修行去了。

(3) 第三次十字军战争 (1189—1192 年)

1169 年,埃及的什叶派穆斯林政权日益衰落,库尔德人萨拉丁 (Saladin) 趁机统一埃及和叙利亚后,建立阿尤布王朝 (亦称萨拉丁王朝)。萨拉丁成为埃及苏丹后,仅用几年的时间,便征服了除基督教拉丁国家外、由什叶派突厥人占领的西亚地区,使伊斯兰教逊尼派得到了复兴。

1187 年,萨拉丁统领穆斯林军队一举攻占耶路撒冷城。

得知耶路撒冷再次被异教穆斯林占领后，教皇克雷芒三世（Clemens Ⅲ）便与德、法、英三国的君主商量，希望能够共同组织一次十字军，收复失地。对于教皇的建议，两位年轻的君主法王菲利普二世与新登基的英王理查德一世欣然同意，虽然他们私下久有芥蒂，但还是决定放下个人恩怨，参加十字军的行动。此时的德皇腓特烈一世，年事已高，仍然壮心不已，也表示愿意出征。1189 年，在经过一番准备后，雄心勃勃的德、法、英三国君主亲率大军，开始了第三次十字军的征程。

这次出征也是命运多舛，出师不利。法国十字军在腓特烈一世带领下，最先上路。他们从陆路到达君士坦丁堡后，越过小亚细亚，继续向耶路撒冷进军。1190 年 6 月，年迈的法王腓特烈一世，在过河时不慎从马上跌下，落水身亡。国王的突然离去，使法国十字军提前班师回朝。

英王理查德和法王菲利普两人率领大部队，由海上向圣地进军。英王理查德率领船队到达地中海东部后，首先攻占了塞浦路斯岛，随后将该岛转交给耶路撒冷国王统辖。而法王菲利普率军直接到达巴勒斯坦，与耶路撒冷国王的军队会合后，水陆并进，共同攻打被穆斯林占领的港口城市阿克。萨拉丁闻讯后，立即派出增援部队，而游弋在地中海上的英王舰队，也赶来助阵。就这样，十字军与穆斯林势均力敌，双方在阿克城僵持了两年，仍然没有进展。1191 年，法王因为国内发生纷争，中途率军回国，只剩下了理查德一支队伍了。由于势单力薄，英王不敢贸然攻打耶路撒冷城。于是，有狮心王称号的理查德一世和萨拉丁决定用和平的方式来解决争端，两位豪侠爽快地签订了停战协定。

此次十字军东进，虽然未能夺回耶路撒冷，却拯救了安提阿公国，使基督徒能继续占有巴勒斯坦沿岸地区。同时，萨拉丁允许基督徒到圣城朝圣，并承诺保证他们的安全。而后，英国十字军开始返航。

第三次十字军之后，人们对十字军的热情迅速降温，十字军已成为教皇对反对者说的一句口头禅了。动不动就发动十字军征讨，"十字军"一词终于失去了任何意义，成为一群群乌合之众演出的一幕幕闹剧。

（4）第四次十字军（1202—1204 年）

1198 年英诺森三世就任教皇，而此时的耶路撒冷仍然在埃及苏丹的手中。英诺森三世是一个强权人物，他认为必须将长期被穆斯林占领的耶路撒冷收回来。于是，在他的策动下，第四次十字军又开始了。

英诺森将这次东征的目的地定在埃及，他相信只要打下埃及，耶路撒冷便失去了靠山，基督徒就能收复圣城。但是，到埃及必须经海路才行，十字军没有足够的船只，只得求助于威尼斯商人的帮助。商人看中的是利益，他们要求教皇先攻打君士坦丁堡，除掉这个贸易上的竞争对手，然后再将船只提供给十字军。商人提出的要求，出乎英诺森的预料，对此他一度踌躇不决。但教皇很快想到可以借此机会，征服拜占庭，将东正教也抓在自己的手中。于是，在两种不同动机的驱动下，双方达成了共识——首先攻打君士坦丁堡。

1202年春天，由教皇出面组织的德、法、意各国十字军队伍，按照原定的计划到达威尼斯。当他们得知教皇的意图后，便立刻调转方向，朝君士坦丁堡进军。1203年，十字军在君士坦丁堡附近安营扎寨，做攻城的准备工作。1204年，十字军向君士坦丁堡发起猛烈攻击，拜占庭的皇帝做梦都不会想到，讨伐异教的十字军，竟然来攻打自己同是基督徒的兄弟了。

此时，君士坦丁堡的政权极其虚弱，王位频繁更迭。动荡的局势，给了十字军乘虚而入的机会。

1204年4月，君士坦丁堡被攻陷，十字军战士和威尼斯人在城里进行了疯狂的抢劫。君士坦丁堡是千年古都，是当时欧洲最大和最富有的城市，也是威尼斯人最大的商业竞争者。在持续一周的疯狂劫掠中，无数珍贵的历史文物和宏伟建筑受到了破坏，数不清的财宝被抢走。十字军的到来，使东罗马（拜占庭）帝国遭受了前所未有的巨大劫难，也给东正教会留下了永远的伤痛和不可磨灭的记忆。

十字军占领君士坦丁堡后，便放弃了收复圣城耶路撒冷的计划，而是陆续攻占拜占庭帝国的地中海沿岸城市和岛屿。在这种情况下，拜占庭皇帝被迫渡过海峡，迁都到小亚细亚的尼西亚，在这里建立起流亡政府。直到1261年，拜占廷朝廷才重回君士坦丁堡。

1204年，十字军在巴尔干半岛南段建立"拉丁帝国"（1204—1261年）。弗朗德勒的鲍尔温被立为皇帝，他以征服者的身份在君士坦丁堡实施统治。随后，鲍尔温宣布东部教会收归罗马教皇管辖，东西方教会重新统一。而将东正教收编，实现教会一元化管理，一直是英诺森三世的远大理想和抱负。

很快，教皇派出的红衣主教来到拉丁帝国，他下令封闭东正教堂、废止东正教的仪式仪规、迫使许多人改信天主教。从表面上看，基督教似乎又恢复了统一，但实际上这种武力的入侵和征服，只能更加剧双方的对立和冲突，留下永久的裂痕和伤痛，也在普通信徒的心里留下抹不去的阴影。事实证明，尽管君士坦丁堡城市受到了损坏，但东正教并没有受到丝毫的损伤。在此后的岁月里，东正教徒进行了持久的反抗，东方基督徒的起义始终没有停止过，直到拉丁帝国退出这片土地为止。

"拉丁帝国"大约存续了50余年。1261年，希腊人米海尔八世（1259—1282年）夺回君士坦丁堡，在此建立起新的王朝，东罗马帝国由此得以延续下去。米海尔上台后，立即宣布断绝与罗马教会的关系。从此，随着教皇权势的日益衰落，罗马教廷再也没有能力向东方扩张了。

（5）儿童十字军（1212年）

十字军中最悲壮的一幕是孩子们留下的。

在100多年的时间里，发动了四次大规模的十字军运动，非但没有消灭伊斯兰异教徒、夺回圣地耶路撒冷，反而自己伤亡惨重，这令许多虔诚的信徒感到迷茫和失望。有些基督徒提出：是不是因为成年人罪孽深重，无法承担起这样神圣的使命呢？……当人们的这种失望情绪悄悄蔓延之时，出现了耶稣在儿童身上显圣的事件，于是有人出来鼓吹：儿童能凭虔诚的信仰，感动上帝而行奇迹。很快，一些流言开始在法兰西南部地区和罗讷河流域的儿童中传布开来。

1212年，出现了成千上万的孩子踊跃参加十字军的狂热浪潮。仅在法国，就有大约3万名儿童被组织起来，他们从各个地方一起朝南方的马赛港进发，这些孩子大都不到12岁。很快，儿童十字军便演变成一场悲惨的闹剧。这些年幼的孩子中，许多人由于承受不了风餐露宿、颠簸劳累之苦而中途倒毙。那些坚持活下来的孩子，在抵达马赛后，很快被人贩子骗上海船，运往北非的奴隶市场。在地中海的风浪中，很多幼弱的生命被暴风雨吞噬，更有些孩子因船只遇难而葬身海底。那些幸存下来、到达埃及的孩子们，则被无情的人贩子卖为奴隶。

在德国也有类似的事件发生。在一名10岁儿童的带领下，大约2万名德国孩子组织起来，他们从北方城市科隆出发，沿莱茵河南下，准备穿越阿尔卑斯山，到达意大利。这条漫长的征途，对幼小的孩子来说，实在是太遥远了、太艰难了。大多数孩子在路上，由于无法忍受饥饿和疾病的折磨而死去。一些坚持到意大利的孩子，走到热亚那后，便溃散而不知去向了。

大约5万名天真无辜的孩子，成了教会争斗的牺牲品。

在成年人心中已经熄灭的宗教狂热,在心智还未成熟的孩子们那里得到了延续,由此酿出的一场人间悲剧,至今仍令人心痛。

(6) 第五次十字军战争(1217—1221年)

由于耶路撒冷城始终没有被收复,教皇英诺森三世一直耿耿于怀,于是他又发动了第五次十字军战争。十字军的目的还是征服埃及,因为耶路撒冷仍掌握在埃及苏丹的手中。

由匈牙利国王以及德意志、荷兰和奥地利贵族带领下的这支十字军,需要长途跋涉、远征埃及,任务十分艰巨。但是这支队伍不仅武器装备差,而且组织涣散、纪律松弛,根本无法适应战斗的需要。况且,一路上行进也很不顺利,只得且战且走。

1218年,萨拉丁的侄子卡米勒(1218—1238年)成为阿尤布王朝的苏丹,他率领穆斯林军坚持抗敌,多次打退了基督徒的进犯。1221年,被逐出提摩亚的十字军,只得收拾残兵败将,黯然回国。在十字军撤退之前,双方签订了协议,埃及允许欧洲人自由出入红海,以此作为条件,来换取欧洲部分的香料贸易,这就是此次十字军从埃及得到的最大收获。

第五次十字军战争,再一次无功而返,耶路撒冷仍在穆斯林手中。

(7) 第六次十字军战争(1228—1229年)

这就是德皇腓特烈二世为了履行他的诺言而被迫进行的一次东征。为了惩罚言而无信的腓特烈二世,教皇格列高利九世将他革除教籍,并发动一次征讨他的十字军。

1228年,十字军进入德皇在意大利南部的领地,迫使腓特烈二世率领一支船队从海路出发,来到耶路撒冷城。到达耶路撒冷后,他没有付诸武力,而是通过外交途径,与埃及苏丹会面,两人坐下来谈判。此时,苏丹卡米勒正面临叙利亚反对派的威胁。腓特烈二世充分利用其深厚的文化素养,以及会多种语言(包括阿拉伯语)的优势,与埃及苏丹谈得十分投机。在权衡利弊后,卡米勒希望能借助腓特烈二世的力量,扫除国内的反对势力。于是,两人在和平友好的气氛中,签订了协议。

在双方签订的协议中,埃及苏丹将耶路撒冷及其周边地区交给腓特烈二世管辖,并由他兼任耶路撒冷国主。卡米勒还同意将阿克到耶路撒冷的一条通道让给基督徒,苏丹试图以这种方式来牵制叙利亚的反对势力。就这样,腓特烈二世未用一兵一卒,便将耶路撒冷和巴勒斯坦沿岸地区掌握在自己手中了,腓特烈二世凯旋而归。

腓特烈未经教皇允许，私自与埃及苏丹会晤的做法，激起教皇的愤怒，但耶路撒冷毕竟又回到基督徒的手中。在中国人看来"不战而屈人之兵，为上策"，这次出征应该说是 200 年中最为成功的一次。

(8) 第七次十字军战争（1248—1254 年）

1244 年，卡米勒的侄子萨利赫成为埃及苏丹。他一上台就撕毁了与腓特烈二世签订的和约，出兵将耶路撒冷又夺了回去。

1248 年，教皇英诺森四世（1243—1254 年）决定发动第七次十字军战争收复失地。由于德皇腓特烈二世不服教皇管辖，于是法兰西国王路易九世（1226—1270 年）挑起了此次远征的重担。

路易九世是赫赫有名的法王菲力普二世的孙子，其父路易八世英年早逝，路易九世 12 岁即王位，由母后摄政。路易的母亲加斯蒂尔是一个睿智、果敢、处事冷静的女人，在夫亡子幼的情况下，她坚决平息贵族的叛乱，稳定了国内的政局。在她摄政期间，法国基本上处于国泰民安的和平时期。

路易九世秉承父母亲的长处，勇猛善战、聪颖智慧，是一个有道明君。他用武力收复被英军夺走的法国领土，扫除了英国人在法国的势力。他与西班牙的阿拉贡王朝签订边界条约，以比利牛斯山脉为界，从此两国边境无忧。为了巩固王权，路易九世在国内进行政治、司法、货币等一系列改革。

路易九世是极其虔诚的基督教徒，据说他每天早晚都做祈祷和诵念经文。虔诚的信仰使他有宽厚仁慈、亲民爱民的一面，他自掏腰包，用私人金库的钱修建医院和福利院，为弱势群体提供帮助。但虔诚的信仰，也使他对"异教"和"异端"冷酷无情，他秉承罗马教廷一贯的反犹太传统，制定了严格的歧视、限制犹太人的措施。他积极响应教皇的号召，设立宗教裁判所、镇压异端和反基督教的行为。路易九世的这些作为，得到罗马教廷的肯定和支持，不仅使他有"虔诚者路易"的雅号，也使他成为当时欧洲不可多得的"模范君主"。

1248 年，路易九世率领十字军亲征埃及。此时，埃及苏丹萨利赫正卧病在床，当他得知路易已经攻占提摩亚，逼近开罗时，便急忙派出大军，在尼罗河三角洲包抄十字军。当时的十字军，经过长时间的远征，早已是疲惫不堪了，加之军中流行瘟疫，战斗力锐减，结果大败。路易在曼苏拉被穆斯林军抓获，成为阶下囚，十字军战士大多成了俘虏，还有许多人在逃跑时因陷入泥泞的沼泽地而不幸身亡。

1250年,法国政府在向埃及付出大笔赎金后,路易才获得了自由。在回国途中,虔诚的路易觉得这样无功而返,很没有面子,于是他又转道巴勒斯坦,夺取几个城市后,才回到国内。

此后,在数百年的时间里,欧洲军队再也没有登上地中海东岸的土地,耶路撒冷一直处在穆斯林的控制之下。直到20世纪初期,第一次世界大战结束之时,英军才作为战胜国重新踏上了这片土地。

(9) 第八次十字军战争 (1270年)

十字军在埃及的挫败,使路易九世感到颜面无光。回国后他积极准备,寻找报仇的机会。1270年,在法王路易九世和英王爱德华一世的带领下,又一支十字军踏上了征程,这一次的目的地是突尼斯。而远征突尼斯的目的,是想和突尼斯联盟,共同对抗埃及。

此时的路易九世,已经是年过半百的垂垂老者了,但为了信仰,他还是立志远征异乡。这次远征成为他人生的终点,路易最终没能活着返回故乡。当十字军在迦太基登陆后,突尼斯王并不想与基督徒联合。对他来说,得罪埃及新建立不久的马木留克王朝,并非明智之举。于是,突尼斯王派人收买了随同路易前来的十字军贵族。在这种情况下,英王爱德华自行率军离去,只剩下路易的军队滞留在突尼斯。

地处北非的突尼斯,终年高温。在突尼斯登陆后不久,士兵们不适应那里酷热的天气,军中很快暴发了瘟疫,大批战士倒毙。路易也不幸染上疟疾,病死军中,十字军只得返回。

路易死后,罗马教廷追封他为圣徒,故有"圣路易"之称。虽然在中世纪,欧洲各国君主都是基督教徒,但能够被教会封圣的,却是少之又少。

不久,十字军在东方的殖民地相继被穆斯林占领。

1291年,埃及人攻占了拉丁国最后一个据点——阿克城,6万多名基督徒死于穆斯林刀下。

至此,持续200年之久的十字军战争以彻底失败而告终。

3. 十字军战争的后果及历史意义

十字军战争是欧洲基督教历史上的重要事件,200年间的八次东侵,不仅浓缩了教权与君权、天主教会与东正教会、基督教与伊斯兰教之间的争斗,也显示了天主教会由兴盛到衰落的整个过程。

1195年,当教皇乌尔班二世发出组建十字军的号召时,不仅得到欧洲各国君主和贵族的积极响应,也得到广大信徒的热烈拥护。有学者指出,十字军初期,人们迸发出来的极大的宗教热情和狂热,是基督教教会长期努力经营的成果。

西罗马帝国灭亡后,罗马教会利用庞大而有效的管理体制对稳定欧洲的局势起到十分重要的作用。在当时混乱的情况下,《教会法》成为主要的法律。在尼西亚大公会议上,君士坦丁大帝颁布了第一部教会法。此后,教会法吸取了《罗马法》的许多内容,不断加以补充和完善。到12世纪时,《教会法》已是一部包罗圣俗两方面内容的通用法典,当时拥有审判权和裁决权的法官,通常由地区主教来担任。

教会设立有宗教法庭,宗教法庭不仅处理神职人员的案子,凡不属于王室和封建领主管辖的人,如十字军战士、社会闲散人员以及孤寡老人等都归教会管辖。一切涉及人生各个阶段如出生、结婚、死亡的宗教仪式均由教会承担,而教会也通过主持洗礼、婚礼、葬礼等仪式,对信徒的一生加以控制。

在日耳曼人大举进入欧洲之时,教会及时地向这些蛮族人宣扬耶稣以"爱"为核心的教义,从而减少和避免了野蛮的屠杀。教会提出"主日"和各种"圣日"是"神的休战日",在此期间不得攻打敌人。此外,规定在集市日的当天,禁止相互间的争斗,保证了商业贸易的正常进行。在征战时期,教会要求对待敌人不要过于残暴,同时逐步减少和禁止游牧民族"血亲复仇"的传统。

与此同时,教会开办的医院、学校和孤儿院等慈善机构,也为广大贫困的弱势群体提供了一些必要的救助,从而得到信徒的拥戴和支持。除了基督教精神所具有的超常魅力外,大多数教会神职人员的洁身自好、身体力行也为教会赢得了良好的声誉。

所有这些,是十字军战争之初,教会能够得到广大民众积极响应的根本原因。

但是,随着民族国家的建立、强势君主的崛起,教会日益走向了衰落和腐败。教皇对权力的追逐与争夺,使教会偏离了圣洁的方向,教会的作用逐渐降低,威望日趋下降。各国君主领导下的十字军,也逐渐脱离了宗教的目的,成为大国君主彰显自己力量的一次次表演。对教皇而言,十字军渐渐褪去了神圣的光环,成了教皇惩处异端、打击反对者的一种手段。因此,十字军的最后失败也就是必然的结局了。

十字军战争的本质是打着宗教旗号的一次次侵略战争，它留下长久的、严重的负面影响。特别是对君士坦丁堡的占领和掠夺，极大地损害了同是基督教信徒的感情，加剧了东西方教会的矛盾和猜疑。残酷的征战、血腥的杀戮，无数十字军战士丧命异乡、伊斯兰信徒血染疆场，战争的双方均付出巨大的牺牲和惨痛的代价。战争毁坏了众多的城市，耗损了大批的财物，严重阻碍了经济的发展，无论对基督教徒和伊斯兰教徒来说，都是极大的损失。

十字军战争是教皇权势达到顶峰的产物，也是教会由盛而衰的见证。十字军战争作为一场血腥的侵略战争，在欧洲历史中留下了永远的印记，也深深地铭刻在东正教会和穆斯林的心中。

然而，十字军战争为欧洲带来的积极的、正面的效果，也是不可忽视的。

首先，十字军使当时各国民众由于有了一个"共同的敌人"而团结起来。在统一的行动中，人们开始有了"基督教欧洲"的模糊概念，使还没有"国家"和"民族"意识的普通老百姓，意识到自己不同的身份，这对以后各个民族国家的统一，产生了潜移默化的作用。

其次，十字军战争使那些生活在偏僻村庄的人们，有机会远离家乡，看到更为广阔的外部世界，看到一个比当时的欧洲更加繁荣、更加富庶的东方。灿烂的东方文明和伊斯兰文化，给十字军战士留下了深刻的印象，从而加速了东西方文化和社会的交流，推动了欧洲社会的进步。十字军战争也使参加的各国民众认识到，即使同为西欧的基督教徒，他们之间也是有差别的，而随着欧洲各民族国家的发展，这种差异性在不断地扩大，民族意识开始在人们的心里悄悄萌芽。

十字军最重要的成果，是开辟了西欧和北欧通往东方的新的贸易商道，促进了东西方文化和贸易的交流。东方的先进技术和知识很快传入欧洲。随着经济的发展，欧洲社会日益繁荣，出现了更多的商业城市。城镇居民为了维护自身利益，更多地要求参与国家事务，从而推动了社会政治的进步。这些积极的成果，是当初发动十字军战争的教皇们绝不会想到的。

六、天主教修会组织

中世纪时期，修道院在西欧迅速发展起来，并扩展到爱尔兰和北非地区。此时的修道院，不仅是教皇控制的传教根据地，也是封建大庄园和文化保留中心，成为欧洲封建社会的一个重要组成部分。

为了适应社会的发展，修道院制度也在不断地调整和变革之中。而每一次变革，都为修道院带来了新的发展。在中世纪，相继出现了一些重要的修会组织，它们是教会的学术中心、是教皇得力的帮手和工具，对基督教的发展产生过极大的影响。此外，这些修会组织也是传教的基地，承担着传播基督教的重任。可以说，如果没有传教的僧侣，基督教就不可能传遍亚、非、拉美各大洲，成为一个世界性的大宗教。

中世纪的天主教修会大体上可分为三类，即隐修会、军事修会和托钵修会。

1. 隐修会

所谓"隐修"，是指脱离社会和家庭，以沉思祈祷、禁欲苦行为宗旨的出世修行，这是古代和中世纪主要的修行方式。隐修又分独修和集体修两种方式。僧侣们聚集而居、集体修行的地方称为修道院。3世纪时，埃及出现了最早的基督教修道院。随后，修道院在欧洲迅速发展起来。到了中世纪，一些大型的修道院开始在各地设立众多的分院，形成有隶属关系的修道院组织——修会。

欧洲第一个隐修会是本笃会。

(1) 本笃会（Benedictines）

本笃会（又译"本尼狄克会"），以其创始人本笃（Benedict，约480—550年）的名字而命名。本笃出生于意大利努西亚（Nusia）一个贵族家庭，年轻时曾在罗马学习古典文学。当他看到许多研究这门学问的人陷入放荡、荒淫的生活后，便决意抛开书籍，舍弃家产，过另外一种生活。20岁那年，本笃"带着一颗专诚侍奉上帝的心"，来到罗马附近的苏比亚科山中，开始独自修行。他住在人迹罕至的岩洞里，靠忠实的仆人将食物用绳子系好，送下山崖来维持生命。圣本笃在此苦修的事迹，很快传遍四邻八乡。三年后，一座修道院的院长去世了，该修院的修士们决定聘请本笃担任院长。本笃来到修道院后，锐意改革，但那些散漫惯了的修士们却不支持他。无奈中，他只好离开了这里。

529年，本笃在距离罗马90公里的卡西诺山（Mount Casino）中，建立了一座新的修道院。在他严格的管理下，该修院很快闻名整个欧洲。本笃为该院制定的一套严格的管理章程，称为《本笃会规》，后来成为罗马天主教修院通用的标准规则。

基督教避世苦修的传统,始于圣安东尼,但苦行的思想早在基督教初期已经出现了。在《圣经》中,可以找到禁欲思想的起源。在使徒们所写的书信中已经有了禁欲的萌芽,后来有了更为明确的发展和表现。德国著名哲学家叔本华(Schopenhauer,1788—1860 年)说:基督教的道德观,就是"从最高度的人类爱,引导向禁欲……当基督教达到最盛期时,上述禁欲的萌芽,在诸圣者和神秘家们的著作中,开满灿烂的花朵"。① 主张禁欲者认为,只有完全抵御情欲的诱惑,才能够达到普世的、最高境界的人类之爱。

但苦行的禁欲生活,不是每个基督徒都能做到的,教会只要求那些有更高追求的信徒禁欲,将自己全部奉献给基督耶稣的事业。《马太福音》中,耶稣对使徒们说:"若有人要跟从我,就当舍己,背起他的十字架来跟从我。"(16:24)耶稣的戒律是对一般信徒而言的,而僧侣们追求的是耶稣所说的"完人"。在《马太福音》中,耶稣对一个少年财主说:"你若愿意做完全人,可去变卖你所有的,分给穷人,就必有财宝在天上;你还要来跟从我。"(19:21)在《马太福音》中,还有这样的话"只因不法的事增多,许多人的爱心才渐渐冷淡了。惟有忍耐到底的,必然得救。"(24:12—13)

由此可知,"禁欲、安贫"是对"完人"的高标准要求,节制贪欲和情欲是那些追求更高层次的基督徒必须具备的德行,而僧侣正是抛弃自我、追求完美的人。本笃认为僧侣就是"耶稣的精兵",是最忠实的信徒,他们以耶稣为榜样,舍弃自己,来追随基督。因此,本笃为修院制定了著名的"三绝誓愿",即"绝色、绝财、绝意",通俗一点说就是"禁欲、安贫、听命"。

听命是指服从修道院院长的领导。本笃会制定了严格的院长选举法,该法规定:男修院院长由修士会议选举产生。只有年龄在 30 岁以上、合法婚姻所生(不能是私生子)、隐修十年以上并曾担任过司祭职务的人,才有资格当选为院长。选举出来的院长人选,还要经过罗马教廷或上级机构的批准,由所在教区的主教为其主持授圣职仪式。院长的职责是负责管理本修院的各项事务,一般为终身制。而女修院院长的年龄要求在 40 岁以上,隐修时间必须超过十年,也是由修女会议选举产生,其权力与男院长相同。

---

① [德]叔本华著,李成铭等译:《叔本华人生哲学》,九州出版社 2007 年版,第 146 页。

修士和修女必须服从院长，只有这样，才能保证修道院成为一个统一和谐的整体。

本笃要求，凡是决心出家为僧的人，无论成年人，还是由父母送来的男童都必须经过一定时间的考验期。在考验期间如果受不了约束，可以随时走人。考验合格者，立志做修士的人，则必须发"三绝誓愿"，并严格遵守会规中的72项行为准则，其中包括"不准发怒""不准说笑"及"不准贪吃贪睡"等具体规定，能够切实做到者，才能成为修道士。

本笃会规对修士们的饮食和服饰有严格的要求。修士们身穿统一的黑色僧袍，不得佩戴任何饰物；饮食以蔬菜、水果为主，配以一定数量的面包，以及少量葡萄酒；除病号外，禁止食用肉食。并规定夏季每日两餐，冬季仅一餐。因冬夏季节白天的时长不一样，故规定夏季睡眠时间为6小时，而冬天则为8小时。[①]

修士们每天的任务是祈祷、劳动和诵经。劳动是修士的一项重要活动。在罗马帝国时期，劳动是奴隶们的事情，因此当时的人们鄙视劳动，他们宁愿流入城市当游民，也不愿从事体力劳动。到4世纪，城市的游民多达80万人，许多无家可归的人只得将修道院作为避身之地。此时，修道院积极配合罗马教廷，本笃会规更是将懒惰视为灵魂的敌人，积极组织修士们参加劳动，使劳动成为一项必要的功课。一些修道院还组织修道士到法兰西、英格兰和荷兰北部等偏远地区开垦荒山、荒地及林地、沼泽地，并发展手工业。劳动，不仅使修道院做到自给自足，也改变了那里荒凉落后的面貌。从此，劳动成为基督教徒应有的优良品德，也改变了普通人厌恶劳动的旧观念。故有学者指出："修道院不仅为改变欧洲的物质面貌做出了贡献，还通过文化影响改变了欧洲人的精神面貌。"[②] 正因为如此，修道院得到了世俗国王和教会主教们的赞赏和支持，从而更加迅速地发展起来。

本笃会的修道院极为重视文化教育事业的开展，修士们除祈祷和劳动外，余下的时间就是阅读《圣经》和学习其他神学知识。修道院开办了学校，培养传教人员，并派修士外出办学。在欧洲还没有印刷术之前，《圣经》和宗教书籍主要靠修士们抄写来保存。通常修道院都设有书写部，修士们除抄写外，还收集整理各种古代文献，其中包括哲学、历史、文学及

---

① 王亚平：《修道院的变迁》，东方出版社1998年版，第12页。
② [荷兰] 彼得·李伯庚著，赵复三译：《欧洲文化史》，上海社会科学出版社2003年版，第126页。

自然科学等学科。修士们不仅使许多珍贵的古代文献保留下来，而且还对这些书籍加以注释和编辑，因此修院里不仅产生了众多知名的学者，还流传下大批有价值的著作，为中世纪文化的发展做出了重要的贡献。

但是，修士们在整理古代书籍的同时，会以基督教的教义作为衡量优劣的标准，对不符合他们要求的内容，经常会妄自加以修改或删除，甚至将这些书籍作为异教的东西予以毁坏。因此，在保留古代文献的同时，也有许多珍贵的文献毁在了他们的手中。

本笃会也是教会培养人才的大学校，为罗马教廷训练出大批高级神职人员。据统计，在本笃会的修士中，有3000多人担任过主教职务，任教皇枢机主教的约有250人。第一位担任教皇的本笃会修士就是格列高利一世，他是第一位大权独揽的罗马主教，也是基督教历史上第一位著名的教皇。

格列高利一世对本笃会的发展起过重要的推动作用，他亲自为修会制定了基本的组织原则，其中如禁止俗人领导修院、修院院长必须由修士选举产生、从修士中选拔各级神职人员以及承担传教任务等。这个基本原则，后来同样适用于东正教会，尽管东正教区的神父可以结婚，但主教必须是独身，由此保证了修士对主教职位的垄断权。这些基本原则，后来一直为所有基督教会所继承。

本笃会的修道制度极大地提高了修会的威望和地位，从此修士的身份成为在教会中晋升神职的必要条件，以致到15世纪"整个教会看起来都处于僧侣的统治之下"。直到今天，这种状态依然保持，没有改变。

本笃修会对教会所做的另一个巨大贡献，就是坚持不懈地进行传教活动。

6—7世纪，教皇格列高利一世向英格兰派出由修士奥古斯丁率领的传教团，传教团由40名本笃会修士组成，他们在英格兰的传教获得极大的成功。7世纪，本笃会修士科隆巴诺将本笃会修院传入法兰西，法兰西的修道院普遍采用本笃会规。在"加洛林文化复兴"时期，本笃会修士无疑发挥了重要的作用。而此前，著名的英格兰传教士卜尼法斯（665—754年）率领修士，在莱茵河东岸的传教获得成功，相继在黑森、巴伐利亚、图林根等地建立起八个隶属于教皇的教区，同时建立众多的修道院，在这些修道院里，本笃会规得到全面的贯彻和执行。

尽管修士们都是避世修行之人，但修道院绝非世外桃源。随着社会的发展，王朝的更迭，修道院也经常受到世俗世界的侵扰和战火的破坏。885

年，卡西诺修道院遭到异族洗劫。此后，随着教会威望的下降，本笃会在欧洲的势力逐渐削弱了。

如今，本笃修会仍然是天主教最大的修会组织，拥有200多座修道院，近2万名修士分布在世界的各个地方。529年圣本笃在卡西诺山建的最早的隐修院，现在是全世界本笃会的总部。在1500多年的沧桑岁月中，这座修道院一次次遭受到炮火的轰击，又一次次地被重新修复。1944年，它再次被炸弹摧毁，战后它又一次被修建起来。

如今，圣本笃修道院依然静静地屹立在卡西诺山上，继续默默地书写着天主教会的修道历史。

(2) 克吕尼修会（Clunian Order）

9世纪后期，本笃会一度衰落。修士们日益世俗化，纪律松弛、组织涣散，甚至出现了教士结婚、买卖神职等现象，严重削弱了修会的势力。为了改变这种状况，法国公爵威廉三世在法国中东部的克吕尼（Clune）山中，创建了一所新的隐修院，聘请著名神学家贝尔诺（Borno，850—927年）任第一任院长。

贝尔诺就任后，首先明确宣布该修道院接受教皇的领导，随后制订了严格的修院纪律，要求修士必须遵守本笃会规、脱离世俗家庭的羁绊，严格禁欲，不得结婚生子。为了防止神职人员的家族侵占教产，明确规定修道院的地产不得转让给世俗领主。克吕尼修院的做法，得到了各地近2000所修道院的积极支持。很快，以禁欲和禁止买卖神职为中心的改革运动，遍及欧洲教会，形成一股新的改革运动，史称"克吕尼改革运动"。

贝尔诺本身是一位著名的神学家，他更加关心修士们的神学学习和研究，因此对本笃会"念经与生产并重"的会规加以改动，减少了修士们的体力劳动，让他们用更多的时间来研习《圣经》，而将繁重的生产劳动转交给那些依附于修院的贫苦农民来完成。

10世纪中叶，在德、英、法和西班牙等国，相继建立起以克吕尼为模式的修道院。这些修道院的院长，经修士会议选举产生后，由克吕尼修院统一任命，他们服从克吕尼修院的领导，由此形成具有隶属关系的修院组织——克吕尼修会。1024年，教皇约翰十九世（1024—1032年）宣布，取消主教对克吕尼修院的监管权，任何主教和教士无权革除克吕尼修士的教籍，从而颠覆了自查尔西顿宗教会议以来，修道院从属于教区主教的惯常做法，使之成为直接隶属于罗马教廷、只服从于罗马教皇的修会组织。

11世纪后，随着改革运动的不断发展，该修会逐渐卷入教皇与世俗君主争夺权力的斗争中去。他们鼓吹教会至上论、主张调整教会与国家的关系；他们反对俗人（主要指世俗君主）干涉教会事务，支持教皇夺回主教叙任权。该修会对教皇的鼎力支持，得到教皇格列高利七世的肯定和赞赏。

在教皇的扶持下，克吕尼修会得到很大发展。到12世纪初期，该修会已经拥有1000多所修道院，绝大多数位于法国，其余则分布在英国、德国、意大利、瑞士等地。一些克吕尼的修院逐渐演变成富甲一方的庞大封建庄园，随着财富的不断增加，修士的生活开始腐化，修会也随之衰落了。

（3）加尔都西修会（Carthusian Order）

11世纪后期，克吕尼修会日益世俗化，对那些追求苦修的人逐渐失去了吸引力。此后，欧洲出现了一些新的修道团体，他们试图恢复早期的修行方式，在远离尘世的地方，过严格的僧侣生活。布鲁诺（Bruno，1032—1101年）创建的加尔都西修会就是其中的一个。

布鲁诺出生于德国的科隆，青年时代曾在法国的兰斯和巴黎读书。1056年，他在兰斯的主教公署学院任神学教授，并兼任主教秘书。布鲁诺是个虔诚的基督教徒，亲眼目睹教会的腐败和世俗化，对此深感失望。1080年，他毅然辞去一切职务，加入一个隐修团体，避世修行。1084年，布鲁诺在加尔都西山中，建立了一所新的隐修院，在此基础上，逐渐形成了一个新的修会组织，即加尔都西修会。

布鲁诺的学生中，有一位后来成为声名显赫的人物，他就是十字军战争的发动者、教皇乌尔班二世。1088年，乌尔班就任教皇后，第二年便请恩师布鲁诺到罗马，在教廷任教皇助手，协助教皇工作。布鲁诺对这份工作没有什么兴趣，没过多久，他便向教皇提出了辞职。乌尔班二世理解老师的志向，也不再勉强，同意他重回修院，继续苦修。后来，布鲁诺隐居在意大利的一所修院里，在那里终老一生。

布鲁诺创建的新修院，在本笃会规的基础上，增加了新的戒律，比本笃会规更加严格。修士们独居斗室、冥想苦思，只有在集体祈祷时彼此才能见面。在每周一次的聚会上，大家可以互相交流心得，其余时间则保持静默。加尔都西修院，每年有40天的斋戒期，在此期间，大家只以面包和清水度日。

中世纪后期，加尔都西修会在西欧各地建立修院，该会修士所著《基督的生活》一书，曾经广为流传。

20 世纪初期，该会有男女修院 30 余所，近千名修士。

（4）西多会（Cistercian Order）

1098 年，本笃会的一位修道院院长、法国人罗伯特（Robert，1027—1111 年）带领一批弟子，进入法国东部城市第戎（Digon）以南 20 公里外的密林中，在西多的荒野里建起一所新的隐修院，这就是西多会的第一所修道院。

该院以严守本笃会规为宗旨，故又有"重整本笃会"之称。西多会强调安贫，没有本笃会那么重视文化教育，而是积极参加当时的垦荒劳动，并从事羊毛生产。与身穿黑衣的本笃会修士不同，该院的修士身穿未经染色的粗羊毛衣，故有"白衣修士"之称。

1112 年，年轻的伯尔纳加入西多会。1115 年，西多会第三任院长决定建立新修院，地点选在特鲁瓦东边的克莱尔沃，委派 25 岁的伯尔纳为院长。于是，伯尔纳带领 12 名修士和一些世俗弟子进入荒僻的山林中。他们披荆斩棘，用自己的双手建立起简朴的修院，使昔日盗匪出没的荒山野岭成为一片明亮的山谷，故此地有了"明谷"的称号。"明谷的伯尔纳"的加入，使西多会得到了迅速的发展，几年间就建立起十余所新的修道院。

伯尔纳的门徒中，有一人后来成为教皇，那就是尤金三世。1145 年，尤金三世即位后，伯尔纳给他写了一封著名的文章《论思考》，告诫他不要被教皇职位的细节所纠缠，而偏离了教会最重要的东西——基督耶稣的位格，他提醒尤金三世：教皇应当是使徒圣彼得的继承者，而不是皇帝君士坦丁的接班人，该思想对后来的宗教改革有很大的启发，可以说是宗教改革运动的思想先驱。

伯尔纳是著名的基督教神学家，被誉为"最伟大的传教士"之一，是当时欧洲最有影响力的人物。他杰出的演说才能，打动了许多青年人，使他们抛弃家庭，追随他加入西多会。1146 年，为了发动第二次十字军东征，尤金三世派他游说德皇康德拉三世和法王路易七世。他成功地说服二人，使教皇的提议得到两国的积极响应。

伯尔纳也是基督教神秘主义思想的先驱。他所著的《雅歌布道》一书，对《圣经》中《雅歌》的寓意，做出种种神秘主义的解释，使《雅歌》成为"中世纪修道院中读得最多、评论最多的书，甚至远远超过了四部福音书"。[①]

[①] ［美］嘉斯拉夫·帕利钦著，陈雅毛译：《基督简史》，陕西师大出版社 2006 年版，第 140 页。

然而，在基督教信仰中，神秘主义始终未能占据主导地位。

西多修会实行以西多修道院为中心，地方自治的原则。最初建立的四个修院，称为"创始修院"，它们各自独立，下面附属有各自的修道院。"创始修院"的院长拥有较大的权力，他们有权巡视下属修道院，有权免除不称职的下属院长的职务。西多修道院的院长是总院长，位居众院长之首，每年都会在西多修道院召开下属院长会议，商讨有关修会的各项事宜。

西多修会建立后得到迅速发展。到13世纪末期，已是一个拥有700多座修道院的庞大修会组织。一些大型修院成为设施完备的封建大庄园，里面除了经堂、抄写室等外，还附有膳堂、宿舍、医院、学校等生活设施。修道院的土地不仅种植农作物，还辟有菜地、鱼塘和果园，并从事各种手工业生产。

尽管西多会以重视生产劳动为特点，但随着修道院财富的不断增加，修道院纪律日益松弛，真正干活的都是那些未授神职的低级修士，其中大多数是贫苦的无地农民，修会逐渐衰落了。与其他修会相比，西多会的修女数量较多，男女修院的数量大体相当，但修女的地位要低于修士。

西多会虽然衰落了，但仍保留了下来。如今，该会拥有近30所修道院，约4000名修士修女。

2. 军事修会

1099年，十字军攻下耶路撒冷城后，在地中海东岸的占领区，建立了四个十字军国家。为了保证基督徒朝圣队伍的安全，巩固新建立的拉丁小公国的政权，具有宗教性质的军事修会应运而生。参战的各国十字军相继建立起自己的军事修会，其中影响较大的修会有：法国圣殿骑士团、意大利圣约翰骑士团及德国的德意志骑士团等。

（1）法国圣殿骑士团

圣殿骑士团（Templars Knights）建立于1118年，最初仅有九名骑士。

虽然十字军在地中海东岸建立起几个拉丁小国，但其周边地区仍然处于穆斯林的势力范围之内，许多重要的交通要道掌握在穆斯林手中。到圣城朝圣的基督徒经常受到穆斯林的抢劫，甚至发生过数百人被杀的恶性事件。于是，一些落魄的骑士便自动组织起来，以收取酬金的方式，为朝圣者提供保护。当时耶路撒冷城的大主教沃尔蒙意识到，对这样一些手持武器的散兵游勇，如果不加以管控和约束，后果将不堪设想。于是，主教以"灵魂得救"的教义引导这些骑士，将他们招安到教会的旗帜下，用修道院规则中一些适用于军事生活的戒律如"服从""安贫"等来管束他们。不久，耶路撒冷拉丁国王鲍德温二世认为这支队伍有利用的价值，便在犹太人的圣殿遗址上划出一块地给他们做营房，圣殿骑士团由此而得名。

为了使骑士团得到教皇的承认，鲍德温二世致函著名的西多会修道院院长、明谷的伯尔纳，请他为骑士团制定团规。1128年，在特鲁瓦宗教会议上，伯尔纳以西多修会的会规为蓝本，为骑士团拟定了一个包括72条规则的团规。在此次会议上，圣殿骑士团的合法性得到了罗马教廷的承认。

后来，骑士团的团规经过多次修改后，才确立为正式的团规。团规中有158项条款，主要涉及骑士团的组织机构、成员必须履行的职责和义务等内容；另有107条，则是关于成员必须遵守的纪律和修行方式的具体规定。

早期的骑士团直属于耶路撒冷大主教管辖，成员分为三个等级即贵族出身的骑士、隶属于教皇的教士以及骑士的仆从。每个成员都必须严守骑士团的规程，履行各自的职责，过节俭的生活。

骑士团要求成员一律身穿西多会样式的白色僧服，衣服上不得有任何华丽的饰物，马匹也不得有多余的配饰。骑士在僧服外加披白色披风，上面有红色的十字标志。骑士仆从则穿黑色外衣，上面也有红色的十字标志。骑士可剪短头发，允许留须。骑士团严禁成员参加狩猎活动；不许留存钱币，凡发现私自存钱币者，将受到严厉的惩罚；同时严禁骑士团成员与任何女性交往，甚至不得亲吻自己的母亲。[①]

1139年，骑士团在罗马教皇英诺森二世的支持下，迅速发展起来，并扩展到欧洲各地。1163年，教皇亚历山大三世开始在骑士团内设立教士团，直属于教皇和骑士团首领管辖，并同意骑士团将抢劫来的财物留下自用。在教廷的支持下，骑士团队伍迅速扩大，13世纪初期，其成员已达7000人（不包括侍从和士兵在内），在各地拥有数百处地产。在对穆斯林作战的同时，骑士团大肆抢劫战利品，并将积累下来的钱财，用来建造船队，从事各种贸易活动。与此同时，骑士团还吸引大量资金，用于发放高利贷，成为欧洲最早、也是最有势力的大财团。

---

① 王亚平：《修道院的变迁》，东方出版社1998年版，第139页。

后来，随着实力和势力的不断加强，骑士团变得越来越难以驾驭了。他们到处抢劫，疯狂地聚敛财富，危害性与日俱增。其成员生活腐化、道德败坏，已经成了害群之马，甚至与法王菲利普四世（1285—1314年）分庭抗礼。法王无法管控他们，只得将他们斥为异端，下令逮捕骑士团成员，没收其领地及所有的财产。1310年，54名骑士团成员以异端罪被判处火刑，在巴黎的郊外被烧死。1312年，教皇克雷芒五世在维恩召开的宗教会议上，宣布取缔圣殿骑士团，其财产由医院骑士团接受。

两年后，骑士团首领莫莱也被火刑处死。

从此，圣殿骑士团退出了历史的舞台。

（2）圣约翰骑士团

圣约翰骑士团主要由意大利人组成，亦称"医院骑士团"（Hospitallers Knights）。

该骑士团起源于耶路撒冷城中的一所救助朝圣者的寄宿所。1099年，十字军攻打耶路撒冷城时，本笃会修士杰拉德正在此地，他看见十字军战士伤员很多，便将寄宿所辟为救助伤病员的医院，该医院被称为"圣约翰医院"，因其内设有一所圣约翰教堂而得名。

十字军占领耶路撒冷城后，新耶路撒冷国王将该医院交由杰拉德管理。在杰拉德任院长期间，他采用修道院的方式来管理医院，将医院建成既有修道士也有普通信徒的兄弟会，其成员严守本笃会规，从事救助性的慈善活动。1113年，该兄弟会得到教皇帕斯加尔二世（Paschal，1099—1118年）的承认，随即在意大利等地建立起分支机构。为了扩大医院的实力，除了吸引修道士自愿参加外，杰拉德也开始招募落魄的骑士。但随着骑士的到来，医院的性质悄然发生了一些变化，这些骑士不安心慈善事业，而对为朝圣者提供保护、获取酬金有浓厚的兴趣，以致医院也有了保镖队的业务。

1120年，出生于贵族骑士之家的雷莱特·德尔普伊接替了杰拉德的职务，此后他执掌兄弟会长达40余年。雷莱特就任后，开始有意识地改变兄弟会慈善救助机构的性质，向军事修会——骑士团的方向转变。他招募意大利骑士，并以奥古斯都修院规则为蓝本，为骑士团制定了详细的团规，明确了成员必须遵守的共同生活的准则，以及对违反纪律者的惩处办法。

1122年，教皇卡利克斯特二世（Calixtus，1119—1124年）给骑士团颁发了自由通行的特许状，方便他们到各地行使保护朝圣者的职责，并宣布骑士团财产受罗马教廷的保护。从此，保护耶路撒冷城以及朝圣者的安全成为骑士团的第一要务，慈善救助退居为其次。因该骑士团由圣约翰医院转变而来，故称"圣约翰骑士团"或"医院骑士团"。该骑士团参与了十字军第二次战争，在战场上积极开展各项医疗救助工作。

1155年，罗马教廷正式承认圣约翰骑士团，并在内部设立教士团，直属骑士团首领管辖。此后，圣约翰骑士团得到迅速发展，在法国东南部，如普罗旺斯等地建立了多所修道院，并占有多座军事要塞，担负起守卫法国东部地区安全的重要职责。同时，骑士团也将势力扩展到德国、意大利和西班牙等地。

骑士团由骑士、军士、教士和修女组成，骑士、教士都要发禁欲、安贫、听命的"三绝誓愿"，修女主要从事医疗救护工作。早期的骑士身披印有白色十字标记的黑色披风。1259年后，骑士团换上新的服装，骑士身披红色披风，左胸上缀有一个残破的十字形标记。

骑士团的最高首领由骑士团会议选举产生，一般终生任职，下属有骑士领主与修道院院长，各级之间关系松散。该骑士团具有较为浓厚的宗教色彩，不像圣殿骑士团那样飞扬跋扈。

13世纪末期，穆斯林收复了被十字军占领的全部失地后，骑士团没有了立足之地。1309年，医院骑士团逃到地中海东部的罗得岛，在这里购买土地，建立起一个独立的国家。从此，骑士团放弃原有的身份，开始了新的生活。

（3）德意志骑士团

该骑士团旧称"条顿骑士团"（Teutonic Knights），是第一次十字军东征时，由德意志骑士组成的。"条顿"（Teutonic）一词是中古拉丁语，意"德意志"，现译为"德意志骑士团"更为恰当。

德意志骑士团的前身也是一所医院。1143年，教皇西来斯廷二世（Celestine II，1143—1144年）将该医院划归圣约翰医院兄弟会管辖，称"圣玛丽亚医院"。第三次十字军战争期间，该医院曾在激战的阿克要塞支起帐篷，救助十字军伤病员。1191年，教皇克莱芒三世（Clemene，1187—1191年）颁布特许状，授予圣玛丽亚医院与圣约翰医院同等的宗教法律地位。由此，圣玛丽亚医院脱离圣约翰骑士团，成为独立的兄弟会，并借鉴其他两个骑士团，制定了自己的会规。1196年，其骑士团的会规得到罗马教皇的批准，成为隶属于教廷的一个修会组织。

1198年，英诺森三世就任教皇后，为了镇压异端，他授意圣玛丽亚兄弟会承担起讨伐异端的职责，从而使从事医疗救助的医院转变为军事修会，因其成员多来自德意志，故称"德意志骑士团"。从此，骑士取代了教士与修女，成为骑士团的主力。

与圣殿骑士团、圣约翰骑士团不同，该骑士团还包括有世俗骑士在内，他们大多出身于城市居民，也配有武器和战马，享有与骑士同等的权利，但只能担任较为低级的职务。参加骑士团的成员均要发三绝誓愿。该骑士团的骑士身披绘有黑色十字的白色披风，而世俗骑士则穿灰色披风。修女主要从事看护伤病员及其他慈善救助工作。

随着十字军的不断失利，骑士团逐渐失去了存在的价值。与不受约束、最终被取缔的圣殿骑士团不同，德意志骑士团凭借着与德国君主和贵族的良好关系，在欧洲的土地上为自己找到了新的发展机遇。

1197年，德皇亨利六世（1191—1197年）将意大利的一所修道院赠送给该骑士团。此后，它便很快在德国拥有了12块管辖区。1291年，当阿克要塞失守，十字军在东方的土地丧失殆尽后，该骑士团立即将其总部迁到了威尼斯。1309年。骑士团总部再次移至欧洲内陆的普鲁士境内。从此，骑士团成为德皇与各地诸侯征讨外族的军事力量，也是教皇镇压异端的主力军。而骑士团也在帮助他人的征战中，不仅获得了优厚的回报，也为自己开辟了新的天地。

1230年，骑士团在帮助波兰公爵打败普鲁士人之后，按照协议得到了一大片普鲁士的土地。德皇腓特烈二世认可了该协议，授予骑士团首领赫尔曼对这块领地的最高所有权。1234年，教皇格列高利九世颁布通谕，宣布骑士团财产受罗马教廷的保护。从此，普鲁士便成了独立的、不受任何人干涉的德意志骑士团的独立王国。

此后，骑士团继续扩张势力，1236年，德意志骑士团收并了战败的圣剑骑士团，将两个骑士团的领地合并后，在波罗的海东岸与南岸的辽阔土地上，建立起一个拥有50座城市、200多万人口的独立的骑士团国家。在这个政教合一的国家里，骑士团首领把持着全部政治、经济、军事、司法大权，而骑士团教士则垄断了所有的宗教职务。骑士团国家的出现，对波兰构成了极大的威胁，于是，波兰与立陶宛联合起来，共同对付这个骑士团国家。

1410年，德意志骑士团被波兰和立陶宛联军击败，骑士团首领战死。

骑士团的领地普鲁士被一分为二，西普鲁士并入波兰，东普鲁士仍由骑士团管理。由骑士团管理的东普鲁士，不受神圣罗马帝国辖制。16 世纪初，骑士团团长阿尔伯特（Albrecht，1410—1562 年）建立普鲁士公国，自称普鲁士公爵。他死后，其女婿勃兰登堡选帝侯继承其位，在他的苦心经营下，一个强大的普鲁士王国开始出现在欧洲大地上。

此时，骑士团逐渐失去存在的价值，最终解散。

此外，在十字军东征时期，西班牙也有自己的骑士团。

但随着十字军占领地的相继丧失，骑士团失去了存在的价值，结束了短暂的历史。

3. 托钵修会

11—12 世纪，随着城镇和市民阶层的兴起，基督教内部出现了一些信仰复兴运动。许多修道士离开隐修院，开始步入社会，他们试图在修道院的外部去寻求正确表达耶稣教义的方式。这些修士崇尚赤贫、没有任何财产，他们居无定所、靠乞食为生，因此被称为"托钵僧"或"游方僧"。

与生活在修道院的修士修女不同，托钵僧生活在民众之中。生活在世俗社会中的修士们，如果没有坚定的信仰和坚强的意志，是很容易迷失方向的。很快，托钵僧们便脱离了初衷，一种新形式的宗教组织——托钵修会应运而生，"托钵修会"又有"托钵僧团"和"乞食修会"之称。

与隐修士们一样，修会中的托钵僧也必须发"禁欲"和"守贫"的誓愿，但他们不必长期逗留在某个地方，依然保持着托钵乞食、云游布道的传统。与身居密林山野中的修道士不同，托钵僧的主要活动区域是在城市里，他们赤着脚或穿着草鞋从一个城市走到另一座城市，用自身的实际行动诠释着耶稣"清贫"的教义，向民众展示出一个"真实"的耶稣信徒的形象。罗马教皇看到了托钵修会存在的价值，很快将托钵修会收编，使之成为直属于罗马教廷管辖的宗教组织。从此，托钵修会逐渐成为教廷的御用工具，有的则成为教廷镇压异端的骨干和急先锋。

著名的托钵修会有圣方济各修会、圣多明我修会、奥古斯丁修会和加尔默罗修会。

（1）圣方济各修会（St. Franciscan Order）

圣方济各修会又译为"圣法兰西斯会"，其创始者为意大利人方济各。

方济各（Francesco，1181—1226 年）出生于翁布里亚的阿西西（Assisi）一个商人家庭，从小受到良好的教育。他皈依基督教，出家为僧，似乎是出于偶然。据他自己回忆,在一次祈祷时,他突然看到了钉在十字架上的耶稣影像,这个影像后来时时在他的脑海中浮现,他认为这是耶稣对他的一种召唤,唤起他"守贫、谦卑和同情"的精神。于是,方济各不顾父亲的坚决反对,毅然离开了家,到阿西西附近的山林中过隐修生活。

1208年起,方济各开始了传教的生涯,他模仿耶稣,坚持赤贫,为有病的人和不幸的人服务,他的足迹遍及意大利、法国、西班牙、摩纳哥和埃及等地。后来他在阿西西附近建立了一个小团体,会士之间互称"小兄弟",故该会又有"小兄弟会"之称,因其会士身穿灰色衣衫,又称"灰衣修士"。

方济各强调赤贫和为公众服务,很快吸引了大批的追随者,出现了第一批托钵僧。他们赤足托钵,恪守仁爱、守贫、顺从、同情、谦卑的美德,用自己的行动实践着耶稣的信条。

方济各亲自为修会制订了严守清贫和禁欲的会规。1209年,该会规上呈教皇英诺森三世。英诺森三世被他圣洁和献身基督的精神所感动,认为将其收编到教会中将是很有价值的。但红衣主教们对方济各的评价却褒贬不一,有人积极支持他,有人则对他心存疑虑,但教皇最终还是批准了这部会规。这就是第一部会规,由此标志着圣方济各修会的正式成立。

方济各为修会制定的会规,并没有保存下来。从后人的记述中可以得知,在该部会规中,方济各大量引用了福音书中的原文,可以说是福音书有关经文的一本汇编。由此可知,人们当时追随方济各,除了其巨大的个人魅力外,福音书中耶稣对他们的召唤,才是最根本的原因。

1223年,修会制定了第二部会规,将早期会规中的圣经节录与方济各的语录、诗作结合在一起。同年,该会规得到教皇洪诺留三世(1216—1227年)的批准,这部会规更强调服从,以加强对托钵僧的统一领导。

与所有的修道院章程一样,圣方济各极为重视守贫。守贫是耶稣所说的"天国"最突出的特征,在《圣经》中,耶稣多次提到"富人进天国是何等地难呀!"但在实际中,守贫一直是针对个人而言的,出家的修士们一无所有,但修道院却可以拥有大量的财产,中世纪的修道院经常是拥有辽阔土地的封建大庄园。巨额的财富是一把双刃剑,既是教会与世俗君主争斗的筹码,也是教会腐败的根源。

教会的腐败,在每个时期都会引起虔诚信徒们的不满,方济各也是这样。他认为贫穷并不是财产的缺失,而是"一种积极的善",于是他走出修院，托钵乞食，来效仿耶稣。圣方济各试图用最严格的方式来实践清贫的誓约，他要求所有信徒必须乞食，除受人款待外，不得占用住所。据说，为了克制人的欲望，他在食物中掺加灰烬，使之难以入口；面对女性的诱惑，他会跳进冰冷的水中。他试图通过种种苦行，能够更加深刻地认识耶稣的人性；也试图通过托钵修会，来"修缮"人世间的基督教会，使之回归耶稣基督的教导。

尽管他采取了一种较为含蓄的方式，没有大声的疾呼、没有公开的批评，但仍让人体会到一种微妙的、与教会格格不入的气息。托钵修会的出现，从本质上讲是对教会腐败的一种无声的反抗。然而，罗马教皇还是批准了圣方济各修会的章程，将其纳入教会的管辖之下。究其原因，在于该修会坚持的守贫、仁爱、服从精神，为基督教树立起一个积极的、正面的形象，有利于对异教徒的分化和瓦解。但随后，罗马教廷便开始对修会施加影响，修会内部也逐渐发生了变化。

方济各是托钵僧，他经常外出巡回布道，居无定所，这就给了罗马教廷以可乘之机。第五次十字军战争期间（1217—1221 年），方济各正在巴勒斯坦和埃及等地传教。1217 年，教皇洪诺留三世派遣时任枢机主教的乌格利诺（Hugolino）担任该修会的"保护人"，而这位枢机主教就是后来的教皇格列高利九世。从此，罗马教廷开始插手修会的各项事务。1221 年，教皇又委任科托纳的伊利亚（Elias of Contona）为其代理人。这些人的到来，颠覆了圣方济各修会的原始精神。不久，修会建立起正规的隐修院，开始步入教廷设定的轨道中。与此同时，在教廷的大力支持下，修会也得到迅速的发展。

此时，方济各还在东方各地传教，就在他毫不知情的情况下，修会被完全地改造了。当方济各再次回到阿西西的时候，他看到的是一个与自己的初衷完全不一样的修会。面对此情此景，方济各什么也没有说，而选择了默默离开。1224 年，他辞去修会的领导职务，退隐到托斯卡纳地区的一座山中，在那里隐居修行。

1226 年 10 月 3 日，方济各在阿西西附近的天使圣玛利亚小教堂去世，这座小教堂就是方济各最早修复的教堂之一，也是他受圣灵感发，创建"托钵小兄弟会"的地方。

1228 年，教皇格列高利九世追谥方济各为"圣徒"。

伯特兰·罗素对圣方济各予以高度的评价，说"他那乐天的态度，博爱的精神和诗人的才华使他超然立于其他圣者之上。他的善良，就像是浑然天成的一般，从来没有什么斧凿的痕迹……"同时，他也深刻地指出：圣方济各一生努力的结果，只不过是"又开创了一个更为富有更为腐化的教团……从他自己的宗旨和品德来看，我们当真无法想象世界上还有什么结局比这个更令人苦笑的了"。①

方济各去世后，修会内部的分歧和矛盾开始尖锐化，逐步演化为派系的斗争。

方济各临终前，已经预感到身后的危机。为了防止有人修改会规，他在遗嘱中明确要求"不得评论和解释会规"。但他死后，其遗嘱没有得到遵守。1230年，教皇格列高利九世在通谕中，取消了有关清贫的规定。

1239年，在罗马教廷的支持下，当时的修会总会长被反对派罢免。从此，总会长的权力被削弱，省会长的权力得到加强，省会长也不再由总会长任命，而改为由各省会议自行选出。

尽管圣方济各坚守耶稣守贫的精神，但修会内部对于"清贫"的涵义，一直存在争议。随着大批学者和知识分子加入修会，对会规产生了不同的理解和认识。有人同意教会的观点，即守贫是对修士个人的要求，而非指教会，因此教会可以拥有大量的财产。实际上，自方济各离开修会后，以"清贫"为宗旨的圣方济各修会，便开始拥有巨额的财产了。后来，更是与其他修会一样，成为实力雄厚的封建大庄园。

方济各曾说"绝对的贫穷将取得胜利"，而实际上，坚持守贫的一派并没有胜利。1254年，圣方济各修会分裂为两个派别。

其一，守规派，又称"神修派"。

该派坚持原始精神，坚守原始会规，仍然坚持劳动和乞食的生活。后因追随非正统的神修学说，引起内部纷争而受到迫害。有"第一门徒"之称的贝尔纳遁入山林，仍被抓捕。1318年，四名修士在马赛以"异端"罪被火刑处死。1414年召开的康斯坦兹宗教会议（1414—1418年），为该派任命了新的总会长，从而结束了长期的内部纷争。后来该派衰落，逐渐消亡。

其二，改革派，又称"住院派"。

1257年，著名的经院神学家波纳文彻（Bonaventure,？—1274年）成

---

① ［英］伯特兰·罗素著，何兆武译：《西方哲学史》，商务印书馆2010年版，第246—247页。

为总修会的会长，他对修会章程做出了新的解释，修正了方济各的"原始精神"，使方济各的教义能为罗马教会所接受。他写的《圣方济各传》，为教会树立了一个圣徒的光辉形象。此后，该修会不再托钵乞食，而是建立隐修院，故又称"住院派"。

该派注重学术研究和文化教育事业，产生了一大批著名的神学家和学者，如唯名论的主要代表人物罗吉尔·培根、邓斯·司各脱以及奥卡姆的威廉，都是圣方济各修会的僧侣。后来，通过在德、法、西班牙、葡萄牙等国建立新的修院，使修会势力不断向外扩张。15世纪后，该派开始大规模向欧洲以外的地方传教。

住院派的足迹遍及世界各地，虽然他们均出自圣方济各修会，但后来的名字却五花八门，使人不知其源自何处。1897年，教皇利奥十三世（1878—1903年）将这些宗旨相同的修院统一起来，成为今天的"圣方济各修会"。

此外，圣方济各修会还开办女修会，吸引妇女参加。女修会又称"第二会"，其创立者是阿西西的圣女克莱尔（Clare of Assisi，1193—1253年），故亦称"克莱尔修会"。

女修会戒律严格，过清贫、独思的隐居生活。她们不参加巡回布道，主要从事慈善事业如开办医院、养老院、孤儿院、残疾人福利院等，为弱势群体提供帮助。如今，女修会大约有2万名修女，分布于世界各大洲。

1228年，在比利时的安特卫普，出现了为在家俗人举办的"第三会"，此后逐渐得到推广。第三会的成员均是过世俗生活的普通基督教徒，他们从属于各个主教区，但会长自选。该会亦以慈善事业为主业，开办学校、医院、为穷人提供帮助。据统计，第三会现有会员约100万人，他们大多是各种慈善团体的骨干。

圣方济各修会是最早开始对外传教的修会，其修会组织遍及世界各大洲。1289年，有圣方济各修士来华传教。新中国成立前，在中国已设立32个教区。

1926年，在圣方济各逝世700周年之际，200多万朝圣者从世界各地来到阿西西，纪念这位基督教伟大的圣者。

（2）圣多明我修会（St. Dominican Order）

圣多明我修会又译"多米尼克会"，创始人为西班牙人多明我。

多明我（1170—1221年）出生于西班牙布尔戈斯（Burgos）一个贵族

家庭，26 岁进入修道院修行。与圣方济各潜意识中具有的叛逆性格不同，他出家是为了寻求一种真正安宁、更有规律的修道生活。他真诚地相信教会的正统教义，旗帜鲜明地反对一切与之相背离的异端。多明我对罗马教廷的支持，得到了教皇英诺森三世的赏识。

1204 年，教皇派多明我到异端猖獗的法国南方传教，以分化那里的阿尔比派。他领命后，沿途托钵乞食，一路上用雄辩的口才积极宣传耶稣的教义。在他的感召下，大批阿尔比派的信徒回到了天主教的队伍中。1209 年，对多明我没有劝化的阿尔比分子，英诺森三世派出十字军将其消灭。

1215 年，多明我来到罗马，参加了在此举行的第四届拉特兰宗教会议。在教皇英诺森三世的授意下，他前往法国图卢兹建立起新的修会，该修会也是托钵乞食，以传教布道为主要宗旨。1217 年，教皇洪诺留三世批准多明我修会的成立。该修会的组织体系与方济各会相似，也是总会长下设省会长，每年召开一次省会长会议。总会长由省会长会议选出，一经选出，终身任职。

初期，多明我会主要采用圣奥古斯丁制定的隐修院规则，以默念和劳动为主，过禁欲的集体生活，连僧服也仿照奥古斯丁修院的黑色僧服。直到 1228 年，该会才制定了自己的第一部会规，该会规做出一些新的规定，体现了多明我会的特点。

首先，该会规禁止会士长期在一个固定的教堂里工作，要求会长将会士派到需要的地方去传教。由于重视传教工作，所以该会也有"布道兄弟会"之称。其次，不再要求修士必须参加体力劳动，更加重视文化教育，提倡学术研究。体力劳动历来是修士的必修功课，而该会对此有所变更，以顺应当时社会发展的要求和传教的需要。

在禁止拥有私人财产的规定中，书籍不再属于财产之列。从事学术研究的修士，经过上级批准，可以获得需要的书籍。在这种宽松的氛围下，多明我会培养出众多的知名学者，如托马斯·阿奎那就出自该修会。

与圣方济各修会一样，该修会也设有女修会和俗家弟子的"第三会"。

1221 年，多明我在意大利去世。随后，教皇洪诺留三世追谥其为圣徒。

中世纪，在历任教皇的支持和扶助下，多明我修会得到极大的发展。与圣方济各会不同，该修会更加重视学术研究和文化教育。随着修会的发展，在欧洲各地建立起众多的学校和学院，为发展欧洲的教育事业做出了重要的贡献。

多明我修会积极传播基督教正统派的经院哲学，规定每所修院必须讲授神学，修士要经过五年以上的学习，精通神学和其他知识，并发誓愿后，才能被授予圣职。修会还在法国巴黎和英国伦敦等地设立了多处综合性的研究机构，不仅研究神学，也研究各种自然科学。因此，在创办后的100年里，该修会就向天主教会输送了数百名主教以上的高级神职人员，其中有12名枢机主教，有两位教皇出自该修会。

多明我修会不仅大力宣传教会的正统神学，而且积极参与教会对异端的镇压，成为罗马教廷的得力助手和工具。镇压异端，是该修会对罗马教廷做出的最大贡献。

教皇洪诺留三世（1216—1227年）时期，各地的异端活动十分猖獗，一直没有得到有效的遏制。教皇认为这是打击的力度不够造成的，于是决定建立专门的机构来解决异端的问题。1220年，洪诺留三世通令各地教会成立"宗教裁判所"，坚决镇压异端，以维护教会的正统信仰。多明我会历来是罗马教皇的积极支持者，他们自喻为"神之犬"，其会徽就是一条口衔火炬的神犬，他们是真正的"教会之犬"，因此深得教皇们的信任和赏识。

1233年，教皇格列高利九世发表通谕，下令将宗教裁判所全部交给多明我修会掌管，要求各地教会要全力协助宗教裁判所的工作。从此，宗教裁判所直属教皇管辖，各地教会的审判官员由多明我会的总会长（或省会长）直接任命，只对教皇一人负责。随后，宗教裁判所在欧洲各地建立起来。在宗教裁判所存在的数百年时间里，在火刑柱上被烧死的不仅有持不同意见的宗教信仰者、进步的思想家和科学家，还有大批无辜的普通百姓。宗教裁判所的存在，是欧洲"黑暗的中世纪"最具体的象征。

与圣方济各修会一样，多明我会也极为重视传教工作，其会士的足迹遍及世界各地。1631年，多明我会的会士曾到中国福建省传教，并建立修院。解放前，福建还有100多名该会的修士。

进入现代社会后，多明我会仍然活跃在世界各地。他们积极利用各种现代传媒和通信工具，通过广播、电影、电视、互联网传播基督的教义，继续重视文教事业的发展，培养出大批基督教学者。同时继续大力开展慈善工作，为社会弱势群体提供必要的帮助，但其往日的辉煌和权势已经一去不复返了。

（3）奥古斯丁修会（Augustinian Order）

奥古斯丁修会又称"奥斯丁会"。338年，基督教早期神学家圣奥古斯丁（354—430年）在家乡、北非的塔加斯建立了一座隐修院，奥古斯丁亲自制订了修院规则，要求修士必须离家避世，过清贫禁欲的集体生活。后来该地被入侵的汪达尔人占领，修院受到极大的破坏，但仍留存下来了。

12世纪末，一些隐修士在意大利组织了新的团体，他们仍奉行奥古斯丁的修院规则，但这些实行奥古斯丁会规的修院处于分散状态，并没有统一的组织。亚历山大四世（1254—1261年）任教皇后，认为有必要将所有遵守奥古斯丁会规的修院组织起来。1256年，他在罗马召开各修院代表大会，正式成立统一的奥古斯丁修会。统一后的奥古斯丁会放弃了隐修性质，改为托钵修会，随之得到了迅速发展。与其他托钵修会一样，该修会亦在总会长下设会省和修院，但各级会长和修院院长都有任期限制，不再是终身制。

该会除传教布道外，还积极从事神学研究，其所创办的神学院主要尊奉圣托马斯·阿奎那为代表的经院哲学和神学，培养了不少著名的神学家，并产生了众多的文学家和史学家。该会也设有称为"第二会"的女修院，以及为在家的男女信徒开办的"第三会"。

13世纪，奥古斯丁会发展为一个庞大的修会组织，有2000所修院遍及欧洲各地，会员多达3万人。

15世纪后期，该会开始了大规模的海外传教活动，在亚洲、澳大利亚、南美和北美地区都取得不俗的成就。17世纪时，该修会达到鼎盛时期，在世界各地建立了56个会省。1680年，该修会有会士来中国传教，在广州建立了教堂。

经历了蓬勃发展的高峰之后，该修会便逐渐衰落了，但如今它仍然是一个世界性的修会组织。

（4）加尔默罗修会（Carmelites Order）

加尔默罗修会又称"圣衣会"。1156年第二次十字军战争时，意大利十字军军士伯尔刀都（Bertold，？—1195年）带领十名修士来到巴勒斯坦后，遁入加尔默罗山中隐修。后来，许多人闻讯找来，人数逐渐增多，于是正式建立修道院，但一直没有订立自己的会规。

1201年，耶路撒冷总主教圣雅博为加尔默罗隐修院订立了会规，这就是该修会的第一部会规，其基本原则就是"昼以静思，夜以祈祷"。1224年，在第二部会规中，加入了"听命""斋戒""安贫"等戒律，要求会士坚持过与世隔绝的隐修生活。

1238年后，为躲避战乱，修会总部迁移到欧洲，并相继在欧洲各地建立隐修院。1265年，英格兰人西蒙·斯道克（Simen Stock，1165—1265年）任总会长。传说他曾经有过一次"圣母显圣"的经历，圣母授予他一件圣衣，故该修会又有"圣衣会"之称。为了适应社会发展的需要，西蒙将修会由隐修会改为托钵修会。尽管改为托钵修会，修士们要外出传道，但他们并未完全放弃隐修的生活。与其他修会一样，该修会也设有称为"第二会"的女修会和为在家信徒开设的"第三会"。

14世纪，欧洲流行大瘟疫，人口减少了大约三分之一，修会处于停滞状态。1432年，教皇尤金四世（1431—1447年）重新整顿该修会，因放弃以前"静默""安贫"的内容，引起修会内部分裂为两派，即保守派和住院派。保守派坚持原有的会规，赤足或穿草鞋，托钵传道；住院派也就是改革派，赞同对原有会规有所扬弃，允许修士穿鞋。内部的分裂削弱了修会的影响力。

16世纪，西班牙修女、著名的神秘主义者特雷萨（Teresa，1515—1582年）对修会进行了全面的整顿和改革，重新订立静默、祷告、苦行等与世隔绝的修行规定，改革后的修会得到教皇庇护四世的承认。经过特雷萨改革后的修会，又称特雷萨加尔默罗修会。1869年，加尔默罗女修会传入中国，1983年该会在台湾正式建立隐修院。

进入现代社会后，该修会仍然保存了下来。如今加尔默罗修会拥有近400座修院，分布在世界的56个国家和地区，其中人数最多的当属西班牙。

托钵修会是中世纪基督教的特色之一，其中尤以圣多明我会和圣方济各会最为著名，影响也最为持久。直到今天，这些修会仍以传教而著称于世。

托钵修会不仅在传播基督教义上取得巨大成功，在推动基督教神学和哲学思想的研究上也发挥了重要作用。经院哲学的代表托马斯·阿奎那和神学家波纳文彻，均是最早取得大学神学博士学位的托钵僧。13—15世纪，西欧绝大多数神学家和哲学家都出自于托钵修会。

七、异端运动和宗教裁判所

中世纪后期，西欧的封建体制已经确立，封建领主对农民的残酷剥削以及教会的日益腐败，激起了以城市贫民为主体的民众的广泛反抗，出现了天主教所称的"异端运动"。基督教将一切违背正统信仰的思想、言论和行动都斥为"异端"（Heresey），该词源于希腊文，原意是"选择"，后引申为学说、教派。基督教会从早期开始，就是一个不宽容的宗教，它不能容忍"异端"的存在，总是用尽各种手段扫除异端，以便让世界成为基督教正统派的天下。

中世纪的异端主要有阿尔诺德派、阿尔比派和韦尔多派。

1. 阿尔诺德派

12世纪上半叶，在意大利北部兴起一个异端运动，其领袖是教士阿尔诺德（Arnaud，1100—1155年）。他是法国早期经院哲学家彼得·阿伯拉尔（1079—1142年）的学生，为严格的苦行修士，也是通晓《圣经》的教会法学家。阿尔诺德反对教会拥有世俗的权力，主张教会应当关注人们的精神世界，世俗事务应交由世俗的君主来处理。他反对教会和修院占有财产，反对教士腐化，这些言论引起了教会的不满。1141年，阿尔诺德被迫流亡国外。

尤金三世（1145—1154年）任教皇后，对阿尔诺德采取怀柔政策，以认罪悔改、宣誓效忠教皇为条件，允许他回到罗马。但阿尔诺德返回罗马后，继续其宣传鼓动活动，并提出废除教皇领地，解除教会对民众严厉管制等主张。支持阿尔诺德的人数不断增加，逐渐发展为一场反教会运动，这是教皇所不能容忍的。

1152年，尤金三世给德皇腓特烈一世写了封求救信，请求他出兵相助。

1154年，"红胡子"腓特烈御驾亲征，迅速平定了叛乱，阿尔诺德被处死，该派随之消失了。

2. 阿尔比派

277年，摩尼教①创始人摩尼（216—277年）被波斯萨珊王朝处以磔刑，这是一种五马分尸后，还被剥皮的酷刑。摩尼虽死，他的思想却一直在波斯和东方流行，并传播到欧洲的保加利亚和法国南部地区。许多基督徒深受这种东方宗教思想的影响，成为一些基督教异端思想的根源。

---

① 古波斯的一种宗教，融合琐罗亚斯德教、基督教和其他宗教的元素，主张善恶二元论。认为光明与黑暗是两个基本的原始原理，光明王国是有序的、智慧的、精神的，而黑暗王国是混乱的、无序的和物质的。该教认为人的肉体被束缚在邪恶中，人天生就是邪恶的，但人也有神圣的天性，有可能获得拯救。为了克服黑暗的天性，要求信徒做到"心、手、口"三封闭，如禁止杀生、禁止吃肉、禁止饮酒，禁止在田野劳作，鼓励少生少育。到最后的审判日，耶稣再次降临，将黑暗永远封闭在无底的深渊之中。该教被斥为"异端"，受到最严厉的迫害。但仍然延续到6世纪，才逐渐灭亡。

阿尔比派（Albigenses）原来是巴尔干半岛上的一个宗教派别，成员多为手工业者和农民，他们信仰波斯的摩尼教，但却自称是基督教徒。后该派传入西欧，在如今的法国南部以及意大利北部和西班牙北部地区流行。因该派以法国南部城市阿尔比（Albi）为活动中心，故称阿尔比派。

阿尔比派在哲学上深受东方善恶二元论的影响，其成员过禁欲的生活，强调贫困和互助，他们反对天主教教义，反对缴纳"什一税"，这些主张受到下层群众的欢迎。阿尔比派的组织机构和礼拜仪式均类似于基督教，但他们并不承认耶稣是神的化身，并反对基督教会精神至上的观点，故被教皇斥为异端。

12世纪末期，该派在法国南部的势力已经超过了罗马天主教。1208年，教皇英诺森三世派西班牙修士圣多明我到图卢兹地区传教，教化那里的阿尔比异端分子。1209年，教皇英诺森三世组织讨伐异端的十字军，进军法国南部，镇压不肯归顺的阿尔比成员。

1209年，由西门·孟福尔领导的十字军进入图卢兹地区，残酷镇压阿尔比分子，被杀者无数。与此同时，他们在该地区大肆抢劫财物，时间长达四年，激起民众的愤恨，也成了教皇无法控制的一群强盗。

1214年，图卢兹人民举起义旗，杀死孟福尔。1228年，起义军最终失败。此后，阿尔比派转入地下活动，渐渐从人们的视野中消失了。

3. 韦尔多派

12世纪末期，在法国里昂出现了一个由俗人发起并传播的新的运动，该运动的创始人名叫彼得·韦尔多（Pierte Valdes,？—1217年）。他是当地的一位富商，并不是基督教徒，但却试图寻求改革教会的途径。1170年，韦尔多开始效仿基督，过清贫的生活。他变卖家产，周济穷人，很快吸引了一批追随者。该派反对贪恋世俗生活，主张赤贫，故又称为"里昂穷人派"。

韦尔多的教义很简单，就是要求人们逐字逐句的阅读《新约全书》，这也是该派的主要特征。韦尔多认为《圣经》中只提到洗礼和圣体礼，其余的礼仪都没有《圣经》作为依据，因此只有洗礼和圣体礼才是法定的圣礼。在神学思想上，韦尔多与天主教并没有矛盾，他只是反对教会的腐化、反对教会拥有财富，因此触犯了教会的利益和权威性。

韦尔多派很快得到发展，其聚会所遍及意大利北部、瑞士和德国部分地区。为了使该派得到罗马教廷的承认，成为合法的组织，韦尔多曾亲自到罗马觐见教皇。但天主教廷认为他的言论过于激进，因此拒绝了他的请求。

1184年，教皇卢修斯三世（Lucius Ⅲ，1181—1185年）将其斥为异端，迫使与罗马教廷没有根本冲突的韦尔多与之决裂。英诺森三世上台后，认为该派并不敌视罗马教会，因此派出传教士，加强对他们的分化瓦解工作，一部分温和的韦尔多分子，又相继归顺罗马。

韦尔多派虽然遭到打击，但还是坚持下来了，韦尔多的思想得到许多地方基督徒的认可和拥护。

韦尔多派作为一个自治的基督教团体，一直留存到今天。

4. 神秘主义

中世纪是基督教神秘主义绽放异彩的时代，给基督教的精神心脏注入了新的活力，神秘主义一直是所有宗教不可或缺的一个重要组成部分，基督教也不例外。有学者将神秘主义定义为"与最高存在融为一体的神秘经验"。《希伯来圣经》对犹太先知的描述中，就充满了某种酷似神秘主义的思想、语言和经验。基督教神秘主义的一个主要灵感来自于《雅歌》。从表面上看，《雅歌》是一首歌颂男女爱情的诗篇，但它一直都被赋予深刻隐晦的寓意，成为神秘主义的经典之作。

据说，西多会的院长明谷的伯尔纳有过一次特别的经历，圣母马利亚曾向他显圣。从此，伯尔纳成为圣母最忠实的信徒，也是著名的神秘主义者。在他的86次布道中，他将《雅歌》中的男女之恋，转化为神与灵魂的结合。他将耶稣喻为"灵魂的新郎"，表达了"神圣灵魂最深的欲望"，最终达到二者合一的境界"我的爱人就是我，我就是他，他在百合花中放牧牛羊"①。

"灵魂"一词在欧洲语言中多为阴性，这就很容易使人将对耶稣的神性之爱，转化为对耶稣的情欲之爱，其他宗教的神秘主义也是这样。有学者指出，伯尔纳的《雅歌布道集》是中世纪修道院中流传最广、影响最大的一部书，甚至超过了四部福音书。

中世纪神秘主义者中另一个重要人物是波纳文彻（Bonaventure，1217—1274年）。他在《通往上帝的心灵之旅》一书中，提出了灵魂上升的三个阶段即净化、启明、合一。"净化"是指摒弃思想上的一切杂念，将

---

① ［美］嘉斯拉夫·帕利钦著，陈雅毛译：《基督简史》，陕西师范大学出版社2006年版，第140页。

所有的情感引领到一种"纯洁的精神情感上",引领到神圣的拯救之爱上。"启明"就是"存在于救世主基督耶稣中的圣灵",而"合一"即《约翰福音》中所说的最后所达到的"你们要常在我里面,我也常在你们里面"(15:4)的境界。

实际上,"净化""启明""合一"这三个词,均来自新柏拉图主义。新柏拉图主义是希腊哲学由理性向基督教神学转化的产物,是一种思辨的神秘主义。新柏拉图主义认为,通过静观,人的灵魂可以上升,最后回归太一。这个回归的过程,就是天人合一的过程,最终达到一种至福的状态。基督教神秘主义在此基础上,将新柏拉图主义与基督教《圣经》相结合,提出了基督耶稣与人的灵魂合一的理论。中世纪出现了许多神秘主义者,对他们来说,圣爱和俗爱的界限是很容易跨越的。

14世纪,天主教会发生分裂,罗马教廷搬到阿维尼翁,其权威性大大降低。经院哲学经过几个世纪的发展,也开始走向衰落。在此时期,北欧爆发了神秘主义的思潮,出现了一批以艾柯哈特为首的神秘主义者。

艾柯哈特(Eckhart,1260—1327年)是德国神秘主义的代表人物。他出生于德国的图林根,15岁时加入多明我修会,是著名神学家、哲学家大阿尔伯特的弟子,曾担任修道院长、波希米亚等地的主教职务。1311年,艾柯哈特被派往巴黎、斯特拉斯堡等地讲学,1320年回到科隆后,在一所教会学校担任校长,他也是一位诗人。艾柯哈特认为,神存在的形式超出了我们的感知能力,所以他称神为"无"。通常,人们诉诸于感官和理智来证明可知事物的存在,但艾柯哈特认为:关于神的知识,既不可能从感官知识来获得,因它是无实体的;也不能从理智得知,因为它不具备任何我们知道的形式。

艾柯哈特认为神是一切存有的本原,所以人们没有必要"客观地"寻找它,只能靠神秘的体验来感知它的存在。他认为"三位一体论"基本上是神秘主义的教义,它不可能为理性所认识,理性只能感知神的三个位格,只有在与神合一时,才会将它们视为一体。艾柯哈特宣扬的人神合一的神秘宗教体验,显然具有东方宗教的色彩,他完全否定了教会的中介作用,同时他的观点也违背了正统派的教义。在正统基督教徒看来,神是宇宙中超越一切、主宰一切的力量,怎么能和人沟通、与人合一呢?

1325年,艾柯哈特受到科隆大主教的审讯,被斥为"异端",但这并不能阻止神秘主义在欧洲的继续传播,神秘主义在整个欧洲大陆吸引了大批的追随者。

神秘主义是一种非理性的思潮，相信人可以通过内心的神秘启示和特殊的修行方法，达到与神合一的境地。中世纪有许多神秘主义者，他们有的具有反教会的性质，但并未像伊斯兰教的苏非派那样，发展成持久的、庞大的神秘主义教派组织。在基督教中，神秘主义一直被视为异端，从来没有占据过主导地位。但在基督教中，神秘主义也从来没有消失过，直到今天，依然如此。

5. 宗教裁判所

洪诺留三世建立的宗教裁判所是直属教皇管辖，下设审判官的专门机构。审判官大部分由多明我会的修士担任，由总会长直接领导，不受地方教会和世俗政权的辖制。

宗教裁判所制定了严格的审讯规则，如被指控者不得知道控告者的姓名；只要有两个人作证，控告即可成立；证人不得撤回证词，否则作异端同盟者论处；对不承认罪行者，允许严刑拷问；不准为被告辩护或请求减轻处罚；被控告者可以不经审判被判处死刑；承认罪行，有悔改之意的则可处以无期徒刑；对认罪后又翻供者，火刑处死；凡是被判异端罪者，没收全部财产……此前，教会一般不会用死刑来惩处异端，而此时却有了大开杀戒的依据。

用我们现在的眼光来看，这些规定必然会导致种种冤假错案的产生。宗教裁判所审理的所谓"异端"分子，涉及的成员十分广泛，既有不同意见者、进步思想家、科学家以及各种反教会的人士，也包括使用各种巫术、行魔法的人。在意大利，许多女巫被作为"异端"处死。在西班牙，则主要针对已经改宗基督教、但依然秘密实践犹太教礼仪的犹太人。而更多受到牵连的则是无辜的百姓。法国著名思想家蒙田（Montaigne，1533—1592年）在《随笔集》中提到："在图卢兹有一个侍从被指控异端罪，唯一的理由是他与他的主人、和他一起坐牢的大学生信仰相同，他宁死也不相信他的主人会有差错。"① 由此可知，在宗教裁判所存在的数百年里，有多少无辜的平民就这样莫明其妙地成为"异端"，受到宗教裁判所的严厉惩罚。

在罗马教皇的支持下，欧洲各地先后建立起宗教裁判所，许多宗教裁

---

① ［法］蒙田著，杨帆译：《蒙田随笔录》，中国戏剧出版社2006年版，第41页。

判所就设在修道院里，其中尤以西班牙裁判所持续的时间最长，镇压异端的手段也最为残酷。据统计，在1483—1820年的350年里，经宗教裁判所判处的"异端"分子多达30余万人，其中2000人被火刑处死。

在中世纪，被宗教裁判所判以"异端"罪的人中，有许多著名的历史人物，除了宗教改革运动的先驱者威克里夫和胡斯之外，还有人文主义思想家、著名诗人但丁，天文学家布鲁诺，物理学家伽利略等。但丁因在《神曲》中抨击教皇而得罪罗马教廷，后两位则因宣传哥白尼的日心说而遭到迫害。尽管宗教裁判所用种种恐怖的手段来压制、迫害各种具有自由思想的人文主义学者、科学家，但依然无法挽救教会日益没落的趋势。16世纪，随着宗教改革运动的深入发展，天主教会进一步分裂，宗教裁判所逐渐失去了存在的意义。

20世纪初期，所有宗教裁判所被废除。1908年，为保持信仰的纯洁性，教皇庇护十世（1903—1914年）在罗马教廷设立圣职部，负责处理不同见解的问题，后又改为信理部。如今罗马教廷仍然设有三个宗教法庭，主要负责处理教会内部涉及司法问题的案件。

八、经院哲学

11世纪后，欧洲的理性主义思想开始复苏，一些神学家开始用理性的方式来思考神学教义，试图解决理性和信仰的关系问题。此时，出现了一种新的基督教思想派别，因其发生在教会学校和后来的大学神学院里，故称为"经院哲学"（Scholasticism）。与早期具有浓厚东方色彩的教父神学不同，经院哲学是在中世纪的欧洲发展起来的，是属于欧洲人自己的宗教哲学。

在中世纪，经院哲学在基督教思想体系中占有核心的地位，对基督教世界产生过持久而深远的影响。与希腊哲学一样，中世纪的基督教神哲学是西方哲学体系的另一个重要的源泉。

亚里士多德对理性与信仰的关系早已做出了论述，他认为精神方面的知识是能够通过理性思维来获得的，人可以运用逻辑推理的方式，来消除可感世界和理念世界之间的鸿沟，从而认识到神的存在。但在很长的时间内，基督教哲学是以柏拉图思想为理论基础的，亚里士多德的思想没有在西方世界得到传播。直到12世纪，人们才重新发现了亚里士多德的希腊文译本，许多基督教哲学家开始对他精辟的思想进行深入透彻的研究。正是在他们的不懈努力下，亚里士多德博大的思想宝库才被打开，人们从他那里汲取各种精神力量，从而使亚里士多德成为中世纪哲学的最高权威。

13世纪，经院哲学达到鼎盛时期，托马斯·阿奎那是其最高成就的代表。14世纪后，随着意大利文艺复兴运动的到来，经院哲学逐渐衰落了。

在经院哲学发展的过程中，涌现出一批著名的哲学家，他们为经院哲学的形成和发展做出了杰出的贡献。

1. 安瑟仑（Anselmus，1033—1109年）

安瑟仑是经院哲学的开创者，他是中世纪基督教神学体系中一位承上启下的人物，被称为基督教最后一位教父，也是第一位经院哲学家。

安瑟仑出身于意大利贵族家庭，年轻时加入圣本笃修会，后在法国诺曼底一所隐修院任院长，60岁时出任英国坎特伯雷大主教。与所有教父一样，他秉承柏拉图和奥古斯丁的思想，认为神的存在是必然的真理。他说神是"惟一，所有事物的最高形式……"但他同时认为，神只有在信仰中才能被了解，他说："除非我有信仰，否则我便无法了解。"[1]

尽管安瑟仑提出"只有相信，才能了解"的观点，但这并不等于他放弃理性的思考，他把神定义为"不能想象比它更伟大的事物"，言外之意神这个"伟大的事物"是可以被想象和认识的。接下来，如果"伟大的事物"仅仅只存在人的思想中，那就是不完美的自相矛盾了。因此，神不仅存在于思想中，也存在于现实中，这样才是"伟大的事物"。所以，安瑟仑认为：只要人的心中有神的观念，那么他就一定在现实中存在。

安瑟仑无法用经验的事实来证明神的存在，但他从神的概念出发，凭借着逻辑的方法，推导出神的存在，他的这种证明方式，被后人称为"本体论证明"。在证明了神的存在之后，安瑟仑继续论证出基督教的"创世说""道成肉身""三位一体说"等难以理解的神学教义。然而，安瑟仑发明的这种"本体论证明"方式，并没有被后世的基督教神学家所认同，甚至遭到托马斯·阿奎那的批驳。但安瑟仑的观点却得到许多近代哲学家如笛卡儿、莱布尼兹和黑格尔等人的赞赏和运用，以致罗素说："在某种意义上，它却构成黑格尔及其学派哲学体系的基础。"[2]

安瑟仑的主要著作有《论信仰》《神何以成为人》《独白》等。在这些

---

[1] [英]凯伦·阿姆斯特朗著，蔡昌雄译：《神的历史》，海南出版社2001年版，第233页。
[2] [英]伯特兰·罗素著，何兆武译：《西方哲学史》，商务印书馆2010年版，第229页。

著作中，他试图以理性思考和逻辑推理来解释深奥的基督教义。同时，他坚持信仰是理性的基础，信仰高于理性，理性只是为信仰提供理论上的依据。安瑟仑的神学思想，为论证天主教教义提供了理论依据。

2. 托马斯·阿奎那（Thomas Aquinas，约 1225—1274 年）

托马斯·阿奎那是经院哲学的重要代表人物，也是中世纪最具影响力的神学家，他创立的庞大的神哲学体系至今仍是天主教神学的官方理论。

托马斯出生在意大利那不勒斯一个贵族家庭，其父是显赫的伯爵，他是家中七个儿子中最小的一个。托马斯从小受到良好的教育，后来进入那不勒斯大学学习。在大学期间，托马斯认识了神学院里的多明我修会的修士。1244 年，他决意加入该修会，并动身前往巴黎。母亲得知消息后，立刻让在皇家军队中服役的两个哥哥将他监禁起来。一年后，在修会的干预下，托马斯才重新获得了自由。

1245 年，托马斯来到巴黎大学，师从著名经院哲学家阿尔伯特（Albert，1192—1280 年）研究神学。他的老师非常看重他，曾预言他的"吼声"将震惊世界。1248 年，托马斯随恩师来到科隆，在科隆大学学习四年后，他获得了大学学士的学位。在阿尔伯特的推荐下，托马斯在巴黎大学谋得一个教师的职位，并准备神学硕士的学习。

1256 年，托马斯被教皇钦定为神学硕士。1259 年，托马斯回到故乡意大利，受到罗马教廷的重用，被任命为教廷神学家，担任教皇的神学顾问。托马斯是最早获得神学博士学位的托钵僧，他的神学思想对天主教产生持久的影响，他去世后，被教廷追谥为圣徒。

托马斯毕生致力于基督教神学和哲学的研究，他深入探讨亚里士多德的思想，对其著作做出大量注释，使亚里士多德的思想为更多的学者所了解。托马斯竭力将亚里士多德的哲学和基督教神学结合起来，用亚里士多德的理性思维方式来验证基督教的教义，证明神的存在，由此形成自己的神哲学体系。他的巨著《神学大全》和《反异教大全》被认为是经院哲学最重要的著作。

《神学大全》一书内容庞杂，是一部涵盖自然和社会各种问题的基督教百科全书，有人将之喻为"一座哥特式教堂"。该书大致可以分为三大部分，在博采众家之长的基础上，论述了上帝创世、神与自然、神与人的关系等问题。有人统计，在整部书中，共涉及 38 个论域，600 多个问题，可细分为 3100 个条目，可谓是宏篇巨著。尽管罗素对托马斯评价不高，认为他"没有什么真正的哲学精神……他只有求助于启示,给预先下的结论去找论据而已"。[①] 但仍然赞叹托马斯流畅清晰的文笔,认为《神学大全》一书"既是对基督教神学的完整阐述,也是对基督教哲学的精当汇总"。

《神学大全》的第一部分是上帝论。圣托马斯认为上帝不仅是存在的,而且是圣父、圣子、圣灵三位一体的。他运用亚里士多德的哲学思想,从对宇宙间具体事物的认识出发,通过逻辑推理,列举了神存在的五种证明,最终得出一个结论:神是必然的存有。后人将他的这种证明方式称为"宇宙论的证明"。

随后,托马斯讨论了三位一体的问题。与安瑟仑不同,圣托马斯不认为"三位一体"等基督教义也可以用理性的方式加以证明。他将"不可言喻的神"与"人类有关他的教义"区别开来。他认为与人类不同,神不代表任何特殊的存有形式,"神是绝对的存有"。因此,神的真正本质不是人类的心智所能企及的。因为神超越了我们对他的了解,所以我们对他只能是一无所知。于是,托马斯将他的宗教体验放在哲学体系中加以讨论,使神的意象在"我们自己的内在世界中"反映出来。因为只有在潜入自性的心灵深处时,人才能发现超越人类有限概念的神。同时他认为对宗教体验的内容要正确进行评估,以避免无节制地将神作为自我中心的行为。

在第二部分,托马斯讨论人的归宿和人的行为等问题,被称为"托马斯的道德神学"。他探讨了人的行为,对德性和罪恶做出详尽的考察和论述,并将人的德性归结为七个主题,分两大类。首先,对神的信仰、希望、仁慈为三大神圣德性。其次,审慎、公正、节制和刚毅为四大基本德性。

最后一部分是基督论,讨论了道成肉身、圣事、永生和死后复活等问题。

托马斯晚年凭借着神秘的宗教体验,他对自己所写的东西产生了怀疑。1273年的一天,他突然再发"神癫",据说他悲伤地将头靠在手臂上,告诉誊写员"我不再写了,我写出来的东西和所见到的东西相比,只是一把稻草而已"。从此,他中断了写作,没有将《神学大全》写完。

第二年3月7日,托马斯离开了人世。

后来,他的弟子对其笔记加以整理,将一些内容补充进来,才使这部巨著得以完成。

---

① [英]伯特兰·罗素著,何兆武译:《西方哲学史》,商务印书馆2010年版,第253页。

学者们指出，托马斯神学对基督教和西方文化有极深远的影响，主要表现在两个方面。

首先，托马斯确立了信仰和理性之间的关系。他认为单靠理性不足以引导人们，而需要启示，因此要仔细地区分理性所知道的真理和天启的最高真理。同时他也认为：虽然理性和天启有分别，但两者并不是互相对立的关系。尽管托马斯强调信仰与理性相结合，但他始终认为信仰要高于理性，信仰可以保护理性不犯错误，而理性应当为信仰服务。

其次，托马斯将基督教神学系统化。他用理性的哲学思想证明神的存在，将思辨的哲学与基督教神学融合在一起，建立起庞大的神哲学体系。在这个体系中，神是最高的超验的实体，但他的论证方法却是从概念到概念，具有高度抽象和形式化的特征。

托马斯的神哲学被称为"托马斯主义"，它是罗马天主教神学发展到顶峰的产物，不仅是中世纪天主教神学的理论基础，也是天主教镇压各种异端的思想武器。

3. 唯实论和唯名论

从哲学的角度看，经院哲学研究的主要问题是共相与殊相、一般与个别之间的关系问题。对于共相问题的不同认识，导致了唯实论和唯名论两派的长期争论。唯实论（realism）认为普遍的共相是真实的存在，殊相或个别的东西只是现象。唯名论（nominalism）的观点则正相反，认为只有个别的东西才是真实的存在，共相只不过是概念而已。

经院哲学早期的神学家洛色林（Roscelinus，约1050—1123年）和安瑟仑之间的争论，被认为是唯实论和唯名论的第一次交锋。洛色林认为只有个别的事物是现实的存在，共相只是"声息"或"名词"，是思想的产物。而安瑟仑则反唇相讥，认为有形的世界并不是个别事物的总和，而需要普遍的原则将其联系起来，他相信普遍原则是存在的，是所有个别事物共有的实在。他们的观点针锋相对，似乎没有调和的余地。

后来，洛色林的学生彼得·阿伯拉尔（Peter Abelard，1079—1147年）专门著书来讨论共相问题。他认为个别事物是独立存在的实体，共相不是实体。但个别事物是产生共相的原因，共相一旦产生，便存在于理智之中，表现为不依赖于个别事物的心灵中的印象。即使个别事物消失了，但心灵中的印象依然存在。阿伯拉尔的观点被称为"概念论"，是一种较为温和的唯名论。

对于共相问题，托马斯·阿奎那持一种温和的唯实论观点，他从认识论和事物发展的角度来考察共相和殊相之间的关系。他认为从认识发生的角度来看，当是殊相在先，共相在后；从一个事物的具体认识过程来看，则是共相在先，殊相在后。

在后来的发展过程中，虽然双方各自的立场基本没有改变，但唯实论和唯名论的争论似乎逐渐趋向缓和。

13世纪后，随着市民阶层的兴起，人文主义思想开始发展，这些都对经院哲学产生了不小的冲击。此时，在经院哲学派内部出现了英国唯名论学派，其代表人物有罗吉尔·培根（Roger Bacon，1214—1292年）、邓斯·司各脱（Duns Scotus，1270—1368年）和奥康的威廉（William of Occam，约1300—1349年）。他们都是圣方济各修会的修士，都曾在牛津大学学习，有的还在该校任教。

英国唯名论学派坚持对个别事物的感知是认识的起点，反对用理性来思考神，反对经院神学抽象繁琐的证明方法。他们抨击托马斯理论，认为他过高地评价了信仰对理性的领先地位。

司各脱认为通过理性，人们只能知道神是永恒的，是一切的本原，但对于神的属性和本质，即神创造世界、道成肉身、三位一体等信条，理性是无法认识的，只能依靠对神的信仰。司各脱反对用理性来思考神学问题，认为那样就会陷入无法解决的矛盾之中。哲学是理性的、思辨的，而神学则依靠信仰来拯救人，他们属于不同的学科。但司各脱也认为，哲学和神学不应该对立，我们虽然无法认识神，但这并不影响人们信神、爱神，信仰和爱将高于理性的认识。

奥康的威廉也认为只有个体是真实的存在，共相不是单独的存在，是存在于理智中的一般概念，是一种设想的东西，只存在于人的灵魂之中。他反对唯实论从共相中推论出个体存在的方法，认为现实中只有相互联系的事物，没有独立的将个体事物联系起来的普遍的原则。在相互联系的事物之外，再设定一个联系，只能使问题更加复杂化。他主张在讨论问题时，直入主题、摈弃多余的名词和概念，避免繁琐的论证方法。

在唯实论和唯名论的问题上，罗马天主教廷支持理性主义的唯实论，以此作为正统派的观点，而将唯名论斥为"异端"。为此，罗吉尔·培根和奥康的威廉都因宣传唯名论的思想，被教会以"异端"罪抓捕入狱。培根在监狱中生活了14年，在此终老一生。

唯名论是非理性主义的，它被斥为"异端"，并不是因为它否定神的存在，只是因为它反对从理性的角度来证明神的存在。该派主张将理性从神学研究中排斥出去，以恢复基督教的纯洁性。唯名论的出现，昭示着力图用理性研究神学的经院哲学的衰落。14世纪，在德国爆发的以艾柯哈特为首的神秘主义运动，就是以另一种形式表明了理性与信仰的不可调和性，从而宣告了经院哲学的失败。

经院哲学是天主教神学发展的顶峰，托马斯主义一直被天主教会奉为正统派思想。后来，随着宗教改革运动和启蒙运动的兴起，托马斯神学受到资产阶级学者的长期批判。到19世纪，面对现代科学技术的发展，欧洲出现了信仰危机。为了应对危机，走出困境，天主教会重新恢复托马斯的理性主义，将托马斯的神学定为天主教的唯一神学，由此而形成"新托马斯主义"。

尽管新托马斯主义将宗教与科学、神学与哲学、信仰和理性加以调和，但不变的是：理性必须服从于信仰。在基督教神学体系中，理性永远是为信仰提供理论依据的工具。

第六章　中世纪的东正教

1054年后，基督教分化出两大派系即"东正教"（希腊正教）和"罗马公教"（天主教），各自朝着不同的方向发展。中世纪，随着斯拉夫人皈依东正教，俄罗斯正教会逐渐成为东正教中一支不可忽视的重要力量。

一、向斯拉夫人的传教

公元7世纪后，在伊斯兰教的猛烈冲击下，东部教会的四大牧首区开始衰落。在严峻的形势下，东部教会开始调整战略部署，改变传教方向。当罗马传教士挺进欧洲西北部，向呼啸南下的日耳曼人传播耶稣的教义时，东部教会也抓住机遇，成功地将东正教传播到欧洲的中部和东部，使这里的斯拉夫人皈依东正教。

现代学者认为，斯拉夫人是欧洲最古老的民族，他们起源于欧洲南部的多瑙河流域。大量考古资料显示，早在公元前1000年左右，斯拉夫人的各个部落已经散布在广阔的中欧和东欧的平原上了。

公元前2世纪，在日耳曼人的冲击下，斯拉夫人发生了分化，开始向东西两个方向移动，形成东西两支，即东斯拉夫人和西斯拉夫人。东斯拉夫人居住在德涅斯特河与第聂伯河之间的下游流域（今乌克兰），他们是俄罗斯人、白俄罗斯人和乌克兰人的祖先，西斯拉夫人则是波兰人、捷克人和斯洛伐克人的祖先。

5世纪后，在匈奴的挤压下，一部分人斯拉夫人继续南下，进入多瑙河流域和巴尔干半岛地区，他们与当地的色雷斯人和伊利里亚人融合，逐渐形成南斯拉夫人。至此，斯拉夫人分为东、西、南三支，这种状况一直保持到今天。

9世纪中期，在多瑙河中游地区（今捷克一带），斯拉夫人建立起庞大的摩拉维亚王国。864年，君士坦丁堡牧首佛提乌斯（858—886年）受摩拉维亚大公之邀，派出传教士教化那里的斯拉夫人。被派遣的传教士是西利尔（Cyril，826—869年）和美多迪乌斯（Methodius，815—885年）两兄弟，他们出生于希腊贵族家庭，均是修道士出身，也是佛提乌斯的学生。当时的斯拉夫人属于尚未开化的蛮族，还没有文字。为了便于传教，西利尔兄弟在希腊字母的基础上，创制了斯拉夫文字。后人为了纪念他们，故斯拉夫文字又称"西利尔字母"。

西利尔兄弟将福音书翻译成斯拉夫语，用斯拉夫语培训当地的神职人员，并采用当地语举行宗教仪式。在他们的共同努力下，传教终于结出了硕果，巴尔干半岛建起了独立的斯拉夫教会，西利尔成为第一任主教。

869年，西利尔病逝，其兄美多迪乌斯继任主教后，返回摩拉维亚。东正教的成功，引起天主教会和德意志封建主的敌视，于是他们将美多迪乌斯抓起来，投入监狱。获释后，美多迪乌斯没有放弃自己的职责，继续向多瑙河流域的南斯拉夫人传播基督的教义，并在保加利亚和塞尔维亚相继建立起东正教会。

使西利尔和美多迪乌斯名垂青史的，不仅是他们坚韧不拔的精神和传教的成果，更因其创制出的斯拉夫文字，为斯拉夫文化发展做出了积极的贡献。后来，众多的斯拉夫人如俄罗斯人、保加利亚人、乌克兰人、白俄罗斯人、波兰人、捷克人、斯洛伐克人、塞尔维亚人、克罗地亚人、斯洛文尼亚人、马其顿人和黑山人都是借用这套字母，建立起自己的文字体系，有的只是根据各自语言的特点，稍加改进罢了。

9世纪末期，定居在巴尔干半岛南部的斯拉夫人，在保加利亚建立王国。其国王鲍里斯一世（Boris，852—884年）娶拜占庭一位公主为妻。后来，鲍里斯皈依东正教，并立东正教为国教，实行东部教会的礼仪形式。此后，由保加利亚出版的斯拉夫语《圣经》传入罗斯。

9世纪时，巴尔干半岛的塞尔维亚、中亚的格鲁吉亚等地相继接受东正教，并建起独立的教会。9世纪60年代，俄罗斯皈依东正教，君士坦丁堡牧首指派一位主教驻守在基辅。100年后，东正教成为俄罗斯国教，俄罗斯随即成为东正教最大的牧首区。

二、基辅罗斯皈依基督教

1. 俄罗斯人

公元8世纪前，东斯拉夫人仍然处于流动和迁徙之中，有俄国学者形象地比喻他们：像飞鸟般从一端迁居到另一端。后来，他们进入广阔的俄罗斯平原，并在那里定居下来，其中包括后来的俄罗斯人。

据俄国最早的编年史《往年纪事》记载，此时的东斯拉夫人处于由原始氏族部落向奴隶制过渡时期，大约有 30 个部落，分散在各地。他们从事农业、畜牧业和渔猎生产，已经形成固定的村落。8—9 世纪之时，这些部落渐渐聚合，形成两大部落联盟，即以诺夫哥罗德为中心的北方联盟，和以基辅为中心的南方联盟。9 世纪中叶，位于东欧平原上的诺夫哥罗德联盟发生内讧，部落之间互相残杀、争斗不已。内部的纷争，为北欧瓦良格人的入侵创造了条件。

8 世纪，北欧的瓦良格人从斯堪的纳维亚半岛出发，经过芬兰湾，利用俄罗斯平原纵横的水道，找到了通往拜占庭帝国首都君士坦丁堡的商路。商路的发现，给沿途的村镇带来了发展的机会，也为一些野心家提供了展示才干的舞台，瓦良格人的首领留里克就是这条商路造就出来的一代枭雄。

瓦良格人为诺曼人的一支，留里克是瓦良格人的一个酋长，他彪悍威猛，以能征善战和贪恋女色而闻名乡里。随着通往拜占庭的商路日益兴旺，留里克看到发财的机会来了。于是，他让部落中的妇幼老弱者留在后方，将所有青壮年男子集中起来，组成武士队，跟随他出外冒险。他们或当镖头，为商队护行；或当强盗，打劫过往的商人。约 860 年，留里克的武士队已经具备了相当的实力。他们离开斯堪的纳维亚半岛，进入波罗的海东岸地区，在距离诺夫哥罗德城仅 200 俄里的拉多加湖畔，修建起自己的城堡，并以此作为据点，继续其强盗生涯。

9 世纪中叶，诺夫哥罗德城内发生内讧，两大家族为争夺权力大打出手。为了打败对方，其中一家不惜派出密使，重金聘请驻扎在附近的留里克武士队出手相助。这对于强盗出身的留里克来说，真是一个千载难逢的机遇！

862 年的一天夜晚，留里克兄弟按照约定，带着武士队，来到诺夫哥罗德城外。此时城门已悄悄打开，留里克顺利进了城。在他的指挥下，武士队迅速平定了争斗，同时将争斗的双方家族全部灭门。随后，留里克召集全城百姓，向大家宣布：从今以后我就是诺夫哥罗德王公，是城市的最高统治者。由此，俄罗斯历史上的第一个封建王朝——留里克王朝开始了，史书称之为"罗斯"（Rus）。

对于为什么称为"罗斯"，学者们有不同的说法。有的说取自于第聂伯河的支流罗斯河，也有说源于芬兰人对诺曼人的称呼，"罗斯人"意"北方人或诺曼人"。后来，来自北欧的瓦良格人和当地的斯拉夫人相互融合，被统称为"罗斯人"。中文"俄罗斯"一词是由蒙古语"罗斯"（Orus）转译而来，蒙古语在卷舌音"罗斯"的前面，习惯性地加上"俄"音，故中文译为"俄罗斯"，这就是俄罗斯人的来历。

2. 罗斯受洗

留里克死后，因其子年幼，同族的奥列格（Oleg，897—912年）即王公位。奥列格是一个具有雄才大略的政治家，他在位期间，继续实行对外扩张政策，进一步巩固罗斯的政权。奥列格首先用武力征服周边地区，将包括斯摩棱斯克在内的诸多城镇掌握在自己手中，然后又控制了第聂伯河沿岸地区。最后，奥列格征服了另一个东斯拉夫人联盟的首府——基辅，成为第一位基辅大公。

随后，奥列格继续对外征战，陆续征服了居住在第聂伯河中游、北高加索等地的斯拉夫人。10世纪初期，奥列格以基辅为首都，建立起一个疆域辽阔的国家，以喀尔巴阡山脉为界，将波罗的海东岸和拉多加湖，以及里海北岸的第聂伯河流域的广阔地区囊括在内。在征服斯拉夫人的过程中，作为诺曼人的奥列格，并没有去改变斯拉夫人的生产和生活方式，也许是斯拉夫人数众多的原因，瓦良格人逐渐被同化。他们接受了斯拉夫人的语言、文化和习俗，从而使基辅罗斯成为真正的斯拉夫人的国家。

奥列格在位期间，基辅罗斯的领土面积已达100万平方公里，为近代俄罗斯帝国的强盛奠定了基础。

奥列格由于战功卓著，被后世誉为基辅大公，由此开始了基辅罗斯时期。

奥列格死后，还政于留里克之子伊戈尔（912—945年）。伊戈尔继续向西南扩张，将东布格河流域的东斯拉夫人部落征服，又于941年大举进攻拜占庭帝国。945年，伊戈尔在第聂伯河支流强行向当地人索要贡品时，被愤怒的德列夫里安人杀死。伊戈尔娶诺曼公主奥尔加（945—962年）为妻，她是位意志坚强的女性。伊戈尔死后，为了避免内部的权力之争，奥尔加果断立其幼子为大公，自己为摄政王，主持政务。同时，用严厉的手段镇压了叛乱的德列夫里安人。

965年，伊戈尔之子斯维亚托斯拉夫（965—972年）亲政，他继承了祖父和父亲骁勇善战的秉赋，在位时间虽不长，却东拼西杀，将剩下的东斯拉夫人部落全部征服，完成了统一所有东斯拉夫人的历史任务。与其父一样，斯维亚托斯拉夫也是在第聂伯河下游的战斗中被打死的。此后，他的三个儿子为争夺权力，混战了八个年头。直到980年，弗拉基米尔·斯维亚托斯拉维奇最后胜出。

弗拉基米尔（980—1015年）即基辅大公位时，留里克王朝已经有100多年的历史了。虽然通过几代大公的武力征服，所有东斯拉夫人的部落已经全部归属于基辅罗斯了，但政局仍然不稳定，经常有部族发生叛乱。

长期以来，东斯拉夫人一直处于分散的原始部落状态。不同的生活环境，使他们有各自信仰的神灵，如渔民相信河神、猎人崇拜山神、牧民祭奠草原之神，还有各种自然之神如"风神""雷神""太阳神""战神"等等。弗拉基米尔认识到，这种原始"万物有灵论"的多神崇拜，不利于国家的统一和安定，他需要为自己的国家寻找到一个强有力的宗教信仰，使全体国民在精神上统一起来，从而使自己的政权更加巩固。

对于罗斯人何时接触到基督教，至今还没有一个确切的说法。成书于12世纪的俄国编年史《往年纪事》中记载：耶稣的使徒安德列曾到基辅和诺夫哥罗德传教，这种说法似乎并不可信。但有一点是可以肯定的，那就是在9世纪时，斯拉夫文的《圣经》已由保加利亚人传入罗斯了。《圣经》的传入，无疑对基督教在罗斯的传播起到巨大的作用。

10世纪初期，基辅已经出现了基督教团体，此时的成员主要是瓦良格人的后裔，他们还在基辅修建了一个小教堂。955年，弗拉基米尔的祖母奥尔加访问君士坦丁堡期间，为东正教的教义所吸引，在那里受洗入教。在奥尔加的影响下，斯维亚托斯拉大公也皈依了东正教。

奥尔加入教在罗斯历史上具有重要的意义，后来她被俄罗斯东正教会尊奉为"圣徒"。

987年，拜占庭国内发生骚乱，多瑙河流域的保加尔人趁机对其发动攻击，拜占庭皇帝巴西尔二世（976—1025年）一时应付不了内外两方面的夹击，只得向基辅大公求救。弗拉基米尔认为，这是一个加强两国关系的绝好机会，于是提出要求，请巴西尔二世将皇妹安娜公主嫁给他，而拜占庭的条件是：基辅罗斯必须皈依东正教。当时在欧洲和中亚地区主要流传三种宗教：天主教、东正教和伊斯兰教，对于选择哪一种宗教作为自己国家的信仰，弗拉基米尔还是极为慎重的。为此，他派人考察了拜占庭的教堂，在对当时流行的宗教加以比较后，最终决定接受拜占庭的条件。于是，与拜占庭订立了盟约。

现在看来，基辅罗斯最后选定东正教为国教，很可能是出于以下几点考虑。

首先，基辅罗斯在地缘上更接近拜占庭，很早就有商路将它们联系起来，这使罗斯与拜占庭帝国在政治、经济和文化上有较为密切的联系。

其次，东正教对皇权予以肯定，主张"君权神授"，这很符合罗斯大公的心意。

第三，东正教允许用本民族的语言祈祷和主持宗教仪式，可以使罗斯进一步发展本民族的语言和文化，这无疑也适合罗斯的国情。而罗马天主教主张"教权高于王权"、必须用拉丁语祈祷等，显然不可能被基辅大公看好；而伊斯兰教的种种清规戒律，特别是禁止饮酒的规定，是喜欢酗酒的罗斯人所难以接受的。

然而，当战争结束之后，拜占庭皇帝却没有履行嫁妹的诺言，这使得弗拉基米尔大怒，立刻派军围攻拜占庭城市克尔松（Kherson，位于今乌克兰的克里木半岛），迫使巴西尔将皇妹嫁给大公。988年，基辅大公在克尔松与安娜完婚，并在这里接受希腊正教的洗礼，正式皈依东正教。

弗拉基米尔回到基辅后，颁发诏书，宣布东正教为国教，要求全体国民受洗入教，同时废除多神崇拜。随后，他派出军队，将基辅市民驱赶到第聂伯河边，命令他们进入冰冷的水中，由教士为其施洗礼，成为东正教徒，这就是历史上的"罗斯受洗"。

尽管许多罗斯人还依恋原有的多神崇拜，但在大公的威逼下，绝大多数人还是顺从地皈依了基督。对于少数闹事者甚至动乱地区，弗拉基米尔也是毫不手软，如同200年前查理曼大帝用火与剑向萨克森人和波希米亚人宣讲耶稣的福音一样，弗拉基米尔大公同样用火与剑，沿着第聂伯河和沃尔霍夫河及其支流，向斯拉夫人传播基督的教义。这种自上而下推行基督教的方式，很快取得了成效。在不到100年的时间里，幅员辽阔的俄罗斯大地基本实现了基督教化。

基辅罗斯皈依东正教，是俄罗斯历史上的一件大事，对俄罗斯国家的发展产生了极为深远的影响。

首先，在弗拉基米尔大公的推动下，东正教成为俄罗斯全体国民共同的信仰。政权和神权的结合，不仅强化了封建国家的统治，也有力地促进了斯拉夫人由氏族部落向封建制社会的转变，为基辅罗斯日后的繁荣奠定了基础。

　　与此同时，东正教将拜占庭悠久的基督教文化和世俗文化源源不断地输入罗斯，拜占庭的文学、建筑、绘画、音乐都深刻地影响了俄罗斯文化，对俄罗斯文化的形成和发展起到了重要的推动作用。

　　此外，皈依基督教，使地处欧洲边缘地区、仍处于封闭落后状态下的罗斯，成为基督教大家庭中的一员，极大地方便了基辅罗斯与周边各国的交流和联系。

　　因此，弗拉基米尔大公选择加入基督教世界，不能不说是一个具有远见卓识的明智之举。

　　自皈依基督教后，弗拉基米尔大公便身体力行地做一个虔诚的教徒，他休掉众多的妻妾，将自己年收入的十分之一捐献出来，在基辅修建起罗斯第一座石头结构的教堂——什一大教堂。997年，他请求君士坦丁堡牧首在基辅设立都主教区，随后又在诺夫哥罗德、苏兹达里等城市设立主教区。

　　此时期，罗斯的教务完全处于君士坦丁堡牧首的控制之下，主教和高级神职人员都是由君堡派遣过来，而且都是希腊人；任命罗斯主教不需要征求大公的意见；教规和礼仪制度也完全仿照君士坦丁堡的做法。尽管这样，双方依然保持着良好的关系，罗斯大公对基督教会予以大力扶持，慷慨地将国家财政收入的十分之一捐献出来供教会使用，从而使东正教在罗斯得到了迅速的发展。

3. 东正教在罗斯的发展

　　1015年，弗拉基米尔大公突然去世，他死前没有留下遗嘱。随后，他的12个同父异母的儿子，为争夺大公的权位展开了激烈的争斗。在经过反复的较量后，1019年雅罗斯拉夫（Yaroslav，1019—1054年）终于击溃长兄斯维亚托波尔克，迫使他死在逃亡的路上，由此夺得基辅大公的地位。但权力的争夺战并没有停止，仍然不断有弟兄挑战他的权力。直到1036年，雅罗斯拉夫才重新统一整个罗斯，独自执掌大权。

　　雅罗斯拉夫是弗拉基米尔的第六个儿子，很早就表现出卓越的政治才能。他在位期间，罗斯的边界一度到达波罗的海沿岸，将波兰、立陶宛和芬兰的部分地区囊括其中，使罗斯成为当时欧洲最大的国家。雅罗斯拉夫善于利用政治联姻的方式，与欧洲多个国家建立起密切的关系，以此扩大自己的影响力。他将妹妹嫁给了波兰国王；将三个女儿分别嫁给挪威、法兰西和匈牙利国王，而他的儿子则娶拜占庭的公主为妻。雅罗斯拉夫知识渊博，才华出众，被后人尊为"智者"。在他的统治下，罗斯在各个方面都取得出色的成就，进入基辅罗斯发展的鼎盛时期。

在雅罗斯拉夫的主持下，出台了罗斯历史上一部重要的法典，即《雅罗斯拉夫法典》，又称《古罗斯法典》。该法典反映了罗斯当时的社会经济状况，对后代的法律产生深远的影响。他还在诺夫哥罗德创立一所专门培养神职人员的学校，在基辅建起圣索非亚大教堂。这座堪与君士坦丁堡的圣索非亚大教堂相媲美的教堂，建有五个圆形穹顶，主殿堂由双重回廊环绕，还有高高的塔楼，是具有典型俄罗斯风格的建筑物。

1051年，雅罗斯拉夫聘请希腊工匠，设计并主持修建了基辅洞窟修道院，即基辅—佩切尔斯基（Kyiv-Pechorsky）大修道院。它位于第聂伯河左岸的山谷之中，因有两个人工开凿的洞窟而得名，早期只有一些洞穴教堂。后来，在历代大公的支持下，修道院不断扩大，地面教堂陆续出现，原有的洞穴只作为储物的仓库使用。到18世纪时，洞窟修道院已成为规模宏大的宗教建筑群，内有众多的大小教堂，广场上巨大的三层钟楼，高96米，是当时俄罗斯国内最高的钟楼。

这座庞大的修道院，可谓人才辈出，为俄罗斯文化的发展做出了杰出的贡献。12世纪，该修院的僧侣学者涅斯托尔编纂的《往年纪事》，是俄罗斯历史上的第一部编年史，也是一部关于古罗斯的百科全书，为研究俄罗斯和乌克兰历史提供了宝贵的资料。13世纪，由该院僧侣编写的《基辅洞窟圣僧传》，详细记述了该修道院历代的重要人物和发生的事件，成为珍贵的历史记录。17世纪，在这里建起基辅第一所印刷所，也是在这里，刊印出俄罗斯的第一本书籍。

1917年十月革命后，修道院被改为大型综合性博物馆。1989年苏联解体后，在纪念俄罗斯接受东正教1000周年之际，除文史馆外，该修道院的大部分设施归还给东正教，使其恢复了原有的宗教功能。

基辅罗斯皈依东正教后，初期虽受到君士坦丁堡牧首的管辖，但罗斯大公们一直努力培养自己的神职人员，采取各种措施以摆脱拜占庭的束缚，例如将大公的亲信册封为圣徒，在俄罗斯东正教册立的十名圣徒中，有七名与大公有亲缘关系。

1043年，基辅罗斯陈兵第聂伯河口，再次威胁拜占庭，双方关系僵持不下。希腊都主教见势不好，仓惶逃离基辅，致使都主教职位长期空缺。1051年，雅罗斯拉夫任命罗斯人伊拉里昂为都主教，这是罗斯人当时担任的最高神职，但这种局面并没有持续多久。1054年，雅罗斯拉夫大公去世，他将辽阔的国土分给五个儿子来治理，由此埋下动乱的祸根。不久，罗斯教权重回君士坦丁堡牧首的手中。

直到1113年，雅罗斯拉夫的孙子弗拉基米尔·弗谢沃洛维奇（1113—1125年）夺得大公位，基辅罗斯才又有了一位贤明的君主。罗斯大公再次远征拜占庭，终于大获全胜，拜占庭皇帝君士坦丁·莫诺马赫相中了他，将大公招为女婿，赐姓莫诺马赫，并赐皇冠及披肩等物品，两国关系再次和解。

但弗拉基米尔大公死后，基辅罗斯又陷入分裂之中。

长期的争斗，削弱了国家的力量。到12世纪，基辅大公的统治已经不复存在了。罗斯分裂为许多独立的大小公国，较大的公国就有十个之多。但此时，无论公国有多小，每个公国内都建有教会和教堂，基辅罗斯虽然衰落了，但东正教却步入健康发展的轨道。

到13世纪时，在罗斯各地已经建有大约1万座教堂和200座修道院，教会拥有各种书籍达10万余册，王公贵族为了表达对教会的忠诚，将大量土地、钱财捐赠给教会和修院。此时，许多大修院成为规模庞大的建筑群，拥有大量土地，使用大批农奴，并兼营手工业和商业，不仅成为自给自足的封建大庄园，也是国家重要的经济实体。

在国家长期动乱之时，东正教会成为统一整个俄罗斯的精神力量。虽然国家暂时分裂了，但只要凝聚全民族的精神力量依然存在，那么国家就有再次复兴的希望。

三、莫斯科大公国的政教联盟

1243年，成吉思汗的长孙、蒙古将领拔都以伏尔加河畔的小城萨莱为都，在南俄罗斯广袤的钦察大草原建立起蒙古人的国家——金帐汗国（又称"钦察汗国"），开始了对罗斯人长达200多年的统治。

此时，在罗斯众多的大小公国中，位于东欧平原中部、跨莫斯科河及其支流亚乌扎河的莫斯科公国迅速崛起。莫斯科原来只是苏兹达里公国的一个小镇，直到1147年，才第一次见于俄国史书。由于莫斯科有优越的地理位置，逐渐成为俄罗斯东北部最大的商品集散地。历代莫斯科大公的苦心经营，为日后强大的俄罗斯帝国的建立奠定了基础。

1. 伊凡一世

14世纪中期，在莫斯科大公伊凡·丹尼洛维奇在位之时，即伊凡一世

(1325—1341年)时期,莫斯科公国逐渐强盛起来了。伊凡一世是个工于心计,极有手腕的野心家。他利用手中的权力,不择手段地巧取豪夺,很快聚敛起巨额的财富,因此人们送他一个绰号——"卡达里"(意"钱袋")。但伊凡大公不是守财奴,据说他对人极为慷慨大方。更重要的是,他深知金钱的作用,善于用金钱来达到自己的政治目的。

伊凡大公经常派人到金帐汗国的驻地,与汗王和王族联络感情,不断向可汗的妻妾和子女献上大量金银珠宝,博得汗王的信任和支持。同时他积极支持和扶持东正教会,不惜出巨资,在莫斯科为东正教都主教建立豪华的主教座堂。1332年,都主教彼得将东正教主教座堂由距离莫斯科190公里的大罗斯托夫迁到莫斯科。从此以后,莫斯科便成为整个罗斯人的政治中心和宗教中心。

1327年,伊凡趁临近的特维尔公国发生骚乱之机,主动请缨出兵镇压特维尔人,将该国的大公赶出特维尔。随后,特维尔大公被金帐汗王处死。伊凡一世用这种方式既翦除了政敌,又得到汗王的赏识,可谓一举两得。1328年,伊凡的良苦用心终于得到了回报。这一年,他被金帐汗王封为"弗拉基米尔兼全俄罗斯大公"的称号,代表汗王对各个公国实施统治,成为金帐汗在整个罗斯的代理人。

从此,伊凡大公便充分利用手中的权力,不断扩张莫斯科公国的领地,在替金帐汗收纳贡赋的同时,他也不失时机地为自己和公国聚敛巨额的财富。在伊凡大公统治期间,莫斯科公国的政治、军事和经济都得到迅速发展,国力日益强盛,为日后的崛起奠定了基础。

2. 季米特里大公

1359年,季米特里·伊凡诺维奇(1359—1389年)即莫斯科大公位,他决心使罗斯人摆脱蒙古人的统治,走上独立自主的发展道路。在他的带领下,莫斯科不断向周边地区扩张,用武力使邻近的梁赞、下诺夫哥罗德、特维尔诸公国降服。同时,季米特里大公广招贤才,许多领主闻讯,带领家小奴仆前来投奔。为了防备敌人的攻击,季米特里积极备战,在莫斯科四周建造起高大的石围墙,城墙上建有塔楼和碉堡。季米特里大公的这些举措得到了东正教领袖的赞同,如圣三一大教堂的创始人谢尔盖·拉多涅夫斯基(?—1391年)就积极支持大公,并亲自出面调停贵族之间的矛盾,以使公国内部团结一致,共同抵御外敌。

1380年,面对日益强大而又强硬的莫斯科,金帐汗国的马麦汗亲率大军，越过伏尔加河前来攻打莫斯科。此时的莫斯科，在季米特里大公的领导下，全体总动员，除了政府军外，还有大批民兵参加战斗。1380年8月31日，双方在库里科沃展开决战。据说在决战前，季米特里大公曾拜见谢尔盖·拉多涅夫斯基，请求得到精神支持和保佑。谢尔盖·拉多涅夫斯基亲自来到军前，为即将出征的俄军将士祝福，请求神保佑他们战胜敌军，凯旋而归。谢尔盖的演讲，极大地鼓舞了士气，坚定了人们抗击蒙古军、保卫家国的决心。

库里科沃大战持续了整整一个下午，双方死伤惨重，经过浴血的奋战，俄军取得了最后的胜利。马麦汗战败回国后不久，因内讧而被杀死。这是罗斯人第一次大败蒙古军队，从此打破了蒙古军不可战胜的神话，季米特里大公由此赢得了"顿斯科伊"（意"顿河的主人"）的美称。

此后，许多小公国纷纷归顺莫斯科公国，其领土面积不断扩大。季米特里及时宣布大公国为世袭领地，其子具有继承权，也就是说，莫斯科大公的职位不再需要金帐汗王的册封了。季米特里去世后，传位儿子瓦西里一世（1389—1425年）。

15世纪后，随着拜占廷帝国和金帐汗国的日益衰落，莫斯科公国在处理东正教教务问题上有了越来越多的自主权，要求教会独立的愿望也日益强烈。在季米特里之孙瓦西里二世（1425—1462年）当政时，开始公开对抗君士坦丁堡牧首的管束。

1439年，天主教在意大利的佛罗伦萨召开第九次宗教会议。此时，奥斯曼突厥人已对拜占廷构成严重威胁，东罗马帝国的统治摇摇欲坠。在这种情况下，拜占庭皇帝与东正教牧首以让步为条件，与罗马天主教教皇签订了屈辱的合并协议，当时俄罗斯都主教伊西多尔也参加了这次会议，他自作主张在协议上签了字，但这一协议遭到俄罗斯和许多东方教会的反对。当伊西多尔回国后，瓦西里二世下令革除其主教职务，将他关进了修道院。

1448年，在莫斯科召开的俄罗斯东正教宗教会议上，未经君士坦丁堡牧首同意，大会首次自主选举俄罗斯人、梁赞地区主教约纳（？—1461年）为俄罗斯教区的都主教，从而迈出了俄罗斯东正教走向独立的第一步。

1453年，奥斯曼人攻占君士坦丁堡，千年的基督教帝国落下了帷幕。失去皇帝支持和庇护的君士坦丁堡牧首，其影响力日益衰微。而此时，莫斯科公国和俄罗斯东正教正处在蓬勃的发展时期。于是，俄罗斯东正教积极鼓吹第三罗马论，开始以东正教会的首脑自居。

3. 伊凡三世

1462年，伊凡三世（1462—1505年）即大公位，他是瓦西里二世之子，俄罗斯历史上的显赫人物之一。在他的领导下，莫斯科公国继续向外扩张，1463年，雅罗斯拉夫公国并入莫斯科大公国后，大罗斯托夫和下诺夫哥罗德也相继归顺。1485年，特维尔公国纳入莫斯科公国的版图。伊凡三世在位期间，基本将整个东北罗斯统一在莫斯科公国之内。

为加强对国家的控制，伊凡三世建立了统一的司法体系，制定并颁布统一的法典——《伊凡三世法典》。此外，还建立起有效的政府行政机构，并设立领主"杜马"（议会）的决策机构。为笼络原有的王公，保持内部的协调，他还确立了官阶制，使这些王公的后裔成为世袭的贵族。

拜占庭帝国灭亡后，皇帝君士坦丁十一世被杀，其弟带着两个儿子和女儿逃到罗马，请求教皇的庇护。尽管拜占庭帝国已经不存在了，但为了显示自己是拜占庭王朝的合法继承人，在教皇的撮合下，1472年伊凡三世娶拜占庭末帝的侄女索非亚为妻。此外，拜占庭皇帝赠送给弗拉基米尔大公的"莫诺马赫"王冠也成为俄国君权的象征。为了彰显帝王的威严，伊凡大兴土木，再次扩建克里姆林宫；同时模仿拜占庭宫廷和欧洲一些王室，设置新的俄罗斯宫廷礼仪。每逢重要的典礼时，伊凡三世头戴银色的王冠、身穿华丽的长袍，端坐在宝座上，俨然一副大国君主的派头。

除了以上的种种举措外，伊凡三世将拜占庭帝国的双头鹰标志也引入俄国，从此金色的双头鹰成为俄罗斯王室的标志。1989年苏联解体后，金色的双头鹰再次成为俄罗斯联邦国徽上的图案。

在莫斯科历代大公的扶持下，东正教在俄罗斯得到迅速发展。伊凡三世时期，东正教会拥有全俄罗斯四分之一已开垦的土地，成为俄境内最大的封建领主。教会还仿照政府机构的官阶制度设置神品职位，东正教神职分黑白两种，各自属有若干级别，成为等级森严的庞大组织。

尽管东正教会已经有了雄厚的实力，但它仍然完全处于伊凡三世的掌控之中，为了消弱教会的力量，伊凡三世曾下令让一部分教会田地归还社会，以增加政府的税收。尽管伊凡对教会经常颐指气使，但教会清楚地知道，只有在一个强大的国家里，教会才有可能得到蓬勃的发展，因此教会始终全力支持伊凡三世的强国政策。在当时，都主教佐西玛是第一个尊称伊凡三世是"君士坦丁堡的'新沙皇'"的人。尽管这样，伊凡三世从未自称为帝。

伊凡三世即位时，虽然没有了拜占庭帝国的制约，但仍然受制于蒙古的金帐汗国。1478年，当莫斯科公国先后兼并大罗斯托夫公国和诺夫哥罗德公国后，势力愈加强大。于是，伊凡决定停止向金帐汗国纳贡，这下可惹恼了金帐汗国的阿合马汗。此时的金帐汗国，已经从中分离出几个小的汗国，势力大不如前了，但它依然控制着俄罗斯的东北地区，包括莫斯科在内。为此，阿合马汗与立陶宛大公结盟，向莫斯科公国发动攻击。

伊凡三世对此也早有准备，他和克里米亚汗联手，共同抗击金帐汗的军队。1480年，双方集结部队于乌格拉河两岸，大战即将来临。在战局危急之时，俄罗斯军营内却发生了一些变故。大公夫人害怕战败，擅自将宫廷迁到北方的白湖，引起军中骚乱。而此时的伊凡，在大兵压境之际，也突然信心不足、萌生退意。9月份，他从前线跑回了莫斯科。

在关乎国家存亡的紧急关头，罗斯托夫大主教瓦西安站出来，他写信鼓励伊凡三世要勇敢地率领民众，保卫莫斯科。在广大人民群众的支持和教会的鼓舞下，伊凡三世终于抖擞起精神，重返前线，率军与蒙军决战。而此时已经是11月了，俄罗斯异常寒冷的冬天令蒙古军队无法忍受。没打几仗，蒙古军便主动提出议和，只要莫斯科公国继续向金帐汗国纳贡，双方就休战，恢复和平。此时，瓦西安主教又呼吁伊凡三世要抓住战机，趁胜追击。伊凡听从了他的建议，不敢懈怠，率军继续向蒙军发动猛烈进攻，迫使金帐汗军队仓惶逃窜，阿合马汗在逃亡途中阵亡。

至此，金帐汗对俄罗斯长达240年的统治结束了。

在240年的时间里，莫斯科公国从一个势单力薄的小公国，发展为强大的统一的国家，打败了曾经不可一世的金帐汗国。俄罗斯东正教也从一个附属于君士坦丁堡牧首的小教区，成为庞大的、独立的东正教中心。在俄罗斯国家诞生和发展的过程中，拜占庭帝国政教合一以及金帐汗国军政合一的制度，都对俄罗斯专制君主制度的形成产生了深刻的影响。可以说，拜占庭帝国和金帐汗国在制约和限制俄罗斯发展的同时，也在无形中促进和催化了它的发展和壮大。

伊凡三世晚年时期，俄罗斯政局相对平稳。在伊凡三世40多年的治理下，俄罗斯民族得到进一步发展和壮大，俄语已经成为整个统一的俄罗斯民族的通用语言，为日后俄罗斯民族文学的蓬勃发展打下了基础。

14世纪初期，莫斯科公国的面积只有500平方公里，而到伊凡三世时期，其领土面积已达1.5万平方公里。日后强大的俄罗斯帝国，在此时已经具备了最初的规模。

四、沙皇专制统治初期的东正教

伊凡三世传位儿子瓦西里，即瓦西里三世（1505—1533 年）。瓦西里三世也是个有作为的君主，在他的治理下，东北罗斯已完全统一，以莫斯科为中心的俄罗斯国家基本形成。此时，普斯科夫修道院长老菲洛费依编造出所谓"三个罗马"的理论，他认为人类历史就是三个罗马的历史，罗马和第二罗马（君士坦丁堡）的历史已经结束了，第三个罗马就是莫斯科，它将是未来整个东正教的精神中心。

尽管历代莫斯科大公都想成为皇帝，但真正敢于向世人宣称自己是沙皇的人，是伊凡三世的孙子、以伊凡雷帝闻名于世的伊凡四世（1533—1584 年）。瓦西里三世的第一位妻子始终没有生育，1525 年瓦西里与之离婚后，又娶年轻的叶莲娜为妻。叶莲娜是具有蒙古人血统的立陶宛人，结婚五年后，她为瓦西里三世生了一个儿子，这就是伊凡四世。据说伊凡出生时，天空雷声滚滚，连数百里之外的地方都可以听见，故又有"雷帝"之称。

不幸的是，伊凡三岁时，父亲便去世了。死前，瓦西里三世安排好后事，他亲自将象征帝王权力的权杖授予年幼的伊凡，并指派叔伊斯基等几位大臣辅佐朝政，直到伊凡成年。不久，按照瓦西里三世的遗嘱，伊凡被立为莫斯科大公。伊凡之母叶莲娜精明强干，是个有野心的女人。很快，叶莲娜便亲自干预朝政，她不顾先王的嘱托，剥夺辅政大臣们的权力，任用自己的亲信宠臣，将王权完全掌握在自己手中。为了免除后患，她先下手为强，将瓦西里三世的两个弟弟先后除掉，此举引起宫中权贵的不满。1538 年，叶莲娜猝死（据说被人毒死），而此时的伊凡只有七岁。失去了双亲的小伊凡，便以大主教马卡利（1482—1563 年）为老师，从小接受正规的宗教教育。后来马卡利升任都主教，他对俄罗斯东正教的发展做出了重大的贡献，而伊凡年轻时的忏悔神父西里维斯特教士，也对伊凡有很大的帮助。

叶莲娜死后，领主叔伊斯基家族开始独揽朝政，他们经常藐视、欺凌幼小的伊凡，给年幼的伊凡心中留下了阴影。13 岁时，小伊凡想出一个报复之计，他命人用狗咬死叔伊斯基，然后暴尸宫门。此举一出，立即令所有大臣惊恐不已，从此对他俯首听命，不敢怠慢。

1547年1月，17岁的伊凡宣布亲政。1月16日举行加冕仪式时，他的恩师、已升任都主教的马卡利亲自将莫诺马赫王冠戴在伊凡四世的头上，并称他为"全俄罗斯大公和沙皇"。俄文"沙皇"（Tsar）一词与拉丁文"恺撒"（Caesar）的读音十分相似，很可能是"恺撒"一词的讹音，汉译为"沙皇"。

伊凡从小失去父母的呵护，生活在权力争斗的漩涡之中，养成了果敢、凶残、多疑又不乏狡诈的性格。他亲政后，为了加强中央集权，巩固自己的统治，采取一系列改革措施强制推行。为了削弱领主的权力，摆脱领主杜马对他的制约，1459年伊凡建立了由沙皇直接领导的，包括领主、贵族、市民、商人、僧侣在内的，具有广泛代表性的缙绅会议，以取代原有的领主杜马。

1551年，伊凡四世召开宗教人士和封建领主代表会议，大会做出100章决议，史称"百章会议"。这些决议内容广泛，包括限制地方势力、没收封建领主的土地、剥夺领主的一些政治特权，以及对持不同政见者和有反抗行动的人实施严厉镇压等。由此可见，伊凡四世的目的很明确，就是要将一切国家和教会的权力集中在自己手中，实行封建的专制统治。

伊凡雷帝的改革触及到封建领主们的切身利益，为了让领主们心甘情愿地服从其独裁统治，他不惜自编自演了一出"被迫流亡"的闹剧。1564年12月，伊凡自己跑到莫斯科附近的一个小镇里"避难"，以此来考验领主们的忠心。领主们被逼无奈，只得写出效忠书，派代表请他回来主政。在得到领主们听从他调遣的保证后，伊凡这才回到莫斯科。随后，他便召开俄罗斯杜马和宗教会议，宣布全国实行"特辖制"，将一切大权全部集中于沙皇一人手中，俄罗斯的沙皇专制统治由此开始。

同一年，伊凡建立由沙皇直接领导、亲自统辖的特辖军，这是俄罗斯的第一支正规军。有了军队在手，伊凡开始在全国实行恐怖统治，严厉镇压那些反对皇权的领主们。据统计，在1565—1572年的七年时间里，有4000多名领主被处死，近万名平民被杀害。一些修道院成为沙皇镇压反对派的监狱，里面关满犯人，其中许多是不知所犯何罪的平民百姓。

此时的东正教会积极支持沙皇的专制统治，与他一唱一和、配合默契。在沙皇的命令下，其青年时代的忏悔神父西里维斯特负责主编新法典的工作，其老师马卡利也积极配合沙皇，规范教会的行为，努力使东正教会顺应俄国的特点，为东正教的本土化做了大量的工作。

在对内改革的同时，伊凡四世对外扩张的步伐也从没有停止过，此时他的矛头直指鞑靼（俄罗斯人称蒙古人为"鞑靼"）的势力范围。1551年，俄军进攻喀山汗国的首府喀山，遇到鞑靼人的顽强抵抗，但伊凡四世坚决要拿下这个通往东方的贸易重镇，1552年喀山最终落入俄罗斯人手中。随后，俄军顺伏尔加河南下，于1556年攻占了位于伏尔加河口的阿斯特拉罕汗国。至此，整个伏尔加流域归入俄罗斯的版图，为日后俄罗斯人越过乌拉尔山脉，向更辽阔的西伯利亚和远东扩张扫清了障碍。

专制跋扈的伊凡雷帝，到了晚年性格愈加多疑乖戾，他甚至无端地怀疑太子有弑父篡位之心。一天，他看见怀有身孕的儿媳身穿薄裙，在众人面前抛头露面，感到有失体统，便责打儿媳致使她流产。太子知道后，心中不满，口出怨言，雷帝听见后大怒，顺手将手中的权杖仍向太子，正巧打中太阳穴，太子当场毙命。

伊凡雷帝的暴怒失手产生了极其严重的后果，三年后当他撒手人寰之时，竟然没有合适的人来继承大位。聪慧的太子不在了，另一个儿子季米特里也早年夭折，只得由痴傻的儿子费多尔（1584—1598年）即沙皇位。费多尔身体残疾，无法执政，大权便旁落在他的妻兄鲍里斯·戈都诺夫手中。戈都诺夫也是蒙古显贵的后裔，但在他主事期间，为俄罗斯办了件值得一提的大事。

1588年，君士坦丁堡牧首耶利米二世来莫斯科办事，戈都诺夫乘机要求牧首同意在俄罗斯建立独立的东正教牧首区，不再隶属于君士坦丁堡。1589年，在俄罗斯东正教宗教会议上，正式成立了俄罗斯东正教牧首区，选举莫斯科都主教约夫为首位"莫斯科和全俄罗斯东正教牧首"，并确立了牧首座堂。会后，有关文件送呈君士坦丁堡牧首，得到牧首和其他三位东正教区牧首的同意。

从此，俄罗斯东正教会走上了独立自主发展的道路。

五、俄罗斯东正教的改革

1598年，费多尔病逝，因其没有后代，延续700年的留里克王朝（850—1598年）就此告终。

1613年1月，米哈伊尔·费多罗维奇·罗曼诺夫当选为新沙皇。从此，罗曼诺夫王朝开始了。

在罗曼诺夫王朝统治的300年中，俄罗斯由一个封闭落后的农业国迈入世界强国之列。其几代沙皇励精图治的改革，为后来俄国走上强国之路奠定了基础，也使俄罗斯东正教进入新的发展时期。

1. 尼康的礼仪改革

米哈伊尔·罗曼诺夫（1613—1645 年）被推上沙皇的宝座，是俄罗斯内部各方力量平衡的结果。米哈伊尔即位时只有 16 岁，在其父、东正教牧首费拉列特（1555—1633 年）的辅佐下，对伊凡四世时的专制制度进行了全面的改革，使人民得到休养生息，社会逐渐呈现出稳定繁荣的新景象。与此同时，俄罗斯东部的哥萨克们开始了新的冒险征程，他们沿西伯利亚平原一直向东推进。1639 年，探险队首次抵达远东的鄂霍茨克海峡，为日后的俄罗斯帝国开拓出辽阔的疆域。

1645 年，沙皇米哈伊尔病逝，其子阿列克塞·米哈伊诺维奇（1545—1576 年）继位。1649 年，阿列克塞颁布《法律大全》，进一步强化沙皇的专制统治，巩固农奴制度，同时对教会的权力予以限制。该法典规定，修道院不得购买世袭贵族的领地、设立修道院衙门专门负责处理神职人员的案件，对有争议的案件必须交由沙皇处理等，并明确要求神职人员必须接受沙皇法庭的管辖。

1652 年，沙皇任命诺夫哥罗德教区的都主教尼康（Nikon，1605—1681 年）为俄罗斯东正教牧首。尼康原名尼基塔·米洛夫，他出身农家，19 岁成为教会司祭，后入修道院修行。凭借着杰出的才能，尼康很快升任修道院的主持司祭。1646 年后，尼康得到新沙皇的赏识，从此官运亨通，几年内就做到了牧首的职位。

1652 年，为了将东正教会进一步掌握在自己手中，使教会成为统治国家的驯服工具，沙皇命令尼康对东正教进行改革。于是，尼康以希腊正教的礼仪为模式，对俄罗斯教会的礼仪进行了改革。尼康的礼仪改革主要有十个具体细节，如以三指划十字代替原来的两指划十字；唱赞美诗"哈利路亚"时，由原来的三遍改为唱两遍；祈祷时由原来的跪拜礼改为鞠躬礼；将原来的自西向东绕诵经台改为由东向西；按照希腊正教的方式绘制圣像画；在举行弥撒时，圣像前供五块圣饼而不是原来的七块等。要求按照希腊文本重新修订俄语版《圣经》，并统一了俄国东正教的祈祷文。此外，东正教神职人员和修士的服饰也仿照希腊正教进行了修改。

1654 年，沙皇主持全俄宗教会议，通过了修改后的新宗教礼仪。但这次改革引起教会内一些人士的不满。他们主张保持原有的旧仪式，反对改革。实际上，要求保持旧礼仪只是一个表面上的借口。因为礼仪的改革完全是由沙皇和尼康两人包办的，根本没有听取地方各教会的意见，最后又是由沙皇召开会议予以通过。反对者认为，这种做法显然是对教会自主权力的一种漠视，彰显了沙皇君权高于教权、教会听命于君主的思想，这是他们所不能接受的。

对于教会内反对的声音，沙皇阿列克塞没有丝毫的妥协。在他的授意下，1656年召开的宗教会议宣布：所有坚持旧礼仪的人被革除教籍。从此，东正教内部产生了分裂，分裂出来的教派被称为"旧礼仪派"，后来旧礼仪派中又分裂出"教堂派"和"反教堂派"两个支派，其下又分成更多的小派系。这些分裂出来的派系，一直受到沙皇政府和正统派的打压。直到19世纪初期，旧礼仪派的合法地位和权利才得到承认。

对于尼康来说，礼仪改革并非他的最终目标。尼康是个权力欲极强的人，他利用沙皇的信任和东正教牧首的职位，借宗教改革之名，积极参予国事，引起王公贵族和大臣们的不满。在拥有极大的权力后，尼康开始要求更大的权力，他不仅要使教会摆脱沙皇的制约，还要废除1649年《法律大全》中对教会所做的种种限制，恢复教会原有的特权。

1654年，当沙皇率军出征与波兰作战时，在未经授权的情况下，尼康俨然以"君主"的身份，代为处理全部国务，这引起沙皇的极大反感和不满。加之尼康在任职期间，利用职权巧取豪夺、横征暴敛，积聚起大量财富，早已激起朝野的指责和愤怒，只是由于沙皇的信任和袒护，尼康才得以继续横行朝野。对于尼康的权力要求，沙皇采取了毫不退让的态度，两人的关系逐渐紧张起来了。而此时的尼康利令智昏，过高地估计了自己的能量，他竟然采取以退为进的策略，试图以此要挟沙皇让步。

1658年7月，在莫斯科召开的宗教大会上，尼康当众脱下身穿的牧首圣袍，宣布辞去牧首职务，随后扬长而去。不久，他进了新耶路撒冷复活修道院，在这里静观沙皇的反应。但沙皇并不买他的账，对他的离去没有做出任何表示，牧首的职位暂时空缺，任由他待在修道院里。一晃几年过去了，尼康有点儿心虚了。1664年，他独自回到莫斯科，想恢复牧首的职位，但沙皇下令将他又送回了修道院。

1666—1667年，在莫斯科召开的宗教大会上，邀请东方四大牧首前来参加。虽然只有安提阿和耶路撒冷两大牧首到会，但受君士坦丁堡和亚历山大牧首的委托，他们可以全权代表四大牧首的意见。会议还邀请沙皇阿列克塞参加。在会上，沙皇历数尼康的种种恶行，两位牧首也代表东方教会同意废黜尼康的牧首职务。随后，尼康被流放到遥远的北方，让他在白海城的一个修道院里度过余生。

在此次宗教会议上，尽管沙皇处罚了狂妄自大的尼康，但仍肯定他在礼仪改革中做出的贡献，因此礼仪改革的成果得以保留下来。后来，沙皇还是对教会的要求做出一些让步，如恢复牧首法庭，教会法庭自行处理内部的案件等。1676年1月，沙皇阿列克塞病逝，其体弱多病的长子费多尔·阿列克塞诺维奇（1676—1682年）继沙皇位。直到离开这个世界，阿列克塞都没有宽恕尼康。

1681年，沙皇费多尔体恤年老体衰的尼康，让他从寒冷荒凉的北方回到莫斯科，在条件较好的新耶路撒冷修道院里安度晚年。但年已76岁高龄的尼康，已经受不了长途的颠簸劳顿，最终死在归来的途中。

2. 彼得一世的改革

彼得一世（1682—1725年）是俄罗斯历史上最伟大的沙皇。他在位期间，对俄罗斯的政治、经济、军事、文化和宗教进行了一系列改革，不仅为日后俄罗斯的崛起奠定了坚实的基础，也使自己跻身于欧洲大国君主的行列，被后人尊为"彼得大帝"。

（1）彼得一世亲政

彼得一世是沙皇阿列克塞的幼子，为其第二任妻子纳里什金娜所生。沙皇的第一任妻子米罗斯拉夫卡娅育有多名子女，除几个幼年夭折外，活下来的两个男孩子费多尔和伊凡，也是体弱多病。倒是女儿索非亚，不仅身健体壮，而且怀有极大的政治野心。

1672年5月，21岁的纳里什金娜为阿列克塞生了一个儿子。聪敏健康的小彼得给年迈的沙皇带来无比的欢欣，因此深得沙皇宠爱。爱屋及乌，小彼得的出生也使纳里什金家族的权势不断攀升。不幸的是，小彼得四岁时，老沙皇便撒手人寰了。其同父异母的兄长费多尔继位后，纳里什金家族受到排挤，母亲只得带着小彼得离开莫斯科，住到乡下，彼得在这里度过了快乐自由、无拘无束的少年时光。

1682年4月，年仅21岁的沙皇费多尔病逝，两大外戚家族为争夺皇权展开了激烈斗争。最后，贵族杜马召开会议，决定将十岁的彼得和弱智的伊凡并立为沙皇。因两位沙皇实际上都无法执政，因此由公主索非亚摄政。而真实的情况是：此时俄国的政权已落入米罗斯拉夫斯基家族的手中了。

几年后，住在莫斯科郊外行宫里的彼得已经17岁了，这使摄政的索非亚公主感到不安，她似乎觉察到彼得对自己权力的威胁。小小年纪的彼得虽然远离宫廷，但已经显露出不凡的锋芒，他将自己的游戏伙伴们组织起来，建立了两个少年军团。1589年8月，索非亚秘密下令，要近卫军去消灭彼得的少年军团，并杀死彼得以除后患。但消息很快传到彼得耳中，彼得决定立即行动。他依靠一部分近卫军的支持和两个少年军团的力量，迅速将索非亚软禁起来，随后在莫斯科宣布亲政。

1696年伊凡病逝后，彼得成为全俄罗斯唯一的君主。

17世纪末期，欧洲的法国、英国都已经有了很大发展，而此时的俄国，仍然是一个封闭落后的农业国家。由于俄罗斯地处东欧平原，远离出海口岸，而没有出海口，便无法直接对外通商，这成为制约俄罗斯经济发展的一个重要障碍。彼得一世就任沙皇后，下决心要打通南北两个方向的出海口，使国家经济得到发展。1695年和1696年，彼得两次南下亲征，试图得到黑海出海口，但都被奥斯曼军队打败。这使彼得一世深切地认识到，只有国家强盛，才能立于不败之地。

1697年3月，为了解西方强国的现状，彼得派出一支庞大的使团出访欧洲，对西欧各国进行全面考察。他自己则改名换姓，以一个士兵的身份随同使团前往欧洲。在彼得亲自确定的路线图中，包括了当时欧洲的一些重要城市。考察团首先到达荷兰首都阿姆斯特丹，在那里考察造船厂，据说彼得用化名和一些贵族青年在一家造船厂学习了一个月，获得了"合格木工"的证书。

随后，考察团前往德国、意大利和英国的一些城市，深入了解当地的经济、文化和军事工业状况，收集了大量的资料和实物。在此期间，彼得一世以沙皇的身份频频与欧洲各国的王室政要们见面，与他们建立起良好的个人关系。1698年8月，当他在英国考察时，国内近卫军发生动乱，彼得一世只得终止欧洲之行，匆忙回国。

历时一年半、行程数千英里的考察，使考察团满载而归。他们不仅带回大量军事、航海、医学等各种学科的书籍及各国地图，还有各国的衣帽服饰、武器弹药、动植物标本、各种科学仪器等实物。考察团带回来的这些东西，后来成为俄罗斯博物馆的首批藏品。更为重要的是，彼得一世亲自挑选了一批军事、教育、建筑、医疗卫生、科学技术等各个方面的专业人才，请他们到俄国来工作，帮助俄罗斯建成一个强大的国家。

彼得一世回国后，立即着手进行自上而下的全面改革。

（2）军事、政治和文化改革

彼得一世从军事改革入手，首先废除雇佣兵，实行义务征兵制。新兵主要是青年农民，但贵族子弟同样要服兵役。彼得一世亲自起草了《陆军条令》，制定出士兵训练和作战的规则，并建立多所兵工厂，生产军队需要的大炮、枪支和弹药，用新型的武器装备军队，建立起了一支强大的正规陆军。

在建立陆军的同时，彼得一世也深切地体会到海军对俄国的重要性。

1703年，彼得一世在波罗的海的芬兰湾口建立一个军事要塞，后来扩建为城市，这就是著名的圣彼得堡。很快，彼得一世在圣彼得堡和波罗的海沿岸建立起海军基地，并建起几个大型造船厂。从此，圣彼得堡成为俄罗斯重要的出海门户。

在北方战争期间，彼得一世不断加强海军的建设，不但为俄罗斯海军制造出各种军舰和武器装备，还在莫斯科和圣彼得堡建立航海学校和海军学院，为海军培养各级专门人才，并将一些贵族青年派往荷兰、英国等航海技术先进的国家学习。同时，建立了海军管理机构"海军院"，颁布相应的管理条例和章程，将军队纳入正规、可持续发展的轨道。

1721年，俄国打败波罗的海的强国瑞典，取得北方战争的胜利。战后，瑞典将芬兰湾南部沿岸、爱沙尼亚、拉脱维亚等大片土地割让给俄国。除此而外，俄国还得到里加和塔林两个港口，从而使俄罗斯实现了夺取波罗的海出海口的目标。北方战争胜利后，彼得一世又将扩张的矛头指向南方。1722年发动对波斯的战争，1725年打败波斯军，随后里海沿岸的广大土地被并入俄罗斯的版图。

当彼得一世去世时，波罗的海舰队已有战列舰和巡航舰50艘、小舰艇800余艘，大炮2000多门，作战人员近3万人。此时，里海舰队也初具规模。由彼得一世建立起来的这些海军舰队，为日后俄罗斯成为军事强国奠定了坚实的基础。

在进行军事改革的同时，彼得一世还采取各种措施加强中央集权制。他废除原有的管理体制，建立新的国家机构。1708年，他在全国设立八个省，由沙皇委派总督进行管辖。1711年，设立由九人组成的枢密院，取代领主杜马，成为国家最高权力机构，其成员由沙皇指定。枢密院拥有制定法律、征收赋税、掌管各级政府机构大权的职能。此外，设立专门的监察官，负责向枢密院举报政府官员的贪腐和失察行为。同时设立总监察官，负责监督监察官。而枢密院和中央各部门的工作，直接受沙皇领导。

1713 年，彼得一世做出一个重要的决定，将首都从莫斯科迁到圣彼得堡。圣彼得堡濒临波罗的海，这里河道纵横，水路交通都极为便利，与深处内陆的莫斯科相比，这里更便于出行，也更便于与外界的交往。从此，圣彼得堡便成为沙皇俄国的政治中心，直到十月革命后，莫斯科才取代它，成为苏联的首都。

彼得一世极为重视文化教育事业的发展，将人才的培养放在首要位置。在他的指示下，俄国开始建立各种专科学校，如航海学校、炮兵学校、警备学校、工程学校、医科学校等，所有的学校都教授数学、几何、地理、天文以及其他专业课程，用先进的科学知识武装新一代青年。

在彼得一世的关照下，1725 年底圣彼得堡科学院正式成立。在培养中高级人员的同时，彼得一世积极普及初等教育，要求各省建立初等算术学校，招收各个阶层的适龄少年入学，使更多的孩童受到正规的学校教育。同时，在各地建立图书馆、博物馆，广泛收集各种图书、文物和实物标本，免费向公众开放，以提高国民的素质。

为了让俄国更好地融入西方文明社会，彼得一世大刀阔斧地改革旧有的民俗民风。首先，要求男人改变蓄须的传统，强迫人们剃掉大胡子，对不肯从命者征收高额的胡须税。1700 年后，彼得颁布多项诏令，以西欧为模式，对贵族、官吏及其家人的服饰做出明确的规定，具体的要求是：男子要穿短上衣、长裤子，长筒靴，戴法式礼帽，穿法式大衣；女人则要穿裙装、欧式皮鞋，戴女式帽子。政府将服装的样式公示在各个城门口，凡违者一律罚款。在彼得一世的倡导下，俄罗斯上层社会出现了一股全面西化的潮流。在上流社会的社交圈子里，说法语、喝咖啡、抽香烟成为一种时尚。

有人认为，这种强制欧化的政策产生了严重的后果，使俄罗斯的民族特征逐渐弱化，因此引起后世的诟病。但对于广大的普通劳动者而言，这种影响似乎是微乎其微的，斯拉夫人根深蒂固的民族传统，不会因为少数人的西化而改变。

（3）宗教改革

彼得一世进行的改革，虽然涉及各个方面，但并未触及封建农奴制的基础，没有损害封建贵族的根本利益，一些风俗习惯的改革，只不过是形式上的西化而已。在所有的改革中，唯有宗教改革进行的最为果断而彻底，这也是俄罗斯政教之间长期斗争的一次总爆发。

在彼得一世亲自领导的一系列改革中，最大的反对声来自于教会。1689年彼得一世亲政之时，东正教牧首就告诫沙皇要禁止俄国人与"异端分子、拉丁教徒、路德教徒、加尔文教徒、不信教的鞑靼人"来往，反对天主教和新教各派在莫斯科设立教堂。此后的牧首更是要求神权高于君权，甚至诋毁彼得一世是反基督者。联想到尼康任牧首时与沙皇的争斗和对抗，彼得一世深切地感到，要让国家保持和平和统一，除了将政权牢牢掌握在自己手里外，还必须将教权也牢牢地掌握在自己的手中。

1721年，经过长时间的考虑后，彼得一世开始集中力量，进行宗教改革。首先，彼得罢黜了反对他的牧首，宣布废除牧首制，撤消东正教牧首公署。随后设立由若干都主教组成的主教公会，成为东正教的最高权力机构。主教公会的成员由沙皇从高级神职人员中挑选并任命，由国家东正教事务管理局（后改称正教院）的局长担任主教公会的领导。正教院隶属于枢密院，与枢密院下属的其他政府部门平级。此外，要求神职人员也必须和世俗官员一样，宣誓效忠于沙皇，承认"国君是最高裁判者"，要做他的"忠实仆从"。

此后，东正教开始了长达200年的正教院时期，直到1917年十月革命后，才恢复了牧首制。

彼得一世自认为是"东正教会的最高牧首"。据说有一次他参加主教会议，有人当着他的面再次提出选举新牧首一事。彼得一世听后勃然大怒，拔出剑来猛地插到桌子上，大声呵斥道："谁想违背这个条例，就让他尝尝宝剑大牧首的滋味！"从此，选举牧首一事再无人敢提。

1722年在彼得的授意下，主教公会宣布废除神父为忏悔者保密的制度，要求凡有"图谋叛乱和弑君"想法的人，神父必须密报政府。而此时，削弱教会经济实力的工作也早已开始了。早在1701年，彼得一世便下令清理教会财产，禁止教会占用可耕田地及购买贵族领地，将依附于教会的农户收归国家，使他们为国家服务。此外，将一部分教产收归国有，并将其公开拍卖，所得收益尽入国库。此后，又要求教会神职人员自食其力，废除教产免税的惯例，教会的收入也要按规定向政府缴纳税款。

通过一系列改革，俄罗斯东正教会成为无任何独立地位、完全依附于政权的一个行政管理机构。俄罗斯教权与君权的斗争，以沙皇的绝对胜利而告终。

彼得一世在位期间，以坚韧不拔的毅力在俄罗斯进行了全方位的改革，时间长达26年，在俄罗斯历史上留下了浓墨重彩的一笔。但彼得一世也并非完人，与历史上大多数功绩卓著、青史留名的君主一样，他也是一个令人敬畏的暴君。对于反对他的人，彼得从不讲什么仁慈，甚至连亲生的儿子也不例外。

彼得一世的长子阿列克塞，就是一个深受东正教影响，坚决反对改革的人。面对自己的接班人成为反对派的首领，彼得一世曾软硬兼施，多次写信告诫阿列克塞，要他选择正确的道路，并以剥夺其王位继承权予以要挟，但阿列克塞不为所动。

1716年9月，被逼无奈的阿列克塞逃出俄国，来到远离故乡的维也纳。阿列克塞失踪后，彼得一世派人四处打探他的下落，当得知他在维也纳后，立即派人与奥地利政府取得联系。1718年1月，阿列克塞被押送回国，等待他的是特别法庭的审判。

1718年6月，由俄国各界代表组成的特别法庭开庭审理阿列克塞。在彼得一世的授意下，法庭以叛国罪判处阿列克塞死刑。两天后，阿列克塞在狱中突然死亡，死因不详。

与伊凡雷帝一样，由于骄横专行惯了，容不得别人说一个不字，彼得大帝就这样失去了亲生的儿子。也和伊凡雷帝一样，彼得一世去世后，由于没有儿子继位，宫廷内发生了内乱。不久，彼得一世辛苦经营一生的江山，落入外人的手中。

为了保持一支强大的军队，彼得一世不断招募大量青年劳力充入军队，不断增加名目繁多的各种赋税，致使普通民众的生活极为贫困。彼得一世在位期间，俄国国内曾爆发过多次农民起义，虽然起义都被残酷地镇压了，但依然掩饰不了在强国盛世的光环下，广大劳苦民众为之付出的巨大牺牲。

然而，作为一代君主，彼得一世为俄罗斯走上强国之路做出了巨大的贡献，他的英名永留史册。

六、东正教会的特点

东正教会是在罗马帝国的东部形成并发展起来的，是基督教三大支系之一。如今，东正教在全世界拥有4亿信徒，其中约1.6亿人属于俄罗斯正教会，由莫斯科牧首管辖。东正教会由于深受东方各民族的政治、文化、语言、风俗的影响，因此具有鲜明的东方色彩。与实行集中统一领导、相对理性和开放的天主教会相比，东正教会除政治上具有依附性、组织上具有分散性和教义教规上相对保守外，还有一些不同于西方教会的特点。

1. 在经典上

除了《圣经》是东正教的经典外，东正教还将圣传和圣徒的著作奉为圣书。圣传是有关圣徒（虔诚信仰上帝的人）的传记，以圣徒们的言行为榜样，告诫人们应当如何生活和信仰。东正教认为《圣经》是神的启示，是教义的第一源泉，而圣传则是教义的第二源泉。借助于圣传，人们可以更好地理解《圣经》的教义和教理。甚至有人认为，讲解《圣经》时必须要借助于圣传，这样才不会曲解《圣经》，使人误入歧途。

此外，圣徒们的著作也是圣书。《菲罗卡利亚》（Philokia）就是一部深受信徒们推崇的一部汇编，它收集了4—15世纪东正教领袖们的作品。"philokia"一词的本义是"崇高、美好的爱"，这种"爱"就是生命和真理，是一种超然存在的神圣源泉。

这本书也是引导基督教徒走向沉思冥想的僧侣生活的入门指导，同样也适用于平信徒的修行。这种修行方式称为"不间歇地祈祷"（unceasing prayer），就是持续不断地在心中默想耶稣或神，口中不断默念一个词语套句，只要持之以恒，慢慢地人们就会将它牢记在心中。修行者最常念的话就是"祈祷耶稣"，"主，耶稣基督，圣子，请宽恕我，一个有罪的人"，这很像佛教中的净土宗，口念"阿弥陀佛"一样。东正教徒相信，不断念诵耶稣的名号会使人的心灵得到净化，并使个人的请求得到满足。

信仰的神秘性成为东正教的特点之一。

2. 圣像崇拜

圣像崇拜是东正教的另一个特点，东正教会中的耶稣、圣母马利亚和圣徒的形象都有特定的风格。在创作圣像之前，艺术家必须要经过祈祷、禁欲的准备阶段。由于圣像表现的是耶稣基督、圣母、圣徒们内在的神性，因此不得采用世俗的现实主义表现手法。圣像画以简洁而程式化的构图语言，来象征性地向人们图解《圣经》故事和《圣经》人物，以达到宣传教义的目的。

除了表达人们虔诚的信仰之情，指导人们理解《圣经》教义的作用外，据说有些圣像还具有强大的精神能量，能投射出灵光来治愈病人。信徒们通过虔诚地亲吻圣像,或在圣像面前祈祷来祈求这种神奇的能量,保佑自己和家人健康平安。

在每个东正教堂里,都会将重要的圣像放置在圣像坛上,圣像坛所在的至圣所,是一个用屏幛隔开的单独的地方,只有神父才能进入。放置在圣像坛上的只能是耶稣和圣母马利亚的圣像。马利亚是圣母,俄罗斯东正教以她为保护神,因此马利亚在俄罗斯倍受人们的尊崇。

3. **教阶制度**

基督教会通常由三部分人组成,第一部分是神职人员,俗称神父或教士,他们以宗教为职业,是具有一定的教阶级次的信徒。另一种是修道士,俗称修士,女性称修女,该词源于希腊文,本意是"独身者"。他们是在修道院里,过与世隔绝的隐修生活的人,也称僧侣。第三类人就是一般的信徒,称为平信徒。

基督教的神品是仿照罗马帝国的官阶制度建立的。与天主教所有神职人员必须禁欲不同,东正教的神品分为黑白两种,即结婚和不结婚两种。可以结婚的神职人员一般为低级神品,身穿白袍,不能晋升为主教。而高级神职人员必须是修士出身,即是发过三绝大愿(绝财、绝色、绝意),经过剪发仪式,在修道院里生活过的人。这些修士出身的人,身穿黑袍,通常在他们的教职前面会加上"修士"的称呼,如修士司祭、修士大司祭等。

4. **仪式仪规**

天主教在举行宗教仪式时,只允许使用拉丁语,而东正教就较为灵活,没有那么硬性的规定。东正教在举行仪式时,除了使用希腊语外,可以用任何其他的地方语言,使仪式更容易为一般的普通信徒理解和接受。

与天主教一样,东正教也奉行七件圣事,但在具体做法上有所不同。在举行洗礼时,东正教要求受洗者全身浸入水中,而天主教则实行象征性的注水礼;东正教的坚振礼在婴儿受洗之后不久举行,而天主教则要到孩子们长到7—8岁时才举行,圣餐礼也有不同之处。

此外,东正教的宗教仪式华丽庄严,场面极其隆重。举行仪式时,布满圣像画的教堂内,烛光闪烁、灯火通明、圣乐圣歌将人们的情绪引领到最高潮,使人们沉醉在浓烈的宗教氛围之中。

5. **教历**

东正教使用儒略历,天主教则用格列高利历,即现行的公历。

古代罗马帝国的历法，是一种阴阳混合历，十分混乱。公元前46年，时任罗马执政官的儒略·恺撒（Julius Caesar，公元前100—前44年）为了解决历法混乱的问题，聘请埃及天文学家索舍琴尼为顾问，以太阳的回归年为依据，制定了一套新的历法，称为儒略历。儒略历的一年为365.25天，比回归年多出0.0078日（11分14秒），也就是说，每隔128年差一天。每年分为12个月，单月为大月，每月31天；双月为小月，每月为30天；2月为29天，如果是闰年，就是30天。虽然仍有差距，但已有了很大的进步。

屋大维（公元前27—公元14年）即奥古斯都在位时，对月份进行了一些调整。因为在古罗马时期，行刑一般在2月份进行，所以他将2月减去一天，补在8月，以奥古斯都的名称命名8月。又将9月、11月改为小月，将10月和12月改为大月。这种不规律的大小月的排列，一直延续到今天。

325年，在尼西亚宗教大公会议上，决定采用儒略历作为基督教的教历。

由于儒略历存在误差，到16世纪，已经对一些重要的节气产生了影响。原来3月21日是春分，此时提前到3月11日，儒略历与实际的回归年整整相差了10天。为解决历法存在的问题，在教皇格列高利十三世的主持下，成立了专门的委员会来改革历法。他们接受意大利医生利里奥的方案，将1582年10月5日算作10月15日，以弥补自公元325年以来的差数。又对闰年进行了改进，使年长度为365.2125天，误差仅为0.0003天，这就是格列高利历，即公历的由来。

1582年，教皇正式宣布天主教使用格列高利历。后来该历逐渐为世界绝大多数国家所采用，成为国际间通用的历法。但东正教仍以儒略历作为教历，因此和公历存在着一定的差距。

532年，罗马一座修道院的院长狄勒尼安提出建议，以耶稣诞生的那一年作为纪年的开始，得到教会的赞同。但由于计算上的差错，结果耶稣不是诞生在公元元年，而是公元4年。

此外，在宗教节日的数量、名称以及具体的庆祝形式上，东正教也因民族、文化和风俗的不同，与西方教会有很大的区别。

第七章　基督教的教阶制度、礼仪、节日及其他

基督教在发展的过程中，逐渐形成完备的教阶制度，为基督教的持续发展提供了组织保障。同时，建立并完善了各种仪式仪轨和宗教节日。这些外在的礼仪形式，对强化信徒的信念，坚定对基督的信仰起到潜移默化的重要作用。此外，在基督教的不同阶段形成不同式样的教堂建筑，产生许多不同风格的宗教音乐和宗教习俗，这些都成为灿烂的基督教文化的重要组成部分。

一、教阶制度

基督教能够成为世界第一大宗教，在很大程度上得益于其完备的组织体制。与其他宗教不同，早期的基督教就仿照罗马帝国的行政管理体制，制定了一整套严格的教阶体系，形成自上而下的、金字塔式的管理模式。这种组织体制使教会的大权牢固地掌握在皇帝和教皇的手中，使教会成为一个统一的整体。

1. 天主教会的教阶制度

到中世纪后期，天主教的组织体系已经相当完善，形成以教皇为最高首领、自上而下、层层节制的管理体制。天主教的教阶分为三个级次，即教皇、主教和司祭。

（1）教皇

自1054年东西方教会大分裂后，"教皇"便成为罗马天主教最高首领的专用称谓。

罗马教皇的全称是"罗马城主教、罗马教省都主教、西方教皇宗主教、梵蒂冈君主、教皇"，以此来突出教皇的神圣性和权威性。在中世纪，许多人都是在老年之后才登上教皇宝座的，平均在位时间大约为5—6年间，有

的仅一两年便离世了。由于在位的时间过于短暂，使得许多教皇难以施展抱负，有所作为。但在天主教会的历史上，从来不缺少强权强势的教皇，如格列高利一世、格列高利七世、英诺森三世……正是在他们的积极推动下，天主教会才能够发展到今天，成为具有普世性质的庞大宗教组织。

教皇对世界各地的天主教会拥有最高领导权，他有权派出传教团、建立教区、任免各地主教；有权制定、修改和废除教会法规；有权颁布教谕，代表教廷对有关的重大问题发表看法和意见；有权巡视各地教会，并与教会所在国建立联系等。

如今，教皇也是梵蒂冈国的国家元首。梵蒂冈是君主集权制的独立国家，拥有独立的立法、司法和行政权力。梵蒂冈有自己的市政管理机构，有自己的警卫部队，有自己的通用货币和银行系统、邮电系统，用世界各种文字出版大量书籍刊物，梵蒂冈电台每天24小时用数十种语言向全世界广播。进入现代社会后，罗马教皇经常出国外访，通过外交途径与各国政要们建立良好的关系，利用教廷的互联网站发布教廷的信息、解答信徒们提出的各种问题，与世界各地的信徒保持密切的联系。此外，罗马教皇也会利用自己特殊的身份，对世界一些重要问题发表看法，努力调解纷争、促进世界和平。

（2）枢机主教

枢机主教是教廷中地位仅次于教皇的高级神职人员，由枢机主教组成的枢机主教团是罗马教廷的核心机构。13世纪中期，规定枢机主教身穿红色衣袍，故又称"红衣主教"。

枢机（Cardinal）一词源于拉丁语，意"中枢的""枢机"，原是一些国家对国王机要秘书的称谓。后来，辅助教皇工作的神职人员也称"枢机"。罗马教廷的枢机主教团始于6世纪，初期的成员多属于贵族，是经教皇挑选出来、协助教皇处理各种教务的高级神职人员，被称为枢机神父和枢机助祭，后来才有主教加入其中。因此，早期的枢机主教团成员中有三个等级，即枢机主教、枢机神父和枢机助祭，后两者并非主教，以枢机主教身份为最高。枢机主教团的成员需要由教皇亲自任命，他们在罗马教廷的各个部门里担任重要的职务。后来，枢机主教团的权力不断扩大，开始参与罗马教廷的领导工作，例如选举新教皇，主持宗教会议，甚至在教皇缺席时，代行教皇的职权等。枢机主教团逐渐成为罗马教廷的权力核心，以致到后来只有主教才有资格进入枢机主教团。

1545年在奥地利召开的特兰托宗教会议上，为了顺应宗教改革的潮流，会议对枢机主教团进行了改进，要求主教团具有广泛性和代表性，能反映各地教会的利益和诉求，这项决定后来得到了很好的贯彻。如今，梵蒂冈的枢机主教团大约有150名成员，他们来自世界的各个地方，是各大教区和修会的代表。

（3）主教

天主教的主教分为三个级别，即宗主教、大主教和主教。

宗主教：罗马教廷中地位仅次于教皇的高级神职人员。执掌一个或几个大地区的教权，相当于东正教的牧首。

大主教：亦称总主教。在大城市设有主教座堂，管辖数省的教务。大主教有权召开所辖教区的宗教会议，并为所属教区的主教举行祝圣礼。

主教：管理某一个教区，是基层教会的领导人，有权为神父举行祝圣礼。

（4）司祭

司祭：亦称神父，属普通神职人员。是一个教堂的主要管理者，可独立主持宗教活动，除不能举行祝圣礼外，可带领信众举行其他各项圣礼。司祭也是与信众联系最多的神职人员。

助祭：司祭的助手，协助司祭工作。

此外，天主教还有一些低级神职人员，从事教会的一般事务性工作。

2. 东正教的教阶制度

与天主教不同，东正教没有形成中央集权的统一领导。如今，东正教在世界各地拥有15个独立教会和2个自治教区，尽管这些教会不相统属，但它们均承认自己属于东正教会，相互之间有不同程度的沟通与交流。然而，在每一个独立教会的内部，也有严格的教阶制度，只是体系较小，相对简单而已。东正教的教职主要有以下几种。

牧首："牧首"一词源于《旧约》中希伯来人的"族长"，最初是对年长主教的尊称。在东正教里，牧首相当于天主教的宗主教一职，主持一个或几个地区的教务，有权召开宗教会议、制定或修改宗教法规、任免所属教区的主教等。

都主教：管理重要的大城市及其周边地区教务的主教，地位仅次于牧首。

大主教：主管一个教区的工作，属于牧首管辖，地位仅次于都主教。

督主教：是牧首派往国外教区的代理者，以牧首的名义对该教区的工作进行监管。

主教：一个教区的主要负责人，有权为神父举行祝圣礼。

副主教：协助主教工作。东正教各大主教区、修道院一般都设有副主教一职。

大司祭：是司祭中的高级职称，通常是大教堂的主要负责人。

司祭：通常为一个教堂的管理者。除了不能举行祝圣礼外，可主持其他宗教仪式。

此外，与天主教会一样，也设有一些低级神品，如助祭、诵经员等，从事一般事务性的工作。

与天主教会不同的是，东正教的神职分为黑白（即结婚和不结婚）两种。主教以上的神职人员必须是修道士出身，身穿黑袍，成为"黑修士"。而低级神职人员可以结婚，身穿白袍，但不能升任主教以上的高级职务。

二、宗教仪式

中世纪，基督教的宗教仪式逐渐规范化。此时，洗礼和圣餐礼已经超出原来的纪念意义，而演变为一种圣礼。圣礼（Sacraments），亦称圣事，用来指那些能够直接与神的恩典相联系的有形的仪式。圣事论者认为，信徒们只要完成这些仪式，就能够得到神的恩典。但在对圣礼的界定上，对哪些仪式属于圣礼，哪些仪式只是象征性的礼节，在很长时间内没有形成一致的意见。到12世纪，罗马天主教认定的圣礼已达30种之多，过多的礼仪降低了圣礼的神圣性和严肃性，引起了一些神学家的关注。

12世纪后期的神学家彼得·伦巴德（Peter Lombard）对圣礼进行认真的分析和研究后，将圣礼的数量精减到七个，并使之与人的生命周期相一致，这七件圣事就是洗礼、坚振礼、圣体礼、忏悔礼、婚配礼、圣职礼和终敷礼。1439年，在佛罗伦萨举行的天主教宗教会议上，正式将这七件圣事定为天主教礼仪，罗马天主教一直将其完整地保留到今天。

但是，东正教拒绝接受这些礼仪，他们仍然坚持传统的观念，认为圣礼只有两个，即洗礼和圣体礼。在16世纪宗教改革运动中，基督教新教主张简化宗教礼仪，坚持早期的洗礼和圣体礼为圣事，不接受其他的各项圣事。直到17世纪，东正教还是采用了西方教会的七件圣事，但在具体做法上仍有差别。

1. 洗礼

洗礼（Baptism）基督教徒的入教仪式，是所有基督教会共有的一件圣事。有学者认为，基督教的洗礼很可能受古代太阳神教的影响，该教有在公牛血中沐浴，以表示新生的秘密仪式。基督教改为用水为介质，象征涤除罪恶，获得新生。洗礼一般分注水礼和浸水礼两种形式。天主教采用注水礼，仪式很简单，神父一边口念祷文"我奉基督的命给你施洗"，一边将少量"圣水"洒在受洗者的额头上。东正教和一些新教教派则采用浸水礼，神父或牧师在念祷文的时候，受洗者必须全身浸在洗礼池的水中。在基督教中，皈依者必须经过洗礼的仪式，才能成为正式的基督教徒。

基督教认为，只有经过洗礼，入教者此前的一切罪便能得到赦免，从此开始进入新的人生。托马斯·阿奎那说"信而受洗，必然得救"，就是说只有受洗成为基督教徒后，才能得到神的恩典，才能按照神指引的道路前进。

在基督教家庭里，一般在婴儿出生后不久便会为孩子举行洗礼，有的新教派别反对婴儿受洗，主张在孩子成年后、具有独立意识后才能接受洗礼。在基督教中，未经洗礼的人也可以进入教堂做礼拜和参加宗教仪式，但不算是正式信徒，不能参加圣餐仪式。

2. 坚振礼

由于婴儿在受洗时还不具备认知能力，因此在他们长大具有判断事物的能力后，还要举行坚振礼（Confirmation），接受神父的按手祝福，以坚定对基督教的信仰。

新入教的信徒在洗礼后，经过一段时间也要举行坚振礼。具体做法是由神父对信徒按手祝福，并敷油。神父一边口念"圣灵赏赐印记"，一边将圣油涂抹在信徒的额头、眼、鼻、嘴、耳、胸、手和脚等身体各部位，表示圣灵已经降临在他的身上，以此来坚定信徒对基督的信仰。

仪式中使用的圣油，一般是经过教士们祝圣后的纯净橄榄油。

3. 圣体礼

圣体礼（Eucharist）源于《圣经》中最后的晚餐，后世基督教会为纪念耶稣代世人受死，出现了"主的晚餐"的纪念仪式。到公元2世纪中期，这个仪式发展为正式的圣礼，天主教称之为圣体礼，而新教称为圣餐礼（Liturgy），尽管叫法不同，但都认为圣体礼"是强化对基督教信仰最重要的方式"。

天主教认为,举行圣体礼时耶稣的血和肉就神秘地化在酒和饼中,信徒吃了酒饼,也就吸取了耶稣的血和肉,与耶稣同在了。在1215年召开的第四次拉特兰宗教会议上,教皇英诺森三世将"化体论"正式定为天主教信条。在16世纪的宗教改革运动中,对圣体礼产生了一些不同的神学解释,其中主要有慈温利的"纪念论"、路德的"临在论"和加尔文的"参与论"等,但天主教始终坚持"化体论"的信条。

在天主教中,教士酒饼同领,一般平信徒只领饼,不领酒。而在东正教中,平信徒和教士一样,都是酒饼同领。在宗教改革运动中,新教各派为了体现人人平等的思想,在举行圣体礼时,也采用平信徒与神职人员一样,酒饼同领的做法。在举行圣体礼时,领受酒饼成为整个仪式最重要的部分。

对于圣体礼中使用的酒和饼,各派也有所不同。天主教使用无酵饼和葡萄酒,东正教则用有酵饼或面包,而新教对于酒和饼都没有特别的规定,无酵饼和面包均可,酒也可用葡萄汁代替。有的新教派别,连圣体礼也不举行。

直到20世纪,在第二届梵蒂冈大会上,天主教才对圣体礼做出一些改革。允许在举行圣体礼时,平信徒和教士同领酒和饼,允许用本地语言主持弥撒仪式,并允许教堂音乐吸取当地民族音乐的成分。

在基督教的七件圣事中,只有圣体礼是在教堂里面向全体信众举行的公开仪式,因此圣体礼是天主教和东正教最为重要的圣事。天主教和东正教都将圣体礼称为"弥撒"(Missa,源于拉丁文"派遣"),只有经过洗礼和坚振礼的正式信徒才可以参加,也称之为"望弥撒"。弥撒一般选择在某个主日的上午举行。

在举行弥撒的前几天,天主教会要求信徒做弥撒前的忏悔。东正教也希望信徒在参加圣体礼前的几天内,进行忏悔和斋戒。弥撒仪式持续的时间较长,通常从祈祷开始,然后诵读《圣经》中的经文,有时会邀请参加仪式的信徒上台背诵一段经文或教义,有时则由神父布道。随后,神父或牧师以仪式的方式用酒和饼来献祭,然后将祝圣后的酒和饼分给信众,供大家分享。在领用时,主持仪式的神父会不断重复耶稣的话"这是我的身体……"并不断祈祷圣灵降临在信徒身上,此时整个弥撒仪式达到了高潮。

因为在信徒们的心中,此时的酒和饼已经神秘地变成耶稣的血和肉,因此使人们产生深深的敬畏之情。人们共同分享酒饼时,会感受到大家同在，与基督耶稣同在。

天主教和东正教的弥撒都极其隆重而庄严，除了诵读圣经的经文外，人们在器乐的伴奏下，放声高唱赞美神和向神感恩的圣歌，嘹亮的歌声响彻教堂，在高高隆起的穹顶下回荡，给人以神圣崇高之感。

许多作曲家为世人留下了著名的弥撒曲，如西方音乐之父巴赫（1685—1750年）的《b小调弥撒曲》、贝多芬（1770—1827年）的《庄严弥撒曲》就是其中的精品。

4. 忏悔礼

忏悔礼（Confession）即告解礼，忏悔（confess）一词有"供认、坦白"的意思，是继洗礼之后请求神宽恕罪过的一个圣礼。源自《约翰福音》中耶稣复活后对门徒们说的一句话："你们受圣灵，你们赦免谁的罪，谁的罪就赦免了；你们留下谁的罪，谁的罪就留下了。"由此而引申为谁的罪能赦免，谁的罪不能赦免，关键在于是否真心诚意地进行"忏悔"或"告解"。

早在公元3世纪时，教会已经制定了忏悔制度，要求那些不忠实于基督教信仰的信徒要进行忏悔。如果一个人在洗礼后犯了被"革除教籍"的重罪后，他就不能再参加圣体礼了，但此时还有一种方法能使他与教会达成某种和解，这就是忏悔礼。因此，犯罪的人需要自己到神父那里做忏悔。在西方，一个遵纪守法的人所做的忏悔礼，被看成是罪者与被他触怒的神之间的一种"补充交换"。

需要指出的是，基督教中所说的"罪"，并非我们通常认为的"犯罪"（crime），即违反了法律的刑事犯罪，而主要是指两种罪：一种"罪"的英文表达是"sin"，即违背宗教戒律、违背伦理道德的不端言行和过失，如说谎、偷盗等。另一种"罪"的英文是"guilt"，是对所犯过失的心理认知，即内心的自责和羞愧，对基督教徒来说，这也是一种"罪"。相比之下，我们对罪的认识就要简单肤浅的多，尽管中文里有多种词汇来表达烹饪的方法，但对于各种不同层次的"罪"，表达的词汇却极少，显示出自责和内省的欠缺。

4—6世纪期间，忏悔礼已经成为罗马教会的一个圣礼，每周举行一次告解仪式。后来又专门留出两个时段用来举行公共的忏悔仪式，一次是在复活节后的圣灵降临节，一次是在复活节前的大斋节期间。由于忏悔礼的重要性，在中世纪后期，忏悔礼已经成为圣体礼前一个必不可少的内容。

1215年，在教皇英诺森三世召开的第三届拉特兰宗教会议上，将忏悔礼形成制度，要求全体教徒，不分男女，每年必须在自己的忏悔神父前认罪、忏悔一次。

到16世纪，教堂里设置有专门的告解室，供信徒忏悔使用。告解室一般由里外两个房间组成。神父坐在里间，与忏悔者之间有墙壁隔开，墙上有窗口，忏悔者坐在外面，通过窗口向神父告知自己犯下的罪过，进行忏悔。神父听完忏悔后，会向忏悔者宣告赦免他的罪，或向他祝福，或向他提出赎罪的方法，例如苦行赎罪的建议等。神父对忏悔者所告解的罪予以保密，不得告知他人。

告解和忏悔在中世纪具有重要的作用，它加强了教会对信徒的思想控制，也在信徒与神父之间建立起一种关系，使教会和神父成为个人得救中一个重要的环节。从今天的角度来看，如果我们每个人都能够经常地从道德层面来反思自己的言行，那么对于社会的稳定、进步与和谐一定能起到不可估量的作用。遗憾的是，在现代社会，更多的人是指责别人、要求别人，很少能够静下心来，好好地在内心反省一下自己。

5. 婚配礼

婚配礼（Matrimony）源于《马太福音》中的经文"人要离开父母，与妻子连合，二人成为一体"。

婚配礼依各地的风俗习惯、个人经济条件的不同，有很大的差异。但总的原则是基督教徒在结婚时，要到教堂举行婚礼，由神父来主持婚礼，以表示婚姻是"神配合，人不能分开"。

在婚礼上，神父会当着男女双方的面问他们是否愿意结为夫妻，当双方表示愿意时，神父便向双方表示祝福。基督教认为，由神父主持的婚礼，是蒙神的恩惠而结合的，因此这种婚姻关系不经教会允许，是不能解除的。天主教徒一般是不能离婚的。

6. 圣职礼

圣职礼（Ordination）是教会封立神职人员时举行的仪式。仪式上由主持仪式的主教诵读规定的经文，然后对受圣职者按手祝福，表示神已将权力授予他，从此获得了担任圣职的资格。

受圣职者可依照授职的权限，主持各种仪式。

7. 终缚礼

终缚礼（Last rites）是信徒在临终前，即将告别人世时履行的最后一个仪式。教徒在病危时，神父将经过祝圣的橄榄油涂抹在病人的前额、耳、鼻、口、目、手、足等身体部位，同时诵念相关的祈祷文，为病人按手祝福。

临终前，神父要为信徒涂抹圣油，帮助病人忍受病痛的折磨，并替病人做临终祈祷，请求赦免一生的罪过，以便安心地去见上帝。临终者如果自己还有力气，也可做临终忏悔，请求他人原谅自己生前的过错。终缚礼是对人临终的关怀，可以使人坦然地面对死亡，安详地离开人世。

终缚礼通常也是治疗疾病的一种方法，患有疾病的信徒也可以请求神父为他举行该仪式，以求病愈。

天主教和东正教在举行圣礼时，主持仪式的主教必须头戴圣帽，身穿圣袍，手持权戒，胸戴十字架，仪式隆重而繁复。而新教则无统一的规定，主教可穿圣袍，也可穿西装，甚至便服也可以。

三、宗教节日

在基督教中，教堂除了为信徒们举行各种仪式外，每年还通过一连串的节日，让信徒们回顾耶稣的一生，向耶稣和圣母表达他们的崇敬之情。通过这种年复一年的节日循环，使人们的心灵不断朝着神的国度飞升。基督教由于分为三大派系，各教派的节日有所不同，但总体上都是围绕着耶稣的生平展开的。

天主教有四大瞻礼和八大节日，东正教的节日更多，除了纪念耶稣基督和圣母马利亚的节日外，还有许多纪念圣徒、先知乃至天使的节日，此外还有本教堂的节日。尽管节日的名目繁多，但庆祝的形式大多相似，都是举行隆重的祈祷仪式，不同的节日只是颂扬不同的被纪念者而已，最终都是以全体引吭高歌、赞美至高无上的神而结束。与天主教和东正教相比，新教各派的节日要少得多。

对所有基督教徒来说，最重要的节日是圣诞节、复活节和圣灵降临节。

1. 圣诞节

圣诞节（Christmas Day）是纪念耶稣诞生的节日。关于耶稣的生平，并无史料可考，对于历史上是否真的有过耶稣这个人，仍有人持怀疑态度。至于为何将12月25日定为圣诞日，学者们也有种种推测。尽管耶稣的诞辰日无据可考，但这并不妨碍人们庆祝圣诞节的热情。如今的圣诞节已经成为基督教最隆重的节日，节期从 12 月 25 日一直延续到来年的 1 月 6 日。漫长的假期，使它的商业价值远远超出其宗教的意义，成为全世界各国人们共同欢庆的节日。

圣诞节的庆祝是从 12 月 24 日的夜晚，即圣诞夜开始的。

每到此时，在许多国家的教会舞台上，人们会扮演成马利亚、约瑟和没有空房间的小店老板，还有牧羊人和东方三博士，来重现耶稣诞生时的情景。传统上人们还会到郊外去砍一棵常青树，摆放在房间里。常青树象征着永恒的生命，人们将各种颜色的灯和小饰品点缀在树的枝叶之间，使之在整个夜晚大放光彩，这就是圣诞树，它是圣诞节期间最重要的装饰物。在圣诞夜，许多人会聚集在一起，举行守夜活动，等待午夜的到来。新的一天即将到来，这一天，基督降临人间了。

午夜一到，教堂的唱诗班就开始用歌声向人们报佳音，即天使向牧羊人报告耶稣降临的喜讯。报佳音的歌曲主要是《平安夜》及各种歌颂圣诞的颂歌。每到此时，教堂的钟声和激扬的歌声，会响彻城市的夜空，久久回荡。

圣诞节也是孩子们最快乐的时光，圣诞节的早上，孩子们被告知圣诞老人在夜里悄悄地给他（她）送来了圣诞节的礼物，就藏在挂在床头的长筒袜子里。对幼小的孩子来说，留在他们心灵中的圣诞节，恐怕就是圣诞老人和圣诞节的礼物了。

尽管圣诞节的来历还不清楚，但圣诞老人却是实有其人。圣诞老人源于圣尼古拉（St. Nicholas）的故事，他是 14 世纪小亚细亚米拉城的一位主教，他将自己继承的遗产全部奉献出来，无私地帮助那些穷人，受到人们的尊崇，他死后被教会封为圣徒。后来圣尼古拉的故事传到荷兰，在荷兰他被称为圣克劳斯（St. Claus）。每到圣诞节，留着长长的白胡子、头戴红帽、身穿镶有白皮毛边红色长袍的圣诞老人就会划着雪橇，来到孩子们的身边，给他们带来圣诞节的欢乐。

如今的圣诞节，更多的是与家人团聚的时刻。现代快节奏的生活，使得许多人为生计奔波，没有时间和父母家人长相守，而圣诞节的长假则为大家提供了亲朋好友相聚的美好时光。

2. 复活节

基督教第二个重要节日是复活节（Easter），这是纪念耶稣受难后复活的节日。

复活节是一个与春分有关的古老仪式的延续。在寒冷的冬天过去后，天气渐暖，万物复苏，草木发芽，春天就要来到了。此外，人们认为复活节也与犹太人庆祝逃离埃及的逾越节有关。在公元325年举行的尼西亚大公会议上，将春分第一次月圆后的第一个主日定为复活节。复活节不是孤立的，它与几个重要的节日密切相关。

从仪式上讲，复活节前有一个长达40天的忏悔和禁食的日子，称为大斋期。在西方，大斋期是从圣灰星期三开始的。在这一天，神父会把灰涂在信徒额前，并说："记住，人，这是灰，对于灰，你应当擦去。"在大斋期期间，教堂里不摆设花朵，不举行婚配礼。信徒要禁欲、做祈祷，从事各种慈善活动，以擦去身上的灰。东正教将大斋期的最后一个主日作为请求宽恕的日子，这一天，人们见面后互相鞠躬，请求对方原谅自己以往的过错。

福音书告诉人们，在复活节前的那个星期日，耶稣骑着驴顺利地进入耶路撒冷，后世的人们将这天定为主进城日，亦称"棕榈主日"。这一天，人们会聚集在教堂的门口，挥动手中的棕榈枝或柳树枝，高喊赞美神的"和散那——"，欢迎耶稣的到来。

在耶稣受难日的当天，教堂从中午12点到下午3点会举行礼拜仪式，因此时正是耶稣被处死的时刻，罗马天主教的神职人员通常会身穿黑色圣袍参加仪式，以表示对耶稣之死的哀悼。

在复活节的当天，信徒们要高呼"主复活了！"来表达人们喜悦的心情。在举行复活节的仪式之前，人们会用大量的花朵，将教堂装扮得焕然一新。

在俄罗斯，迎接复活节的大守夜，从午夜一直持续到第二天太阳初升之时。在整个守夜期间，人们一直站着。吉米·弗里斯特（Jim Forest）记述了在基辅一座教堂中举行的复活节仪式，当时有2000多人挤在教堂里面，而更多的人则站在教堂的门外。他写道：

> 当教长从富丽堂皇的大门走进聚集众多信徒的大厅时，他大声呼叫"主复活了！"人们立刻高声回应"主真的复活了！"在寂静的夜晚，教堂里突然爆发出震耳欲聋的呼喊声，加上无数摇曳的烛光，给人一种无法用语言表达的感觉，如同地动山摇、坟墓乍裂一般。随后，

是一阵响亮的铃声。①

复活节还有一个有趣的习俗，就是人们会互赠复活节彩蛋。鸡蛋被认为是多产的象征，以此来预示生命的开始和春天的到来。这一习俗恐怕也是来自古代的波斯人和希腊人，他们都有在春天互赠鸡蛋的传统。

复活节彩蛋是在煮熟的鸡蛋上制作的，染彩蛋是一种传统的习俗，人们在鸡蛋上涂上颜色，在上面绘制出各种生动的图案。为了将彩蛋做的更加富有新意，许多人绞尽了脑汁。如今，制作彩蛋的鸡蛋，已经被许多其他材料所取代了。一种用巧克力做的彩蛋大受欢迎，这种蛋的中间是空的，里面会放上糖果等小吃。也有的彩蛋是用贵重的金、银、珠宝做成，这种彩蛋可以打开，里面还设有小动物玩偶等。

如今，彩蛋已经成为一种精美的工艺品。

在许多地方，还有在天亮前寻找复活节彩蛋的习俗，人们相信找到彩蛋的人会有好运气。

3. 圣灵降临节

圣灵降临节（Adventment）源于《使徒行传》：耶稣复活后第40天升天，第50天圣灵降临人间，使徒们经历了圣灵降临的全过程：

> 突然，从天上有响声下来，好像一阵大风吹过，充满了他们所坐的屋子。又有舌头如火焰显现出来，分开落在他们各人头上。他们就都被圣灵充满，按照圣灵所赐的口才说起别国的话来。

于是，早期的使徒被赐予圣灵的生命和能量，并授予他们传布福音的权柄。在群众集会上，使徒们奇迹般地开始用各种不同的方言向人们传教。《使徒行传》告诉人们，彼得讲道后，对众人说：

> 你们各人要悔改，奉耶稣基督的命受洗，叫你们的罪得赦，就必须受所赐的圣灵。

他的话说完后，那一天就有约3000人接受洗礼，成为基督的信徒。

3世纪时，开始有了这个节日。天主教将其列为四大瞻礼之一，称为"圣神降临瞻礼"，亦称"五旬节"。东正教也有这个节日，因为教历不同，所以在时间上，要晚十几天。

圣灵降临日也称"白色星期日"。因为在早期基督教时期，这天

---

① Living Religion, p. 325, by Mary Pat Fusher, Calmann King Ltd 1999.

也是新入教者受洗的日子，他们必须身穿白色长袍进入接纳他们的教堂。有些教堂在这一天，也为婴儿举行洗礼，受洗的婴儿亦穿白色的衣服。

4. 主显节

主显节（Epiphany）也称"主领洗节"，是早期基督教会的重要节日，以纪念耶稣三次向世人显示他的神性。第一次是在他诞生之时，东方三博士来到伯利恒朝拜耶稣，显示他王者的身份。第二次是耶稣接受施洗者约翰的洗礼时，圣灵化作鸽子降临在他头上，显示他圣子的身份。第三次是耶稣参加迦拿的婚宴时，他将水变成酒，显示他的神迹。直到第三次显现，耶稣才得到大家的公认，人们才知道他不是普通人。

基督教会将每年的1月6日定为主显节，来纪念耶稣神性的三次显现。

东正教是最早庆祝这个节日的，他们重视第二次显现，故称为"主领洗节"。天主教将重点放在耶稣身份的第一次显现时，称"三王来朝节"。基督教新教一般不庆祝这个节日。

5. 主显圣容节和圣母升天节

有些教会特别重视两个节日，即8月6日的主显圣容节和8月15日的圣母升天节。

主显圣容节（Transfiguration）源于《马太福音》：有一天，耶稣带着彼得等几个信徒来到一座高山上，突然耶稣的容颜大变，他的脸面明亮如同太阳，衣服洁白如光，此时先知摩西和以利亚也向门徒们显现，并和耶稣在说着什么。一会儿，一片光明的云将他们遮蔽。此时，突然有声音从云中传出来："这是我的爱子，我所喜悦的，你们要听他！"门徒们听见，吓得伏在地上，不敢抬头。一会儿，耶稣走过来，拉起他们说："起来吧，不要害怕。"他们这才抬头望去，除了耶稣以外，其余都不见了。

通过主在山上显示出圣容，证明了耶稣就是天父派来拯救民众的救世主弥赛亚，这是基督教的重要信条之一，因此基督教会将每年的8月6日定为主显圣容日，来纪念这件事。

圣母升天节（Assumption）是天主教的四大瞻礼之一，该节日也称圣母安息节，以纪念圣母马利亚升天。这些节日在东方教会更受重视。

四、传统习俗

1. 祈祷

作为一个宗教，基督教历来有沉思默祷的传统，据说耶稣本人在大部分的时间里，都是处于冥思默想之中的。白天，他外出传教或给人治病，晚上则做祷告，极少睡眠，他不是为自己而是为了世人在祈祷。

《圣经》告诉我们，耶稣极为重视祈祷，他不断地告诉门徒，祈祷是一件极其私密的事情。在做祷告时不要让别人看见，要关上门、走进内室。并告诉人们，在祷告时，不要说许多重复的话，因为"你所需要的，你们的父早已知道了"。

在中世纪，圣方济各修会的修士们创造了一种默祷的形式，即在耶稣的受难画像前静默祈祷。这种祷告的形式，至今仍在许多天主教和英国圣公会的教会中实行。

记录耶稣受难场景的画像共 14 幅，完整地再现了耶稣从被判处死刑、钉死在十字架上，到他的圣体被放入坟墓的整个过程。在天主教的教堂里，通常都挂有这 14 幅耶稣受难画像。从这些图中，人们看到耶稣身背着十字架，走在去刑场的路上，由于十字架太重他三次跌倒在地。在第一次跌倒后，他看见了自己的母亲，并告诉路边的妇女，不要为他而哭泣，此时人们的心中会充满忧伤和悲悯。然后，人们看到耶稣被脱去衣服，被钉死在十字架上，有人将他从十字架上取下，把他的身体放进坟墓里。看到这里，人们的心情会变得平静和谦卑，会认识到圣子是作为人类的救世主，为了人类而受难的。基督教会认为，在耶稣的画像前做内心的默祷，有助于信徒与耶稣同在，并以他神圣的一生作为自己的榜样。

东正教会的默祷则是不断地重复颂念耶稣的名号，这也是东方宗教如印度教、佛教常采用的方法。通过不断地颂念名号，使人处于一种不间断的祈祷状态中，从而将默祷的对象牢牢地记在心中。

祈祷的方式不仅限于默祷，也有发出声音的祷告。从形式上讲，有个人的私祷，也有公共仪式上的集体祈祷。在天主教和东正教的一些重要的仪式上，经常由神父按照一定的经文，带领全体信众祈祷，此为公祷。

2. 十字架

十字架是罗马帝国的一种刑具，由两根木头交叉成十字的形状而得名。公元前 138 年，当犹太人最后一次反罗马人的大起义失败后，数千名义军战士被钉死在十字架上。因此，十字架一直是死亡和痛苦的象征。

自耶稣在十字架上遇难后，十字架便成为耶稣基督的象征，成为基督教的标志。信徒受洗后，便要佩戴十字架，以此表明自己基督徒的身份。中世纪的教皇组织讨伐异端的十字军，也因在衣服上标有十字而得名。十字架通常被做成中空的，以象征基督的复活。

在基督教世界里，十字架的标记随处可见。十字架点缀着君主的王冠，也印在飘扬的国旗上，它高耸于楼厦之顶，也静立在故人墓前。在人们的日常生活中，十字架更是不可缺少的装饰品，许多十字架用金银等贵重材料制成，上面镶嵌着各种钻石珠宝，熠熠生辉。

在许多人的心目中，十字架还是具有巨大精神能量的圣物，具有护身保平安的作用。如今，不仅基督徒佩戴十字架，一些非信徒也将十字架作为护身符随身携带。

基督徒除了佩戴十字架的饰物外，还有在胸前划十字的习俗。早在2世纪，神学家德尔图良就说："在日常生活的所有行动中，我们都在前额划一个十字。"① 可见划十字的习俗由来已久。在中世纪，有关划十字的神奇传说不胜枚举：在锁着的门上划十字，门会自动打开；划十字可以治愈疾病；使浑水变清……在战场上，甚至可以用来止血，救治生命垂危的伤病员。

在划十字的方式上，天主教与东正教有所不同。天主教徒划十字通常是用右手从额头划到胸部，然后再从左肩划到右肩。东正教在祈祷时，用两个手指划十字。17世纪的尼康进行礼仪改革时，用三指（含中指）取代原来的两指在胸前划十字，划十字的顺序是自右向左，由下向上地划。有的教派没有这种习俗。

十字架因不同的教派而呈现出不同的形状，大体有四种形式。即四臂等长的希腊式十字架，东正教常用此种。另一种是天主教用的拉丁十字架，它的下臂长于其他三臂。此外，还有呈丁字形的圣安东尼十字架，和呈罗马数字X形的圣安德烈十字架。

五、基督教堂

4世纪，基督教成为罗马帝国的合法宗教后，基督教由地下秘密传播转移到地上的公开传教，信徒人数不断增加，地面上的大教堂很快建立起来

---

① ［美］嘉斯拉夫·帕利钦著，陈雅毛译：《基督简史》，陕西师大出版社2006年版，第112页。

了。大教堂就是主教座堂（Cathedral），它是主教权势的象征。

在漫长的历史中，基督教堂逐渐形成不同的建筑式样，这些风格迥异的教堂以及色彩斑斓的装饰画，充分展现了基督教文化多样化的特点。

1. 巴西利卡式教堂

初期的教堂，大多是在原有的希腊神庙的基础上改建的，但教堂与神庙在用途上有很大的不同。神庙主要是供奉神像的地方，信徒们的祭祀是在神庙外面进行的，因此神庙通常建造的精致玲珑，如雅典娜神庙。而教堂是信徒聚会、做礼拜的场所，需要有很大的容纳空间。因此，早期的基督教堂，普遍采用罗马公共场所如法庭、市场、民众会所等长方形的建筑式样来建造，这种教堂被称为巴西利卡式（Basilica），又称"圣堂"。

巴西利卡式教堂，为东西方向的长方形建筑物，在外面常配有正方形的回廊环绕。高大的石柱将大厅内部划分为三个或五个狭长的部分，中间部分是安放祭坛的地方，其空间要比两侧的大。上方通常是三角形的木结构屋顶，内部墙壁装饰有马赛克镶嵌画。这类教堂主要分布在意大利的罗马和拉文纳地区，拉文纳的圣阿伯什奈小教堂和罗马的圣母大教堂便是其中的典范之作。

圣母大教堂（Santa Maria Maggiore）位于罗马埃斯奎利诺山（Esquilino）顶上，始建于4世纪，是罗马第一座以圣母马利亚的名字命名的教堂，也是一座典型的长方形柱廊大厅式基督教堂。巨大的中殿由40根石柱支撑，顶柱的过梁上方有取材于《圣经》的36幅精美的镶嵌画，这些镶嵌画是5世纪的作品。在西方，很早就有了镶嵌画。所谓"镶嵌画"，就是用彩色玻璃片或着色的大理石块，拼贴成画，直接镶嵌到建筑物的地上和墙壁上。

在以后的岁月里，人们又不断地给圣母大堂补充新的装饰，如13世纪壁龛上的《圣母加冕图》的绘画、15世纪后期建造的镀金的花格平顶，以及从罗马其他地方搬来的许多珍贵的大理石雕像。16世纪，在教堂的正面广场的正门，还竖立起一座埃及方尖塔。

后来随着时代的发展，基督教堂出现了不同程度的繁复变化，但这种简洁庄严的长方形教堂，作为基督教堂的基本模式，却始终没有改变。

2. 拜占庭式教堂

自罗马帝国分裂后，拜占庭（东罗马）帝国便与东正教会日益紧密地联系在一起。东方艺术与基督教精神的相互融合，在建筑式样上产生出具有浓郁东方色彩的拜占庭式教堂。

拜占庭式教堂,大多为砖木结构,以巨大的圆形穹隆为中心布局。在拜占庭风格的教堂里,镶嵌画艺术得到充分的发展。原来镶嵌画大多使用的是彩色石片,此时则用彩色玻璃块,或在无色玻璃的背后包上金箔或镀上银色,这些小玻璃块俗称马赛克,不仅具有更强的色彩感,而且闪烁不定,使整个画面给人一种缥缈莫测的虚幻华贵之感。拜占庭式的教堂,大多不注重外观的设计,但内部装饰却精雕细琢,镶嵌画几乎布满整个墙面,室内的金碧辉煌与外表朴实的石砖结构形成巨大的视觉反差。当人们进入教堂时,犹如从世俗世界来到了神的殿堂,恍然有隔世之感。

圣索非亚大教堂,是拜占庭式建筑艺术的杰出代表。

圣索非亚大教堂(St. Sophia Cathedral),位于土耳其伊斯坦布尔市,原为拜占庭帝国的宫廷教堂、君士坦丁堡牧首的主教座堂。相传始建于325年,是君士坦丁为供奉智慧女神索非亚而建的,后被战火摧毁。532—537年,遵照皇帝查士丁尼一世的旨意,在原来神庙的基础上重建圣索非亚大教堂,使之成为帝国的宫廷教堂。

这座教堂是希腊设计师的杰作。从外面看,教堂整体呈平面长方形布局,中央部分由一个直径33米的巨大圆形穹隆,前后各有一个半圆形穹隆组成。穹隆底部开窗采光,40个窗洞密密排开,教堂两侧有回廊环绕。远远看去,酱红色砂岩砌成的高大墙体、巨大的圆形穹隆,在阳光的照射下熠熠生辉,整个教堂给人以粗犷雄浑的感觉。

进入教堂才看到,这是一个长方形大厅,107根高大的大理石柱子,衬着金叶的装饰,支撑着高56米的拱形圆顶。大厅长77米,分为三个殿,地面全部用白色大理石铺成,这些大理石是从小亚细亚、希腊和意大利运来的,室内的墙壁均饰以精美的镶嵌画和白色的雪花石。

在拜占庭的建筑中,绚丽的镶嵌画取代了古希腊和罗马的雕塑和壁画。圣索非亚教堂的四壁布满了上帝、耶稣、圣母和圣婴的镶嵌画,巨大的穹顶和四周,用彩色石块拼出各种圣经人物和圣经故事,就连密密的格子窗也布满具有浓郁色彩的雕饰。镶嵌画金光闪烁、华美精细,向人们讲述着耶稣基督的故事和教义。正中央的十字架祭坛上面也布满了各种金银珠宝的装饰品,穹顶的中央是巨大的基督像,天使守护在四周。人们走进教堂,就会被这种绚丽的色彩所包围,进入到一个超凡、神圣的精神世界。

圣索非亚教堂后来屡遭毁坏,虽经过多次修复,但始终未能恢复原貌。

1453年，东罗马帝国灭亡，奥斯曼突厥人占领君士坦丁堡。苏丹穆罕默德二世下令，将圣索非亚教堂改为清真寺，并按照清真寺的要求，在四周建起高高的宣礼塔，这就是后来的阿亚索非亚清真寺。1935年，土耳其政府将清真寺改为国家博物馆。1980年，将其中一所经堂重新向穆斯林开放，供信徒作礼拜使用。

3. 罗马式教堂

11世纪，基督教已经成为欧洲人普遍的宗教信仰，罗马教廷的势力达到鼎盛时期。此时，具有古罗马建筑风格的教堂应运而生。罗马式教堂最初出现在意大利，很快传到德国和法国，12世纪后盛行于欧洲各地。

罗马式教堂继承古罗马的建筑风格，用巨大的石块砌成，与外表粗糙、通常用砖、木材建成的拜占庭教堂相比，这种石块建筑给人以庄重沉稳之感。为容纳更多的信徒，教堂采用十字形布局，在中央部分的两边，有侧翼向外延伸，十字形交叉点的上方为一穹顶，上面建有高塔。祭坛设在尽头的半圆弧处，在这里还常建有小祈祷室，供少数人祈祷使用。

此前的巴西利卡式教堂，大多只注重实用价值而忽略外观的设计，罗马式教堂更加注重外表与内部的和谐与统一。首先将原来朴素的平顶，改为拱门式，向上隆起的拱门，增加了教堂内部的高度，给人以崇高之感。此外，拱门形式也更加多样化，除纯罗马式的半圆形拱门外，具有东方气息的三叶形、马蹄形式样，也被运用到教堂建筑上。为了让教堂的外部也给人不同于普通建筑的崇高之感，罗马式教堂增加了高塔，塔是罗马式教堂最显著的特点之一。在教堂主体之外建立高塔，是突出教堂崇高性的必要措施，每座教堂依据各自的需要，建立数量不等的塔，有三塔、五塔甚至七塔之分。

在内部装饰上，罗马式教堂逐渐放弃了浮华的马赛克镶嵌画，而代之以传统的浮雕和壁画。罗马式教堂墙体厚重、窗户开得很小，大片空白的墙壁为画家提供了施展才能的机会。

制作壁画的过程并不是很复杂，但也绝非易事。首先要在墙面上涂一层湿石膏，然后按照准备好的画稿在上面将画作好，等石膏干透了，亮丽的油彩绘画就永久地留在墙上了。这种壁画的特点是平涂上色，因此缺少明暗的对比和色彩的过渡。制作过程虽然看似简单，但需要丰富的经验和娴熟的技巧，必须一次成功，否则就只能将石膏刮掉，一切从头再来。意大利的比萨大教堂是罗马式教堂的代表作。

比萨大教堂（Pisa Cathedral）是意大利罗马式教堂的经典之作。比萨大教堂是一个建筑群，包括主教堂、洗礼堂和钟塔。主教堂始建于1063—1093年间，呈拉丁十字形布局，总长95米。68根高大的科林斯式石柱排成四行，将大厅分隔为五个殿堂，顶部有四层错落有致的券式回廊环绕其上，这是典型的罗马式风格。教堂的外墙用红白相间的大理石砌成，具有独特的韵味。在主教堂前面大约60米处，有一座建于1153年的洗礼堂。洗礼堂为圆形结构，直径54米，穹顶距离地面39米，形式简洁新颖，全部由大理石砌成。一座高3.3米的施洗者约翰的铜像，高高耸立在洗礼堂的圆顶之上。

举世闻名的比萨斜塔，位于主教堂东南20米处，这是一座七层的圆柱形塔楼。塔高56.7米，直径为16米，共有213个拱门，沿294级台阶盘旋而上可直通塔顶，在塔楼的最顶部还有一个小塔。当时，比萨塔是作为主教堂的钟楼设计的，1173年8月开工建造。因在设计时忽略了地质情况，在第三层完工时发现塔身有些许倾斜，虽然采取了将倾斜的一侧垫高的措施，但仍然无法从根本上解决塔基沉陷的问题。由于地基沉陷，比萨塔的建造多次停工，又多次复工。直到1350年，在历经170年之后，比萨塔终于竣工了。此时，塔顶与地面的倾斜距离已达2.1米。

远远望去，比萨达教堂的塔楼似乎要倒下来一样，故名比萨斜塔。1590年，据说著名科学家伽利略在斜塔上做了自由落体实验，比萨斜塔由此而享誉世界。

随着社会的进步，教堂艺术也在发展。当艺术比实用更重要，崇高成了艺术家追求的目标时，哥特式教堂随之出现，并成为当时人们的首选。

4. 哥特式教堂

12世纪后，欧洲经济开始迅速发展，商业的繁荣，催生了璀璨的都市文化。此时，先进的工程技术与新的建筑艺术相结合，出现了一种崭新的教堂建筑风格，这就是哥特式。

哥特式教堂最早出现在法国，后风行整个欧洲。哥特人是日耳曼人中的一支，在中世纪初期曾多次入侵罗马帝国，罗马人称其为"野蛮人"。当哥特式教堂出现时，当年的哥特人早已融入欧洲社会，不复存在了。罗马人将这种源于法国的教堂形式称为"哥特式"，明显地带有鄙视的成分在内。

与庄重典雅的罗马式教堂相比，哥特式教堂更高大、更雄伟、更具有装饰性。

　　哥特式建筑最大的特点就是"高",不是那种高度的堆积,而是一种向上超升的高,给人以一种刺破青天的突兀感。为了达到这种效果,哥特式教堂在建筑结构上做了许多革新。首先,将罗马式半圆形的穹顶,改为尖顶穹隆。支撑穹顶的,不再是一根根憨粗笨重的石柱,而代之以一簇簇轻巧的细柱,似拔地而起的春花,向上飞扬,又似精巧的灯笼,被高高提起。同时将穹顶上的塔加高加尖,高高的尖塔,将细柱上的垂直线继续向天空抽拔,给人一种无穷尽的延伸之感。

　　在哥特式教堂里,连接细柱簇的不是墙壁,而是尖角式的拱形玻璃窗。玻璃窗上面绘满了《圣经》中的人物和故事,用绚丽的图画向人们讲述耶稣的教义。置身于教堂之中,无数高耸的细柱和彩色玻璃窗图画交相辉映,人们恍如进入一座巨大的石林之中。因此,哥特式教堂又有"锦绣森林"之称,也许这正是人们置身其中的一种真切的感受吧。不难看出,构成哥特式教堂的三大要素是细柱、尖窗和尖塔。在这里没有平实的屋顶,没有厚重的墙壁,没有水平线,唯有一根根向上攀升的垂直线条。

　　伴随着哥特式教堂宽大明亮的玻璃窗的出现,为彩色玻璃画的绘制提供了广阔的空间。哥特式教堂的彩色玻璃画色彩浓烈,在阳光的照射下,亦真亦幻,扑朔迷离,产生一种迷幻的效果,从而将人们引领到一个神秘莫测的神的国度里。彩色玻璃画和镶嵌画、壁画虽然形式不同,但都具有同样的功能,就是用简洁的绘画语言,向人们讲述圣经的故事、宣传基督教的教义。因此,这些故事画并不在意刻画人物、整个画面没有立体感、也没有细节的描绘,只是用象征性的手法来表达圣经的内容,揭示出宗教的真谛而已。

　　哥特式教堂有许多杰出的成功之作,大都在北欧和西欧,如法国的巴黎圣母院、兰斯大教堂,英国的威斯敏斯特大教堂,西班牙的托莱多大教堂等。尽管意大利南部坚持原有的传统,拒不接受野蛮的哥特式,但意大利北方还是受到哥特式的影响。建于14世纪的米兰大教堂,既有哥特式建筑的"高",又融入意大利传统建筑的"稳",是两种建筑风格相结合的成功典范。在这些经典的哥特式教堂中,最著名的当属科隆大教堂。

　　科隆大教堂(Cologne Cathedral)位于莱茵河畔,是整个北欧最大的教堂,它始建于1248年,是在一座旧教堂的遗址上兴建的。教堂的建设并不顺利,在中间停建了很长一段时间,直到1842年才重新开工,1880年工期历时 600 年之久的科隆大教堂终于完工。

科隆大教堂占地 6000 平方米，全部由磨光的石块砌成。在正面，有两座与门墙相连的尖塔，塔高 161 米，似两把利剑直刺云端。教堂内部极为宽敞，中央大厅总长 135 米，宽 86 米（包括两旁的侧房），分为五个礼拜堂。中部是巨大的穹窿，距离地面 62 米，支撑教堂的尖状骨架券，给人一种向上升腾的感觉，使进入这里的每个人都会情不自禁地抬头仰望，似乎在仰望无尽的苍穹。教堂内除了框架式的骨架卷外，便是面积达 1 万多平方米的彩色玻璃窗，几乎没有空余的墙面。与那些门厅廊柱上布满绘画和雕刻，充满华美装饰的教堂相比，科隆大教堂如同德国人一样，给人以冷峻素朴的感觉。

科隆大教堂被誉为"哥特式教堂的完美典型"，许多著名的艺术家在这里留下了他们的杰作，如唱诗班回廊上的宗教画是 15 世纪早期的著名画家斯蒂芬·洛赫纳所作，而 11 世纪的木雕《十字架上的基督》，被誉为雕刻艺术中的珍品。二战时，科隆大教堂受到战火的严重毁坏。所幸的是，教堂保存了当年羊皮纸的设计图纸，才使得战后能够将断壁残垣的教堂，修复如初。

作为世界最高的教堂之一，如今的科隆大教堂是科隆市的标志，也是科隆市的象征。

哥特式教堂以高著称于世，为了追求更高，在哥特式盛行的时期，出现了一些称为"石工研究会"的机构，专门研究如何使建筑物更"高"，并解决与之相关的一些技术问题。在此期间，一味地追求高度，以致"高"的艺术取代了实用性，许多建筑成为一种冒险的尝试。由于忽略了材料的承受能力，尽管在结构上和技术上做出种种改进，许多建筑仍然无法继续进行下去，只得中途停工。科隆大教堂和米兰大教堂，在当时的技术条件下，在高度上都达到了极致，可以说这两座大教堂是冒险成功的幸运儿。

到 16 世纪，宗教改革运动兴起。在经历了极度的辉煌之后，罗马教廷开始归于沉寂。盛行数百年的哥特式教堂，由于一味地求高求新，违背了建筑本身的构成要素，也终于走到了尽头。

16 世纪，随着意大利商业都市的迅速发展，一种符合人们新审美情趣的教堂式样出现了，这就是复兴式教堂。

5. 复兴式教堂

当哥特式教堂盛行于欧洲时，意大利除北方少数地区受其影响外，其余地方仍然坚守其古而有之的建筑传统。到文艺复兴之际，人们开始从宗教的禁锢中逐渐解脱出来，文学、艺术、哲学、科学都得到蓬勃发展，教堂建筑在历经浮华和新奇之后，开始回归纯朴的罗马传统，但又有了新的变化，故称"复兴式"。

复兴式教堂更注重整体的协调，呈现出简洁典雅的美，同时在建筑中给艺术家更大的空间，以展现他们的个人创造性。在形式上，复兴式盛行大穹窿，即教堂的上部为一个巨大的半圆形穹窿，这也是古罗马建筑的特点。与抽拔向上、直刺青天的哥特式教堂不同，穹窿本身就呈天空的形状，如苍穹覆盖大地，使教堂内自成和谐的整体。哥特式教堂的"高"挑战人类的智慧，而复兴式教堂的大穹顶，同样是技术上的巅峰之作。

文艺复兴时期留给后世最珍贵的教堂建筑，就是梵蒂冈的圣彼得大教堂。

圣彼得大教堂（St. Peters Basilica）位于梵蒂冈，是中世纪最大的教堂，也是罗马天主教会的中心。它恢宏的气势令世人赞叹，历时120年的建造，使许多著名的艺术家有机会参与其中，在这里留下他们心血的结晶。

圣彼得大教堂是建筑上的杰作，也是艺术的殿堂。

传说，圣彼得教堂的所在地，最早是古罗马的竞技场。在基督教受迫害的年代里，许多基督教徒在这里殉教，他们有的被野兽撕裂，有的被涂油烧死。据说，使徒圣彼得在这里殉教，这里也是圣彼得的墓地。公元1世纪时，罗马主教在此建起一个小圣堂，很快这里便成为信徒们的朝圣地了。

319年，君士坦丁大帝颁布旨意，要在圣彼得的墓地上建造一座纪念教堂。据说在奠基那天，君士坦丁亲自到场，破土开工。公元326年，长方形廊柱式风格的圣彼得教堂建成了。从此，这座纪念圣彼得的教堂，在饱受异族不断入侵的罗马屹立了1000多年。然而，它却无法抵御大自然千年风雨的侵蚀，终于破败凋零了。

1506年，教皇尤利乌斯二世（1503—1513年）决定重建一座圣彼得大教堂，并任命著名建筑师布拉曼特（Bramante，1444—1514年）负责大教堂的全部工作。建设大教堂需要巨额的费用，为此罗马教廷通过出售赎罪券的方式来募集资金。这种做法遭到一些虔诚信徒的反对，后来成为宗教改革运动的导火索。

16世纪，尽管西欧的宗教改革运动如火如荼地进行，但罗马的圣彼得大教堂并没有停工。在长达 120 年的时间里，许多文艺复兴时期和巴洛克时代的著名建筑师和艺术家参与了教堂的建设，其中仅著名的大师级人物就有桑加洛（Sangalo）、拉斐尔（1483—1520 年）、B-佩鲁兹（B-Peruzzi）、米开朗基罗（1475—1564 年）和贝尔尼尼（1598—1680 年）等，他们都曾亲自主持过这一庞大工程的建造。

圣彼得大教堂的建造过程充满了机遇和挑战，也充满了艰辛和汗水。在历时一个多世纪的施工中，共换了 13 任主管，许多人没能看到自己辛勤劳动的成果，就遗憾地离开了人世。由于人员的频繁更迭，致使在如何建成、建成什么式样的教堂等问题上，一直存在着不同的意见。经过数次大的调整和修改后，在无数人的共同努力下，终于铸就了圣彼得大教堂今日的辉煌。

第一位设计师是布拉曼特，他构想的大教堂，是顶部为园弧形结构、大厅为希腊十字形布局的罗马式教堂。希腊十字形的四臂等长，使教堂内部呈现为纵横相等的平面十字形。1514 年，布拉曼特去世，年轻的拉斐尔接替他的工作，拉斐尔将十字形的纵向部分拉长，使之成为拉丁十字形状。六年后，拉斐尔也离世了。接下来的几位设计师们，在设计思路上各有各的想法，在教堂的布局上或主张四臂等长的希腊式，或主张纵臂长于其他三臂的拉丁式。在顶部的设计上，也颠覆了最初的构思，采用当时流行的哥特式尖顶，以取代低矮的弧形穹顶。

1546 年，已届 71 岁的米开朗基罗接手该项工程，他果断地恢复了布拉曼特最初的设想，将大厅改回希腊十字形，随后他将顶部改为罗马式的穹窿结构，他的目的是要建一座真正体现罗马风格的大教堂。为了确保自己的这个设想能够实现，米开朗基罗专门制作了一个模型，让后来的建设者有图可依，不再乱改。经过 18 年艰苦卓绝的努力，他终于将穹窿的骨架完全造好了，当米开朗基罗离开人世时，他没有留下遗憾。他的弟子们遵照他的意愿，将教堂的巨大穹窿建成世界上最大最美的穹窿，成为圣彼得大教堂最大的闪光点。

但教堂大厅的布局，后来还是有了改变。教皇保罗五世（1605—1621年）听取建筑师马代尔纳（Maderna）的意见，将教堂的纵面向东延伸，成纵长的拉丁十字形。至此，大厅的主体基本完工了。

1626 年 11 月 18 日，是原有的旧教堂落成 1300 年的纪念日。这天，教皇乌尔班八世为新的圣彼得大教堂举行了揭幕仪式，这标志着历时 120 年修建的圣彼得大教堂的主体工程已经完成了。但此时的大教堂，还不是我们现在看到的模样，因为在教堂的内部，还是一片空白，等待着后人去装饰和美化。

此时，一位年轻的艺术家贝尔尼尼来到罗马，开始了他在圣彼得大教堂的创作生涯。贝尔尼尼将富丽、精巧的巴洛克艺术融入庄严的圣彼得大教堂，为后人留下了无数精美的雕像、喷泉、钟楼，他为圣彼得墓设计的华丽天盖为世人称道。环绕教堂两侧的弧形长廊的顶部，矗立着162座雕像，其中20余座为贝尔尼尼亲自制作的珍品，其余则是在他的指导下，由学生们完成的。贝尔尼尼为圣彼得大教堂所做的装饰，开创了一个新的艺术流派——巴洛克艺术。

由于贝尔尼尼的加入，圣彼得大教堂才有了今日的风采，在庄严中拥有一些华美，在典雅中透出一丝纤巧，它是罗马复兴式建筑和巴洛克艺术巧妙融合的光辉典范。

圣彼得大教堂，不仅是一座雄伟的建筑，也是珍贵的艺术宝库。在大教堂的四周，布满了历代大师们的雕塑，在入口处的小教堂里，有米开朗基罗的名作《圣母哀悼耶稣》，这是他最感人的作品之一，也是他唯一署名的一件雕塑作品。1409年创作它时，米开朗基罗只有22岁。12世纪时，著名雕塑家阿诺尔福·德·坎比奥（Arnolfo di Cambio）的一尊圣彼得的青铜雕像，其脚部由于长久被人们亲吻，已经磨去了一大半。

今天，由米开朗基罗设计的圣彼得大教堂的巨大圆顶，仍然控制着罗马城的天际线。

圣彼得大教堂已经超越了宗教的意义，不仅是梵蒂冈的象征，也是罗马城标志性的建筑。

17世纪后，欧洲进入启蒙时期，以基督教为中心的时代已经过去了。君主们不再热心建造高大雄伟的教堂了，而热衷于经营自己富丽堂皇的宫殿。迎合王公大臣们虚荣浮华心理的巴洛克艺术，从此风靡整个欧洲。

6. 斯拉夫式教堂

东正教在教堂的建筑上，除了采用拜占庭的式样外，还发展出具有鲜明民族风格的斯拉夫式教堂。位于莫斯科红场的圣瓦西里升天大教堂就是其中的典型。

圣瓦西里升天大教堂（Cathedral of St. Wasil Blazhenny）建于1555—1561年，是伊凡四世为纪念兼并喀山汗国而建的。该教堂全部由俄罗斯建筑师设计建造，具有独特的俄罗斯风格。后来因有一位名叫瓦西里的修道士在此苦修至死，故被称为圣瓦西里升天大教堂。

圣瓦西里大教堂，并不是一座单一的教堂，而是俄罗斯最著名的东正教堂建筑群。它的布局极为巧妙，将九座教堂有机地连接在一起，中间一座较大，其余八座小教堂高低不一地环绕在大教堂的四周。九座教堂都建有高大的塔楼，其中以大教堂的塔楼为最高，从地面到尖顶高达 47 米。各教堂的塔楼有螺旋形和菱形等不同的样式，而顶部像葱头一样的圆顶，则是典型的俄罗斯风格。每座教堂上的葱头圆顶，分别饰以不同的花纹，有的是红白相间的水平条纹，有的是黄绿交错的网状花纹，还有凸凹的蓝白直纹等，只有中间最高的圆顶是金黄色的，在阳光的照射下，发出耀眼的光芒。

教堂整体用红砖和白石砌成，九座教堂下面地基相连，上面廊道相通，浑然一体，内部则饰以具有民族风格的壁画。整座建筑独特华美，被视为俄罗斯民族建筑艺术的珍品。

此外，建于 13 世纪的克里姆林宫也是俄罗斯建筑风格的典型代表。

位于莫斯科市中心的克里姆林宫（Kremlin），集教堂和宫殿为一体，是世界上最杰出最壮美的建筑群之一。"克里姆林"一词在俄语中的意思是"城堡"。在中世纪的俄国，每个市镇都建有自己的城堡，但以莫斯科城堡最为著名。

克里姆林宫位于莫斯科河与涅格林纳河的交汇处，这里原是苏兹达里大公国的一部分。1156 年，大公尤里·多尔格普鲁基（yuri Dolgorukiy）下令，在这里用木头建造了一个小城堡，这就是最初的克里姆林宫。1238 年，入侵的蒙古人将它夷为平地。

如今的克里姆林宫是 13 世纪修建的，后来经过多次扩建，到 15 世纪，莫斯科已经成为罗斯最有权势的城市了。为了彰显莫斯科的重要地位，也为了更好地抵御外敌的入侵，伊凡三世聘请多名意大利建筑师，来此扩建城堡，加固防御工事。意大利人将文艺复兴时的建筑风格与俄罗斯传统形式结合起来，建造了许多至今犹在的著名建筑。

建于 1475—1479 年的圣母升天大教堂，是历代沙皇举行加冕典礼和隆重仪式的地方，装饰在教堂顶部的五个金色葱头式穹顶，在阳光下熠熠生辉。

1489 年建的报喜大教堂，后来在 16 世纪 60 年代重建。重建后的报喜教堂，将原来的五个圆顶增加到九个，而且全部都镀了金，因此又称金色圆顶教堂，这里是皇家教堂，是皇室子弟做日常祈祷、接受洗礼、举行婚庆大典的地方。而白石建成的天使长圣米迦勒大教堂，则是彼得大帝迁都之前历代莫斯科大公和沙皇的墓葬地，这里共有46座皇陵。

克里姆林宫总体呈不等边三角形，占地面积36公顷。三角形的周边环绕着红砖砌成的宫墙，宫墙总长2.3公里，20座塔楼分布其上。有五座塔楼的顶上装有大小不一的红宝石五角星，红光闪烁，昼夜可见。其中尤以斯巴斯基塔楼上的为最大，五角星的每个角相距3.7米，据说总重量达3.7吨以上。1625年，又在塔上安装了巨大的自鸣钟，仅短针就重30多公斤。自鸣钟每15分钟便敲响一次，悠扬的钟声在莫斯科的上空久久回荡。

17世纪，克里姆林宫内增建了特里姆宫和主教寝宫。18世纪初期，尽管彼得大帝将首都迁到圣彼得堡，但克里姆林宫的建设并没有停止。1812年，开始建造大克里姆林宫，它是整个克里姆林宫的主体宫殿，于1849年竣工。1918年，列宁选定克里姆林宫做为国家的政治和行政中心，莫斯科成为苏联的首都。

20世纪后，克里姆林宫内增添了议会宫等几幢新的大楼，议会宫面积为40万平方米，内有800套房间，以及一个拥有6000个座位的大会堂和一个大宴会厅，宴会厅可容纳2500人同时就餐。

1991年后，克里姆林宫成为俄罗斯联邦总统的官邸。如今，整个城堡中有三分之二的地方是政府机关的所在地，而其余未被占用的部分则向公众开放。

基督教堂式样的变化，是时代发展的产物，但新式样的产生并不代表旧式样的消亡。长期以来，不同艺术式样的教堂建筑经常会交互重叠地出现，并没有十分明确的时间划分。就总体而言，西欧的教堂以罗马式和哥特式为主，东欧则以拜占庭式和斯拉夫式为主。到了现今时代，在一个城市里经常会建造出各种不同风格的教堂，罗马式、哥特式、巴洛克式、希腊式建筑一起竞放异彩，壁画、雕塑、镶嵌画、彩色玻璃画各自争奇斗艳，教堂文化与世界文化一样，呈现出多样化发展的趋势。

六、拜占庭艺术

拜占庭艺术是指拜占庭帝国时期的建筑样式、教堂里的镶嵌画、圣像画等装饰艺术。由于拜占庭位于罗马帝国的东部，因此拜占庭艺术吸收了许多东方的文化元素，具有与西部教会不同的特点。

在查士丁尼（527—565年）统治时期，兴建了许多新的教堂，使拜占庭的镶嵌画艺术达到顶峰。拉文纳大教堂里的镶嵌画，是拜占庭镶嵌画艺术中的珍品。

在意大利北部城市拉文纳的教堂里，保留着两副巨大的镶嵌画长卷，分别描绘了查士丁尼大帝及王后西奥多拉，带领众多随从，由教堂两侧向祭坛缓缓行进，出席教堂宗教仪式的场景。在《查士丁尼及其随从》的画面里，身材颀长的查士丁尼大帝在主教、神父及士兵的簇拥之下，人物表情矜持庄重，反映了当时拜占庭皇帝与教会和谐的关系，突出了皇帝的高贵与尊严，给人以神圣永恒之感。而在《西奥多拉及其随从》的画中，图面使用大块白色、黄褐色、绛红色等浓烈的色彩，结合小块的金色，来展现皇后及宫女们华贵靓丽的服饰。整个画面明暗浅淡、疏落有致，雍容而不失典雅。

具有浓郁东方情调的拜占庭镶嵌画，很快得到西方人的喜爱，许多天主教堂里也留下拜占庭镶嵌画的精品。镶嵌画艺术对西方教会的影响，一直持续到15世纪。

在意大利的西西里岛上，有一座建于12世纪的蒙雷阿勃大教堂。在这座教堂里，一幅巨型镶嵌画"宇宙的主宰基督、圣母、圣婴和圣徒"，从穹顶一直延伸到地面。基督位于最高端，好像自教堂的顶部向下俯视着前来朝拜的信徒们，给人以威慑和震撼之感。这幅画是留存不多的镶嵌画中的杰作。

圣像画也是拜占庭艺术的一个重要内容。拜占庭时期，圣像不仅要表现出耶稣基督的真与善，也极力追求形式上的美。对于什么是耶稣的真实形象，神学界一直有许多不同的解释和争议，但在8世纪时，终于达成了共识。此时，天主教会废止了禁止用人的形象来表现圣母、圣子的禁令，认为采用人的形象来作为耶稣的真实形象是可行的，也是必须的。但是，这并不是说画家就可以随心所欲的创作圣像画了，教会对绘制圣像画有严格的规定，如同佛教对佛像有诸多要求一样。

耶稣的早期画像经常以一个青年牧羊人的形象出现。在拜占庭时期，可能由于宫廷里的官员都蓄有胡须的缘故，此时的耶稣画像也有了胡须，并有了固定的形象。11世纪，希腊达夫内修道院里的一幅耶稣的镶嵌画成为标准的圣像。这幅由拜占庭画师所画的耶稣像，是一个东方人的形象：

清瘦的脸庞、黑色的小胡须，一双忧郁的黑眼睛，黑色的长发从头顶中间分开。后来，这个形象一直为整个基督教会所承认。直到20世纪，才有人画出新的耶稣像。

埃及人对埃西斯（Isis）女神的崇拜，也曾经流行于罗马帝国。埃及人常将埃西斯画成母亲的形象，她的孩子就坐在她的腿上。后来，这个姿势成了圣像画中圣母马利亚和圣子耶稣常用的模式。

拜占庭艺术中的圣像画绝非现实生活中真人的翻版，在所有圣像画中，人物的大小是根据其精神等级来确定的。因此，受尊崇的人和物都比实际的要大很多，其最终目的是要将人们的视线集中到一个非现实的、超越世俗的基督身上。拜占庭艺术的宗旨是为了宣传基督教的教义，并不是要反映现实生活中的真实情景，由此造成拜占庭艺术与现代绘画的根本区别。

由于拜占庭绘画艺术深受宗教的制约，为了达到神圣而尊严的效果，绘画中的人物缺少灵动和活力，整个画面显得僵硬和呆板。西方学者一直对拜占庭的绘画艺术持批评态度，他们认为拜占庭绘画抛弃了希腊人创造的现实主义的写实手法，是一种艺术上的倒退。11世纪后，基督教在欧洲取得全面胜利，将古代雕塑和石造建筑结合在一起的罗马式教堂，开始在欧洲各地兴起，拜占庭艺术逐渐退出欧洲，但仍然在东方流传。

拜占庭帝国灭亡后，俄罗斯帝国继承了拜占庭艺术，聘请众多的希腊人到俄罗斯建造新的教堂。拜占庭的镶嵌画也传到了俄罗斯，据说至今俄罗斯教堂里的圣像画，仍然是拜占庭时期的模样。尽管深受拜占庭艺术的影响，但在长期的发展中，俄罗斯人民将拜占庭艺术与自己的民族传统有机地结合起来，逐渐形成独具特色的俄罗斯风格。

七、教堂音乐

基督教最初是从犹太教中分离出来的一个新教派，无疑深受犹太文化的影响。早在大卫王时期，犹太人在举行宗教仪式时，已经使用古竖琴、木萧、喇叭、羊角号等器乐来演奏，信徒分高低音两个声部颂唱《诗篇》中的赞美诗。早期的基督教会，在举行宗教仪式时，也采用音乐的形式来增加仪式的气氛，激发信徒的情绪，以达到强化信徒宗教信仰的目的。

基督教早期音乐还受到近东和希腊文化的影响，耶路撒冷的基督徒在耶稣受难日仪式上，会用两种语言（希腊语和拉丁语）来对唱赞美歌。4世纪，米兰主教安波罗斯（？—397年）创作了赞美诗《永恒的造物主》

和《救世主降临》，对后世的赞美诗创作产生了重大影响。386年，在安波罗斯的主持下，教堂开始按照近东基督教徒创作的圣歌曲调来演唱赞美诗，赞美诗《哈利路亚》已在基督教堂里广为传唱。

5世纪初期，出现了用拉丁语创作的新的赞美诗，此后新的赞美诗不断问世。而此时，罗马的基督徒在礼拜时，已经用领唱、轮唱、分部合唱和多部合唱等各种形式来演唱圣歌了。

6世纪时，基督教的教堂音乐已经形成，此时的教堂音乐成为西方音乐史上最初的音符。因为在那个时代，除了教士之外，几乎所有的人都是文盲。

教皇格列高利一世在位期间，积极搜集教堂圣歌，创立了教堂仪式音乐。他还在修道院里创建唱歌学校，使之成为修道院活动的一部分。中世纪教堂最古老的音乐是"平咏"（plainsong 或 plainchant），亦称"格列高利咏叹调"或"圣咏"，这是一种单调性的音乐。当时举行大弥撒时，大部分经文要配上乐器咏唱，成为专用的弥撒曲。约650年左右，教堂音乐开始传入北欧。

8世纪，德国、法国和英国的教堂里都出现了格里高利圣歌合唱团，许多地方的修道院里建立起圣歌学校。查理曼大帝在位期间，在修士阿尔琴的辅助下，提倡圣歌的纯正和统一。此时，表现曲调的一般节奏，以及曲调和歌词之间关系的音符已经出现。9世纪，在古希腊调性的基础上，形成教堂圣歌的12种调，后来演变为大调和小调。约980年，英国曼彻斯特修道院里拥有了一架有400个声管的管风琴。

起初，教堂歌曲的歌词都选自《圣经》，这些歌被称为经文歌（motet）。经文配上器乐可以成为单独的作品演唱，有些曲调是固定的，只是在不同的仪式中配上不同的经文。后来出现了大量用希腊文和拉丁文创作的赞美诗，15世纪后赞美诗逐渐取代了经文歌。

1026年，法国音乐家吉多·阿雷佐采用四线记谱法，多声部音乐逐渐取代了单调的格列高利圣咏。1170年，巴黎大教堂的唱诗班用两种不同旋律交织成两种声音来演唱弥撒曲，这是对位法的首次应用。而此时的拜占庭音乐，也将赞美歌发展为用拉丁语和罗马语轮唱的形式。

到12世纪后期，尽管仍有一些地区性的差异，但天主教的教堂仪式已经基本定型。此时的教堂音乐按希腊曲调分为四个主调和四个副调，即高雅的多利安调、平和的弗吉尼亚调、哀婉的昌底亚调和奔放的米柯米底亚调，并有了固定的多部弥撒曲。此外，除了拉丁语歌曲外，还出现了德语的赞美歌。对许多信徒来说，他们可能根本听不懂神父用拉丁语所做的布道，但是隆重的场面、庄严的仪式会使他们震撼，恢宏的音乐会感化他们的心灵，从而让教堂仪式深深地留在所有信徒的记忆中。

约1200年，英国出现了"三声部对位创作法"，同旋律的四声部经文歌风行一时。14世纪，为了避免宗教音乐世俗化，教皇下令在教堂音乐中禁止使用多声部对位法。

教堂和修院的圣歌最初都是口耳相传，细节上的差异在所难免。直到11世纪，本笃会修士圭多（Guido of Arezzo，约990—1050年）首创五线记谱法，即用四条线标出三度音程，再用字母标示谱号；在线上、线与线之间的空隙处标出音符，由此确定音高之间的固定关系。五线谱的发明，使人们可以凭借精确的线谱，演奏复杂的音乐。从此，音乐跨越了时空、成为没有国界的语言，在世界各地广为流传。

有了五线记谱法，中世纪的教堂音乐被准确地记录下来。如今，据说有超过3000首天主教平咏曲调仍然保留下来了，这是中世纪欧洲以及文艺复兴时期教堂音乐创作的基础。一些音乐成为不朽的经典，在今天的圣礼中仍然可以感受到它们的韵律。

教堂音乐也为中世纪的作曲家提供了施展才华的空间，出现了许多具有不同曲调和旋律的作品。在仪式中，每首乐曲都具有独特的意义，在教堂仪式中发挥着重要的作用。15世纪后，弥撒曲逐渐成为罗马天主教的主要音乐形式。16世纪初，一种特殊的弥撒曲——安魂曲（Requiem）问世了。起初，这种曲式并没有引起人们的注意。直到18世纪末期，天才音乐家莫扎特（Mozart，1756—1791年）受人之托，写出著名的安魂曲后，这一题材才受到重视。据说当安魂曲写完后，莫扎特已经耗尽了全部的心血，他筋疲力竭，当晚便以年仅35岁的生命告别了人世。

此后，许多著名的作曲家都创作了具有不同风格的安魂曲，其中著名的有柏辽兹（Berlioz，1803—1869年）的长篇安魂曲，威尔第（Verdi，1813—1901年）充满激情的安魂曲，以及李斯特（Liszt，1811—1886年）动人心弦的安魂曲。许多作曲家还为复活节仪式谱写《耶稣受难曲》，这种多声部的大合唱，在复活节那天会响彻所有教堂的上空，在辽阔的夜空长久回荡。

第八章 宗教改革运动

16世纪初期,在欧洲文艺复兴思想的影响和推动下,在欧洲掀起一场轰轰烈烈的宗教改革运动。这场席卷整个西欧和北欧、持续百年的宗教改革运动,从根本上动摇了天主教一统欧洲的局面,形成天主教和新教在欧洲的新格局,对欧洲历史的发展进程产生了深远的影响。

一、宗教改革运动的背景

"宗教改革运动"是历史学家对16世纪发生在欧洲的一系列反天主教活动的总称。从表面上看,宗教改革运动的起因出于一个偶然事件,即教皇出售"赎罪券"盘剥百姓的行为,激起人们对腐败保守的天主教会的反抗。实际上,该运动的兴起有极为复杂的原因,与当时欧洲的政治、社会、经济、宗教状况密切相关,它是各种因素相互缠绕,相互纠结、相互影响的结果。

13—15世纪,凭借着优越的地理位置、发达的制造业以及与欧洲、拜占庭和伊斯兰帝国之间利润丰厚的海上贸易,意大利成为欧洲最富庶的地区。在威尼斯、佛罗伦萨、罗马和乌比诺等大城市,出现了由富裕商人和银行家组成的新兴商人阶层。他们掌握着城市的经济命脉,积极参与政治,开始跻身于上层社会,拥有了与王公贵族、教皇和枢机主教们平等的地位。这些有钱有闲的商人们,追求奢侈豪华的生活,为了体现人生的价值,他们逐渐将目光从神的身上转移到人的身上,他们更加关注的是人的独立性和创造性,是人今生的享乐而非来世的幸福。在他们的倡导下,人文主义思想开始在意大利出现。

15世纪,在奥斯曼人的武力威胁下,拜占庭帝国已经气息奄奄,许多希腊学者逃离拜占庭,来到意大利。他们随身带来了大批古代的文献,其中对人的命运、对宇宙万物不懈探索的希腊哲学，崇尚自由和人性的希腊文学艺术，都极大地推动了意大利人文主义思想的发展。此时期，在意大利涌现出一大批具有人文思想的文学家和艺术家，意大利的文学艺术达到空前繁荣，后世称之为"意大利文艺复兴运动"。

15世纪中期，德国人约翰·古腾堡（1397—1468年）发明了活版印刷术，有力地推动了欧洲文明发展的进程。滚筒印刷机的使用，让文献的大量复制成为可能，而文字印刷物的出现，将文艺复兴的思想迅速向欧洲内陆地区传播。然而，在向西北欧传播的过程中，该运动的特性悄然发生了变化。

在意大利，文艺复兴运动反映了新兴阶层的情趣、爱好和品味，主要体现在文学和艺术领域如建筑、绘画、雕刻等方面。在文艺复兴时期，虽然西北欧也出现了像塞万提斯（1547—1616年）、莎士比亚（1564—1616年）这样的文学巨匠，出现了丢勒（1471—1528年）、伦勃朗（1606—1669年）这样的知名画家，但西欧人文思想的复兴更多地表现在宗教方面，在这里它是以宗教改革的形式展现出来的。

15世纪后半叶，西欧各国已经进入由封建制向资本主义的过渡阶段。各国经济有了很大发展，新兴的资产阶级开始出现，随着阶级关系的变化，英、德、法、意、西班牙等民族国家已经形成，普通民众有了民族的意识和观念，民族主义的思想开始萌芽。

1418年召开的康兹坦斯宗教会议，结束了罗马教廷和阿维尼翁教廷对峙的局面，天主教重新获得统一。尽管此时的天主教会，已经失去了最高的权力和至尊的地位，但仍然自视为欧洲人民的精神统治者。欧洲三分之一的土地仍然掌握在罗马教会手中，教会不仅不向各国缴纳税款，而且继续要求各国缴纳什一税和各种赋税，这引起各国君主和百姓的强烈不满，各国政府与教会的矛盾日益尖锐化。

为了维护本国的利益，一些强势的君主如英王亨利八世（1491—1547年）和法王弗朗索瓦一世（1515—1547年），都采取强硬措施来摆脱教会对他们的控制，并将本国的教会置于自己的掌控之下。但此时的德国依旧处于王权衰微、诸侯林立的涣散状态，教会乘机肆意盘剥百姓，终于激起了民怨。

16世纪初期，宗教改革运动首先在德国拉开了序幕。

二、宗教改革运动的先驱者

虽然宗教改革运动发生在 16 世纪，但早在 14 世纪，教会内部的有识之士已经看到教会的种种弊端，提出了尖锐的批评。但是，当时的教皇们忙于权力的争夺，不仅听不进这些忠告，还将他们定为"异端"，加以残酷的打击和迫害。但公正的历史，不会忘记这些改革的先驱者。

1. 约翰·威克里夫

在欧洲，最早提出教会改革思想的人是英国教士约翰·威克里夫（John Wycliffe，1328—1384 年）。他出生于英格兰的约克郡，是牛津大学的神学教授，曾担任利奥尔学院的院长，在相当长的时间内，他一直遵循正统教义。1369 年，威克里夫担任英王爱德华三世的神父。1374 年，他曾作为英王的代表，就英国教会神职人员的任免权问题与罗马教皇代表谈判，但没有取得任何结果。

1376 年，威克里夫开始直言教会的腐败。他在牛津大学做了一系列"论公民的统治权"的讲演，要求教会进行改革。首先，他反对教权凌驾于王权之上，反对教会专权，认为各国教会应当由所在国的君主辖制，教皇不必插手各国的教务。其次，他认为财产是罪的结果，反对教会拥有财产，反对教廷向各国征税。此外，他极力反对繁复的宗教仪式，特别反对"化体说"，反对将圣体礼神化，认为举行圣体礼时，信徒们吃饼、喝酒，基督的精神就体现在饼和酒中，无须神父来将其神化。

威克里夫所处的时代，正是英法百年战争（1337—1453 年）时期。1360 年，法军被迫签订停战协定，将法国西南部的大片土地割让给英国，英国在第一阶段取得了胜利。正当英王爱德华三世（1327—1377 年）踌躇满志，不可一世之时，威克里夫提出反对罗马教廷干涉他国王权的主张，无疑从心理上迎合了具有扩张野心的英国王室，所以很快得到许多英国上层人士的支持。

但是，威克里夫的这种具有某种民族主义思想的主张，在罗马教皇看来却是一种大逆不道，教皇格列高利九世谴责威克里夫讲学中的反教会观点，将他召到一个由主教组成的法庭受审。此时，英王出面保护了他，牛津大学也拒绝承认教皇对大学教师拥有司法权，从而使威克里夫免遭更多的迫害。

1378—1379 年，威克里夫继续写文章批判教会，提出国王是上帝的代表，主教应当服从国王的主张。威克里夫倡导恢复原始基督教精神，认为信徒应以《圣经》为最高权威，而非教皇和教会。为了便于国人研习《圣经》，威克里夫将《圣经》译成英文。他还建立由下层牧师组成的"贫苦祭司"僧团，在英格兰各地宣传他的主张，由此形成了威克里夫派。当一些英国贵族谴责该派的巡回传教士时，遭到了众议院的抵制。因此，威克里夫在英国没有受到任何的迫害。1384年，他在路特沃尔兹去世。

但罗马教廷从来没有忘记他，在威克里夫死后多年，罗马教廷还是不肯饶恕他。

1414年，为了解决当时日益严重的教会分裂局面，罗马教廷在德国的康兹坦斯召开宗教会议。会上除选举新教皇外，还缺席审判了威克里夫，并通过一项法令。法令要求焚烧威克里夫的著作，将威克里夫的遗骸掘出焚毁，足见教廷对他的切齿之恨。新当选的教皇马丁五世，下令执行了这项法令。

威克里夫宗教改革的思想，很快流传开来，对后来的宗教改革运动产生了深刻的影响。

因此，威克里夫被尊为宗教改革运动的先驱者。

2. 胡斯和胡斯运动

威克里夫去世后，他的改革思想得到迅速传播，即使处于欧洲中部的波希米亚（现捷克）也能听到类似的改革呼声。20年后，一个名叫约翰·胡斯（Jan Hus，1373—1415年）的神父在布拉格的讲台上发表了一系列反对教会的演说，提出了许多与威克里夫相同的见解。

胡斯出身于农民家庭，在布拉格大学毕业后留校任教，曾担任文学教授、哲学神学系主任。1402年，胡斯就任布拉格大学校长，并兼任布拉格伯利恒教堂的教士。

与威克里夫一样，胡斯维护本民族的利益，反对德国封建主和天主教廷对波希米亚人的盘剥。他主张将教会的土地收归国有，恢复教会的清贫本色，主张用本民族的语言传教和举行宗教仪式。他认为在举行圣体礼时，平信徒应当与神职人员一样，酒饼同领。更重要的是，他与威克里夫一样，否认教皇的最高权威，认为各国的教会应当服从本国的世俗政权。

1412年，胡斯号召布拉格市民举行游行，反对教皇出售赎罪卷。当游行队伍遭到当局的镇压后，胡斯离开了布拉格，继续在郊区宣传他的思想。尽管胡斯的行为得到波希米亚国王的支持，但罗马教会不肯放过他。1414

年，罗马教廷在康兹坦斯召开宗教会议时，要求胡斯到会接受审讯，德皇以保证其人身安全为承诺，将他诱骗到会议上。然而，当胡斯刚一走进会场时，便立即遭到逮捕，被关入多明我修会的地牢里。在此，胡斯作为异端受到了审讯，但他拒绝收回己见。

1415 年，罗马教廷以异端罪将胡斯判处死刑。同年 7 月 6 日，胡斯在康兹坦斯广场被烧死。为了防止有人收藏胡斯的骨灰，他的骨灰被撒入滔滔的河水中。第二年，他的同事罗姆，也死于火刑。胡斯的死，掀起民众极大的愤慨，在波希米亚爆发了一场真正的革命。从斗争的本质上讲，这是一场反对德国封建主和天主教廷的民族解放战争，史称"胡斯战争"。

1419 年，波希米亚爆发胡斯派起义。1420 年，教皇马丁五世宣布组织"为扑灭波希米亚的威克里夫派、胡斯派及其他一切异端的十字军"。第一次十字军包围了布拉格，但在义军的奋勇抗击下，十字军没有攻下城池，只得狼狈收兵。此后，罗马教廷又组织了三次十字军来征讨胡斯派，但均以失败而告终。

聚集在宗教改革旗帜下的胡斯派，其成员的构成极其复杂。1422 年，胡斯军击败第三次十字军进攻。随后，由于阶级地位的不同，加之缺乏强有力的领导者，胡斯派内部产生分裂，出现了激进派和温和派的对立。

胡斯战争中的激进派，由农民、手工业者和城市平民代表组成，他们以捷克南部的塔波尔（Taber）地区为活动基地，故称"塔波尔派"。塔波尔派主张建立共和政体，要求废除等级制，将土地分给农民，使"耕者有其田"。其中一些人甚至已经具备了原始共产主义的思想，提出"取消国家，废除私有制"的口号。他们在捷克民族英雄简·齐斯卡（Jan Zizka，1376—1424 年）的率领下，三次击败德皇和教皇组织的十字军的进攻。齐斯卡自幼一只眼失明，在战斗中，他的另一只眼睛不幸被流箭射中，但齐斯卡不顾双眼失明和死亡的危险，仍然坚持指挥战斗。

敌人残酷的镇压，令队伍中一些富裕的中等阶层人士感到恐慌，他们担心自己的利益受到损害。这些人的要求较为简单，只要将奴役他们的德国贵族赶出去、建立属于本民族的教会、在举行圣体礼时平信徒和教士同领酒饼就可以了。故该派被称为"酒饼同领派"，也称"圣杯派"，他们是胡斯战争中的温和派。

1433 年，在巴塞尔宗教会议上，罗马教廷允许波希米亚教会保留自己具有民族特色的宗教仪式，此时的圣杯派与罗马教廷达成协议，与教皇结成同盟，将矛头共同指向了塔波尔派。1434 年，由于叛徒告密，圣杯派在里滂（Lipan）战役中打败了塔波尔派。

至此，历时 15 年的胡斯战争结束，但剩余的塔波尔派仍然坚守在基地塔波尔城。

1452 年，塔波尔城最终被攻陷。

尽管欧洲要求教会改革的呼声一直不断，但直到 16 世纪才终于在德国引爆了大规模的宗教改革运动。

三、德国的宗教改革运动

1. 16 世纪德国的现状

"神圣罗马帝国"虽然号称帝国，但自腓特烈二世后，便再也没有建立起统一的强权政府。哈布斯堡王朝的君位就在几个家族之间轮回，皇帝徒有虚名，仅靠政治婚姻拉拢几个诸侯，勉强维持着统治。

到 16 世纪，神圣罗马帝国的疆域已仅限于德意志境内了。在大大缩小了的国土范围内，除了皇帝和七位选帝侯外，德意志境内还有十几个大诸侯、200 多个小诸侯，外加近千个骑士领地。也就是说，除王国之外，还有众多的诸侯国、城市邦国和教会城市。此时，尽管国家仍处于分裂的状态中，但德国的经济已有了迅速发展的势头。然而，政治分裂所产生的复杂的人际关系和利益集团，严重地制约了经济的发展。

由于诸侯林立，王室衰微，德国无法像周边的英、法等国那样，采取强硬措施打击罗马教会的控制与盘剥，致使天主教会的教士们在德意志境内任意肆虐。他们除了在德国征收巨额的税款外，还巧立名目用各种方式搜刮百姓。他们告诉信徒，只要购买教会发行的"赎罪券"、"圣物"、到圣地朝拜以及向教会捐款捐物，就可以使罪得到赦免，成为主所爱的人，并能免受炼狱之苦长达 2000 年。

罗马教会的这些做法，使德国农民和城市贫民不堪重负，导致国内矛盾激化，农民起义不断，宗教改革在德国一触即发，成为偶然之中的必然。

2. 马丁·路德的宗教改革

德国的宗教改革似乎起源于一个偶然的事件和一个默默无闻的教士。

1517 年，教皇利奥十世（1513—1521 年）委派勃兰登堡大主教阿尔伯特，为修建圣彼得大教堂筹措巨额资金。很快，大主教便派遣下属向德国的普通老百姓出售"赎罪券"，出售"赎罪券"是当时罗马教廷聚敛财富的一种手段。教会声称人们只要购买"赎罪券":"当你死的时候,所有的罪将被赦免……天堂的大门将向你敞开……"而这种做法,引起了一个人的思考,这就是马丁·路德。

(1) 点燃宗教改革之火

马丁·路德(Martin Luther,1483—1546年)出生于德国东部的一个偏僻小村里,其父是个小矿场主,靠开炼铁厂维持全家生计。他在大学获得学士和硕士学位后,出家到圣奥古斯丁修道院虔心修学。取得神学博士的学位后,路德被提升为副主教,在北方的维登堡(Wittenberg)大学任神学教授。

灵魂如何得救是基督教的核心教义之一,马丁·路德对《圣经》和圣奥古斯丁的神学著作进行深入研究,并经过深刻思考后,他在保罗"因信称义"思想的基础上,提出了自己"因信称义"的神学理论。他指出"灵魂称义不因任何行为,只因信仰"。也就是说,只有靠虔诚的信仰,才能拯救灵魂,灵魂才能得救。路德认为"灵魂得救"与教会宣扬的"圣礼得救"或"善功赎罪"没有直接的关系,由此否定了教会的神圣性和权威性。因信称义的思想后来成为路德宗及宗教改革中新教各派的基本信条。

由于路德对教会出售赎罪券有深刻的认识,所以当教会再次用这种方法来聚敛财富时,路德十分气愤,他认为对这种违背基督教信仰的错误做法,有必要通过辩论来澄清是非。于是,路德写出了一张大字报。

1517年10月31日夜晚,路德将《关于赎罪券效用的辩论提纲》贴在维登堡教堂的大门上,这是当时进行神学辩论通用的做法。由于提纲中列举了95条,所以简称为《九十五条论纲》(95 Theses Spoke)。

在论纲的第1条中,路德明确指出:"教皇不能赦免任何罪,而只能宣布并肯定罪已经得到了神的赦免。"他认为只有神是最高的权威,从而否定了教皇的至尊地位。在第67条中,他尖锐地抨击出售赎罪券的行为,认为赎罪券不是神最大的恩典,而是教会最大的牟利工具。路德在文章中提出信仰得救的思想,指出只要虔诚信仰基督,真诚悔改,即使不买赎罪券,同样可以得救。而用金钱购买赎罪券的荒谬做法,只能增强人们贪婪的欲望,这完全不符合基督教信仰的要求。

这份直接指向罗马教会的公开信,是用拉丁文写的,但很快就被译成德文。印刷机将其印成小册子,散发到各地,在不到一个月的时间里,路德的论纲就传遍整个德国、并传播到其他国家。路德的思想得到广大民众的热烈拥护,由此拉开了欧洲宗教改革运动的序幕。

起初,教皇利奥十世只将此事当作"修士们之间的争吵",因为这在当时属于正常的争论方式。神学上的争论虽属平常,但路德在反对出售赎罪券的背后却明显地将矛头直指教会,似乎有反教会的倾向。因此,教皇要求路德自己收回《信纲》,但遭到路德的拒绝。1518年,路德写出《解答》一文为自己进行辩护。随后,教皇召路德到罗马说明问题。

路德本人是虔诚的基督教徒,谦卑谨慎的教士,他对教会的做法虽然有意见,但并没有与教会决裂的意图。在德国诸侯的调解下,路德改去奥格斯堡面见枢机主教卡耶坦(Cajetanus)和教皇特使,双方表示了和解。但此时,罗马教廷里的强硬派代表、著名神学家约翰·艾克(Johannes Eck,1486—1543年)却要求与路德进行公开辩论。1519年,路德到莱比锡参加宗教辩论会,虽然路德充分地宣传了自己的主张,但能言善辩的艾克取得了辩论的最终胜利。

1520年8—9月,路德发表了著名的三大论著《致德意志基督教贵族的公开信》《论教会的巴比伦之囚》和《论基督徒的自由》,全面阐述了他的改革思想,这些思想成为宗教改革运动的理论基础。而此时,在教会和对手的不断施压下,路德开始变得越来越激进了,他的言论中不时闪现出威克里夫和胡斯思想的火花。

路德认为,罗马天主教已经像早期的犹太基督教会一样,用仪式来误导信徒。而圣保罗早就告诫人们,只有靠信仰,罪人才能被"释罪"、获得救赎。这种救赎是神的一种恩典,而恩典是神无偿赐给真诚忏悔的信徒的,而不是靠宗教仪式和所谓的"善功"交换得来的。路德指出,天主教宣扬的以善功(购买赎罪券、圣物和朝圣等)来获取进入天堂的功德的做法,显然不符合早期基督教会的思想。但是,路德并非完全否定善功的作用,他只是要清除"那种想凭着善功获得释罪的愚蠢想法"。他反对这种通过外在行为来补偿内心罪恶的做法,他认为首先是要"信",在"信"之后绽放的才是无私的善功。

此外,路德明确提出"圣经是最高权威"的论点,否认罗马教皇和教廷的至尊地位。他提出"平信徒也是祭司"的思想以反对教士特殊论,即认为教皇、主教和教士在精神上高于平信徒的传统。他不仅抨击教会的腐败,也对封建神权制度提出尖锐的批评,他提出建立与当时社会相适应的民族教会、廉洁教会的主张。在宗教礼仪方面,主张简化圣礼,仅保留洗礼和圣餐礼。

路德的这些主张，后来为大多数新教团体所接受，成为新教与天主教的显著区别。

路德的三部著作一经发表，很快销售一空。面对此情此景，教皇利奥十世意识到了问题的严重性，于是颁发诏书，给路德60天时间悔过反省，要求他收回自己的看法，否则将受到革除教籍的惩罚。此时的路德，已经决心与教皇决裂。1520年10月，路德公开烧毁了教皇通谕，随后教皇下令将其开除出教，并要求德国皇帝将他逮捕。

而此时，德国的王位刚刚由哈布斯堡家族的查理五世（1520—1558年）继承。在祖父一手操办的跨国政治婚姻下，查理五世从小就从父母亲双方家族那里继承了多个国家和邦国的王位，其中包括从父亲那里继承了尼德兰大君主位，从外祖父费迪南德那里继承了西班牙王位。1519年，其祖父、德皇马克西米利安一世（1459—1519年）去世。1520年，查理当选为神圣罗马帝国的皇帝，这一年他只有20岁。尽管查理五世没有出众的才华，但他却是欧洲历史上头衔最多的皇帝，他名义上统治着一个庞大的帝国，不仅将意大利、西班牙、尼德兰等囊括其中，甚至西班牙在美洲的大片殖民地也在他的统辖之下。

1521年，应教皇之请，查理五世从西班牙回到德国，来解决路德的问题。他在莱茵河畔的沃尔姆斯召开帝国会议，路德应召参加了会议。在会上，面对要他承认错误的要求，路德的回答是"除非你们能用《圣经》或其他明确的理由来说服我"，否则拒绝收回自己的意见。路德的强硬态度使会议的气氛紧张起来，他很可能会面临与胡斯同样的命运。所幸的是，此时主持会议的是皇帝查理五世，而非教皇利奥十世。

对查理五世来说，他陷入两难的境地。首先，他发现德国的许多诸侯特别是萨克森选帝侯，是站在路德一边的，作为皇帝，他自然不想得罪有权势的选帝侯。其次，作为堂堂的大国君主，他肯定不愿意教皇在德国境内发号施令，搜刮民脂民膏。再说查理本人，在继位问题上也曾与教皇有些过节。当年教皇支持法王弗朗索瓦一世继德国皇帝位，令他记忆犹新。尽管对教皇心有不满，但作为一个虔诚的教徒，查理五世对教皇还是有求必应，尽力而为的。在路德不肯屈服的情况下，查理五世权衡了各方的利益，最终他没有逮捕路德，只是强行通过法令谴责路德为异教徒，剥夺其德国公民的权力。会议就这样结束了。

被开除了教籍和国籍后的路德,处于十分危险的境地。此时,侯任的萨克森选帝侯伊莱克特·弗雷德里克,毅然将路德隐匿在自己的领地里。从此,路德偏安一隅,退出了宗教和政治斗争的激流漩涡。

(2) 对基督教新教的贡献

虽然路德退出了政治斗争的舞台,但他并没有消沉,仍然密切关注着宗教改革运动的发展,同时潜心研究基督教神学。为了满足民众的需要,路德以希腊文《新约》为蓝本,首次将《新约全书》翻译为德文。1522年,德文版的《新约》出版后,立刻大受欢迎,不断再版。据说在他生前,德文版的《新约》已经重印100多次,此后又不断地一次次再版。从此,将《圣经》翻译成本民族的语言,成为宗教改革运动中每一个新教教派的首要任务。《圣经》的翻译也成为本民族语言文学的开端,从而带动了各国民族文学的发展。

值得一提的是,路德翻译的《新约》绝不仅仅是两种语言之间的简单转换,他是带着自己的观点、带着自己深刻的理解来翻译《新约》的。在德文版的《新约》中,路德第一次使用了"职业"(德文为 Beruf)一词,而此前无论在希腊语系还是拉丁语系中,都没有表示"职业"这个概念的词汇。据语言学家考证,仅仅在古希伯来语的《圣经》中有类似表示"职务"的词汇,用来指"祭司""官员""农民""商贩"等。现代著名学者马克斯·韦伯认为,"职业"这个词是路德创造的。他说:"它现在的意思来自圣经的译文,它体现的不是圣经的原文,而是译者自己的精神。"[①]

路德赋予"职业"一词以宗教的概念,即"上帝安排的任务",从而使人们的日常世俗活动也具有了宗教的意义。而此前,基督教会一向漠视和鄙视世俗的生活。此外,路德指出每个人的职业都是由上帝决定的,因此人没有高低贵贱之分,所有职业的价值都是平等的。

路德的"职业"思想随着《新约》的传播得到广泛的认同,并由此引出所有新教教派的核心教义:

> 上帝应许的惟一生存方式,不是要人们以苦修的禁欲主义超越世俗道德,而是要人完成个人在现世里所处地位所赋予他的责任和义务,

---

[①] [英] 马克斯·韦伯著,于晓、陈维纲等译:《新教伦理与资本主义精神》,三联书店1987年版,第58页。

这是他的天职。①

韦伯认为，这种对世俗活动的道德辩护是宗教改革最重要的成果之一，成为后来资本主义发展的理论基础，路德在此起到了至关重要的作用，尽管他对"职业"的解释仍然在传统主义的范畴之内。

后世学者对路德的德文版《新约》评价甚高，认为他的译文"以充满无比活力和生命力的"语言，将耶稣的生平和教义呈现在德国人民面前，成为德国文学中的精品之作，为现代德语文学的发展做出了历史性的贡献。除了《新约》的翻译，路德还为教堂唱诗班写作了40余首赞美诗，为德语文学增添了新的光彩。直到晚年，他仍在潜心钻研神学。

1546年，路德在家乡艾斯勒本城病逝，终年63岁。

恩格斯对路德给予了高度的评价："他是那个时代的巨人，他也无愧于这一光荣。"

3. 德国农民战争（1524—1525年）

1524年，正当宗教改革运动风起云涌之时，在德国爆发了一场大规模的农民起义，起义的领导者是托马斯·闵采尔（Thomas Münzer, 1490—1525年）。闵采尔出生于德国的施托尔堡，其父是一个小手工业者。他曾在莱比锡大学攻读神学和哲学，1520年开始在乡村担任神父一职。

路德发起宗教改革运动后，闵采尔曾是路德的积极支持者。当路德与教会妥协，开始以温和的方式宣传改革后，引起闵采尔的不满。从本质上讲，路德是一个极其虔诚的修士，他尽管对罗马教会提出许多尖锐的批评，但他并没有以一种新的形式取代罗马教会的想法。正如马克斯·韦伯所说：

> 在路德的思想观念中，根本找不到关于改造世界的伦理原则。实际上，他的思想从未从保罗那种与世无涉的状态中完全挣脱出来。所以，人应该随遇而安，逆来顺受，宗教责任只能源于这样的人生态度。②

后来宗教改革的发展结果很可能是路德没有想到的，也可能是他不原

---

① ［英］马克斯·韦伯著，于晓、陈维纲等译：《新教伦理与资本主义精神》，三联书店1987年版，第59页。
② 同上书，第125页。

意看到的。

而闵采尔则完全不同，他生活在社会的底层，与普通的百姓有密切的接触，他亲眼目睹了当时德国农村衰败的景象。社会的种种弊端，人们生活的极端贫困，引起社会的动荡和不安，民众的反抗之声早已不绝于耳。这一切，在闵采尔的心中燃烧起愤怒的火焰，他决心要打碎旧世界，建立一个没有剥削、没有压迫、人人平等的新社会。

1522年，闵采尔在德国中部的图林根组建了一个秘密社团，宣传他的革命思想。闵采尔引用《圣经》中耶稣的一句话："我来不是叫地上太平，而是叫地上动刀兵。"（《马太福音》10：34）他认为这是基督对他的召唤。而此时德国农民起义之火已经在各地燃烧起来，首举义旗的是黑森南部的农民，他们很快得到了各地民众的响应。

1524年，闵采尔亲自领导图林根农民起义，将彻底推翻"那个早该坍塌的"政权付诸实践。队伍迅速扩展到十几万人。很快，闵采尔领导起义军夺取了地方政权，在缪尔豪斯建立起农民革命政权"永久议会"，闵采尔当选为议会主席。随后，闵采尔提出了没收一切私人财产、废除封建特权、建立人人平等的社会的政治主张。在他的号召下，德国各地的农民都行动起来了。他们以士瓦本、法兰西尼亚、萨克森和图林根为基地，在许多地方发动起义。起义军打土豪分田地，占领领主庄园、城堡、修道院，还将一批贵族领主处死。在众多的义军中，有的还提出了废除农奴制、减免税收，使农民有狩猎、捕鱼和伐木自由等要求，这些都反映了深受封建压迫的农民渴望自由的愿望和决心，但是他们的要求并没有得到路德的支持。

与此同时，受到农民起义冲击的主教和贵族们，也在积极行动，力图扑灭革命的烈火。当时许多德国诸侯的军队正在意大利与法军打仗，虽然这些人平时互相拆台、勾心斗角，但当自己的利益受到冲击时，他们便联合起来，共同镇压起义的农民。很快，一支诸侯联军集结起来，开始将枪口对准农民起义军。

1525年5月，闵采尔率领的农民军，在摩尔汉森遇到一支装备精良的诸侯联军。一方是手拿镰刀锄头的农民，一方是训练有素的军人，尽管义军人数众多，但经过三个小时的浴血奋战后，5000名义军将士战死。闵采尔本人也负伤被俘，最终死于敌人的屠刀之下。

德国历史上第一次大规模的农民起义被残酷地镇压下去了。究其失败的原因，主要是没有形成坚强有力的领导核心，义军人数众多但力量分散，各自孤军作战,终被强大的敌军各个击破。

起义虽然失败了,但它沉重地打击了天主教会的势力和贵族的统治地位。闵采尔近乎共产主义的美好理想,广大起义农民反抗封建制度的大无畏精神,永垂青史。

4. 路德宗的形成及发展

(1) 路德宗的形成

尽管路德退出了斗争的漩涡,但他发起的宗教改革运动并没有停息。很快,路德与教会的斗争便发展为一场轰轰烈烈的反教会的大规模群众运动。正当宗教改革运动在德国境内如火如荼地在进行时,德国周边的国际局势也变得紧张起来。

查理五世继位不久,法王弗朗索瓦一世为了争夺西班牙在意大利的领地,向查理开战。经过几次鏖战,法王以失败而告终。1525 年,弗朗索瓦被俘,只得签订和约,被迫放弃勃艮地公国和意大利的领地。

弗朗索瓦回国之后,立即背信弃义,决心报复查理五世。他不仅与教皇克莱芒九世联手,共同对抗查理五世,甚至与野心勃勃的奥斯曼苏丹苏莱曼一世(1520—1566 年)结成同盟。1529 年奥斯曼大军直逼维也纳,随后便长驱直入德国境内。此时的查理五世,急需要将分散的诸侯联合起来,共同抵御外敌的侵犯。而此时,德国诸侯却因宗教问题形成了两大对立的阵营,即支持路德的改革派和支持天主教的保守派,宗教信仰的争论已经导致国内政治势力的尖锐对立。1529 年,查理意识到问题的严重性,于是在斯拜尔召开帝国会议,着手解决内部的纷争。

在斯拜尔帝国会议上,支持天主教的诸侯占据多数,支持路德的诸侯和城市代表们便联合起来,于 4 月 6 日向会议提出抗议,抗议皇帝提出反对异端、禁止夺取教会财产的命令,由此获得"抗议者"的称号。开始,"抗议者"仅仅指的是路德派。后来,在宗教改革运动中形成的新教各派,都被统称为"抗议者",或称"抗议派""抗议宗"。

1530 年,随着路德派人数的急剧增加,需要有一个章程来规范新的组织。于是,经路德同意,他的助手和挚友腓力·梅兰西顿(Philip Melanchthon,1497—1560 年)起草了一个文件,即后来所称的《奥格斯堡信纲》。该信纲简要地阐述了路德主要的神学思想,提出新教派的组织原则和礼仪制度,由此宣告了路德宗正式成立。路德宗因崇信"因信称义"的神学理论,故亦称"信义派"或"信义宗"。

路德宗是整个宗教改革运动中，第一个正式脱离天主教会的新教组织，它的出现对欧洲社会和新教的发展具有极其重要的意义。此后，新的教派纷纷涌现，最终导致一统西欧的天主教会的大分裂。从此，基督教世界呈现出天主教、东正教和新教三足鼎立的态势，并一直持续到今天。

宗教改革运动使欧洲的政治格局发生了新的变化，一些北欧国家如瑞典、丹麦和芬兰都加入路德宗的行列，成为以新教为主导的国家。

在德国，那些决心与教皇决裂的新教王侯们，在黑森地区的小镇成立了一个同盟——施马尔卡尔登同盟（Schmalkaldic League），路德亲自为该同盟拟定了信纲。新教同盟还得到查理五世的死对头——法王弗朗索瓦一世的支持，尽管法王是天主教徒，但他更加关心的是权力的争夺，而非宗教的信仰。此时，支持天主教的诸侯们也组成类似的同盟，他们在查理五世和教皇的支持下，和新教同盟对抗。

此时，宗教改革在德国已经演变为皇帝与诸侯之间、诸侯与诸侯之间的政治对立和斗争。

在外敌当前的情况下，查理五世最终还是迫使法国与之结盟，将奥斯曼人拒之于国门之外。但由于国内教派斗争激烈，查理五世无暇顾及收复匈牙利，便忙着来调解诸侯之间的争斗了。虽然召集了几次帝国会议，但都无果而终。此时的德国，战争和起义如影相随，查理五世对此已深感厌倦了，加之他的身体健康每况愈下，1552年，查理五世终于决心退位。

查理将德国的皇位交给弟弟费迪南德，将尼德兰和西班牙的王位传给儿子菲力普二世后，一身轻松地退隐到塔古斯河谷一座幽静的修道院里。据说，他离开皇宫时带走了150个仆人，在那个橡树林中的修道院里，仍然过着帝王般奢华的生活。1558年，查理五世平静地离开了这个纷扰的世界。

1555年，为平息争端，费迪南德皇帝在南方小城奥格斯堡召见德国的新旧诸侯们，双方终于坐下来谈判了。天主教同盟承认路德宗的合法性，而诸侯王认为信教自由的原则只适用于国家，并非个人。也就是说，民众个人的信仰应当服从所在地主人的信仰。双方达成共识后，缔结了《奥格斯堡和约》，确立"教随国定"的原则，从而使德国诸侯有了自由选择天主教或路德新教的权利。

从此，天主教一统欧洲的局面被彻底打破，德国形成天主教和路德新教平分秋色的新格局。路德新教控制了北部和中部的勃兰登堡、萨克森和黑森等地区，天主教则占据着南部、东南部以及莱茵河中下游地区，而加尔文宗主要在莱茵河上游地区传布。同时，在德国形成了两大联盟，即以巴拉丁侯爵腓特烈为首的新教同盟，以及由巴伐利亚公爵马克西米连为首的天主教联盟。

两大同盟的斗争和较量仍在以各种方式继续进行。1618年，终于爆发长达30年的宗教战争。

在欧洲，天主教和新教之间的战争持续了大约100多年的时间。

（2）信条、组织和礼仪

路德宗的主要信条体现了路德的神学思想，除基督教的主要信仰如"原罪论""三位一体论""基督救赎论"等外，路德宗强调"因信称义"的信条，认为只有信才能使灵魂得救，除此没有任何别的办法，由此否定了宗教礼仪和善功的决定性作用。路德宗坚信只有《圣经》才是信仰的最高准则，凡不以《圣经》为主要依据的说法，都没有相信的必要，从而拒绝承认教皇的最高权威。

路德宗秉承路德"平信徒也是祭司"的思想，认为凡受洗入教者，在上帝面前人人平等。主持圣礼和布道的主教或神父，他们只是"执事、仆人和管家"，并没有高人一等的特权。在对圣餐礼的解释上，反对天主教的"化体说"，主张"临在说"，即只要信徒诚心领受酒饼，基督便降临其中，赐恩于受领者。

由于路德宗否定教皇的最高权威，强调信徒平等的地位，因此在教会的组织体制上进行了一系列改革。

首先，路德宗废除了层层辖制的教阶制度，神职人员由信徒大会选举产生。教职人员称为"牧师"，负责管理教堂、主持宗教仪式、向信众布道等事宜。

其次，路德宗反对禁欲苦修，尽管路德自己曾经是一个虔诚的修道士，但他以自己的切身体会，对修道生活的意义和价值产生怀疑。他说："如果有修士可以因遵循修院规则而升天堂的话，我一定是那个人……但是我的良知使我不能确定，我总是感到怀疑……"①

经过长时间的思考，路德最终认识到修道生活不仅毫无意义，而且是对履行世俗责任的一种逃避。因此，路德宗里的教士可以自由结婚，不设

---

① [英] 凯伦·阿姆斯特朗著，蔡昌雄译：《神的历史》，海南出版社2001年版，第314页。

修道院，禁止托钵乞食。同时废除严格的惩罚和违反人性的教规，体现了人性化的思想。而路德本人，后来与一名还俗的修女结婚，并育有多个子女。

在宗教礼仪方面，路德宗大力简化宗教仪式的数量，在圣礼上只保留洗礼和圣餐礼，因为《圣经》中只提到这两个仪式。该宗认为天主教的其他圣礼，没有《圣经》作为依据，因此可以取消。在罗马天主教众多的节日中，路德宗也只保留了圣诞节和复活节，其他节日或废除、或合并于每周的礼拜中。

路德宗的教堂十分简朴，没有奢华的陈设。举行仪式和礼拜时，也没有繁复的程序，充分体现了宗教信仰重视心灵的真谛。由于路德个人极为喜爱音乐，于是音乐成为路德宗教堂舞台上表演的主角。每到礼拜时，在巨大的管乐、风琴的伴奏下，参加者齐声高唱圣歌，人们的心灵也在激越的歌声中得到了升华。

如今，路德宗主要分布在德国、北欧诸国和北美地区。20世纪末期，全世界共有7000多万路德宗信徒，分布在100多个国家里，其中有近4000万在德国，大约900万在美国，美国成为路德宗的第二大所在国。北欧的瑞典和挪威至今仍以路德宗为国教，而在芬兰和丹麦，大约90%以上的国民信仰路德宗，信徒人数都在数百万人以上。在亚洲，路德宗人数超过百万的国家只有印度尼西亚。

四、瑞士的宗教改革运动

马丁·路德的宗教改革思想，借助于现代印刷术的推动，很快传遍周边国家，在欧洲产生巨大的反响。最早响应改革的是毗邻德国的瑞士，随后迅速波及法国和英国，最终汇聚成宗教改革运动的滚滚洪流。

1. 慈温利在苏黎世的改革

马丁·路德的改革思想，在临近的瑞士引起一个神父的思考，这个人就是慈温利（Zwingli，1484—1531年）。

慈温利是一个农民的儿子，他从巴塞尔大学毕业后，在一所教堂担任神父，曾作为随军神父到过罗马。在担任教职期间，慈温利与下层民众有过广泛的接触，他亲眼目睹教会的腐败和战争带给人民的痛苦。1517年，当马丁·路德向天主教会发出挑战时，在慈温利心中也萌生了改革的思想。

1518年，慈温利担任苏黎世大教堂的神父。此时，他全面提出"净化教会"的主张，认为只有《圣经》才是信仰的唯一基础，应当以《圣经》为依据，废除一切违背《圣经》的做法。

1521年，在苏黎世神学辩论会上，慈温利提出"六十七条纲领"，系统地阐述了自己的思想。他反对实践《圣经》中未提到的一切事物，如在斋戒期内禁止吃肉、对圣徒和圣物的崇拜、通过购买赎罪券和朝圣获取善功、神职人员禁欲等。对于圣礼，他反对罗马教会的"化体论"，提出"纪念论"的主张。慈温利认为信徒领受圣餐的仪式，仅仅是象征性地纪念耶稣的献身精神，他不相信耶稣的血和肉真的会神秘地呈现在酒饼之中，也否认神父祝圣后的酒饼具有神奇的力量。慈温利甚至对宗教仪式的效果提出质疑，如给濒死的人做终敷礼、向神父忏悔是否真的有用？他认为：只有神才能宽恕人的罪，并使人的心灵得到安宁。

他更明确地提出建立民族教会、信徒应服从地方政府、摆脱罗马教皇控制等激进的观点。

慈温利的改革思想很快得到信徒们的拥护和响应，并得到苏黎世市政府的支持，于是宗教改革运动在苏黎世迅速发展起来了。

很快，苏黎世政府接管了当地的修道院，成立政教合一的枢密院，慈温利成为实际的领导者。全市废除主教制，神职人员经信徒们选举产生，并明文规定凡罗马天主教徒不得担任公职。在宗教仪礼方面，废除弥撒，改为圣餐礼。但这些做法，激起支持天主教人士的激烈反抗，他们迅速组织起来，结成联盟，来对抗新教的改革运动。

1531年，旧教联盟在卡匹尔突然向苏黎世的新教军队发起进攻。经过激烈的战斗，新教联盟最终失败，慈温利在战斗中不幸身亡。苏黎世的宗教改革运动，由于失去了坚强的领导者而中途夭折，天主教势力卷土重来，苏黎世又回到罗马教廷的手中。

而此时，在毗邻法国、风景秀丽的小城日内瓦，宗教改革的星星之火正在燃起。

2. 加尔文在日内瓦的改革

日内瓦地处瑞士的西南边陲，坐落在与法国接壤的莱芒湖畔。中世纪，日内瓦一度隶属于阿尔卑斯山南麓的萨伏依（Savoy）公国。

1530年，瑞士人成功地推翻了萨伏依公国所建的政权，赶走了天主教主教，取得初步胜利。为巩固胜利的成果，要求宗教改革的呼声也日益高涨起来。在这个关键的时刻，法国宗教改革家法雷尔（Farrell，1489—1565

年）来到日内瓦宣传改革思想，他举办了多场关于宗教改革的辩论会，得到日内瓦民众的积极响应，新教徒人数激增。随后，狂热的民众占领了天主教堂、捣毁偶像，并将天主教士驱逐出境。

1536 年，日内瓦人民彻底击败萨伏依公国的武装进攻，取得新胜利。同年 5 月 21 日，日内瓦召开市民大会，大会投票决定皈依新教，建立新教教会。并要求市民宣誓信奉新教，不入新教者将被驱逐出境。在这种形势下，法雷尔感到自己能力有限，于是邀请好友加尔文到日内瓦来，以加强对改革运动的领导。

加尔文（Jean Calvin，1509—1564 年）出生于法国诺阳一个律师家庭。在巴黎大学攻读神学和法律时，接受新教思想影响，参加新教活动，并积极宣传路德的改革思想。

1533 年，加尔文的朋友尼古拉·戈普（Nicholas Cop）被委任为巴黎大学校长，他在就职演说中抨击教会，引起当局的不满。当局怀疑尼古拉的发言稿是加尔文所写，于是将加尔文定为"异端"。为了躲避迫害，加尔文逃到瑞士北方小城巴塞尔。巴塞尔地处瑞士与德国、法国的交界地，当时德国和法国的宗教改革运动正在如火如荼地进行。在流亡期间，加尔文认识了众多的新教领袖，并认真地研读了《圣经》和路德的著作，逐渐形成了自己的神学思想。1535 年，加尔文在巴塞尔出版了《基督教原理》一书，全面地阐述自己的神学思想，该书后来对宗教改革运动产生了重要的影响。

1536 年，加尔文应法雷尔之邀来到日内瓦，他决心效仿慈温利，将日内瓦打造成瑞士宗教改革运动中的样板城市。首先，他和法雷尔共同说服由 25 人组成的日内瓦小议会，接受了以加尔文的理念来整饬社会道德的建议。

1537 年 7 月，日内瓦召开由 200 名议员组成的大议会，会上通过决议，要求全体市民宣誓接受新教理论，严惩仍然手持念珠、保存圣物的天主教徒。会议要求妇女着装要庄重，不得身穿奇装异服、招摇过市，违反者将予以关禁闭的处罚。为了保持良好的社会风气，要求市民严禁酗酒、赌博和通奸，凡违反者都要受到不同程度的惩罚，轻者不得领受圣餐，重者开除教籍，有的还会受到流放的处分。

这些整顿措施一公布，立即引起一些崇尚自由的市民的抵触和反对。他们结成一派，反对加尔文的改革。1538 年，当反对派获得大选胜利后，他们立即将加尔文和法雷尔驱逐出境。此后，法雷尔回到法国，在中部城市拉沙特尔（Neuchatel）的一个教堂里担任牧师，在此终老一生，再也没有参与政事了。加尔文也回到法国，在东北部靠近德国边界的斯特拉斯堡市做牧师。但他并没有放弃自己的理想，继续深入思考改革的问题，同时进一步修改和完善《基督教原理》一书。

1541年，加尔文派再次执掌日内瓦的政权，他们又请回加尔文主持改革工作。在此后的23年里，加尔文再也没有离开过日内瓦，殚精竭虑地将自己的理想付诸实现。他大刀阔斧地在日内瓦实行全面的宗教改革，不仅建立起"长老派"教会，同时还建起一个以加尔文神学理论为基础、政教合一的共和国。

1543年1月，日内瓦大议会批准加尔文主持编定的《教会宪章》，确立了具有一定民主性的长老会教会的组织体制。按照《宪章》规定，该教会的最高权力机构是"长老会"（Presbyterians），长老会由两名长老和五名牧师组成。长老由平信徒担任，经议会选举产生，每年改选一次，可以连选连任。牧师是终身神职人员，受长老会委托管理教务。设立长老会是为了实现平信徒和神职人员共同管理教会的目的。长老会的任务是监督信徒的道德纪律，并兼有宗教法庭的职责，负责审理各种宗教案件，对违反者的最高处罚是革除教籍。《宪章》还明确规定，没有教会牧师团的许可，任何人不得在日内瓦传教。

在市政府的支持下，加尔文成功地在日内瓦废除了主教制，建立起长老制教会，他自己不仅成为新教会的领袖，而且是世俗政权的真正掌权人。1559年，加尔文创建日内瓦学院（今日内瓦大学前身），该院成为加尔文宗的最高学府，为该派培养了大批传教士，由他们将加尔文的思想传遍欧洲各国。日内瓦由于加尔文而声名鹊起，故被称为"新教的罗马"，成为宗教改革的中心之一。

尽管宗教宽容是宗教改革的成果之一，但改革者们对反对自己的人仍是毫不宽容。为了巩固自己的胜利成果，加尔文以强硬的手段对待持不同意见者。例如，为了逃离天主教迫害，来日内瓦避难的西班牙神学家塞尔维特（Michael Serviettes，1511—1553年），由于不赞成加尔文对三位一体论的解释，被加尔文以火刑处死。还有两名意大利神学家苏西尼（Socinns，1539—1604年）和布朗德拉塔（Blundrata，1515—1588年）也来到日内瓦避难，他们到此后才发现，加尔文的神学思想过于激进，使他们难于接受。当两人得知塞尔维特被烧死后，立刻逃到波兰去了。

反对罗马教皇的加尔文，在掌握了一定的权力后，成为更加专横的"新教皇"。

加尔文用毕生的精力，致力于日内瓦的宗教改革运动，致力于长老会的建立与完善，致力于巩固政教合一的神权共和国。除此而外，加尔文还不断地深入思考神学问题，他的《基督教原理》一书，增删无数次，直到1559年才最终定稿。据说，这本书与初稿时相比，内容增加了五倍之多，成为真正的宏篇巨著，由此可见他的执著和专注。除此之外，加尔文还出版了《教义问答》修正本、《论教会改革的必要》等多本专著，并为后人留下《圣经》注释等多篇文章。

1564年，加尔文在日内瓦病逝，终年53岁。

尽管以今天的眼光来看，加尔文一些过激的做法是不值得称道的，但加尔文在基督教史乃至欧洲历史上的重要地位却不容忽视。在路德退出改革的舞台之后，是加尔文继续引领宗教改革运动向更加纵深的方向发展。加尔文为实现宗教改革的理想奋斗了一生，战斗了一生，为宗教改革事业做出了巨大的贡献。在改革运动中逐渐形成的加尔文宗，成为新教思想的基础，后来更成为积极进取、不断追求的资本主义精神的伦理源泉，为后来欧洲资本主义的发展提供了有力的思想武器。

3. 加尔文宗及其传播与发展

1541年，加尔文在日内瓦成功地建立长老会后，加尔文的思想迅速在法国、苏格兰、英格兰和荷兰传播，并得到广泛的支持。宗教改革运动后，以加尔文神学思想为基础的各个教派被统称为加尔文宗（Calvinists），也称"长老宗"或"归正宗"（Reformed church）。

（1）预定论

"预定论"是加尔文宗最重要的神学思想。

与路德一样，加尔文也相信"因信称义"的思想，但他与路德有很大的不同。路德是一名虔诚的修道士，他的思想是从宗教体验中得出来的，据路德自己说，他是在思考保罗的话语时成为改革者的。而加尔文则不同，他对宗教教义并不感兴趣，他关注的是宗教的社会、政治和经济层面的问题，他的许多见解"是出于他自己思想的逻辑需要"[①]而提出

[①] ［英］马克斯·韦伯著，于晓、陈维纲等译：《新教伦理与资本主义精神》，三联书店1987年版，第77页。

来的。加尔文在奥古斯丁"预定论"思想的基础上，吸收路德和慈温利关于"因信称义"的观点，加以新的解释，形成了具有时代特征的新的"预定论"思想。

加尔文认为"信"并不是简单地相信，而是"对神的虔敬和令人恐怖的敬畏"。但他认为这种"信"不是靠人类自身的努力可以达到的。加尔文承认，当我们环顾四周时，会发现神的确对某些人更加恩惠，他们家庭和睦、事业有成，而另一些人则不然。加尔文认为这些都是神在创世之时就预先定好的，包括宇宙中的一切和人的命运。因此，人无法依靠自己的力量改变自己。神将真"信"赐给某些人，使他们得救，其余的人则将被罚入地狱，这是早就定好的。他说："除非人受到神的恩典的帮助……否则，人就没有做善功的自由意志。"反过来说，如果人类的善恶行为能够决定人的命运，那么"无异于认为神的绝对自由的决定能够受人类的支配"（韦伯语）。而这是不可能的，因为神的意志是永恒固定的，是不可改变的。由此得出结论：人的善行和罪恶对人是否得救不起任何作用，从而彻底否定了天主教会"善功赎罪""善功得救"的理论。

称义就是"得救"，这是神的一种恩典。在这个问题上，加尔文与路德的观点也有很大的差异。路德认为称义是人与神的神秘结合，是"一种心灵的宁静"，这是一种外在的、确定的感觉。中世纪的基督徒时常能够感受到这种与神合一的结合，当人体验到这种极为轻松、平和的感觉时，就会使心中巨大的罪恶感压力得以排解。路德在写作的最旺盛时期，他毫不犹豫地认为，神的启示是他得到恩赐的唯一源泉。

但加尔文认为称义就是指成为神的"选民"，成为充满圣灵、为基督信仰而奋斗的战士。虽然人们无法确定自己是否被神选中，得到神的恩典，但神的决定可以通过他的神召（calling），即"完成主指派给他的工作"体现出来。有人提出，得救有三种迹象，即虔诚信仰基督、做诚实守信的人、按时参加圣礼，也就是说那些有德行、虔诚信神、事业成功的人就是"神的选民"，就是神恩赐的得救者。

加尔文反对从人们的行为举止上来推断他们是否是"神的选民"，他认为试图探索神的奥秘的做法，是不正当的行为。他指出在现实生活中，受神恩与被罚入地狱的人没有外在的区别，那些"被罚入地狱的人缺乏对神的笃信不疑"，决定得救的关键仍然是"信"。

加尔文的预定论思想得到广大新教徒的拥护，对后来的宗教改革运动起了巨大的推动作用。有学者指出,尽管加尔文很早提出"预定论"的思想,但并不是其思想的核心部分,在最初的《基督教原理》一书中,涉及"预定论"的篇幅极少。加尔文去世后,为了将加尔文宗与天主教和路德宗区别开来,接替加尔文职位的西奥德拉·伯萨(Theodras Beza,1519—1605年)才将"预定论"作为加尔文宗的主要神学思想。

加尔文的预定论思想,后来得到了充分的发展。17世纪的英国清教徒将它拓展为一种世俗的职业观。在此之前,基督教鄙视世俗的劳动,严厉谴责对财富的追求;认为财富是巨大的危险,它会使人懈怠,使人屈从于肉体享乐的诱惑,从而放弃对正义人生的追求。因此,热衷于追逐世俗的财富,就是对灵魂的藐视。而到了17世纪时,清教神学家已经赋予劳动以新的意义。此时,劳动不再是追求财富的手段,而被视为人生的目的,人们已经认识到:

> 惟有劳作而非悠闲享乐,方可增益上帝的荣耀。
> 时光无价,因之虚抛一寸光阴即丧失一寸为上帝之荣耀而效劳的宝贵时辰。①

此外,清教神学家进一步提出圣保罗"不劳动者不得食"的思想适用于每一个人,包括无需靠劳动维持生活的富人,也包括有劳动能力却靠乞讨为生的乞丐。在他们看来,厌恶劳动已经是"可怕的恶行",是堕落的表现。这种劳动观、职业观,对处于原始资本主义积累时期的欧洲来说,无疑具有极其重要的现实意义。它极大地解放了被天主教禁锢的思想,鼓励人们大胆地追逐财富,以此来彰显自己"神的选民"的身份。同时,清教神学家也告诉人们:"人只是受托管理着上帝恩赐给他的财产……因此,仅仅为了自己个人的享受……而花费这笔财产的任何一部分至少也是非常危险的。"②

由此,从前那种闲适自在的生活让位于一种冷酷无情的节俭,许多人拼命地赚钱,却并不想消费。他们中的许多人在临死之前,将自己的巨额财富捐献给教会,以便死后能够得救。而这种禁欲主义的节俭观必然导致资本的迅速积累,从而为资本主义的发展奠定了雄厚的经济基础。对此,

---

① [英]马克斯·韦伯著,于晓、陈维纲等译:《新教伦理与资本主义精神》,三联书店1987年版,第123页。

② 同上,第133页。

韦伯也尖锐地指出：此时，寻求上帝的天国的狂热开始逐渐转变为冷静的经济德行，宗教的根慢慢地枯死，让位于世俗的功利主义。①

加尔文的神学思想猛烈地冲击着天主教会的传统观念，加尔文宗的迅速发展，使天主教会感到了真正的威胁，所以天主教一直将加尔文宗视为真正的对手。

（2）组织体制和礼仪

加尔文宗在许多方面继承了路德的思想，他们进一步发展路德"平信徒皆为祭司"的理论，将其理解为由普通信徒来管理教会。

加尔文宗的教会，废除了层层节制的主教管理体制，改为由平信徒和牧师共同管理教会，形成三级管理的模式。其基层教会一般设有四种职务，即长老、牧师、教师和执事。长老是由议会选举出来的平信徒的代表，其职责是维持社会秩序，监督信徒的道德纪律。牧师是受长老委派的专门的神职人员，负责管理教堂，讲经布道、举行宗教仪式等教务事宜。教师负责宗教学校的管理和传教工作。执事是由信徒们推举出来、协助长老和牧师工作，他们通常参与慈善事业的各项管理事务。在基层教会之上是教区长老会，由各教堂派牧师和长老各一人组成。然后，由各教区选派长老和牧师组成全国长老会。

加尔文认为，教会的任务不仅是拯救人们的灵魂，而且拥有监督社会和国家的责任，以确保整个社会基督教化，用新教思想来改造社会。他在日内瓦改革时，建起政教合一的神权共和国，就是他的理想社会，也是他为之奋斗的目标。

"预定论"带来的另一个后果是人只能独自面对命运的安排，教会、神父、各种宗教圣礼都无法帮助他。加尔文宗将没有《圣经》做依据的圣礼，全部予以废除，仅保留洗礼和圣餐礼两项圣事。加尔文对圣餐礼提出"参与论"的神学解释，认为信徒领受酒饼，只是凭借信仰，参与到基督的血与肉中。举行圣餐仪式时，对酒饼都没有特别的要求，面包、无酵饼均可，红白葡萄酒或葡萄汁随意。

由于一切都是命中注定，因此宗教中一切诉诸于感官和情绪的成分均被彻底否定了。在加尔文宗盛行的地区，私下的忏悔也被取消。既然圣礼都无助于获救，忏悔又有什么用呢？由此，加尔文的信徒们只能孤独地面

---

① ［英］马克斯·韦伯著，于晓、陈维纲等译：《新教伦理与资本主义精神》，三联书店1987年版，第138页。

对世界，他们"失去了能够阶段性释放情绪性罪孽感的手段"，① 而使不良情绪得到释放却正是宗教的最大作用之一。

宗教改革家都反对用理性的方式来讨论神，神的超然、吊诡与神秘，正是宗教的魅力所在。路德认为用理性来接近神是危险的，基督徒不应对神进行理性讨论，而应获取《圣经》中显示的真理，自由地臣服且愉快地信赖，将它们融入自己的生命中去。同时他认为"罪人"虽然能得到赦免，但一定会受到惩罚，因此"神只能在十字架和苦难中才能找到"。

但加尔文的信徒们却将神作为一种客观存在的事物一样来讨论，试图将基督教演变为一个内在连贯的理性体系。因此，加尔文宗在传播的过程中，逐渐剥离了宗教神秘的外纱，将神想象为地球上真实的存在，正如有学者指出的：

> 一旦《圣经》依字面解释而非象征意义来诠释时，它的一神观念便成为不可能……
> 《圣经》的神不再是超越真实的象征，而变成残酷专制的暴君。②

由此，加尔文宗在对外传播的过程中，引发了一连串的宗教战争。

(3) 传播与发展

加尔文在日内瓦取得成功后，于1559年创办了日内瓦学院，培养神职人员。此后，加尔文宗的传教士便将加尔文的思想传到欧洲各地。

加尔文宗以"预定论"为神学基础，以长老制教会为特征，很快传到周边的波兰、匈牙利、德国西部地区。由于加尔文的信徒更加强调教会监管社会的职责，鼓励信徒参与政治，这极为符合当时新兴的资产阶级的要求，因此，加尔文宗得到中小贵族和资产阶级的积极拥护和支持。到16世纪末期，加尔文宗已经成为一个遍及世界的宗教派别。

加尔文宗对法国、荷兰、英格兰、苏格兰的宗教改革运动产生直接且巨大的影响，也引发了与天主教内部激烈的斗争，直接导致了法国的胡格诺战争和英国的清教徒革命，最终确立了新教与天主教平分欧洲的局面。

加尔文宗后来分裂出众多不同的派别，其中重要的有法国的胡格诺派、荷兰的阿明尼乌派、英国的长老宗。17世纪后，加尔文宗传到北美。18世

---

① [英]马克斯·韦伯著，于晓、陈维纲等译：《新教伦理与资本主义精神》，三联书店1987年版，第51页。

② 同上书，第322页。

纪，经美国长老会教士将该宗传到中国。

加尔文宗在以后的发展中，由于社会形势的变化，到17世纪后期，教义和宗教观均发生了一些变化。该宗逐渐放弃了日内瓦时期政教合一的神权政治，实行政教分离，对其他宗教也变得更加宽容。此时，政教分离、多教派并存，已经成为历史发展的必然趋势。

20世纪末期，全世界大约有4000万加尔文宗的信徒，分布在世界80多的国家和地区。

五、法国的宗教改革运动

欧洲宗教改革运动最惊心动魄的一幕在法国上演。在法国，天主教和新教之间的斗争演变为血腥的战争，在历经数十年的反复较量后，最终天主教守住了法国这块阵地。

直到今天，天主教依然是法国人主要的宗教信仰。

1. 山风欲来

16世纪20—40年代，随着德国和瑞士宗教改革运动的蓬勃发展，路德和加尔文的思想相继传入邻近的法国。当时的法国正处于浪漫的骑士国王弗朗索瓦一世的统治下，对于新教反对罗马教会的主张，他并不反对，因为弗朗索瓦也对罗马教会凌驾于君权之上的做法极为反感。法王在即位之初，便与教皇签订了协议，明文规定国王的权力要在教会之上，从而将法国的天主教会置于自己的掌控中。因此，对于新教思想在法国境内的传播，他既不支持，也没有加以约束。

法国人最初受路德宗的影响，但随着加尔文改革的不断成功，与温和的路德宗相比，激进的加尔文宗逐渐得到法国广大中下层民众的欢迎，也得到部分下层神父和知识阶层的支持。两派都极力宣传自己的主张，以争取更多的追随者。随着两派争论的升级，路德宗和加尔文宗在法国逐渐演变为政治势力的争夺。此时，弗朗索瓦一世从中嗅出了不利于自己的味道，于是对改革的态度来了一个大转变。

1534年10月的一天早上，巴黎的大街小巷到处贴满大字报，甚至王宫的大门上也不例外。这是路德宗和加尔文宗各自在宣传自己的主张，双方互相指责。国王对这种做法极为不满，于是下令彻查，很快策划并参与此事件的首要分子被抓捕，不久受到死刑处置。

然而，宗教改革的风暴并没有因此停息，反而愈演愈烈了。

1547年，弗朗索瓦与德皇查理五世为争夺意大利的战争还未结束，这位国王就去世了。随后，亨利二世（1547—1559年）继位。此时，加尔文宗已在法国占据了主导地位，他们在巴黎、莫城等地建起新的教会。

1550年，法国各地的新教组织联合起来，组成全国统一的新教教会，称为"胡格诺派"（Huguenots），该词源于法文"同盟者"。在亨利二世执政期间，胡格诺派不断发展。在短短的10年中，胡格诺派成员已达30万人。更为严重的是，他们得到南方贵族集团的支持，成为对抗王权的有利工具。因此，亨利二世为了维护统治地位，毫不犹豫地建立起专门用于镇压新教徒的宗教法庭，以"异端"罪将大批胡格诺分子火刑处死，以致人们将法国的宗教法庭称为"火焰法庭"。

1559年，亨利二世在一次比武中意外丧生。同年，长达65年的法德争夺意大利的战争也以法国的失败而告终。法国王位由亨利15岁的长子继位，即弗朗索瓦二世，但仅一年他就早逝了。于是，弗朗索瓦二世仅10岁的弟弟查理九世（1560—1574年）即位法国国王，由于年龄太小，只得由王太后凯瑟琳摄政。

战争失败的阴云笼罩着法国，加上国王年幼，法国王室不得不依赖于罗马教皇的扶持。为此，法国国内分成了阵线分明的两大对立集团：一方是以法国东北部吉斯公爵为首的天主教派，他们支持凯瑟琳王太后；另一方是以西北部波旁家族的纳瓦尔国王安托万和孔代亲王路易为首的胡格诺派。

两派尖锐对立，内战一触即发。

2. 胡格诺战争

法国因宗教对立而爆发的战争，史称"胡格诺战争"，这场持续数十年的战争，是从一场大屠杀开始的。在这场战争中，发生了许多令人意想不到的变故。虽然胡格诺派一度在法国获得了平等的地位，但最终的胜利依然属于天主教。

（1）瓦西镇惨案

天主教派与胡格诺派的对峙，极大地威胁着法国王室的安全，为此凯瑟琳王太后决定从中斡旋，以缓和两派之间的矛盾。1562年，国王颁布赦令，宣布停止对胡格诺派的迫害，给该派成员以公民权，并准许他们在城堡以外的市镇举行宗教仪式。但赦令并没有使两派得以和解，反而加剧了冲突的爆发。

赦令颁布不久，天主教派首领吉斯公爵便率军对瓦西镇发动突然袭击。当时，胡格诺信徒正在那里做祈祷，由于毫无防范，致使上百人伤亡，此次事件史称"瓦西镇惨案"。杀戒一开，许多地方的天主教徒开始公开屠杀胡格诺派成员。由此直接引发了法国内战——胡格诺战争的爆发。胡格诺战争历时36年之久，可分为三个阶段，共进行大小战役10次，直到1598年才结束。

在法国，宗教改革运动最终演变为南北两大贵族集团，以宗教为旗号而展开的一场权力争夺战。

在天主教派的堵杀下，孔代亲王路易率领胡格诺派迅速予以反击。他们占领了奥尔良、里昂等地的城市，在此建立起反对北方天主教贵族的根据地。1562年12月，双方在德勒大战，结果两败俱伤，损失惨重，双方的统帅都被对方俘虏。第二年2月，在围攻奥尔良的战斗中，吉斯公爵被暗杀。不久，新教军首领之一的纳瓦尔国王安托万亦战死。在这种僵持的情况下，凯瑟琳王太后再次出面调解，双方最终达成和解，新教徒获得信仰自由，并允许他们在指定的地点举行宗教仪式。

但这种和解只维持了短暂的一段时间，1567年战火又起，接连开战。1570年，双方的第三次大战结束，与前两次一样，最终也是以相互妥协、签订和约而告终。不过，胡格诺派似乎从协议中得到了更多的好处，他们的势力反而越大了。这使得天主教派十分不满，双方的矛盾不仅没有愈合，反而更加对立。

（2）圣巴特罗谬之夜

1572年，王太后凯瑟琳做出了一个惊人之举，她决定将公主玛格丽特下嫁给纳瓦尔国王亨利。公主信奉天主教，而亨利与其父安托万一样是个坚定的胡格诺派信徒。王太后的目的，似乎希望通过一对新人的结合，来促进两派的和解。

8月8日是大婚的日子，大批胡格诺派领导人和信徒来到巴黎参加亨利的婚礼。但婚礼过后，查理九世之弟安茹公爵亨利却派人暗杀了著名的新教领袖克利尼。消息一传出，胡格诺派顿时群情激愤。

现在已经无从知道，这是否是凯瑟琳事先给胡格诺派设下的一个诱捕圈套。但可以知道的是，查理九世立即下达了镇压胡格诺派的命令。8月24日，正是天主教圣巴托罗谬日（St. Bartholomew）的前夜，各天主教堂在吉斯公爵统一指挥下，以鸣钟为号，开始血腥屠杀毫无戒备的胡格诺成员。

数千个未及防备的胡格诺信徒惨死刀下，这就是"圣巴托罗谬惨案"。随即，在全国开始了镇压胡格诺派的行动，数万名新教徒被屠杀，新婚的纳瓦尔国王亨利也被软禁起来，强迫他改信天主教。三年后，他终于摆脱天主教的控制，回到自己的领地。回来后，亨利立即宣布皈依新教，带领胡格诺派继续与天主教派进行斗争。

1574年，年仅24岁的查理九世去世，其弟安茹公爵亨利即位，称亨利三世。亨利三世原本是坚定的天主教徒，他即位后，不想让国家内部再这样争斗下去了。于是，他在两派之间周旋，希望双方和解，使国家恢复和平与稳定。

1576年，国王与胡格诺派签订《博利厄赦令》，允许胡格诺派在南方建立独立的司法机构，此举遭到天主教派的强烈抵制。吉斯公爵亨利甚至成立了"天主教神圣同盟"，私自扩建军队，准备与胡格诺派对抗。第二年，国王再次出面调停，强迫吉斯公爵解散同盟，同时对新教徒的自由和权利加以限制。

但吉斯公爵仍不满意，他坚决主张要严厉镇压胡格诺派，而不是一味地妥协。他的强硬态度引起亨利三世的不满和反感。为了摆脱吉斯家族的控制，亨利三世开始与新教的纳瓦尔王亨利建立了联系。

1588年，亨利三世准备将吉斯家族的势力从巴黎赶出去，却不料吉斯公爵先动了手，亨利三世仓皇逃出巴黎。待时局稍有安定后，他便派人暗中将吉斯公爵杀死。吉斯公爵的死讯传开后，巴黎立即发生了暴乱。天主教派迅速占领巴黎，建立起以吉斯家族为首的新政权。此时，亨利三世已经没有任何其他的选择了，只能与新教派结成同盟。1589年，亨利三世被天主教派的狂热分子暗杀。临终前，他将王位传给纳瓦尔的亨利，这就是亨利四世（1589—1610年）。

（3）亨利四世与《南特赦令》

法国局势突然发生了戏剧性的逆转，一个新教徒成了法国国王，这令胡格诺派喜出望外，但天主教派却无法接受这样残酷的事实。于是，巴黎人拒绝国王进入他们的城市，亨利四世只得派军队围攻巴黎城，但四年不克。面对全国90%的人是天主教徒这样一个现实问题，亨利四世要想领导这个国家步入和平，摆在他面前的就只有一条路，那就是改宗。1593年7月，亨利宣布放弃新教，重回天主教。

1594年3月，改信天主教后的亨利四世在民众的欢呼声中，终于进入了巴黎。

法国的波旁王朝由此开始。

三个亨利历经 30 年的宗教争夺战，说明了一个问题，对某些人而言，披着宗教外衣的争端往往只是权力争夺的一种形式而已。亨利四世上台后，开始着手解决宗教争端问题，以安抚新教和天主教两派的信徒。经过几年的努力，终于在 1598 年颁布了《南特赦令》。

《南特赦令》的颁布，标志着历时 36 年的法国内战结束了。

《南特赦令》重申天主教为法国国教，要求归还没收的天主教财产，同时规定民众有宗教信仰的自由，新教徒和天主教徒在担任公职上享有平等的权利，新教神职人员和天主教神职人员一样，享有免服兵役的特权。

《南特赦令》与德国 1555 年签署的《奥格斯堡和约》有异曲同工之处，它打破了一种宗教独霸天下的局面，允许一个国家里有多种宗教并存，民众有选择宗教信仰的自由。宗教宽容，正是宗教改革运动的巨大成果之一。

3. 天主教的胜利

随着内战的平息，亨利采取多种措施加强中央集权制，使全国政令畅通，步调一致。他进行了税制的改革，减轻农民的负担，鼓励开荒垦田，提高农业生产，逐步医治战争的创伤。人们得到休养生息，经济得到迅速发展，亨利四世也赢得了人民的爱戴。

尽管两派的战争结束了，但两派的斗争并没有停止。战后，天主教在许多地方占据着优势的地位，胡格诺派虽然得到迅速发展，但他们经常受到天主教派的攻击和骚扰，如捣毁新教教堂、阻止新教徒举行宗教仪式等，对此新教徒同样予以反击。1610 年 5 月，亨利四世最终被一个狂热的天主教徒暗杀身亡。

亨利四世与玛格丽特的政治婚姻是由凯瑟琳王太后一手操纵的，凯瑟琳来自意大利著名的美第奇家族。婚后，亨利四世与信奉天主教的王后长期貌合神离。1599 年，在结婚 27 年后，这对夫妻终于离婚，他们没有子女。此后，亨利四世迎娶同样来自美第奇家族的玛丽为后，这才生下儿子路易。亨利四世去世时，年仅 9 岁的路易继位，是为路易十三（1610—1643 年）。

由于路易年龄太小，只得由母后玛丽摄政。玛丽在摄政期间，独断专行、任用亲信，结成以自己和奥尔良公爵加斯东为首的后党，引起部分朝臣的不满，从而出现了拥护国王的王党。后党和王党的矛盾日益尖锐，法国的政局已经不容乐观。而此时，胡格诺派仍在不断壮大，尽管时常受到天主教派的打压，但他们已经朝着建立独立王国的方向发展。

1624年，红衣主教黎世留（1585—1642年）排除对手，成为首相。1627年。胡格诺派试图在其聚集地——拉罗谢尔城建立独立城邦，遭到国王军队的围攻，最终王军收复了该城，胡格诺派受到重创。1629年在这位铁腕首相的扶助下，路易十三颁布了《阿莱斯恩典赦令》，宣布取消《南特赦令》赋予胡格诺派的特权，拆除一切胡格诺派的军事要塞，清除割据的"国中国"。此次赦令没有对胡格诺派采取任何镇压的手段，而是继续信仰自由的政策，在担任公职上享有与天主教徒平等的权利。这些措施有效地强化了中央的权威，缓和了两派的对立，有利于国内的统一和安定。

此后，胡格诺派继续活跃在法国各地，直到路易十四（1643—1715年）执政后，局势才发生了根本的改变。路易十四五岁即王位，这位统治法国长达72年的大君主，将法国的君主专制的统治推到了顶点。路易十四时代，是法国历史上最辉煌的时期。

路易十四对外极力扩大法国的领土，不断与周边各国发生战争，成为欧洲新一代霸主；对内则唯我独尊，强化集权，独揽朝政。他的一句名言"朕即国家"，就是对当时法国封建专制统治的真实写照。为了将宗教大权也牢握在手，1673年路易宣布法国所有的主教只能由国王授职，这激起罗马教廷的强烈反对。直到1693年，教皇英诺森十二世被迫承认，法国国王有任命主教的权力。

在与天主教会争夺主教叙任权的同时，针对胡格诺派的势力逐渐强大，路易的另一只手开始严厉打击宗教异端分子，全面清洗胡格诺派信徒。

1685年，路易十四颁布《枫丹白露赦令》，宣布废除《南特赦令》，明令新教徒，如不归入天主教，就应放弃财产离开法国。随后，他命令捣毁新教教堂，驱逐新教领袖，彻底肃清胡格诺派。为了驱赶新教徒，他派出"龙骑兵"，随意闯入新教徒家中，骚扰主人，调戏妇女，这种手段甚至比暴力更令人感到恐怖。于是，数十万新教徒被迫逃亡到尼德兰、英国等地，许多人远涉重洋，来到了美洲新大陆。

在路易十四的强势打压下，胡格诺派成员全部离开了法国。

至此，历时150年的胡格诺运动结束了，法国重回天主教的怀抱，成为一个天主教国家。

六、英国的宗教改革运动

与欧洲大陆隔海相望的英国，其宗教改革与其他国家有很大不同。英国的宗教改革不是自下而上、由民众发起的挑战，而是由英国国王领导的、自上而下的运动。在与天主教会经历了几次反复的较量后，英国最终彻底摆脱罗马天主教的控制，建立了独立的英国国教会，成为一个以新教为主的国家。

1. 英国宗教改革的背景

1453 年，持续百年的英法战争（1337—1453 年）以英国的彻底失败，法国收复全部失地而告终。

不久，英格兰北方的兰开斯特家族与东南部的约克家族，为争夺英国的王位，又开始了长期的内战。由于两个家族分别以红玫瑰和白玫瑰为族徽，故史称"玫瑰战争"（1455—1485 年）。

内部争斗的玫瑰战争，更加血腥而残忍。据统计，在战争的 30 年中，两位英格兰国王在战斗中丧生，男爵以上的贵族有 65 人战死沙场，更有数以千计的中小贵族和领主死于战火，这无疑严重地削弱了英国贵族和封建领主的势力。长期的战争使两大家族筋疲力尽、耗尽了元气。鹬蚌相争的结果，是在一旁观看的渔翁获得了利益。

1485 年 8 月，亨利六世（1422—1461 年）的侄子、兰开斯特家族的旁系亲属亨利·都铎（Henry Tudor）趁混乱之际，率军在威尔士西部登陆，随后向英格兰东南部进军。

8 月 22 日，约克家族的理查德三世（1483—1485 年）仓惶率军，在兰开斯特郡的博斯沃思荒原（Bosworth Field）迎战亨利，这也是玫瑰战争的最后一役。理查德的军队士气低落，不战而降。在混战中，理查德三世被乱枪刺死。于是，亨利成为玫瑰战争中唯一的胜利者，他被贵族们拥立为英王，称亨利七世（1485—1509 年）。

不久，亨利七世与爱德华四世（1461—1483 年）的女儿伊丽莎白结婚，由此将兰开斯特与约克两大对立的家族联合起来，英国历史进入都铎王朝时期。

2. 英国国教会的建立

长期的战争，严重破坏了社会和经济的发展。亨利七世上台后，采取多种措施，使英国社会逐渐得以恢复。首先，他着手整顿经济，通过借债、征收财产税和罚金等各种措施,来充实空虚的国库。在政治上限制贵族和封建领主的权力,强化王权,同时大力发展英国的政治和军事力量。在他的治理下,英王的权威性得到提高,为日后英王挑战教皇,建立独立的国教会打下了基础。

(1) 亨利八世(1509—1547年)

亨利七世去世后,其18岁的儿子亨利八世继承王位,亨利八世是英国历史上最著名的国王。他先后有过六位妻子,两次离婚,并将两位妻子处以死刑。尽管他体型肥硕、贪吃放荡、举止轻浮,但这都没有影响他成为一个伟大的国王。

亨利八世继续其父强化中央政府权威性的政策。但与欧洲其他国家不同,自1215年约翰王颁布大宪章之后,英格兰议会一直是国家的重要机构,这使得英国不可能实行大权独揽的专制统治。因此,亨利在法律规定的权限范围里,将各地的行政管理大权交给地方官员执掌,而这些官员直接对国王负责,并效忠于他。通过这种方式,亨利八世成功地将自己统治的地区延伸到整个英格兰以及爱尔兰地区。

在外交方面,亨利八世积极与当时欧洲的两个超级大国法国和德国建立同盟关系,以此来树立英国的大国形象。但亨利八世最重要的业绩是在英国进行的宗教改革,使英国从此摆脱了罗马教会的控制。

天主教会在英国一直有很大的势力,他们在英国占有大量土地和财产。亨利时期,正值欧洲大陆的宗教改革运动蓬勃兴起之时,各种新教的信徒纷纷渡过海峡,到英格兰和苏格兰来寻找新的知音。但亨利的改革并非受这些思潮的影响,而是出于一种政治上的需要。简言之,收回大批教会和修院的土地和财产、充盈国库才是亨利的目的所在,因为他需要金钱来巩固王权,需要金钱使英国跻身于欧洲大国的行列。

英国的宗教改革极富戏剧性,它是由一桩离婚案开始,最终以建立英国国教会、完全脱离罗马教皇的控制而结束。

1526年,亨利八世以王后凯瑟琳不能再生育为由,向教皇提出离婚要求。1502年,在父亲的安排下,12岁的亨利娶了17岁的西班牙公主凯瑟琳为妻。婚后,两人也还算恩爱,但凯瑟琳生养的几个孩子,除一个女儿玛丽外,都夭折了。这让亨利十分恼火,他期盼有一个儿子,日后可以继承王位,但这只是一个表面上的理由。实际上,此时的亨利已被一个名叫安妮·博林的宫女所迷倒。安妮年轻美貌,活泼可爱,深得亨利欢心,而凯瑟琳已然年老色衰，风韵不再了。

但亨利的离婚请求遭到教皇克雷芒八世的反对，教皇自有其难言的苦衷，因这位凯瑟琳不是一般人，正是西班牙国王查理五世的姑母。查理五世也是神圣罗马帝国的皇帝，教皇怎敢得罪于他？为此，亨利十分恼怒。既然教皇不同意离婚，亨利只得将离婚案从宗教法庭撤诉。但亨利并没有就此罢休，为了摆脱罗马教会的控制，使自己和安妮的婚姻合法化，亨利决定建立一个独立的教会来达到自己的目的。

1529—1536 年，亨利八世召开了八次会议来讨论宗教改革的问题，以便使英国教会逐步脱离罗马教皇的控制。1532 年后，他任命亲信克莱默（Cramon，1489—1556 年）为坎特伯雷大主教，并强迫议会通过一系列法令，对教会的权利加以限制，如 1534 年通过的《继承法》，规定教会立法必须经国王批准方可生效、禁止教士将第一年的俸金上交给罗马教廷。其次，规定凡英国教士和俗民不得将遗产继承和婚姻案件上诉到罗马教廷，从而取消了教皇法庭的最高司法权。随后，亨利要求所有英格兰的修士和修女必须宣誓效忠于国王而非教皇，对不从命者，一律遣散。

1535 年通过的《至尊法案》，明确规定英国国王是"英国教会最高元首"，并将宗教法庭改为国王法庭。这一法案的通过，成为英国国教会正式成立的标志。

广义上的国教会，包括海外的英国国教会在内，称"安立甘宗"（Anglican，原意是"英格兰的"）。我国通常将英国国教会称为"圣公会"。

1533 年，英国国教会在伦敦附近的一座女修道院里审理了亨利八世的离婚案。在凯瑟琳缺席的情况下，新上任的坎特伯雷大主教克莱默宣布解除亨利和凯瑟琳的婚姻关系。在这场旷日持久的离婚案中，亨利最终获得了胜利。教皇得知消息后勃然大怒，下令将二人革除教籍，但这并没有影响亨利迎娶新人。

同年 6 月 1 日，安妮·博林加冕为英国王后。但安妮也只为亨利生了一个女儿，这让求子心切的亨利十分恼怒。不久，他便以通奸罪将安妮送上了断头台。安妮生的这位公主，便是日后统治英国长达 45 年之久的伊丽莎白一世女王（1558—1603 年）。随后，亨利又娶安妮的侍女简·西莫为妻，总算如愿以偿，得到了一个儿子，这就是后来继承亨利王位的爱德华六世（1547—1553 年）。可惜，这位生了儿子的王妃却红颜薄命，在生产后就死掉了。

亨利除了在政治上限制罗马教会的权利外，还通过没收教会和修道院的土地和财产，在经济上扩大自己的权力和地位。亨利在位时，共关闭了700多所男女修道院，将大片土地收归国有，然后拍卖给贵族或赏赐给亲信，既笼络了人心，也为国库增加了收入。而在教义方面，亨利并没有什么兴趣，他只是鼓励英国人自己去阅读《圣经》。

从今天的角度来看，亨利要求摆脱罗马教会的控制，建立独立自主的英国国教会的要求，反映了英国民族主义思想的萌芽。但他所建立的国教会，除了以国王取代教皇的权威外，仍然沿袭和保留了罗马天主教会的组织体系和礼仪，在教义上也没有什么变化。真正使英国国教会接受新教神学，成为具有英国特色的独立教会的"基督教改革运动"，是由他的儿子爱德华六世完成的。

1547年，亨利八世去世，年仅10岁的爱德华继英格兰王位，由一个16人组成的内阁辅佐执政。

1553年，爱德华六世在新贵族的支持下，对部分天主教教义和礼仪进行改革。在神学上吸收了路德宗和加尔文宗的新教思想，如否定炼狱论、取消偶像崇拜、废除一些天主教节日、简化崇拜仪式、使用英语做礼拜仪式用语、对其他新教教派持宽容态度等等。尽管做出了这些改革，但安立甘宗仍然是新教各派中保留天主教成分最多、最为保守的教派。

（2）玛丽女王（1553—1558年）

在宗教改革后不久，爱德华六世便因病早逝了。随后，英国新旧贵族之间展开了新的权力斗争。为维持新教的优势地位，新教权贵们将亨利八世的外甥女、17岁的简·格蕾推上王位，但仅仅几天之后，简·格蕾便被支持玛丽的英格兰北部贵族所推翻。玛丽是亨利八世与第一任妻子凯瑟琳生的女儿，于是玛丽继承英格兰王位，成为英国历史上第一位女王。

由于父母的离婚案拖延了太久的时间，亨利八世将对凯瑟琳的不满发泄到年幼的玛丽身上，玛丽被父亲长期漠视。母亲在忧愤中死去后，玛丽更是受到后母安妮的虐待。这一切，造就了玛丽叛逆和报复的心理，她仇视父亲建立的新型教会。与其西班牙的母后一样，玛丽也是一位虔诚的天主教徒。她继位不久，便与西班牙国王、德皇查理五世之子腓力二世结婚，并决心要让英国重归罗马天主教。

为了巩固自己的地位，玛丽首先将支持简·格蕾的贵族处死，然后在英国恢复天主教的合法地位。与此同时，玛丽残酷地迫害许多具有新教思想的人。据统计，在玛丽短暂的执政期间，就有近300名新教徒以"异端罪"被火刑处死，其中包括亨利八世的心腹人物、宣布其父母离婚的坎特伯雷大主教克莱默。对新教徒的残酷屠杀，使她获得了"血腥玛丽"的称号。

除迫害新教徒外，玛丽在位期间，还使英国卷入西班牙和法国的一场战争中去。正是在这场战争中，英国失去了在法国的最后一块领地——加莱港，这也让她深刻地留在英国人的记忆中。所幸的是：从这时起，英国与欧洲大陆再也没有了领土问题上的纠葛，从此走上了独立的发展道路。

玛丽去世时，年仅42岁，她死后无嗣，只得由同父异母的妹妹伊丽莎白继承英国王位。

(3) 伊丽莎白一世 (1557—1603年)

伊丽莎白一世25岁成为英国女王，她统治英格兰、苏格兰和爱尔兰长达45年的时间。尽管追求伊丽莎白的各国君主豪贵络绎不绝，但其中都有极其复杂的政治因素在内，为了英国的利益不受他人的干扰，伊丽莎白终身未嫁，故被人们称为"童贞女王"。

与玛丽相比，亨利八世给了伊丽莎白更多的疼爱，使她从小受到良好的教育。在她13岁那年，亨利八世离开人间，失去父爱的伊丽莎白渐渐学会了容忍和等待。玛丽执政期间，对于这个比自己小17岁的异母妹妹，有的只是仇视和猜忌，但伊丽莎白默默地忍受了一切，终于为自己等来了云开日出的那一天。

亨利八世死后的11年间，爱德华六世执政六年，玛丽当了五年女王。他们一个支持新教，压制天主教；一个则恢复天主教，屠杀新教徒。因此，在伊丽莎白继位女王之初，英国的宗教矛盾极其尖锐，斗争十分激烈。为了稳定国内局势，伊丽莎白首先充分利用议会的作用，来达到自己的目的。

1559年，英国议会通过《至尊法案》，宣布恢复安立甘宗为英国的国教，女王既是一国之君，也是国教会的"最高管理者"，但她没有如其父那样使用"最高元首"一词。随后，女王任命了新的坎特伯雷新大主教，修订了《公祷书》，该《公祷书》一直沿用至今。

1571年，英国议会正式批准并公布国教会的信仰纲领《三十九条信纲》，这部信纲由女王亲自审定，历时十年才最终公布于世。《三十九条信纲》和《公祷书》的公布，标志着安立甘宗的正式确立，也标志着英国宗教改革取得了最终的胜利。

尽管伊丽莎白坚决地、毫不动摇地树立英国国教会的权威地位，但她并没有采取激烈的手段来打压天主教徒，挑起新的仇恨。而是用更为稳妥、宽容的宗教政策，将不同教派的信徒召集在"一个耶稣基督"的旗帜下。

伊丽莎白下令断绝与罗马天主教会的联系，恢复独立的英国国教会，国教会虽然保留天主教的信条和实践，但不受罗马教皇的控制。她禁止天主教徒公开到教堂做礼拜，却从不干涉信徒私下的信仰，对神学上的不同见解也给予了一定的自由空间。她反对狂热的极端分子，无论是新教徒还是天主教徒，对她而言都是无法忍受的。

英国国教会以国王为最高首领，王室成员必须是国教会信徒。英格兰的大主教和主教虽然均由君主亲自任命，但王室任命委员会在高级神职人员的人选提名上拥有很大的权力。英格兰教会通过进入上议院，参与对国家事务的管理，包括坎特伯雷大主教和约克大主教在内的各个重要教区的主教都是上议院的议员。但与欧洲其他国家一样，神职人员在下议院设有席位。

英国国教会设有两大主教辖区，即坎特伯雷大主教辖区和约克大主教辖区。两大主教区名义上平等，但因坎特伯雷大主教是国教会的首席主教，他的实际地位要高于约克大主教。两大主教分别辖有自己的主管教区，各主管教区下面再设若干教区，与天主教相似，形成自上而下的组织体制。

国教会这种金字塔型的教阶体制，一直延续到今天。

英国国教会建立后，并非一片坦途，天主教想尽办法试图颠覆伊丽莎白的政权。一些天主教徒计划将伊丽莎白的侄女、苏格兰女王玛丽·斯图亚特立为英格兰国王，使英国恢复天主教。伊丽莎白用了近20年的时间，来挫败天主教试图以玛丽·斯图亚特取代她的阴谋。

玛丽是亨利七世的曾外孙女，也是英国王位的继承人之一。但她是一个虔诚的天主教徒，有一批信仰天主教的贵族追随她。年幼时，玛丽便被送到法国，后来成为法王弗朗索瓦二世（1559—1560年）的王后，但弗朗索瓦在位一年便去世了。于是，年轻的玛丽回到故乡苏格兰。玛丽在任苏格兰女王期间，由于复杂的情感和婚姻纠葛而卷入到一桩谋杀案中，因为无法排除嫌疑犯的指控，在贵族们的武力逼迫下，她只得退位，将王位让给儿子詹姆斯六世，自己逃到了英格兰。

1568年，玛丽一到英格兰，立刻被伊丽莎白监禁起来。尽管玛丽身在狱中，但国内外一些狂热的天主教徒并没有死心，多次密谋刺杀伊丽莎白，但事情最终败露。为了免除后患，在经过长时间的拖延和犹豫之后，1587年2月，伊丽莎白终于下定决心，将玛丽处死。玛丽的死，令西班牙国王腓力二世（1556—1598年）的计划落空。腓力二世一直试图除掉与西班牙作对的伊丽莎白，扶持玛丽上台，在英格兰恢复天主教。

16世纪后期，英国与西班牙的关系日趋紧张。随着英国资产阶级的发展和不断对外扩张，侵犯到西班牙在海外的利益，特别是在海上肆意劫掠西班牙船只的英国海盗，让西班牙人痛恨不已。加之在荷兰反对西班牙入侵的斗争中，伊丽莎白女王站在荷兰一边，反对西班牙，这使得腓力二世下决心要好好教训一下英国人。

1588年7月，经罗马教皇同意，腓力二世派出西班牙的巨无霸"无敌舰队"，发誓要在海上将英国海军彻底击败。无敌舰队的130艘战船远涉重洋到达法国的加莱港后，扬帆横渡英吉利海峡。在海上，他们遭遇英国皇家海军的拦截。直到此时，西班牙人才发现：英国的军舰虽然数量上远不及无敌舰队，而且都是些小船，但这些船舰机动性强，更加灵活，而且发炮速度快，命中率高。经过几天的激战，无敌舰队不敌英国人，遭到惨重的损失。

更出乎意料的是，在归途中一阵大风突然吹过来，将庞大的舰队吹散开来，舰队偏离了既定的方向，顺风向北方飘去，只得在苏格兰北部和爱尔兰周围的海域行进。在回国途中，又遭遇大西洋上的风暴，许多船舰被大风吹翻沉入海底，更有数千名船员被风浪吹到爱尔兰西海岸，成为英国人的俘虏。两个多月后，只有53艘船只，不到一万人回到了西班牙，近两万人阵亡、失踪和下落不明。腓力二世受不了这样沉重的打击，不久便病死了。

无敌舰队的毁灭，使西班牙从此丧失了海上霸主的地位。英国的胜利，不仅彰显了英国海上强国的优势，同时有力地制止了天主教在欧洲北方各国复辟的企图，为日后英国繁荣贸易、向海外扩张奠定了基础。

1603年，已到垂暮之年的伊丽莎白女王立下遗嘱，由苏格兰国王詹姆斯六世继英格兰王位，即英王詹姆斯一世，而詹姆斯一世正是被女王处死的玛丽·斯图亚特的儿子。这种戏剧性的结果，可能就是英国王室的轮回和宿命吧。

至此，都铎王朝终结，一个新的王朝——斯图亚特王朝开始了。

英国的宗教改革运动从一开始就是在国王的直接领导下进行的。没有经过大规模群众运动的洗礼，没有广大民众的积极参与和支持，各种不同的思想和见解得不到充分的表达，因此英国的宗教改革是十分不彻底的。自国教会成立之日起，在国教会内部就一直存在着不同的声音。随着新兴资产阶级的不断壮大，在全国范围内掀起的清教徒运动，便是英国宗教改革运动的延续和发展。

3. 清教徒运动

玛丽女王统治英格兰期间，在恢复天主教的同时，极力排斥和压制那些力主改革的新教徒，迫使许多新教徒流亡日内瓦。在日内瓦，许多人接受了加尔文的激进思想。随着伊丽莎白女王恢复国教会，这些新教徒又回到国内，他们对国教会中仍然保留大量天主教成分感到不满，要求以《新约》为依据，清除一切与之不符的旧式礼仪和信条，以恢复纯正的、合乎《圣经》规范的基督教信仰，因此被称为"清教徒"（Puritans）。

一些接受新教思想的神职人员和国会议员，他们对国教会存在大量天主教礼仪十分不满，提出废除天主教的圣徒瞻礼、教士不必穿天主教的圣服、可以自由着装的议案。虽然该提议在国会没有获得通过，但此时许多教士已经不遵守国教会的礼仪了，他们在举行宗教仪式时不穿圣服、自行其是的现象已经十分普遍。无视以女王为最高首领的国教会的规矩，不仅是对女王的一种藐视，更会危及教会的统一和稳定。于是，女王要求坎特伯雷大主教彻查此事，以纠正这种不守教会礼仪的散乱状况。

1565年，伊丽莎白女王接受坎特伯雷大主教帕克的建议，开始整顿教士队伍，对不遵守国教会礼仪者予以清除。女王宣布所有的教士资格证书自3月1日起失效，只有宣誓遵守国教会教义和礼仪的神职人员，才会重新颁发证书。女王给教士们三个月的考虑期限，逾期仍不宣誓者将免除其担任圣职的资格。结果仅伦敦教区就有30人拒绝宣誓，约占教士人数的20%。对于这些不遵守国教会教义和礼仪的人，被斥为"不服从国教者"，该词后来被用来统称英国不信奉国教的基督教各派，清教徒亦属于"不从国教者"之列。

清教徒的社会成分极其复杂，他们并无统一的思想和组织形式。随着英国资产阶级的不断发展，清教徒中逐渐分化出代表不同阶层利益的两大派别，即代表大资产阶级和上层贵族利益的"长老会派"，以及代表中小资产阶级和中小贵族利益的激进的"独立派"。

(1) 长老会派

长老会派是清教徒中的温和派，他们并不反对女王，也不打算脱离国教会，只是希望以加尔文的思想对国教会加以改革。他们主张恢复基督教初期时的长老制，由平信徒选举出来的长老与教士共同管理教会，以取代国教会沿袭的天主教的主教制。

最初提出恢复长老制的人是牛津大学的神学教授托马斯·卡特里特（Cantwright，1535—1603 年），他于 1569 年提出自己的主张。该思想显然是在与国教会唱反调，很快卡特里特感到了压力，于是自行到国外去了。不久，他可能是觉得没有什么危险，又回到英国，开始按照加尔文的思想组织新的教会。

起初，长老会的活动没有受到英国王室和国教会的干涉，这使得加尔文思想在英国得到了广泛的传播。后来清教徒运动逐渐得到下层民众的支持，斗争的矛头也逐渐指向女王。为此，女王于 1583 年解除坎特伯雷大主教埃德蒙德·格林德尔（Grindal）的职务，任命了新的坎特伯雷大主教。随后女王授权新任大主教颁布法令，再次重申女王是英国和国教会的最高领导者，神职人员必须忠于国教会的纲领。要求参与清教徒活动的教士必须要到教务委员会说明情况，并宣誓忠于国教会，否则将送交法院受审，并不得上诉。接着，国会依据新法令，将 200 名清教徒的教士职务解除，将他们清除出英国国教会。

在女王的高压政策下，长老会暂时停止了活动。

(2) 独立派

最早主张脱离国教会，建立独立教会的人是斯坦福德的罗伯特·布朗（Browne，1550—1633 年）。他是剑桥大学的学生，在校期间受长老派影响，成为清教徒。后来思想更为激进，反对国教会的清规戒律，提出政教分离，宗教独立的主张。

1580 年，在东北部的小城诺里奇，布朗建立了第一个不隶属于国教会的独立教堂。

自 1583 年后，女王和国教会开始对清教徒实行打压政策，清教徒中的一些激进分子开始与长老会发生分歧，他们反对妥协，主张采取更加激烈的做法。他们要求摆脱英国王室和国教会的控制，在英国建立加尔文式的共和制教会。这些主张得到了部分中下层神职人员和平信徒的欢迎，独立派成员很快发展到 2 万余人。由于他们要求与国教会分离，故亦称"分离派"。

随着分离派的势力逐渐增大,对国教会和女王的权威构成威胁。1593年,国会通过新的法令,要求英国民众效忠于女王,对反对女王者严惩不怠。随后,将少数坚定的独立派首领处以极刑,许多人被逮捕,更多的人则流亡海外。独立派运动受到沉重的打击,但他们在海外继续活动,最后发展成为基督教新教的一个主要派别——公理宗。

4. 英国清教徒革命

英国的宗教改革运动,从一开始就超越了天主教与新教之间的斗争,它所表现出来的宗教争执,主要是国王与议会之间的政治斗争,其中也表现为国教会与清教徒的斗争。而国王与教会的矛盾和斗争,终于演变为流血的战争。1640年,在英国爆发了以清教徒为主力的国内战争。两次国内战争的结果,是英国资产阶级取得最终胜利,推翻封建王朝,从此确立了资产阶级君主立宪的制度。

(1) 国王与教会的矛盾

1603年,詹姆斯一世开始了对斯图亚特王朝的统治。

詹姆斯一世(James,1603—1625年)即位后,为英格兰和苏格兰带来了短暂的统一。此时,清教徒在议会中已经拥有很大的势力。起初,他们欢迎詹姆斯为国王,因为苏格兰教会是按照加尔文思想建立起来的新教教会。因此,清教徒要求新国王废除国教会由国王任命主教的做法,改为民主选举教会管理人员,并进一步改革国教会中留存的天主教礼仪。但出乎清教徒意料,詹姆斯断然拒绝了清教徒提出的所有改革要求,这引起清教徒们的强烈不满和猜疑。联想到詹姆斯一世上任后奉行的亲西班牙政策,以及他的儿子娶西班牙公主一事,他们越来越怀疑詹姆斯是个秘密的天主教徒。这样,原本拥护国王的清教徒,此时站到国王的对立面上了。

而国内的天主教徒则坚决反对这位新教国王,他们策划了多起阴谋事件试图谋杀他,其中最著名的是"火药桶阴谋"。1605年11月5日,少数狂热的天主教徒将十几个火药桶放在议会大厦的地下室里,试图炸死国王和大臣们。结果阴谋败露,为首者盖伊·克斯(Guy Fawkes)及其同谋被判处绞刑。随后,英国颁布了严厉的反天主教律法。虽然清教徒的抗议要平和的多,但除了出版新的《圣经》英译本(即著名的"詹姆斯译本"或"钦定英译本")外,詹姆斯不肯做出任何让步。

在这种情况下,一些立志改革的清教徒离开英国,到达荷兰,但荷兰也不是久留之地。1620年，为了追寻理想的家园，102名清教徒乘坐一艘经过改装的渔船"五月花"号，从普利茅斯（Plymouth）出发，向新大陆的方向驶去。在浩渺的大西洋上颠簸66天后，他们终于到达北美洲。后来，他们在美洲西海岸建立了新普利茅斯，这是英国在新大陆的第一块殖民地，而这批清教徒也成为新大陆的首批欧洲移民。

与都铎王朝的历代君主一样，詹姆斯一世也崇信"君权神授"。对于不听话的议会，他的办法只有一个就是解散议会，让他们回家。1614年，詹姆斯解散了议会。由于议会掌握国家的财政大权，没有议会的支持，国王便无法通过正当的途径，筹措需要的资金。结果，詹姆斯只能采用非正当的途径如卖官鬻爵、出售专卖权、贷款来得到资金，以维持国家正常的运转。

1621年，迫于资金的压力，詹姆斯不得不重新召开议会，他急需在议会的帮助下，筹措到国家需要的经费。但议会的态度十分坚决，要求首先要取得政治权力，然后再谈其他。1625年，焦头烂额的詹姆斯一世去世，将一个烂摊子留给了儿子查理一世（1625—1649年）。与其父一样，查理也认为君权不应受到任何人的干扰和挑战。这种态度，引起议会的对抗，许多议员日益同情清教徒。而此时的清教主义，已经发展为一个波及全社会的群众运动。清教徒们衣着俭朴、品德高尚，具有平等主义的思想，引起人们广泛的好感和支持。由于清教徒的主要攻击对象是源自于罗马的天主教，因此他们被视为民族主义者。

查理一世对天主教徒一味的宽容态度，引起了清教徒对他个人宗教信仰的怀疑，他甚至允许天主教徒在宫廷中做礼拜，由此激起天主教徒与清教徒的再次对抗。

查理就任后，任命威廉·劳德（William Laud）为坎特伯雷大主教，这位主教坚决反对清教思想。在他的要求下，1640年，查理试图将英国国教会的礼仪及《公祷书》强加于苏格兰教会，引起以长老会为国教的苏格兰人的强烈反抗。苏格兰的誓约派趁机组织军队，入侵英格兰与英军作战。英国王军大败后，查理只得与苏格兰签订和约。这一年，他又召开国会，但不到一个月的时间，又将其解散，这就是历史上所称的"短期国会"。

由于担心苏格兰的再次入侵，查理被迫召开他任内的第五次国会，史称"长期国会"（1640—1660年）。会议一开始，国会首先下令拘捕了国王最得力的大臣斯特拉福德和劳德大主教。随后，通过了限制国王权力、扩大国会权威的相应措施。在《国民军法案》中,将原来由国王下达军事命令的做法,改为由议会下达,剥夺了国王是军队最高统帅的权力。而在《大抗议书》中,更是要求彻底改革国教会、限制主教的权力、更换国王的顾问,由国会批准的大臣担任此职。同时会议还做出决定,不管国王是否召开国会,国会必须每三年召开一次会议,商讨国家大事。

此外,会议还问责了国王的一些主要大臣,特别是在长期没有国会时,为国王出谋划策的大臣斯特拉福德伯爵。国王不忍心看到对自己忠心耿耿的大臣受审,于是策划了营救斯特拉福德的计划,不料事情败露,引起群众的义愤。在这种情况下,国会匆忙通过处死斯特拉斯福德的法令。国王无奈,只得签字同意,眼睁睁地看着斯特拉斯福德被拖出去斩首。

1641年,信奉天主教的爱尔兰人突然袭击了在其境内的英国殖民者,数千人被杀,国内一片哗然。有人相信这样一种说法,认为爱尔兰天主教徒的行为是受英王查理一世指使的。在与国会争吵和对峙中,经过长时间的考虑,查理决定要对国会采取行动了。

1642年1月,查理一世亲自带领士兵前往国会大厦——威斯敏斯特宫,准备逮捕皮姆等五名反对他的国会领袖。但当他来到国会大厦时,却发现"所有的鸟儿都飞了"。得到消息的议员们已经离开威斯敏斯特王城,逃到享有市政自治权、不受国王管辖的伦敦市里去了。当国王来到这里时,伦敦市的官员拒绝交出议员。无奈之下,国王只得打道回府。一周后,这五名议员在伦敦市专业乐队的护送下,得意洋洋地回到了威斯敏斯特的国会大厦中。

此时,查理一世已经离开伦敦,他决定组织军队向国会开战,一场内战即将爆发。

(2) 国内战争 (1642—1649年)

1642年4月22日,在诺丁汉附近的原野上,查理一世的王旗迎风飘扬。在猎猎王旗之下,查理命令所有支持他的人加入王军。英国第一次国内战争爆发了。

此时,王军不过千余人,但国王得到英格兰西部、北部和威尔士等地的支持。国会则得到英格兰东南部和伦敦市的支持。大部分贵族豪绅聚集在国王周围,而国会军主要由自耕农、市民和工匠组成。英国国教会和牛津大学、剑桥大学都站在国王一边,而清教徒们则支持国会军。在战争一开始,英格兰的各种势力就明显地分成两大集团,一派是由国王追随者组成的保皇党人（号称"骑士党"），一派是支持国会的圆颅党人，他们因剪成短发而得名。

战争一开始，王军在西撒克斯伯爵罗伯特·迪弗沃克斯（Robert Devereux）的率领下，一举击退国会军。但不久，随着国会军中一个名叫奥利弗·克伦威尔（Oliver Cromwell，1599—1658年）的人脱颖而出，双方的力量对比发生了变化。

克伦威尔是出身贫寒的布衣百姓，在大学期间接受清教思想，从此成为一个虔诚的清教徒。他曾两次当选为议员，是国会中长老派的代表人物。内战爆发后，他加入国会军，很快显露出卓越的军事才能。他看到国会军中多是"年老体弱的侍者和酒保"，无法与忠于国王的骑兵军团相抗衡。于是，他回到家乡招募了一个"合乎神意的兵团"，因为他相信：世上有比骑士精神更好、更坚定的东西，那就是宗教热忱。克伦威尔组建的军团主要由年轻的农民、手工业者组成，他们是身披铁甲的骑兵团，号称"铁甲军"。很快，国会就以铁甲军为模式，建立了"新模范军"。

1644年，国王年轻的外甥、罗伯特亲王率军在马斯通荒原，与克伦威尔的铁甲骑兵团对决，结果王军大败，国王失去了北方的领土。由于此次战役中取得的胜利，克伦威尔被提升为"新模范军"的将军，从此名声大振，奠定了他在国会军中的领导地位。

1645年6月，新模范军在纳斯比消灭了王军，随后国会军控制了英格兰大部分地区，看到大势已去，国王查理一世乔装为一个仆人，悄悄地离开了牛津。1646年5月5日，查理一世向苏格兰军队投降。查理原本想借助苏格兰人的军队，帮助他恢复王位。但令他万万没有想到的是，1647年1月，苏格兰人为了得到40万英镑的悬赏，竟然将已经投降的查理一世送交给英国国会。

至此，持续五年的第一次国内战争结束了。

不久，国王被押解到诺斯安特（Northants），囚禁在一个庄园里。

此时，国会内部在如何对待国王的问题上产生了分歧。保守的长老会派主张与国王和解，但独立派的新模范军知道，国王是决不会饶恕他们的。于是，新模范军决定先下手为强。7月，他们将国王抢过来，使他脱离国会的控制。后来，国王从军队里逃跑了，他来到威特岛，秘密与苏格兰人订立盟约。随后，苏格兰人在汉密尔顿（Hamilton）率领下，起兵入侵英格兰，英国第二次国内战争开始。

1648年，克伦威尔率军在普利斯顿打败苏格兰军。同年12月，新模范军又抢回国王，并向伦敦进军。不久，在军队的干涉下，克伦威尔将同情并袒护国王的长老会议员撵出下院，由残存下来的独立派议员组成"残余国会"，对国王进行了审判。国王被指控犯有发动战争、反对王国和国会罪，被判处死刑。但上议院拒绝批准审判国王的法令。最后，由克伦威尔签署了处死令，向公众宣告国王是"暴君、卖国贼、脍子手和人民公敌"。霎时间，克伦威尔成为英国最有权势的人物。

1649年1月30日，查理一世被押解到白厅新建的宴会厅外，在那里被送上断头台。

至此，历时七年的英国内战结束了。

英国的国内战争之所以称为"清教徒革命"，是因为国王的主要对手都是清教徒，而国王的拥护者则大多为国教会信徒和天主教徒。内战从表面上看是国王与国会之间的斗争，实质上它是代表城市中产阶级利益的新贵族与代表封建势力的王室之间在经济和政治上的一次全方位大较量。较量的结果是，以克伦威尔为代表的"残余国会"取得了最后的胜利。

英国国内战争是西方具有重要历史意义的一个事件，它不仅推翻了英国的封建统治制度，也极大地动摇了欧洲各国的统治基础，为以后的法国革命、美国革命开创了先例，由此掀开了世界现代历史新的一页。

七、新教的共同特征以及祈祷仪式的变化

自宗教改革运动之后，基督教已经形成天主教、东正教和新教三分天下的局面。除了天主教和东正教外，其余的基督教各种派别都可以归入新教之列，故现在人们常说的基督教，基本是指基督新教。

新教的派别众多，五花八门，极其复杂，但大体上还是具有一些共同的特征。

首先，新教各派都只承认《圣经》为唯一的经典，是信仰的最高权威。大多否认无《圣经》作为依据的各种说教，反对偶像崇拜、圣母圣徒崇拜等。

新教徒认为每个人都可以与神保持内心的联系，无须教会在人神之间起中介作用。因此，新教与天主教和东正教最根本的差别就是不设主教，没有教阶等级和自上而下统一的组织体系。由于没有统一的领导机构和组织，所以各派相对独立，但有的派别之间也有相互的联系和予以协调的

机构。

由于没有教阶等级，新教的神职人员与信徒地位平等，教会通常由牧师和平信徒共同管理，牧师允许结婚生子。大部分新教派别以牧师取代神父，其职能已经不是神恩典的一种工具，而是布道和建立一个信徒社团。牧师只是在社团中起组织作用，就像牧人放牧羊群一样。

在教义方面，新教各派反对天主教的"救赎论"和"善功得救论"，推崇路德的"因信称义"和加尔文的"预定论"。在宗教礼仪方面，新教各派也做出了许多重大改进。

改变中世纪基督教的宗教仪式仪轨，是宗教改革运动的成果之一。在当时，不受改革思想的影响，完整地保留罗马天主教宗教仪式的教会几乎没有。有些教会，如温和的路德宗和保守的安立甘宗的一些教会，将天主教一年中的大部分仪式较为完整地保留下来了，但对于圣日反倒不如以往那么重视了。

欧洲大陆的其他新教教会和苏格兰教会则更进一步，他们只保留了圣诞节、复活节和五旬节几个最为重要的节日，其他节日则一律减免。有的派别，甚至连这些节日也不接受，如17世纪宗教战争后由英国清教徒中分离出来的公理会和浸礼会，就只保留了洗礼和圣餐礼两种仪式，而不庆祝任何其他基督教节日。

新教强调信仰是第一位的，认为内心的虔诚不需要通过仪式来表达，因此一直希望降低基督教仪式年的重要性。同时他们也认为众多的节日和繁琐的礼仪，扰乱了人的心绪，是导致心灵不虔诚的一个重要因素。

在忽视节日礼仪的同时，新教的大多数教派强调主礼拜日的重要性，为此采取各种方法来改进主日的礼拜仪式。福音书中记载，耶稣是在犹太人的安息日的前一天受难，第三天（即安息日后第一天）复活。为纪念耶稣复活，基督教便定这一天为主日。犹太人以星期六为安息日，而基督教则选择星期天为主日。

主日的礼拜仪式通常在教堂里举行，由牧师主持布道，并有祈祷、读经、唱赞美诗等内容，是新教徒定期的聚会。除了主日礼拜外，许多新教会保留了传统的天主教弥撒的基本形式，但有一些改变。天主教的圣餐礼体现了教俗之间的差别，教士是酒饼同领，而平信徒只领饼。新教教会则改为无论教士还是平信徒，都是酒饼同领，以体现平等的地位。同时对饼和酒也没有特别的要求，没有无酵饼或葡萄酒时，也可以用面包或葡萄汁来代替。更重要的是，为了能够让世俗的民众能听懂牧师在布道时说了些什么，所有新教教会在祈祷仪式中都采用本地语言布道，而不是天主教使用的拉丁语。与天主教弥撒不同的是，新教还鼓励并接受一定数量的非教徒参加仪式，让他们有机会感受到宗教仪式的神圣魅力。

在举行宗教仪式时，唱赞美诗以增加仪式效果的做法早已成为习俗。路德认为改革不应该"摧毁并破坏所有的艺术"，他力图在宗教艺术中注入他对福音书的真实理解。由于路德本人极为喜爱音乐，在他的大力倡导下，给赞美诗和唱诗班赋予了新的内容。

此时，在新教仪式中出现了大合唱的形式，采用本民族的音乐曲调和民间乐器，配以通俗易懂的语言，使音乐和所有其他艺术一样，为"给予并创造他们的神服务"。新的赞美诗和大合唱是宗教改革的重要文化成果。在路德的故乡德国，大合唱成为所有教堂仪式中的一个闪光的亮点。在巨大的管风琴伴奏下，所有参加仪式的人都在放声高歌，主的赞美诗响彻整个教堂。在热情而嘹亮的歌声中，使人感觉到天堂并不遥远，它在人们的心中是那样真切地存在，激励着所有人对天堂的热切向往和追求。

宗教改革以后，新的合唱曲不断涌现，许多著名的音乐家都为教堂创作出经典的曲目。有"现代音乐之父"之称的德国著名音乐家巴赫（Bach，1685—1750年），一生创作了200多部宗教音乐，包括多部弥撒曲、受难曲和多乐章声乐。其中著名的《受难曲》，由于将路德对福音的注释与唱诗班的合唱完美地融为一体，被后人誉为"第五福音书"，充分显示出音乐对人类心灵的震撼力量。

与天主教和东正教华丽的教堂不同，新教教堂一般较为简朴。为了吸引人们对圣坛和布道台的关注，通常会定期对教堂重新进行布置。除了使人们不至于产生视觉疲劳，保持新鲜感之外，这样做还反映了一种愿望，即布道和诵读经文所产生拯救的恩典，是与举行圣体礼同样重要的。

一些激进的新教教会对宗教仪式采取了最为彻底的变革，如再洗礼派对主日礼拜仪式的简化。他们甚至允许俗人上台发表即席演说，并鼓励人们在无人带领的情况下自发地祈祷，圣体礼也被降到一个更为次要的位置。而浸礼会则规定，每年只举行四次圣体礼。

有极个别的激进派教会，甚至连主日礼拜也取消了，如英国的贵格会，不设任何固定的外在仪式和圣礼，也没有节日，因为他们相信人内在的精神永远与神在一起。某些贵格会的聚会，不设首领和固定的程序，聚会时大家安静地坐在教堂的长凳子上，直到有一个人被圣灵启示站出来说话了为止，这个人就是当天的布道者。如果没有人说话，就表明这天没有人得到启示。那么，主日的聚会就是静默地祈祷，然后在静默中各自散去。

这种简洁而朴素的礼拜仪式与天主教繁复而隆重的仪式相比，简直有天壤之别。由此可见，尽管都是基督的信徒，拥有同一部《圣经》，但他们从中得到的启示与感悟程度竟然相距如此遥远！

八、天主教的反宗教改革运动

宗教改革运动席卷西欧各国之时，天主教内部要求改革的呼声也不断高涨。1517年，当路德在奥格斯堡教堂外贴出《九十五条信纲》，向罗马教会发起挑战时，罗马也有50名高级神职人员在戈瓦尼·皮埃罗·卡拉法（Caraffa，1476—1559年）即后来的教皇保罗四世的领导下，成立了"圣爱祈祷会"。希望能够通过深刻的反思和强有力的内部改革来净化教会，恢复天主教会的元气，重振教会的宏图大业。由此，天主教也进入到一个以自我反省为重点的改革时期。虽然天主教改革运动（经常被称为"反宗教改革运动"）未能阻挡住欧洲宗教多元化发展的趋势，但它却实实在在地使罗马天主教恢复了生机，为后来将天主教传遍世界各地打下了坚实的基础。

天主教的改革是以多层次多方位的方式进行的。随着宗教改革运动的深入发展，罗马教皇越来越清楚地认识到，新教徒的叛逆早已不是"修士们之间的争吵"，而将严重地威胁教会的权威。同时教皇也清醒地意识到教会中存在的种种弊端，已经到了非治理不可的地步了。

1534年，教皇保罗三世责成下属制定教会的改革方案，对教会进行自上而下的整顿。

1. 特兰托公会议

1545年12月13日，教皇保罗三世（1534—1549年）在奥地利的特兰托召开宗教会议，这是天主教的第19次公会议，史称"特兰托公会议"（Council of Trent）。会议的主要目的是统一教会内部的思想，巩固天主教的权威地位，同时制定出新的措施，抵制宗教改革对罗马教会的冲击，将欧洲重新带回罗马天主教的轨道上来。令保罗三世没有想到的是，这竟是一次历时18年的马拉松式的会议，由于各种原因会议时断时续，以致中间换了几位教皇，直到1563年才终于闭幕。

会议的根本任务是要表明"邪恶长期折磨、几乎压垮了基督教世界"，这种邪恶既有教义方面的问题，也有体制层面的。在漫长的会议期间，正统的天主教徒主要关注教义方面的问题，例如原罪、因信称义、《圣经》的作用、仪式与信仰的关系以及圣事的本质与数量等问题。由于对教义有各种不同的认识，导致了教会内部出现各种不同的派别，严重削弱了教会的力量。在此次会议上，这些教义问题经过长时间的辩论和讨论后，最终得到澄清，达成了共识。会议再次肯定天主教的基本教义"原罪论"，认为从第一位人类祖先亚当开始，所有人都有一种内在的罪恶本性，人在品行上是有缺陷的或是"堕落"的，他们只能通过耶稣的死和复活从中调停。因此人只有依靠神的恩典才能得救，以此来反对路德"因信称义"的神学思想。

会议对教皇格列高利一世提出的"善功得救"予以肯定，并做出新的解释，认为得救需要有信仰，也需要有善功。善功包括慈善行为，崇拜圣徒、圣物和圣像，参加圣体礼等。但在此次会议上，教会决定今后不再发行"赎罪券"。对于圣体礼，坚持"化体论"的信条，认为仪式中的酒和饼确实变成耶稣的血和肉，从而否定新教各派对圣体礼所做的"临在论""参与论"和"纪念论"的种种解释。

除了在教义问题上统一思想外，会议也认识到教会中所存在的种种弊端，严重损坏了天主教的形象。这些问题有的是属于机构方面的，如教会多渠道的财产来源，对俗民的忽视等，也有的属于教士个人素质的问题，如滥用职权、生活腐化、不学无术等，对此会议采取了相应的措施，以杜绝此类现象的发生。

会议根据当时的情况，决定在每个教区建立一所神学院，培养神职人员，出版天主教徒必读的神学书籍。同时再次强调精神修行的重要性。此外，会议制定了教士的行为规范，要求所有教士务必遵行。规定所有主教只能有一份俸禄，除薪水外，不得收取其他费用。

在会议期间，天主教加强了对信徒的思想控制，对异端采取更为严酷的镇压手段。首先，罗马教廷进一步加强对图书的审批制度。早在1501年，教皇亚历山大六世（1492—1503年）就认识到书籍对人们思想的启示和引导作用，因此要求德国的各大主教对书刊的印刷和发行加以监控。1516年在第五次拉特兰宗教会议上，教皇利奥十世（1513—1521年）发布赦令，明令凡未经过教会审查的书刊，禁止刊印和发行。以后，随着新教思想的广泛传播，1543年保罗三世召开专门的主教会议，要求查禁未经审查的书刊。

1557年，保罗四世（1555—1559年）将查禁书刊的主教会议列为教廷的组织机构中去，并亲自审定禁书目录，将48种未经教廷审定的《圣经》译本列为禁书。在特兰托会议后，教皇庇护五世（1566—1572年）正式建立审定书刊的专门机构。从此，所有书刊必须经过教会审定机构的批准，方可出版发行。而另一方面，罗马教廷也加强了对正统基督教思想的引导，不断加大正统教义的出版和发行数量。

在加强思想控制的同时，罗马教廷对反对正统教义的异端分子，采取更加严密的监控手段。在罗马教廷的授意下，各地建立反天主教异端的宗教裁判所，对他们认为的异端分子进行迫害。其中反宗教改革最为狂热的是西班牙宗教裁判所，仅1559—1560年间，西班牙就连续发生五次大屠杀，西班牙境内的新教徒，几乎被斩尽杀绝。

1563年11月，特兰托公会议通过《特兰托会议信纲》，再次重申教皇是罗马天主教会的最高权威，肯定天主教会的所有信条和宗教仪式都是正确的，必须严格遵守。同时将所有新教斥为异端，要求加强对异端的镇压。特兰托公会议被认为是天主教最重要的会议之一，此次会议通过的《信纲》也成为罗马教会最重要的文献。

通过特兰托公会议，罗马教会强化了正统教义，统一了思想，整顿了内部，改革了弊端。教会的道德观念和组织纪律性得到加强，使罗马教会重新获得了生命力。

尽管天主教对新教采取严厉镇压的措施，但在欧洲，天主教会已无法阻挡新教所取得的巨大胜利。在一些新教国家，天主教只得悄然退出了。特兰托公会议后，在西欧败下阵来的天主教，决定走出欧洲，寻求新的传教对象。16世纪，跟随着西班牙和葡萄牙早期殖民主义者的脚步，天主教的传教士们开始，在更加广阔的土地上，将天主教的教义传播到世界的其他地方。

2. 耶稣会

耶稣会（Society of Jesus）是天主教反宗教改革运动的产物，它是在此期间诞生的一个新的修会组织，其宗旨是振兴罗马教会，重建教皇的绝对权威。耶稣会自称是为恩显主荣而战斗的"耶稣的连队"，是"神之军队"，因此很快就得到教皇的批准，成为教会的御用工具。

耶稣会的创始人是伊纳爵·罗耀拉（Ignacio de Loyola, 1491—1556年），他出生于西班牙贵族家庭。年轻时曾从军为王室效劳，1521年在一次战斗中负伤后，返回家乡休养。在此期间，他阅读了大量天主教读物，思想发生很大的变化，决心为基督教事业奉献一生。他曾一路乞讨来到圣城耶路撒冷，打算在这里传教，但发现没有人听他的说教，只得回到巴塞罗那。为了实现自己的理想，已过而立之年的罗耀拉，决心从中学课本读起，并开始研习拉丁文、神学和哲学。

1528年，罗耀拉来到巴黎大学继续深造，此时宗教改革运动正在德国如火如荼地进行。在这里他与几个志同道合的同学商量要到耶路撒冷去传教，由此形成了耶稣会的核心。

1540年，教皇保罗三世批准了耶稣会会规，承认其为合法的天主教修会，但要求人数限定在60人以内。第二年，耶稣会正式成立，罗耀拉当选为第一任会长。

耶稣会志在传播天主教的教义，罗耀拉在他的《神操》一书中充分表达了他的思想。他希望耶稣会成为一个纪律严明，绝对忠诚，具有神修素养的天主教战斗团队。因此，在吸收会员时有严格的要求。要求会员入会后，要经过十年左右的培训，从基础文化知识学起，然后学习文学、哲学，最后四年主要研习基督教神学。在入会和学习结束后，还要进行神操训练，神操是一种冥想的练习和精神洞察力的训练。

耶稣会的最高神品是发愿修士，除了发绝色、绝意和绝财的三绝誓愿外，还要发第四誓愿，即"绝对服从罗马教皇"。在耶稣会里，只有发愿修士才可以担任修会的各级领导职务。耶稣会的修士在经过长期的知识教育和灵修培训后，都具有渊博的知识和极好的灵性修养，从他们中间产生出众多的学者。

耶稣会仿效军队的编制进行训练，是一个严格的准军事组织。初期，他们不设修院，以会部代之。总会长独揽大权，具有绝对的权力，下级无条件服从会长。尽管纪律森严，但耶稣会并不脱离社会。耶稣会深得历任教皇的信任，经常作为教皇特使出席重要的会议。例如1545年，保罗三世就派两位耶稣会会士代表教皇出席拉特兰宗教会议。在奥格斯堡宗教会议期间，也是由两位耶稣会会士代表教皇参加会议的。

1544年，保罗三世取消了对耶稣会人数的限制。从此，在教皇的大力支持下，耶稣会迅速地发展起来了。到1556年罗耀拉去世时，耶稣会已经有会士近千人，设12个会省，并拥有100所修道院。

为了在群众中树立良好的形象，耶稣会士积极深入社会各个阶层中去，以通俗生动的语言向群众宣传他们的思想。同时大力发展教育，开办学校，不论贫富均免费入学。到 1556 年，已经开办学校 100 多所。到 16 世纪末期，耶稣会建立的机构中有四分之三为学校。绝大部分耶稣会士从事教育事业，在社会上产生了巨大的影响。除此之外，耶稣会还牢牢地控制着天主教的出版业，印刷出版了大量正统天主教的经典和通俗读物，在信徒中产生广泛的影响。

耶稣会以传教为己任，在对外传教上取得巨大成就。1540 年，耶稣会才成立不久，早期的耶稣会会士沙勿略（Javier，1505—1652 年）就以教皇特使的身份，来到葡萄牙在印度的第一个殖民据点果阿传教，后到达日本和中国，最后在中国广东去世。继他之后来到我国的传教士如利玛窦（1552—1660 年）、汤若望（1592—1666 年）和南怀仁（1623—1688 年）等，这些在中国享有极高声望的传教士，几乎清一色都是耶稣会会士。在中国的早期传教士，由于具有良好的文化素质和卓越的交际才能，成功地赢得了皇帝和少数学者的好感。他们将一些天文历法和几何学知识带到中国，但由于中国自身所具有的悠久历史和文化传统，尽管这些人付出了很大的努力，但并没有对中国产生深刻的影响，只有极少数的中国人成为基督教徒。随着殖民主义者的扩张，耶稣会修士的足迹逐渐遍及亚洲、非洲和美洲。

耶稣会在积极传教的同时，还通过各种手段对其他国家进行政治渗透。他们游走于显贵高官之间，对各种社会政治活动施加影响，同时也积极参与策划一系列政治事件。1589 年，与新教结盟的法王亨利三世被天主教徒刺杀一事，似乎就与耶稣会有牵连。1605 年，在英国议会大厦制造的"火药桶阴谋"事件，也是耶稣会士所为。而俄罗斯的两次假季米特里事件中，都有耶稣会士的身影。此外，耶稣会还是教皇镇压异端的有力工具，积极参与迫害被罗马教廷斥为异端的人士，例如坚持哥白尼日心说的著名科学家布鲁诺（1548—1600 年）被宗教裁判所判处火刑，而签署其死刑判决书的红衣主教就是一个耶稣会会士。

18 世纪后，耶稣会会士这种干预政治的行为逐渐引起各国进步人士的反对，也引起各国统治者的不满，因此，各地要求取缔耶稣会的呼声日益高涨。迫于各方面的压力，1773 年，教皇克雷芒十四世（1769—1774 年）发表通谕，宣布解散耶稣会。1814 年，教皇庇护七世（1800—1823 年）下令恢复耶稣会。

19世纪恢复了组织和活动的耶稣会,开始以一种新的形象展现在世人面前。

如今,耶稣会已经成为一个以发展文化和教育事业为主的世界性的宗教组织。该会拥有自己的电台、电视台,有庞大的出版集团,每年用50多种语言出版1000多种报刊,在世界各地有近600所高等院校和8000多所小学。20世纪末,尽管耶稣会的会士在数量上呈下降趋势,但仍拥有数万名修士,依然是天主教中规模最大的修会组织,是传播天主教的重要基地。

九、宗教改革运动的历史意义

16世纪初期,发生的这场持续百年的宗教改革运动,对欧洲社会的历史进程产生了极为深刻的影响。

首先,这场运动表达了新兴的民族国家要求摆脱天主教会的辖制,要求独立自主处理国家和宗教事务的愿望。宗教改革运动以及由此引发的宗教战争,彻底打破了罗马天主教对欧洲长达1500年的统治。在宗教改革运动中产生出的众多新教派别,更使原本统一的基督教世界分崩离析,英国、德国、荷兰、瑞士和北欧诸国相继脱离了罗马教廷的控制,成为新教国家。从此,新教与天主教分道扬镳,鼎足而立,欧洲的基督教世界再也没有统一起来了。

其次,宗教改革运动也是一次大规模的思想解放运动。它突破中世纪天主教会清贫禁欲教条的禁锢和束缚,更加强调人固有的天性、重视人自身的能力。由新教发展出来的积极进取、追求财富、为神增光的思想,后来成为新兴资产阶级发展经济的动力,为资本主义在欧洲的迅速发展扫清了思想上的障碍,对欧洲社会的进步起到积极的推动作用。

而在宗教改革运动后期发生的宗教战争,也告诉人们靠武力强制性地推行某种信仰是行不通的,不仅毫无作用而且会产生巨大的负面影响。只有用一种更加宽容的态度来对待持各种不同宗教信仰的人,才是明智之举。

1555年的《奥格斯堡和约》规定,德意志诸侯可以自由选择信仰天主教或新教,首次承认天主教与新教具有同等的地位。1598年,法国在胡格诺战争中颁布的《南特赦令》,允许国民有信仰新教的自由,并给于新教徒在担任公职上享有与天主教徒平等的权利。尽管路易十四上台后,又将法国变为天主教国家,但宗教宽容已经成为不可逆转的大趋势。而英国在宗教改革中更是教派纷呈,虽然英格兰立安立甘宗为国教,但仍阻止不了清教徒的兴起。

经过宗教改革运动，人们已经清楚地认识到，在欧洲的政治进程中，要想恢复基督教一统天下的局面显然是不可能的了。在宗教改革的后期，宗教宽容已经成为各国的共识，这也是宗教改革运动取得的最伟大的成果之一。

宗教改革运动留下的遗产是多方面的，也给后人留下了更多的启迪和思考。直到现在，宗教宽容依然是当今社会一个远未解决的问题。因宗教信仰而导致的斗争，不同信仰之间、不同教派之间的冲突甚至战争仍在一些地方进行着，甚至有越演越烈之势。而欧洲的宗教战争早已告诉我们，战争不是解决问题的根本途径。和平的前提是忍耐和包容，尤其是在现代多元化的社会中，自己活着，也要让别人活着，而只有让别人活着，自己才能活的更好。

17世纪，当宗教战争结束之时，世界已经发生了巨大的变化。随着新大陆的发现和新航路的开辟，一些欧洲国家开始迅速崛起，历史已经迈入了近现代时期。为了适应新的社会和新的变化，基督教也在不断地调整自己，由此产生出新的教派和新的运动。而随着欧洲各国走上对外殖民扩张的道路，基督教也走出欧洲，进入更加广阔的世界中，基督教之花从此在世界各地绽放。

第九章 18—19 世纪的基督教

18—19 世纪，欧洲进入近代时期，这是一个大变革的时代。科学和技术的迅猛发展，以及由此引发的一系列社会和政治的巨大变革——启蒙运动、美国独立战争、法国大革命等都深刻地改变着欧洲的面貌，极大地挑战着基督教教义和神学思想，并对基督教的发展产生了重大的影响。

一、新教虔敬派

18 世纪，启蒙运动在法国兴起并迅速席卷整个欧洲。启蒙思想家以理性和自由为号召，冲破了中世纪基督教会对人们的思想禁锢，标志着一个新时代的到来。启蒙时期也是一个充满矛盾的时代，在理性主义充分张扬的同时，宗教运动也得到了蓬勃发展。这是理性主义的时代，也是新教虔敬运动发展的时期。

1. 虔敬派的产生

16 世纪，宗教改革运动不断发展，惨烈的宗教战争打破了人们平静的生活，使许多基督教徒感到恐惧。社会的持续动荡和变革，人们生活水平的不断下降，让更多的人远离了宗教。在战争后期，这种对宗教的冷漠态度更加明显，牧师们颓废消沉，毫无生气，有的人甚至脱离了教会，基督教正日益走向衰落的境地。

此时，一些虔诚的信徒开始反思，他们认为新教过于抽象的教义缺乏吸引力，这是宗教失去信徒的主要原因。因此，他们开始强调一种以虔敬为基础、更加个人化的信仰，这就是早期的虔敬派（Pictism）。该派试图将基督教传统中非理性和经验的成分提升到理性和教义之上，以此来复兴正在衰落的宗教。由于宗教改革时期，天主教将所有新教教派统称为"福音派"，加之新教热衷于在下层民众中宣讲福音，故虔敬派也称"福音派"。

虔敬派领袖斯彭内尔（Spinner，1636—1705年）将"虔敬"一词定义为正确的感觉和正确的信仰。正确的感觉就是培养一种个人体验神的迫切要求，并有一种将福音带给他人的强烈愿望。

虔敬派最初产生在荷兰的改革派教会中，18世纪末期传入德国和斯堪的纳维亚诸国的路德宗中。

1627年，由胡斯信徒组成的摩拉维亚兄弟会再次被逐，其成员大多离开了家乡，移居欧洲其他国家。17世纪初期，来到德国的兄弟会成员，得到萨克森伯爵亲岑多夫（Zinzendorf，1700—1760年）的庇护。伯爵将自己的领地提供给他们作为居住地，并着手改造兄弟会，为其制定了新的规章制度。18世纪，经亲岑多夫改造的摩拉维亚兄弟会，与路德宗虔敬派相结合，成为一个独立的教派。该派反对墨守信条的形式主义，注重内心的虔诚，提倡读经，反对世俗娱乐，倡导过清贫的生活等。为了扩大影响力，亲岑多夫伯爵亲自传教，使兄弟会成为新教各派中最为活跃的组织。

1742年，德皇查理七世（1742—1745年）批准摩拉维亚兄弟会为合法的宗教组织。此后，该派逐渐回归基督教正统派，以《圣经》为唯一权威，承认路德宗的《奥格斯堡信纲》。此外，该派实行长老制，强调耶稣的"救赎论"，提倡友爱、平等和灵修。19世纪，该派废除了教士可以结婚、抽签婚配的异端做法。

18世纪，摩拉维亚兄弟会开始对外传教活动。首先在英国建立自己的教会，随后派出传教士到达西印度群岛，以后又传到北美、南美和非洲大陆，成为虔敬派中传教最早、也是最有活力的组织之一。

如今，摩拉维亚教会的总部设在美国，有四大教区，70余万信众分布在英国、德国、荷兰、丹麦、捷克和美国。以美国的教区规模最大，人数最多。

2. 卫斯理宗

在众多的虔敬派团体中，活动时间最长、影响最大的当属卫斯理宗。

卫斯理宗的创始人约翰·卫斯理（John Wesley，1703—1791年）出生于英国的林肯郡，17岁入牛津大学基督教学院学习。1725年，卫斯理以优异的成绩毕业，被授予会更（相当于天主教助祭）的圣职，在林肯学院担任讲师。1729年，为了追寻一种更有意义的宗教生活，他与同在牛津大学读书的弟弟查尔斯·卫斯理（1707—1778年）建立"圣社"，与志同道合的学者一起探讨《圣经》。他们定期集会，定期斋戒，过一种有严格纪律约束的宗教生活。由于该团体的特点是有条不紊、按部就班，于是有人送给他们一个具有讽刺意味的称号"循规蹈矩者"，后来这个绰号成为该团体的正式名称"循道宗"。

卫斯理亲眼目睹了一些神职人员不思进取、缺乏传教热情，人们宗教观念淡薄、社会道德低下的状况，决心通过向下层百姓传教来复兴基督教，提升人们的道德水准。1735年，伦敦安立甘宗教会委派卫斯理兄弟到美洲殖民地传教。在前往美国的途中，卫斯理与摩拉维亚兄弟会的成员有所接触，他们的虔敬理念给他留下了深刻的印象。后来，卫斯理本人也有过一次神秘的宗教体验，这使他决心将培养真正的虔敬精神作为循道宗的奋斗目标。

1739年，卫斯理建立的团体已经成为英国国教会中的一个独立支派，并在英国西部矿区布里斯塔建立起第一座循道宗教堂。卫斯理向传统信仰发起挑战，他在鼓励个人依靠虔诚获得救赎的同时，萌生出了一种强烈的传教欲望。

在随后的50年里，卫斯理身体力行、孜孜不倦地从事传教工作，他的足迹遍及英格兰、苏格兰和爱尔兰地区。他在各个城市和工矿区做巡回布道，向广大民众宣讲福音。约翰·卫斯理有极好的演讲口才，他的布道时常取得令人惊异的效果，循道宗很快发展起来了。1740年，在伦敦建立了循道宗联合会，随后又建立起完备的组织体系，在总议会下附设若干教区。

然而，该宗在发展的过程中，因对加尔文预定论的不同认识而产生了分裂。卫斯理反对加尔文的"预定论"，赞同荷兰阿明尼乌派的观点。阿明尼乌（Arminius，1560—1609年）认为个人能否得救，神虽可以预知，但并不完全取决于神的"预定"，他更强调人的自由意志。每个人有权决定自己对神的接受程度，只有信仰者才能得救。阿明尼乌派被称为是荷兰的"抗议宗"，不仅受到加尔文派的猛烈攻击，而且作为异端被镇压。直到1639年，该派才恢复自由，其思想才得到传播。卫斯理宗领导人怀特·菲尔德（White Field，1714—1770年）是圣社的早期成员，他支持加尔文的预定论，由此与卫斯理产生了分歧，从卫斯理宗分离出来，但他始终没有脱离国教会。后来，怀特·菲尔德多次到北美传教，受到北美福音派的热烈欢迎。

1784年，卫斯理宗的信徒已经发展到10多万人。英国国教会拒绝为其牧师举行按立圣职的仪式，为此卫斯理决定自行按立圣职，并开始逐步脱离国教会的控制。1787年，年已84岁高龄的卫斯理发布宣言，安排身后之事。他指定总议会为最高领导机构，继承循道宗所属的约600座教堂和寺院的财产权和管理权。同年，他重新修订了英国国教会的《三十九条信纲》，删除他不赞同的部分，将其缩减为《二十五条信纲》，作为该宗的信仰宗旨。从此，卫斯理宗便完全脱离了英国国教会，成为一个独立的新教派别。

18世纪后期，卫斯理宗不断派出传教士到美洲和其他地区传教。其传教士以城市中下层人士为主要对象，同时积极开展各种慈善救助事业，兴办学校、医院，扶贫济困，帮助社会上的弱势群体。

如今，卫斯理教会遍及世界各大洲，美国成为其最重要、也是信徒人数最多的国家。20世纪80年代的统计资料表明，在全球2000多万卫斯理宗的正式会员中，一半以上的人住在美国。

二、北美大觉醒运动

1. 福音复兴运动

18世纪，新教在欧洲和美国掀起大规模的宗教复兴运动。由虔敬派推动的复兴运动，以向广大中下层民众宣讲福音为主要内容，故又称"福音复兴运动"。

福音复兴运动的直接起因现在并不清楚，有关学者认为可能与虔敬派对千禧年的期盼有关，两者的结合迸发出新的宗教复兴运动。千禧年是基督教的古老思想，它认为基督的第二次降临即将到来，到那时基督将引领人们建立一个更加美好的新社会。这种思想与虔敬派相结合，形成巨大的推动力，号召人们在末世到来之前皈依基督教。学者们研究发现，当时所有的新教传教士，都在从事福音传教工作。他们不分派别、不分地点，教堂和露天剧场都无所谓，只要能找到传教对象，便向他们宣讲福音。此时，福音布道取代了传统仪式，这种新的传教方式以及千禧年的内容，受到民众的欢迎，虔敬派迅速发展为一个新的派别，即"福音派耶稣新教"。

1740年后，福音派新教在欧洲仍在蓬勃发展，但初期狂热的势头已有所减弱。随着福音运动传入新大陆，在美国掀起了新的高潮。福音派新教复兴运动在美国持续不衰，也成为美国宗教的一大特点。

1620年，乘坐"五月花"号到达北美的清教徒都是英国公理会的成员。很快，他们建立起公理会教会。新英格兰地区的公理会教会虽然各自独立，但均实行政教合一的神权政治体制。此时的北美，只有公理会成员才能享有公民的权利，他们与英国国内的教会保持着密切的关系。

1646年，在马萨诸塞州的剑桥市召开了第一届公理会主教会议。会议结束时公布的《剑桥宣言》，成为北美公理会的纲领性文件。直到1706年，第一个长老会教会才在费城建立。此后，随着移民人数的不断增加，人员成分日益复杂，北美的新教教会已经不能适应社会发展的需要，人们对教会逐渐失去了热情，教会也开始日益衰败。在这种情况下，一些虔诚的教士意识到了问题的严重性，他们认为有必要复兴宗教，再次唤醒民众信仰基督的热情。因此，北美的新教复兴运动，也称为"大觉醒运动"。

2. 北美第一次大觉醒运动

1762年，长老会宗的牧师弗瑞林怀森（Frelinghuysen，1691—1747年）在新泽西州拉开了大觉醒运动的序幕。他在传教时提倡信徒要过严格的道德生活、虔诚地信仰基督，很快得到其他地方的响应和效仿。纽约、宾夕法尼亚相继成为大觉醒运动的中心地区。

新英格兰地区的复兴运动始于马萨诸塞州的北安普顿，著名公理会牧师所罗门·斯托达德（Stoddard，1643—1729年）在此开坛讲道长达60年。其女婿乔森纳·爱德华兹（Edwards，1703—1758年）继承了他的事业，成为大觉醒运动中著名的神学家和教育家。

爱德华兹毕业于耶鲁大学，他以《圣经》为基础，在传教中融入洛克（1652—1704年）[①]的经验论和牛顿的物理学思想。他坚持加尔文的预定论，强调神的绝对权威，对新教各派的神学思想产生了一定的影响。爱德华兹曾撰写文章，记述他在康涅狄格州一个教区传教的经历。他说那个教区的所有居民都是普通人，他们稳重而善良，但与殖民地其他地方的人一样，他们缺少一股宗教热情。1734年，那里突然有两个年轻人莫名其妙地死去，传教士借此机会进行了大肆的宣传和鼓动，许多人相信了教士的话："如果今生不读《圣经》，不信基督，将会受到恐怖的惩罚。"很快，整座城市陷入一种宗教的狂热之中，许多人放下手里的工作，每天一心只读《圣经》，传教工作取得了显著的成果。仅半年之内，该市便有300个不同阶层的人皈依了基督教。

[①] 约翰·洛克是17世纪著名的英国哲学家，经验论的代表人物，也是政治理论家。他首次提出"三权分立"的思想，对18世纪的启蒙思想家产生重要的影响。

随后，新教的另一个派别浸礼会也在美洲迅速传播。浸礼会是 17 世纪初从英国公理会中分化出来的一个独立派别，该派主张只有成人才能接受洗礼，认为婴儿洗礼不符合《圣经》的规定。1611 年，英国建立了第一座浸礼会教堂。由于对加尔文的预定论有不同认识，后又分出普通浸礼会和特殊浸礼会两个派别。除此之外，两派在其他方面并没有区别，他们都采取浸入式洗礼，认为这是同耶稣基督共生死的象征，也是向神表明信仰和忠诚的一种方式。因此，浸礼会极为重视浸礼仪式，受洗仪式当众举行，施洗者和受洗者皆身穿白袍，一起浸入水中。该教会的组织体制和教义均与公理会相同。

1639 年，浸礼会普通派已在普罗维登斯建立教会，随后特殊派也在罗得岛建立自己的教会，并向周边和中部地区发展。但由于信徒人数较少，没有取得理想的成绩。1707 年，两派联合起来，在费城建立浸礼派协会。随后，开始大规模的传教运动，吸引了大批信徒。

18 世纪的福音复兴运动，大多呈现出局部分散的状态。此期间，英国不断加强对殖民地的控制，同时与法国争夺领土。1756—1763 年，英法为争夺海外殖民地进行了长达七年的战争，结果法国败北，只得退出美洲，将原有的殖民地转让给英国。在这种动荡的局势下，宗教复兴的浪潮渐渐停滞下来了，但它似乎并没有结束。在整个 18 世纪，新教各派继续在美国传教，并将其发展为一连串的本土复兴运动。

3. 第二次大觉醒运动

在 18 世纪即将结束之时，美国又处在另一次宗教复兴运动的控制下，这就是第二次大觉醒运动。

1778 年，北美独立战争结束，美国教会处于低迷的状态。1784 年，约翰·卫斯理决定在美国建立独立的卫斯理教会，并在巴尔的摩召开了著名的"圣诞节大会"，正式宣布卫斯理宗在美国成立。随后，开始向西部和南部进行大规模传教活动，由卫斯理宗掀起的复兴运动成为第二次大觉醒运动顺利发展的巨大推动力。

卫斯理宗在传教过程中，极为重视个人的宗教经验，强调对神的虔诚，提倡基督教的道德观，宗教仪式简单。与其创始人约翰·卫斯理一样，该宗在传教时主要采取巡回布道的方式。在北美，创立了更为灵活的"野营布道会"形式，取得了良好的效果。

大觉醒运动在向西部地区推进时，由于许多偏远地区的民众不识字，因此采取"野营布道会"的新形式。野营布道会通常在户外举行，时常持续几天或数周，为边远地区的百姓提供了一个重要的、体验宗教的机会。

起初，在野外举行的布道会经常是临时拼凑的，显得有些混乱。但随着时间的推移，野营布道会逐渐成为一种行之有效的方式。为了能将分散居住的几十户人家集中起来，布道会点通常选在当地的一个中心地带举行。人们到达布道地点后，每个家庭会支起一个大帐篷，架起煮饭的大锅，做好长期逗留的准备工作。前来听布道的人多时，周边的帐篷可达数百个，场面也称得上壮观了。

野营布道会时常伴有狂欢的气氛，有些人就是被这种欢乐的氛围吸引来的，而绝大多数人来此是为了做礼拜。布道仪式通常由两部分组成，首先听传教士布道，接着便是从早到晚高唱赞美歌。在营地的中央，组织者会搭建一个布道用的高台，高台前面放上一排排做工粗糙的木凳子，营员们时常要在这里坐上几个小时，全神贯注地听传教士一个接一个上台布道，向人们详细讲述有罪之人将要受到的恐怖惩罚，规劝每个人要对自己的罪进行忏悔。到了晚上，这种马拉松式的布道会将达到一个高潮，人们不由自主地发出尖厉的叫喊声，有的人又跳又唱，有的人则表现出无法控制的阵阵抽搐，大多数人相信这是灵魂中恶魔和圣灵斗争的一种外在表现。这种体验使许多人对教士的布道深信不疑，他们常在教士的激励下，在邻居面前公开坦白自己的恶行，并发誓改过自新。

在第一次大觉醒运动时，爱德华兹曾将人们的这种近乎疯狂的行为视为"神的杰作"。他说"神似乎改变了他在新英格兰一贯的行为模式"而以一种惊异而神奇的方式推动人们接受基督的新教。

有学者指出，在接受传教时，人们会对神产生一种恐惧感，这种恐惧的心理是很脆弱的。当人们感到有希望得救时，他们就会以一种极端的方式来宣泄自己的情绪，有的人会狂笑不止，有的人则嚎啕大哭，或无法控制地大声喊叫。传教士则认为，人们正是以这样的方式来表达他们对神的"敬慕之情"。

这种狂热的宗教运动会像瘟疫一样地迅速蔓延到周边的地区。但这种狂热不能持久，通常只能持续大约两年的时间。随后人们便开始感觉到，圣灵逐渐离我们而去了。

圣灵远去了，恶魔回来了。于是，绝望取代了狂喜，自杀再次在人群中蔓延。

这种充满剧烈情绪变化的传教，与传统宗教静默而有节制的崇拜方式极为不同，成为美国宗教复兴运动的独特之处。这种做法一直受到正统加尔文宗的批评和不满。有学者指出："神只会用理性的方式表达他自己，不会以情绪爆发的方式出现在世人中。"① 造成这种状况的原因是，大觉醒运动发生在相对贫穷落后的殖民地，那里的人们尽管对神的启示怀有希望，但对现世的幸福却并不乐观。因此，下层的美国民众在接受基督教信仰的时候，很难保持节制和理性。

　　美国东部的城市，虽然也受到西部宗教热情的影响，但这里的福音派成员较为严肃，也更有教养。东部地区由于资金充裕，巡回布道团都是选择当地最大的礼堂作为布道场所。每当布道时，整个礼堂里座无虚席，人们从城市的各个角落赶来聆听传教士的福音布道。

　　第二次大觉醒运动一直持续到19世纪40年代。除卫斯理宗外，公理会和长老会也不甘示弱，积极开展传教活动。在长期的传教过程中，美国涌现出一大批有影响力的福音派神学家和布道家。他们的传教方式虽然各有不同，有的激情狂喜，有的严肃静默，但他们都积极推动了美国的宗教复兴运动，为日后美国基督教多元化发展起到强有力的促进作用。

　　大觉醒运动后，卫斯理宗、公理会和长老会都得到迅速发展，特别在人烟稀少的西部地区，成绩尤为突出。19世纪初期，广阔的西部地区仅有数千名基督徒，而到1844年已经猛增到100多万人了。

三、宗教现代主义运动

　　18世纪，在启蒙运动理性主义的挑战面前，基督教会的权威性降到前所未有的低点。为了劝化更多的人信仰基督教，虔诚的信徒们在欧洲和北美掀起大规模的传教运动。19世纪后半期，达尔文生物进化论著作的发表，再次让人们对《圣经》的真实性产生了怀疑。其结果是，在基督教内部兴起了将基督教与现代科学相调和的基督教现代主义。与此同时，基督教保守主义也发展起来，并从中分裂出许多新的派别。

1. 圣经评断学

　　现代科学技术的进步和达尔文生物进化论的创立，导致了宗教神学自由化的倾向。人们不断地拷问《圣经》的真实性，基督教着面临前所未有

---

① [美]凯伦·阿姆斯特朗著，蔡昌雄译：《神的历史》，海南出版社2006年版，第367页。

的巨大挑战。自 19 世纪开始,一部分文学评论家和历史学家一直在努力寻找耶稣的真实信息,努力将《圣经》里的真实历史和神话传说相剥离。他们像对待任何一部文学作品一样,对《圣经》进行科学的分析,由此产生了圣经评断学。

英语的"评断"(criticism)一词有"考证、评论、批评"等多种含义。德国新教的圣经学者们首先对《圣经》以及耶稣生平和基督教的早期历史进行研究,取得了不俗的成绩,其中以杜宾根大学为基地的杜宾根学派的成就最为突出,从中产生出一大批从事圣经评断学研究的著名学者。

杜宾根大学的神学教授克里斯蒂·鲍尔(Christian Baur,1792—1860年)是该学派的创立者,他将黑格尔的辩证法用于耶稣生平和早期教会史的研究中,在研究史料的基础上提出了许多新的见解。对《圣经》的这种分析研究被称为"高级考证"。19 世纪末期,这种方法已被欧洲和美国的圣经学者普遍采用,之所以称为"高级考证"是为了区别早期以确定《圣经》版本而进行的考证。

高级考证更注重对《圣经》作者的出身、神学思想和历史背景进行研究。这种考证并未将《圣经》作为神的启示来考量,而是将它当作是某个特定时间和地点的人类思考的产物,因为它是由人写出来的,因此作者同样具有写作目的和写作对象。

该派的大卫·施特劳斯(David Strauss,1808—1874 年)是一位激进的圣经评注家。他写的《耶稣传》试图寻找隐藏在福音书背后的那些故事。

施特劳斯出生于德国的符腾堡(Wurttemberg)公国,自幼受到良好的教育。16 岁进杜宾根大学学习,正值克里斯蒂·鲍尔教授在此任教,开创圣经评断学派之时,深受其影响。后来,施特劳斯一度辍学,在乡村小教堂里担任过副牧师,也在教会小学和中学讲授过拉丁文、历史和希伯来文。23 岁时,他到柏林大学继续求学。此时,神学家施莱马赫(Schleiermacher,1768—1834 年)和哲学家黑格尔(Hegel,1770—1831年)都在该校任教,开课讲学。施特劳斯接受他们的思想,尤其对黑格尔的宗教哲学有浓厚兴趣。黑格尔认为福音书中对耶稣的描写,许多是人为的神化。不久,黑格尔在柏林去世。

施特劳斯离开柏林大学后,回到杜宾根大学担任大学私讲师(即非在编的助理教授),教授逻辑学、哲学和伦理学史。1833 年,施特劳斯辞去了教职,开始专注于《圣经》特别是四部福音书的研究。

1835 年，施特劳斯出版《耶稣传》。在这部两卷本的著作中，施特劳斯将四部福音书按照不同的排列组合，对耶稣的家谱、出生、洗礼、各种神迹，以及受难、复活等进行了详细的对比和深入的分析，以剥离"加在耶稣身上的所有神话色彩"，还耶稣以历史的真相。他认为应该尽可能恢复历史上耶稣纯朴人性的本来面目，将人类得救的理想与基督的道德精神结合起来。同时他认为历史上的耶稣所表现出来的许多特性，作为一种基本素质，仍然属于人类的共同天赋。因此，对它的改进和完善，也只能是人类的共同任务和工作。

《耶稣传》的出版，受到柏林大学神学教授布鲁诺·鲍威尔（Bruno Bauer，1809—1882 年）的激烈反对。鲍威尔创办的《思辨神学杂志》对施特劳斯进行了全力批判，以使年轻的施特劳斯一度陷入困境之中，只得退避到斯图加特。1837 年，施特劳斯出版了为《耶稣传》辩护的论文集，同年《耶稣传》继续再版，仍受到一些圣经学者和教会史学家的批判。但随着时间的推移，《耶稣传》逐渐得到许多人的肯定和好评。

1846 年，年轻的英国女学者玛丽·安·埃文斯（Mary Ann Evans）将《耶稣传》译成英文，并在英国出版，由此标志着英国圣经评断学的开始。后来，埃文斯以笔名乔治·艾略特（George Eliot）闻名于世，她高度评价施特劳斯的这部著作，认为《耶稣传》对 19 世纪的英国宗教界产生深刻的影响。随后英国也出现了几个杰出的研究《圣经》的学者，出版了一些重要著作，其中有本杰明·乔维特（1817—1893 年）的《诠释圣经》，以及查理·戈德文对摩西五经中宇宙起源的评论。19 世纪下半叶，在将《圣经》作为一门学科进行研究的过程中，出现了不同的派别，如以自由主义方式诠释神学问题的自由主义新教神学，以及用历史方法研究宗教的宗教史学家。

圣经评注家们试图将《圣经》研究与当时社会的新思潮、新理论相结合，并吸收科学实验和考古发现中的最新成果，重新解读和评价基督教的各种神学问题，以期基督教能够适应时代发展的需求。由于圣经评断学否认《圣经》的神启说，高级考证几乎不可避免地将问题引向《圣经》本身，引向《圣经》的真实性和权威性的问题上，从而最终动摇了人们对《圣经》的坚定信念和对基督教的虔诚信仰。

"科学"逐渐取代了基督的"神性"，基督教会内部的纷争愈加激烈了。

到 20 世纪，有学者指出当人们用哥白尼的"日心说"和牛顿的力学定律来解读《圣经》的时候，却忽略了一件事，那就是《圣经》从来没有试图赋予宇宙物理学起源的确切解释，创世的故事曾经广泛地存在于古代西亚各民族的传说中，《圣经》中的创世故事是建立在这些传说的基础之上的。实际上，对于从虚无中创世的教义，一直存在着争议，直到很晚才进入犹太教和基督教的信仰体系中。

有学者认为《圣经》中的创世故事只是为了帮助人们开启对宗教信仰的某种情结，它只是一种寓言，一个神话故事而已，对其只能做象征性的解释，而不是理解为任何字面上的意义。如同历史上许多神秘主义教派的信徒一样，他们往往不以字面意义来理解《圣经》，而只是用一种隐喻的、象征性的方式解读《圣经》。

在 19 世纪，天主教和新教都开始将信仰建立在对《圣经》逐字逐句的字面意义上，相信《圣经》的每个故事都是真实的，每字每句都是确凿无疑的，因此当现代科学发现与之不同时，便对基督教产生了巨大的冲击。在这些信徒的心中，天堂和地狱都被视作是真实的存在，《神曲》的作者但丁认为地狱存在于地球的中心，而天主教红衣主教本拉明则认为地狱与墓地不同，应该在"地层底下的地方"。但在现代科学体系中，既找不到天堂在哪儿，也没有地狱的踪迹。于是，《圣经》故事在科学面前变得不堪一击。

当宗教失去了吸引人的吊诡和激发想象力的神秘时，也就失去了信仰的作用，其结果便是让更多的人离开了宗教，离开了神。

2. 基要主义运动

在现代主义的挑战面前，早期福音派中的自由主义神学家试图在现代和传统之间，寻求一种微妙的平衡。美国新教中的保守主义分子对达尔文的进化论和高级考证感到烦恼，他们主张对宗教信仰采取一种更加保守的态度，以此来抗衡宗教所面临的各种现代问题。在路德宗和改革派的教会中，一些信徒坚决要求固守传统信仰，在他们中出现了一批有能力的传教士和神学家。

19 世纪后半期，美国基督教中的保守主义更加流行，他们在一起研讨《圣经》，强调对《圣经》做严格的字面意义的解释，反对自由主义的发挥。1895 年，许多保守主义分子在尼亚加拉召开《圣经》研讨会，在会上提出五点基本主张，即：

(1)《圣经》是绝对正确的、字字句句无谬误
(2) 耶稣是童贞女马利亚所生
(3) 赎罪只限于选民
(4) 耶稣的确复活了
(5) 耶稣必将再次降临人间①

此后，出现了一批活跃的保守派分子，形成基要主义运动。

1909—1925年间，该运动中的一些保守派神学家发行了一套称为《基本要道》的丛书。这是一套12册的系列初级读物，全面宣传该派的五个基本要点，免费向各地的教会信众发放。由此，那些保守分子便被称为"基本要道派"或"基本教义派"，简称"基要派"，其宣扬的神学思想亦被称为"基要主义"（Fundamentalism）。基要派很快在美国中西部和太平洋沿岸地区蔓延开来。

如同福音派新教一样，基要派并不是一个独立的派别，它只是超越宗教的派别界限，对于基督教信仰的一种态度而已。与那些对宗教持漠然态度的人相比，福音派信徒是虔诚的；而对自由主义的现代派来说，基要派是保守的。基要派成员的特点就是恪守传统、拒绝改变。

20世纪初期，美国的基督新教阵营已经分裂为三大阵营，左边是现代派，右边是基要派，绝大多数人则处于中间位置。中间派既不同意自由主义的现代派，也不拥护极端的保守派。基要派和现代派之间的争论日益激烈，他们的关系也日趋紧张，最终导致新教内部的分裂，一些新的派别相继从福音派中分离出去。

基要派和现代派最根本的分歧是对生物进化论的不同态度。20世纪初期，基要派积极活动，力图促使许多州的立法机构通过立法，禁止在公共学校讲授生物进化论。在南方的一些州，基要派取得了明显的成功。1925年，田纳西州一个名叫约翰·斯克普斯（Scopes）的中学生物老师受到审判，原因是他违反了该州禁止讲授进化论的法令。这一桩看似简单的民事案件，引发了基要派和现代派的激烈争论，最后竟达到需要全民公决的程度。

在庭审时，斯克普斯的辩护律师是克拉恩斯·达罗（Clarence Darrow,

---

① Britan Wilson, Christianity P75 Calmann King Ltd. 1999.

1857—1938 年），他以自由主义的观点著称，是现代派的代表人物。而州检察院的起诉人威廉·布赖恩（William Bryan，1860—1925 年）则是享有声誉的基要主义斗士。两位知名人士的法庭对决，引起美国民众的普遍关注，成为当时轰动全国的一次审讯。

审讯的结果是布赖恩一方获得胜利，斯克普斯被罚款 100 美元。但基要主义者也为此付出了沉重的代价。许多参加庭审的听众，其中包括著名的作家和批评家，都在奚落一向老成厚道的布赖恩。一时间，各种宣传媒体均报道了这起案子，媒体对所有的保守派基本持敌视和否定的态度。审讯之后，基要派的无知、愚昧、墨守成规，以及阻挡历史进步，成为美国报纸、杂志和小说讽刺挖苦的对象。

在社会舆论的压力下，基要派逐渐转向低调，向纵深方向继续发展，形成了一个内部活跃，对外封闭的亚文化群。20 世纪 70 年代，基要主义作为一个有重要影响力的文化现象在美国再次出现。而此时，宗教现代主义已经衰落了，而现代性引发的种种弊端也正受到人们的攻击。

此时的基要派一改往日的低姿态，高调复出，表现为一种高度政治化的宗教派别。它委身于新右派，积极参予政治，参加竞选活动，致力于废止堕胎合法化，并以强硬的姿态推动社会道德规范。在伯纳德·里根总统（1976—1984 年）的政府里，一些基要分子获得了许多令人惊讶的政治权力。而该派中的另一部分成员则继续宣扬相信神迹，相信耶稣是真正信仰基督教的标志，并告诉人们神将给祷告者所要求的任何东西。

3. 牛津运动

19 世纪，随着民族运动的兴起，列强的帝国观念也在加强，英、法、西班牙等国的君主们试图将自己的国家打造成政治、军事和经济上的强国，对其他弱小民族行使统治权。此时，工业革命正深入进行，在工业革命的发源地英国，工人阶级已经作为一种新兴的政治力量逐渐壮大起来。

1830 年，在极其复杂的国内外形势下，英国举行新一届大选，长期处于在野党地位的辉格党执掌了政权。辉格党是新兴资产阶级利益的代表，他们同情不信奉国教的新教徒，主张对议会进行必要的改革。英国日益高涨的改革呼声，引起国教会中一些保守分子的恐慌，他们害怕国教会的地位受到动摇。于是，产生了要求恢复传统教会权威，抵制自由主义倾向的保守派运动。由于该运动发端于牛津大学，因此被称为"牛津运动"。

1833 年 7 月，牛津大学的约翰·凯布尔（John Keble，1792—1866 年）

发表了题为《民族的叛教》的演讲，拉开了为时 12 年的牛津运动的帷幕。随后，在该大学圣马利亚教堂牧师亨利·纽曼（Henry Newman，1801—1890 年）的领导下，一批政治上的活跃分子开始拿起笔来宣传自己的主张。他们在《时代书册》中鼓吹恢复早期基督教的教义和仪式，反对世俗政权干涉宗教事务等。牛津派的主要目的是想在天主教和新教中间寻找一条中间路线，以保护教会免受自由主义思想的影响。

到 1841 年，《时代书册》已出版 90 多期，在英国神职人员中产生较大反响。但牛津运动遭到国教会内部和新教主教们的严厉谴责，认为它助长了天主教会的志气，灭了国教会的威风，该书被禁止发行。1848 年，纽曼和他的一些同道正式脱离国教会，改信罗马天主教。

此后，该运动在爱德华·皮由兹（Edward Pusey，1800—1882 年）领导下，继续要求坚持主教制，全面恢复天主教教义和仪式仪规。他们推崇天主教会的权威性，推崇天主教隆重而庄严的宗教礼仪如跪拜礼、举行仪式时神父身穿圣袍、点烛燃香等，还要求恢复用拉丁语布道和举行仪式的传统。尽管这些人推崇天主教，但他们并没有离开国教会，而是成为国教会中的一个新的派别——高教会派。

与此同时，国教会内一些具有新教倾向的教士们，明确反对高教会派。他们主张简化宗教仪式，反对恢复天主教体制和传统习俗，由此形成低教会派。到 19 世纪后半期，还产生了一个介于高教会派和低教会派的中间派别，该派在神学思想和宗教传统上更强调自由，试图在高、低教会派之间进行调和。

英国国教会中一直存在众多分裂的教派，即使在今天，依然如此。但这丝毫不妨碍圣公会英国国教的至尊地位，英国女王依然是国教会的首领。尽管现今的世界宗教呈现出多样化发展的趋势，但在英国，一半以上的英国公民仍然自称是国教会的信徒。

四、第一届梵蒂冈大公会议

19 世纪，是各种思潮孕育发展的时期，自由主义、民族主义、平均主义、社会主义等各种要求变革的思想层出不穷。社会的巨大变革，使那些希望维持原有君主政体，保持原有宗教信仰的保守派人士感到恐慌和不安，也使天主教会感到前所未有的压力。为了加强对信徒的争夺和控制，天主教会采取一系列措施如开办更多的夜校和主日学校，极力宣扬教皇至上的论点，以期更有效地控制信徒的思想。

1869年，罗马教廷在梵蒂冈圣彼得大教堂，召开了第一届梵蒂冈大公会议。大会的宗旨是根据当时的国际形势，解决天主教会中有关教义、教会和传教等方面的问题，希望通过加强自身建设，使教会能够具备与世俗国家竞争的实力。

会议公布了修改后的信仰章程，明确规定了理性与信仰的界限，态度坚决地反对唯理论、泛神论和无神论思想，反对天主教自由主义。为保持对天主教知识界的影响力，会议将经院哲学的代表人物托马斯·阿奎那的神学理论上升为教义，形成"新托马斯主义"。而事实上，"新托马斯主义"只是对传统教义的一种新的阐释，并没有太多的新意。

在会上，主持会议的庇护九世突然改变原定的计划，提出"教皇永无谬误论"的信条。宣称教皇自登基之日起，过去处理的一切教会事务都是正确的、没有谬误的。今后教皇的一切权威性发言也应当视为是神的启示，任何个人和会议都无权加以否认和修改。该信条一经提出，立即受到反对教权主义的自由派教士的反对，会议由此分成态度截然对立的两派，展开了激烈的争论。

1870年7月13日，会议对"教皇永无谬误"的信条进行表决，但未能形成最后决议。18日再次表决时，有些代表退场以示抗议。此时，庇护九世下令：不表态者不得离开会场。由于会议已经开了很久，一些代表急于回国，在这种高压的态势下，只得向教皇屈服。最终，"教皇永无谬误"的信条获得通过。

梵蒂冈第一次大公会强行通过"教皇永无谬误"的信条，显示出罗马教廷希望通过加强教皇的权威性，以消除启蒙运动和各种现代思潮对基督教的影响。但是，在工业化浪潮的冲击下，即使像西班牙、荷兰、比利时、奥地利这样深受天主教影响的国家，天主教徒的人数也在日益减少之中，这已经成为一个不争的事实。

第十章　基督教在世界各地的传播

从历史上看，基督教源自于西亚，当它成为罗马帝国的国教后，便在欧洲扎下了根，基督教在欧洲一统天下。其实，早在使徒时期，基督教已传播到远离地中海的地方。在中世纪，无论在亚洲还是非洲，都能够找到蓬勃发展的基督教社团。但基督教真正大规模的海外传教运动，却是从现代开始的。

一、海外传教运动

15世纪，随着美洲新大陆的发现、新航路的开辟，基督教传教士紧随殖民者的脚步，来到每一块新占领的土地上。西班牙和葡萄牙是最早的殖民国家，哥伦布远航成功后，两国为争夺新土地发生争执，于是请求教皇予以仲裁。教皇亚历山大六世（1492—1503年）对双方进行了调停。1494年，教皇颁布《划界通谕》。通谕以佛得角群岛以西370里加（约2190公里）处为界，规定此线以东发现的新土地归葡萄牙所有，以西的土地属于西班牙。这条线便是著名的"教皇子午线"。

此后，随着更多国家加入殖民者的行列，教皇意识到海外殖民地的拓展将为天主教带来新的发展机遇，基督教改造和征服世界的欲望被再一次唤醒。于是，罗马教廷成立了一些传教机构，开始大规模的传教活动。

1622年，教皇格列高利十五世为了加强对传教工作的领导，在罗马教廷成立了重要的传教机构"传信部"，负责统一规划海外传教事务，并对传教工作行使监督管理权。为适应传教工作对人才的需求，教廷还建立了传信学院，该学院培养出大批传教士，在世界各大洲的传教工作中发挥了巨大作用。在传信部的领导下，天主教会所有的修会组织如圣方济各会、圣多明我会、耶稣会、奥古斯丁会、加尔默罗会都积极投入传教活动，成为传教的主力军,其中耶稣会人数众多,他们纪律严明,在传教中产生的影响也最大。

16世纪,尽管宗教改革运动使欧洲基督教会发生了分裂,但罗马天主教的传教运动没有受到冲击。此时,加拿大大部地区、墨西哥、中美洲和南美洲均皈依了天主教,在东南亚和非洲的传教也取得巨大的成功。

18世纪初期,随着新教国家在海外势力的扩张,耶稣新教也开始了传教活动。最先传教的是荷兰和丹麦的传教士。1705年,丹麦国王腓特烈四世(1699—1730年)派遣两名神学院学生到印度南方殖民据点传教。为了便于向普通民众宣讲福音,传教士学会了当地的泰米尔语。1711年,传教士齐根伯格(Ziegenberg,1683—1719年)首次将《圣经》译成泰米尔语。18世纪,新教各派中传教最为活跃的当属由亲岑多夫领导的摩拉维亚兄弟会。他们积极在下层民众中传教,这些传教活动虽然无法和天主教相比,但为19世纪后期新教大规模的传教活动吹响了号角。

与此同时,先是在欧洲,接着是美国的基督教新教,相继点燃了宗教复兴之火,掀起福音运动和大觉醒运动,随即开展了大规模的传教运动。各种各样的新教派别,都建立起自己完备的传教差会。英国第一个海外传教组织是浸礼宗的"福音传教会"。在浸礼宗的影响下,公理会和长老会联合组成"伦敦传教差会",后来的许多著名的传教士都出自该会,伦敦会也成为具有广泛影响力的传教组织。英国国教会自然也不甘落后,1789年成立"国教会传教差会"。从此,各种传教组织如雨后春笋般涌现出来,传教士的足迹遍及英国所有殖民地,对稳定和巩固英国对殖民地的统治,起到了极其重要的作用。

从19世纪初期开始,美国的新教各派也开始大规模对外传教活动。1810年,公理会和长老会首先在美国组成"美国海外传教会",随后浸礼会也在美国建立起自己的传教会。传教之风一时盛行,以至于有些大学派遣学生到海外传教,掀起学生志愿者活动。到20世纪,美国的传教势力已经超过英国。

在传教过程中,各个传教会不仅独立地开展活动,还经常组成合作的派别联盟。在各殖民政府的大力支持下,加之充裕的资金保证,19世纪末期新教的传教团已将耶稣新教扩展到非西方世界的绝大部分地区。到20世纪,基督教传教士的足迹几乎踏遍了全球的每一个角落。与此同时,随着美国超级大国地位的确立,美国逐渐成为世界上各种宗教汇集的大本营,也是各种新宗教运动的策源地。

尽管基督教各大教派的活动中心已离开欧洲,但各大教派的领导层仍然驻守在西方。他们中的大多数人坚决反对由本地人来管理教会,认为基督教如果完全脱离了西方的文化,那么就难以产生出令人震撼的力量。在这种情况下出现了两种发展模式,一方面基督教的非西方形式正在形成,而且已经在一些国家出现;另一方面,与基督教相脱离的新兴宗教也在兴起,其中许多新宗教融合了原住民的信仰和实践。如今,这两种不同的发展趋势并行不悖,正朝着各自的方向不断前进。

从亚、非、拉美各洲基督教会的发展中,我们可以清楚地看到,多样性和多元化正在成为基督教发展的潮流和趋势。

二、拉丁美洲的基督教

拉丁美洲通常指美国以南的地区,其范围包括墨西哥、中美洲、西印度群岛和南美洲。由于长期被殖民的缘故,这里的大多数地区至今仍通行拉丁语系的西班牙语、葡萄牙语和法语,故称"拉丁美洲"。

印第安人是美洲的原始居民,他们属于蒙古利亚人种。现代学者认为,印第安人的祖先很可能早在冰河时期,就来到了美洲。在长期与外界隔绝的情况下,美洲的先民独立发展出自己的农业和文化。16世纪初期,当欧洲殖民者侵入美洲之时,在中美洲和安第斯山高原的部分地区,已经发展出玛雅文化、印加文化和阿兹特克文化。而生活在北美和南美洲的印第安人,还处在食物采集的原始状态。在此后的数百年里,美洲成了欧洲列强的殖民地。而随之而来的各国传教士,很快将基督教传遍这块广袤的大地。

拉丁美洲的印第安人信仰各种原始宗教如自然崇拜、图腾崇拜和祖先崇拜等,但无论西班牙还是葡萄牙殖民者,以及随之而来的罗马天主教传教士,都没有兴趣了解印第安人复杂而丰富的文化。殖民者关心的是如何从政治上和经济上控制这些地区,而传教士要做的则是"解救人们的灵魂",这两件看似互不相关的事情,此时却是密切相关、相互配合着在进行。其结果就是迅速而彻底地摧毁了印第安人的文化传统,使他们皈依基督教,成为殖民国统治者的顺民。

由于原住民人员分散,缺乏凝聚力,因此传教工作迅速取得进展。西班牙征服者每到一处便颁布告示,强迫当地人皈依基督教,凡不从者皆处死。在这种高压政策下,1519年被科尔科斯(Henna Cortes,1485—1547

年）征服的墨西哥地区，到 1540 年已经有 900 多万印第安人皈依基督教。

天主教在拉丁美洲其他地区的传教也取得进展。很快，拉丁美洲便建立了一套完整的、隶属于罗马教廷的教会体系，从而为巩固罗马天主教在拉美的地位，以及后续发展奠定了坚实的基础。

直到今天，拉丁美洲依然是罗马天主教的天下，居住在这里的绝大多数居民是天主教的信徒。

天主教传教士们在传教的同时，极力铲除原住民的宗教信仰和文化，迫使他们推倒原有的纪念碑、捣毁寺庙和各种偶像，并在旧神庙的基础上建造起基督教堂，传教士们相信这样就可以使印第安人专注于信仰耶稣了。从表面上看，新大陆的原住民很快放弃了原有的宗教信仰，成为天主教徒。然而，原住民的信仰、思想和象征体系从来没有完全消失过。他们将对本地神灵的崇拜悄无声息地融入天主教的宗教实践中去，由此产生出一种将本地信仰和基督教信仰融为一体的新的信仰形式，这种信仰调和最典型的事例就是墨西哥的瓜达卢佩圣母。

传说 1534 年，在墨西哥城附近的特皮亚克山上，圣母马利亚向一个已皈依基督教的印第安青年胡安·迪戈（Juan Diego）显圣，圣母用阿兹特克语告诉胡安·迪戈，请他告诉当地的主教，在她显圣的地方建一座教堂。当胡安·迪戈将圣母的话转告主教时，主教根本不相信这个年轻人，对其不加理睬。为了让多疑的主教相信此事，胡安·迪戈按照圣母的吩咐将一束未到开花季节的玫瑰花放进自己的斗篷内。当他在主教面前掀开斗篷时，他们两人都被眼前的一幕惊呆了，疏散的花束上清晰地显示出具有印第安人特征的圣母形象。于是，主教在小山脚下建起瓜达卢佩圣母大教堂，在这座教堂里，供奉着圣母的画像以及见证圣母显灵的那件印第安斗篷。如今，瓜达卢佩圣母已经成为"新世界的守护神"。

然而，许多前来朝圣的天主教徒可能并不知道，现在的圣母大教堂所在地，很久以前一直是阿兹特克人崇拜的丰产女神托那辛的圣地。现代学者认为，人们对瓜达卢佩圣母的崇拜和尊敬，是因为她将圣母马利亚和女神托那辛合为一体，以一种新的形式将阿兹特克人的一个古老神灵保留了下来。这种情景遍及整个拉丁美洲，当地人总是通过产生新的象征体系，或者对天主教信条做本地化的解释，来想方设法保留古老信仰中的一些东西。他们虽然放弃了古老神灵的名字，但将这些神灵的特征和圣母马利亚或圣徒结合起来，希望天主教圣母和圣徒们，能够像古老的神灵一样为他们治愈疾病，替他们消灾免难，保佑他们平安。

几百年来，罗马天主教一直在拉美占有垄断地位。19世纪后，随着民族独立运动的开展，许多殖民地开始摆脱殖民统治，建立新兴的民族国家。许多国家建立后，开始对教会的权利加以限制，从此罗马天主教在拉丁美洲400年的霸主地位开始动摇。

但在20世纪，天主教逐步恢复了它在拉美的地位。尽管有耶稣新教的冲击，但仍有近92%的拉丁美洲人自称是天主教徒，各种不同信仰调和的新宗教派别更是层出不穷。在黑人比较多的加勒比海地区，将天主教和非洲的宗教思想和象征体系相互融合的事例不胜枚举，如古巴的桑特里亚（Santeria）信仰，就是西非约鲁巴人的宗教信仰与天主教的混合物；海地的伏都教则融合了黑人、贝宁人以及扎伊尔人所信奉的各种神灵，而在罗马天主教中也发现了对圣徒的崇拜。此外，特立尼达的善贡（Shango）、苏里兰的温提（Wenti）和巴西的乌班达（Umbanda）崇拜，都是各种宗教信仰混合的产物。这种信仰混合体都强调对神灵的恍惚迷醉、巫术和信仰治病等，其中许多已经脱离了基督教的基本教义，而成为新宗教运动中的一部分。

三、在北美印第安人中的传播

北美洲通常指加拿大和美国，这里地域辽阔，人烟稀少。当16世纪殖民者到来时，与人口众多的拉丁美洲不同，这里只有100万印第安人，分散在400个部落中。此时，居住在北美的印第安人还处于采集狩猎的原始阶段。为了解决劳力短缺的问题，英国殖民者开始从非洲贩来大批黑人奴隶，同时采取没有种族、信仰和语言限制的开放的移民政策，使北美殖民地的定居人口迅速增加。

在整个殖民时期，尽管土著的印第安人数量较少，但他们仍然是传教士们积极争取的对象。17世纪，西班牙传教士最先到达北美地区，而最早接受西班牙传教士传教的，是生活在西南部的普韦布洛人（Pueblos）。起初，普韦布洛人激烈地反抗西班牙人的侵犯以及强迫他们接受基督教的做法。为此，西班牙人陷入困境长达数十年之久，但最终这里还是成为西班牙的殖民地。尽管在高压政策下，普韦布洛人皈依了基督教，但他们在相当长的时间内，只是在公开场合信奉天主教，而在私下仍然继续崇拜原有的部落神灵。

在殖民时期，也有些印第安部落比较容易接受基督教信仰，如生活在亚利桑那州的亚魁人（Yaqui）和生活在佐治亚州的切罗基人（Cherokee）。如今，该部落仍有大约 30 万人，是美国印第安人中人数最多的族群。在大多数部落，经常是先有一些人改变信仰，经过几代人后，整个部落才最终完全皈依基督教。

1789 年，当美国联邦政府成立后，基督教传教士便成为印第安人的代言人，而政府也允许传教士代为处理印第安人的事务，以使他们发挥更大的影响力。因此，直到今天，美国所有的印第安部落都与基督教会保持着联系，尽管疏密程度有所不同。

与拉丁美洲和非洲的许多土著居民一样，北美的印第安人在基督教的挑战面前，同样具有创造性。他们在接受基督教的同时，也将自己原有的宗教信仰融入其中，因此产生出各种形态的新宗教，或称部落宗教。伊洛魁人（Iroquois）的"长屋"（Longhouse）运动，就是由一个名叫雷克（Lake，1735—1815 年）的具有超凡魅力的人，受福音的启发而建立起来的。直至今天，该运动仍有数千名信徒。1890 年在苏族（Sioux）印第安人的部落中兴起的"鬼魂舞"运动，亦属此类。在此前的十几年，在帕乌特（Paiute）部落中一个名叫乌伏卡（Wonvuka）的人，自称有一个与耶稣极为相像的人，一直在向他显示这个舞蹈。

然而，在北美印第安人中最活跃的新宗教还是"土著美国人教会"。该教会将基督教与印第安人的信仰体系融合在一起，在宗教仪式中使用佩约特（Peyote），这是一种具有中度致幻作用的无刺仙人掌。在举行仪式时，将其嚼碎后吞咽下去，可以使人进入一种痴迷的状态。几百年来，墨西哥北方的印第安人一直在使用这种东西，并成为其复杂的宗教仪式中的一个组成部分。19 世纪，这种仙人掌传入美国后，被印第安人的教会正式采用。

尽管这种非正统的带有浓厚原住民色彩的基督教会一直受到正统教会的压制和反对，但在美洲，此类宗教运动仍得到蓬勃的发展。

这些将不同信仰体系联系在一起的新宗教的发展，也使印第安人的各个部落跨越了部族的界限，加强了彼此之间的联系。许多印第安人的基督教会都竭尽全力将自己原有的宗教融入到基督教中，例如在举行圣体礼时使用佩约特，由此将产生的精神幻觉和耶稣联系起来。在这种仪式中，诵读《圣经》也成为是一项必备的内容。对美洲印第安人而言，这种融合了不同信仰的聚会很适合他们，在他们看来，这种以基督为中心的聚会仅仅是基督教多样性的一个典型事例而已。

如今，美国的印第安人大约有180万人左右，原有的400个部落经过数百年的变迁，有的已经灭绝，有的因为减员而合并，如今只留下不到200个了。现在印第安人的部落大多在西部地区，主要集中在俄克拉荷马州、亚利桑那州和加利福尼亚州。

进入20世纪以后，北美印第安人的生活发生了很大的变化。首先，大批印第安人走出保留地，进入城市，成为"都市印第安人"。这些都市印第安人无论在职业、语言、服饰还是思想观念上，都与保留地的印第安人有了明显的差异。其次，印第安人与外族通婚的现象也很普遍，纯血统的印第安人已经所留不多了。

尽管从表面上看，印第安人正在被白人同化，当他们在内心仍然向往自己的宗教和传统习俗。他们将原始的神灵崇拜融入基督教仪式中，保留自己原生态的歌舞，在歌舞中展现印第安人的民族服装和头饰等。此外，他们的住房依然保留着印第安人的建筑式样，并积极发展各种传统手工艺品。

四、在中国的传播

中国位于欧亚大陆的东部。亚洲是世界第一大洲，也是人口最多的一个洲。亚洲的黄河流域、两河流域、印度河流域是人类文明的发源地。这里也是各种宗教的源头，现今世界上的主要宗教几乎都源自亚洲，并从这里传播到世界各地。亚洲悠久的历史和文明，使这里拥有众多的信仰体系，并呈现出本土化和多元化的特征。

与非洲和拉丁美洲相比，亚洲受基督教影响似乎是最小的。在亚洲各国人口中，平均只有3.5%的人是基督教徒，但由于人口众多，所以在全世界的基督教总人数中，亚洲仍占到10%。尽管基督教在亚洲不成气候，但基督教传入亚洲的时间却远远早于非洲和拉丁美洲。

中国虽然在地理上远离欧洲，但自汉代以来，一条延绵7000公里的丝绸之路将中国与西亚联系起来。丝绸之路不仅是东西方的贸易大通道，也是各种不同文化联系的重要纽带，它将古老的中国文明与印度文明、波斯文明及希腊文明连接起来。当中国的丝绸、瓷器、铁器、茶叶、造纸术、印刷术、火药及各种工艺品经丝路传到西亚和欧洲的同时，许多西方和中亚的物产、历法、数学及各种宗教信仰也进入中国。早在公元7世纪初期，基督教已传入中国。在此后 1000 多年的时间里，基督教会在中国掀起过三次传教高潮，天主教、新教和东正教相继传入中国，但时间都不能持久，最后均以失败而告终。

1. 景教传入中国

唐朝初期，基督教首次传入中国。进入中国的并非正统的基督教派，而是被基督教斥为"异端"的聂斯托利派。公元 5 世纪，聂斯托利派被驱逐出拜占庭帝国后，在波斯得到发展。贞观九年（635 年），聂斯托利派传教士、叙利亚人阿罗本一行沿丝绸之路，由波斯来到长安传教。当时正值大唐盛世，唐太宗以开放的胸襟热情地接待了这位友好的使者，不仅派宰相房玄龄亲率仪仗队到西郊迎接，而且请阿罗本在皇帝的私人藏书楼里将《圣经》译成中文。贞观十二年（638 年），唐太宗下令在长安义宁坊建造波斯寺（后称大秦寺），并允许阿罗本在全国传教。阿罗本在华建立了第一座基督教会，中国称之为"景教"。

唐太宗后，景教在中国得到很好的发展，当时各州都建有景教教会。武则天称帝后，大力推崇佛教，景教一度受挫。后来唐玄宗（712—742 年）继续推崇景教，恢复被破坏的寺院，并将自太宗以来的五位皇帝的画像安置在寺内。现藏于陕西博物馆的大秦景教流行中国碑，为明天启三年（1623 年）在陕西周至县出土。该碑立于唐德宗建中二年（781 年），碑文简要记述了景教在中国的传教活动以及教义，是景教在中国流行的重要物证之一。在景教传入之时，西亚的祆教（琐罗亚斯德教）、摩尼教和伊斯兰教也相继传入大唐，与原有的佛教和道教一起，使大唐呈现出"法流十道……寺满百城"的宗教繁荣景象。

唐武宗即位后，提倡道教，于会昌五年（845 年）发布灭佛诏令，下令捣毁佛寺，没收寺产，僧人还俗。景教及其他外来宗教也受到了牵连，有 2000 多名景教传教士遭到驱逐。

在兴盛 200 年之后，景教在中国内地灭绝。

13 世纪时，西域的一些蒙古和突厥民族接受了聂斯托利教。元朝（1280—1368 年）建立后，虽然皇帝们尊崇佛教密宗喇嘛教，但并不排斥其他宗教的传布，对宗教采取兼容并蓄、为我所用的原则。此时，聂斯托利教再次在中国传播，与传入中国的天主教并称为"也里可温教"，主要流行于大城市和沿海地区。元世祖忽必烈（1260—1295 年）在位时期，在大都、杭州、西安、泉州、汉口、镇江等城市以及甘肃和宁夏等地都建有聂斯托利教堂,许多朝廷官吏和学者成为聂斯托利教徒。14世纪时该教已拥有3万信徒,但与中国庞大的人口相比,实在微不足道也。元朝灭亡后,该教在中原地区逐渐灭迹。

2. 天主教在中国

13世纪初期,成吉思汗(1206—1228年)率领蒙古铁骑越过帕米尔高原,横扫中亚和东欧平原,震惊整个欧洲。蒙古人信奉原始萨满教,于是罗马教廷开始关心蒙古人的信仰,并对蒙古人皈依基督教抱有极大的希望。

1289年,教皇尼古拉四世派遣圣方济各会传教士约翰·孟德高维诺来到中国,试图劝说元世祖忽必烈汗皈依基督教,但未获成功。因蒙古统治者对宗教持宽容态度,因此允许他在华传教。此后,孟德高维诺在大都建立三座天主教堂,天主教传播到中国沿海地区,以及内蒙和新疆的一些地方。最盛时,信徒人数达数万人。

随着元朝的灭亡,天主教的第一次传教活动随之结束。

16世纪新大陆的发现和新航线的开辟,使欧洲进入一个科学发展的新时期,天文学、数学、医学、地理学都有了新的突破。虽然天主教对中国的第一次传教以失败告终,但传教士们对中国依然充满信心。他们认为中国有众多的人口,有自己的伦理道德体系,但"中国缺少一种超度灵魂的本地宗教"。因此,传教士们相信耶稣基督可以拯救千百万中国人的灵魂。

16世纪末期,罗马教廷将一批批传教士派往中国,开始了持续的对华传教工作。这些传教士中许多人都通晓当时最新的科学知识,他们以学者的身份出现,在中国朝廷中担任官职,将西方先进的科学知识传到中国。传教士中的杰出人物有利玛窦、汤若望、南怀仁和马礼逊等人,其中以利玛窦最为著名。

(1)利玛窦(1552—1610年)

利玛窦(Mattel Ricci)是知识渊博的意大利学者,也是第一位来华传教的耶稣会会士。他出生于意大利中部的安科纳省,自幼天资聪颖,16岁奉父命赴罗马学习法学。19岁,利玛窦加入耶稣会,在该会主办的学校继续学习法律、哲学和神学,并师从当时著名数学家学习天算。后志愿到远东传教。

1577年,利玛窦被派往印度的传教团,在西班牙候船期间,他在耶稣会设在当地的一所大学里学习。1578年9月,利玛窦来到印度西海岸的果阿任神父,并在果阿的大学里执教。1582年,他被召至澳门,在这里刻苦学习汉语，为到中国传教做准备。1583年，利玛窦进入广东，在肇庆一带传教。1589年，利玛窦建立了一座中国风格的天主教堂。在传教的同时，他努力学习中国的儒家经典，为以后进入内地打下坚实的文化基础。

此后，利玛窦获准北上传教，先后到达韶州、南昌、南京等地，于1601年抵达北京。当时正值明朝万历年间，皇帝昏庸腐败，对基督教义毫无兴趣。于是，利玛窦向皇帝进贡了两台自鸣钟和一架翼琴，并演唱了几首自编的小曲后，才博得皇帝的欢心，获准在北京安顿下来。

利玛窦身材高大、精力旺盛，一双蓝色的眼睛炯炯有神，卷曲的大胡须，洪亮的声音，使他极具个人魅力。更重要的是利玛窦具有中西结合的非凡学识，他通晓西方各种科学知识如数学、地理、天文学甚至制图学，同时会说流利的汉语，熟知儒家的经典。博学多才的利玛窦给中国士大夫们留下了深刻的影响，当时朝廷的一些官员如徐光启（1562—1637年）、李之藻（1569—1630年）和杨廷筠（1557—1627年）等人都对利玛窦产生好感，并相继皈依基督教。1605年，在皇帝的恩准下，利玛窦在北京前门外建立了一座小经堂。后来，这座经堂经过几次扩建，成为北京三大著名的天主教堂之一——北京南堂。如今，南堂仍是北京教区的主教座堂。

在华期间，利玛窦身穿儒家士大夫长袍、说汉语、模仿士大夫的仪态，在传教的同时积极宣传西方的科技知识。他与徐光启合译了《几何原理》一书，将西方的学术著作介绍给中国人。他编写的《天主教义》，向中国人介绍天主教的基本内容。此外，他还写有一本《中国札记》，向西方人系统地介绍中国。在中西方文化交流方面，利玛窦起到了重要的桥梁作用。

利玛窦以学者的身份，周旋于上层士大夫之间，他的传教对象主要是朝廷的官员。因此，为了迎合士大夫的品味，利玛窦避免公开布道劝人皈依基督教。在传教时，他将儒家的伦理观念融入基督教义之中，并删去汉人难以接受的耶稣在十字架上遇难和复活的内容。为了不得罪皇帝，他剔除了基督教所宣扬的人人平等的思想，这些剥离了基督教教义的做法，后来引起罗马教廷的不满。

1610年5月11日，利玛窦在北京病逝。皇帝钦赐京郊的一块土地，作为利玛窦的安息地，从而使利玛窦成为第一位安葬在中国内地的传教士。后来，这个位于阜成门外的墓地，成为来华的耶稣会传教士的陵园。

（2）汤若望（1592—1666年）

明朝时期另一位重要的传教士是汤若望（Johann Adam Schall Von

Bell）。

汤若望是德国耶稣会的传教士。30岁奉派遣来到中国，先在北京学习汉语，后到西安和南京传教。1630年，汤若望被崇祯皇帝召调到北京，参加《崇祯历书》的编纂工作，并参与历局的管理工作。明朝灭后，由于汤若望在天文学方面具有较高的造诣，因此受到新朝廷的重用。1644年，清政府任命他为钦天监监正一职，成为担任该职务的首位外国人。

汤若望的工作颇得皇帝的赏识，后来官职一路攀升。1650年，顺治皇帝授其为光禄大夫。在做官的同时，汤若望没有忘记本职工作，他的传教事业也进行得很顺利。1650年，他用皇帝赏赐的一千两黄金，将利玛窦建立的小经堂，扩建为一个天主教大教堂。顺治皇帝曾多次亲临该教堂，与汤若望促膝交谈。

1664年，北京的天主教徒已经达到1.5万人，这对汤若望来说，是个不错的成绩。此时的天主教南堂里面，供奉着两座圣坛，一座是基督坛，一座是皇帝坛，而且教会允许中国的天主教徒祭拜祖先和孔子。耶稣会的这种违背基督教基本教规的做法，后来被西班牙的其他天主教修会告发，从而在罗马教会内部，引发了长达200年的"中国礼仪之争"。

顺治皇帝之后，年幼的康熙继位。此时，失去了先帝的靠山，不谙官场之道的汤若望险遭杀身之祸。他向新皇帝呈上一本只有200年的历书，被朝中一些对他心怀芥蒂的同行告发，指责他以此影射清朝只有200年的江山。很快，朝廷以谋反罪将汤若望逮捕。后来还是太皇太后出面，念及他是朝中老臣，忠诚效力于先帝，才将其释放。之后，年迈的汤若望回到天主教南堂，第二年便在这里病逝。作为一位传教士，汤若望在中国生活了45年，最后永远地留在了中国，也永远留在中国人的心中。

（3）南怀仁（1623—1688年）

汤若望被捕后，他的助手南怀仁受到牵连，也被捕入狱。

南怀仁（Ferdinand Verbiest）是比利时人，18岁加入耶稣会，1659年来到中国后在陕西一带传教。1660年，因汤若望年事已高，他奉诏来到北京，在钦天监协助汤若望工作。第二年，南怀仁获释出狱，但直到康熙皇帝亲政后，他才被朝廷重新任用。

南怀仁回到朝廷后，所做的第一件事情就是为汤若望昭雪申冤，使朝廷为其恢复了名誉。1673年，南怀仁继汤若望之后，再次执掌钦天监。在职期间，他屡次奉旨制造天文仪器和大炮，并编制《康熙永年历法》，皆得皇帝欢心。特别是1678年，他用轻木制造了一个四轮小车，用煤作燃料，以蒸汽为动力，驱动小车自动前行。这个小车虽然只"长二尺"，但其构想和原理却与100多年后瓦特发明的蒸汽机惊人地相似。可惜的是，南怀仁只是将它作为一个礼物，送给皇帝把玩而已。

具有丰富天文历法和机械制造知识的南怀仁，得到康熙皇帝的赏识，于是官运亨通，步步高升。1682年，南怀仁官至工部右侍郎。皇帝的赏识就是最大的支持，南怀仁的传教事业也因此而顺利发展。1676年，南怀仁成为中国教区的负责人。此后，他更加积极地发展传教事业，并召来更多的传教士进入中国。

(4) 中国礼仪之争

南怀仁死后，罗马教廷内部的"中国礼仪之争"进入白热化状态。

"中国礼仪之争"由来已久。早在利玛窦时期，为了使天主教教义更容易为中国人所接受，利玛窦将基督教的"神"解释为中国人的"天"或"上帝"，并允许中国信徒祭拜祖先和孔子。耶稣会在中国的这些做法，受到其他修会的反对，他们认为祭拜祖先和孔子是偶像崇拜，违背了天主教的教规。1635年，多明我修会的传教士到罗马向教廷投诉耶稣会，教廷未予答复。1643年，多明我修会传教士再次赴罗马投诉，并对耶稣会提出17条指控，由此掀起"中国礼仪之争"。

起初，关于耶稣会的做法是否得当的争论仅在教会内部进行，耶稣会和多明我会各执一词，互不相让。1645年，英诺森十世支持多明我会对耶稣会的指控，谴责中国耶稣会的做法。而到了1656年，教皇克雷芒九世则认为中国耶稣会的对华传教方针是可行的。由于历任教皇的意见不一致，所以问题争论了很久，却一直没有定论，双方各执己见、各行其是。

1700年，康熙皇帝对此表了态，他声称祭祖尊孔是中国人的传统习俗，与宗教没有关系。对此，罗马教皇克雷芒十一世做出回应。1704年，教皇发布"禁令"，严禁中国教徒举行中国的传统礼仪，禁止将"天"和"上帝"作为"天主"的别称。随后，罗马教廷派遣红衣主教铎罗为特使，前来中国交涉。

1705年12月，铎罗一行到达北京，康熙派人接待了他。直到第二年，铎罗才向朝廷吹风，透露了他此行的使命是：禁止中国教徒祭祖尊孔。康熙得知他此行的真正目的后，勃然大怒，认为这是对中国内政的干涉，于是派人将铎罗送往南京，让他在那儿好好地待着。同年，康熙下令将反对中国礼仪的传教士驱逐出境。

面对中国皇帝强硬的态度,铎罗只得打出教皇的牌子。1707年,铎罗宣布教皇的"禁令",试图以此来压制康熙。他哪里知道,中国的皇帝自古以来就是"天子",岂容他人在面前指手画脚?结果,不知天高地厚的铎罗被押送到澳门,软禁起来了。

到此时,原来在教会内部的"中国礼仪之争",已经演变为中国政府与罗马教廷之间的公开对抗。罗马教廷也不示弱,教皇克雷芒十一世发布通谕,重申"禁令",凡违背者以"异端"罪论处,受绝罚。对这种公然干涉中国内政的做法,康熙帝予以了坚决的回击,他下令拘捕传教士,并禁止在中国传教。

此时的罗马教廷才知道问题的严重性,中国不是中世纪的欧洲,中国的皇帝一言九鼎,是万万得罪不起的。1719年,教廷委派嘉乐为特使率一个25人的使团前来北京谈判,但康熙帝拒绝接见他们。无奈之下,教皇只得妥协,1720年,嘉乐在澳门代表教皇宣布"八条准则",准许在不违背教皇禁令精神的原则下,中国信徒可以参加非宗教性质的传统礼仪。随后,康熙皇帝也做出了一些让步,他下令对尊重中国礼仪的传教士发给"信票",允许他们继续留居中国,但禁止公开传教。

至此,明清之际,以传播近代科学知识为特征的天主教传教活动,被全面查禁。

这是基督教在中国的第二次传教高潮,持续近150年时间,也是中西方文化交流和碰撞的时期。当时的中国自我陶醉于天朝盛世之中,错失了学习和借鉴欧洲先进科学和技术的良机。而当中国的大门被关闭之后,欧洲进入一个蓬勃发展的工业革命时期,其政治、经济、文化、科学技术都得到了迅猛的发展。

100年后,当传教士再次进入中国时,古老中国和欧洲列强之间的力量对比,已经发生了根本的变化。

3. 东正教在中国

(1) 东正教的传入

东正教的传入,也是与俄国对中国的侵略同步进行的。

16世纪中期以后,俄罗斯哥萨克越过乌拉尔山脉向东扩张。在占领西伯利亚的广阔土地后,开始向中国边境地区靠近。17世纪中叶,正是明、清两朝更替的混乱时期,沙俄帝国屡次派遣武装人员侵占中国黑龙江地区。

清朝建立后的1649年（顺治六年），沙皇阿列克赛·米海伊诺夫再次派遣远征军，越过外兴安岭，侵入黑龙江地区。他们占领达斡尔人的居住地雅克萨，肆意烧杀劫掠、屠杀当地居民。随后，侵略军在此地修筑城堡，建立据点。不久，随军而来的东正教传教士叶尔莫根，在这里修建了一座东正教堂。五年后，他又建起一座东正教修道院，称"仁慈救世主修道院"，并自任修道院长。由此，叶尔莫根首次将东正教传入中国。

此后，这伙强盗以雅克萨为基地，不断四处游窜，骚扰蹂躏周边地区的居民，激起民众的强烈反抗。清政府派出军队，多次重创入侵者。1658年，清军在击溃侵略者后，收复雅克萨，拆毁敌军城堡。1660年，清军在伯力附近重创敌军，将沙俄在黑龙江中下游的势力全部铲除。

1665年，正是康熙帝即位后的第四年，沙俄一伙匪徒又强占雅克萨。此时，清政府正忙于平定"三藩之乱"和收复台湾，无暇北顾，只能通过外交抗议，责令其退出中国国土，同时加强边界地区的防务如加固城池、修筑城墙等。1885年，在做好充分的准备工作后，康熙大帝决定严惩沙俄侵略者，派出清军与沙俄军展开争夺雅克萨的战斗，最终迫使沙皇彼得一世接受通过谈判解决边界问题的提议，清军随之撤出该城。

1689年9月7日，中俄两国签订《尼布楚条约》，该条约规定中俄双方以格尔必齐河、外兴安岭和额尔古纳河为界，明确外兴安岭以南的黑龙江两岸、包括库页岛在内的土地属于中国，而岭北、河西之地则归俄国。要求俄国拆除在中国境内的全部据点，俄罗斯人全部返回俄国，禁止双方人员越界入侵对方领土。同时，条约规定有合法手续者，可以自由贸易。这是中俄两国签订的第一个边界条约，首次划定了中俄东部的分界线。

在两次攻占雅克萨的战斗中，清军俘获了大批俄罗斯人，其中包括随军的东正教司祭马克西姆·列昂捷夫（？—1712年）。后来，一部分俘虏被押送到北京，马克西姆·列昂捷夫也在其中。这些俄国俘虏被安置在北京后，享受与清朝旗人同等优厚的待遇。为了安抚俄国俘虏，康熙帝将城市东北角的一座庙宇赐给他们，俄国人将其改建为"圣索非亚教堂"。后来，列昂捷夫将随身携带的一幅圣尼古拉画像拿出来，挂在教堂内，故该堂又称"圣尼古拉教堂"。此后，马克西姆·列昂捷夫便在北京为俄国俘虏主持宗教仪式，并开始在中国人中传教。

很快，马克西姆·列昂捷夫在北京的活动受到俄罗斯东正教会的关注。1695年，西伯利亚郡主教派人送达一份批准书，承认北京的圣尼古拉教堂，并指示列昂捷夫继续开展传教活动。

1715年，彼得一世在征得康熙帝的同意后，向中国派遣了一个东正教传教士团。该传教士团共11人，由一名修士大祭司率领，这是东正教驻北京的第一届传教士团。该团于1716年抵达北京，居住在圣尼古拉教堂，该教堂因地处京城东北，后称"北馆"。传教团在此正式成立"中国东正教会"，开始在中国的传教活动，其经费由沙俄政府提供。

1727年，中俄签订《恰克图条约》对两国的中部边界进行确定。在该条约中有些条款涉及东正教，如规定沙俄政府有权向北京定期派遣传教士团，每一届任期十年，传教士团实际上成为沙俄驻京的常设机构。此外，根据条约要求，由清政府出资为俄国传教士团修建新的驻地。1732年，位于今东交民巷的"奉献节教堂"落成，这就是后来的"南馆"。在此后的200年里，俄罗斯政府共派出20届传教士团。

但在整个18世纪，东正教在中国的传教范围极为有限，并没有取得什么实质性的成果。

(2) 东正教在中国

19世纪后期，沙皇俄国加入欧洲列强对华侵略的行列。为了侵华的需要，沙俄政府不断加强对传教士团的领导。1807年，沙俄外交部向北京传教士团增派监护官，从而使传教团的性质发生了改变，由单纯的宗教团体转变为兼有外交职能的官方代表机构。1840年鸦片战争后，通过不平等条约，俄国获得在华自由传教的特权。此后，东正教开始向中国的一些城市传播。

1858年，中俄《天津条约》签订后，俄罗斯传教士团不再由政府派遣，而改由东正教会直接委派和管理，其外交权力被剥离。19世纪后半叶，在东正教会的领导下，中国的传教活动有了进一步发展。1900年后，清政府日益衰落，已经没有能力抵御外来势力的入侵了。此时的沙俄，将东正教传教活动迅速向中国内地推进，仅1900—1916年的十几年时间里，上海、天津、汉口、哈尔滨、青岛、乌鲁木齐等城市已建立40多座教堂，并开办1所神学院、20余所宗教学校。此外，还设立了图书馆、印刷厂、出版宗教杂志，积极宣传东正教教义，信徒数量达到5500人。

1917年俄国十月革命后，俄罗斯东正教反对苏维埃政权，在塞尔维亚建立"俄罗斯正教流亡国外临时主教公会"。此时，在中国的传教士团接收了大批被苏维埃驱逐出境的白俄教徒。据统计，仅1917—1949年间，中国的东正教徒猛增到30多万人，其中绝大多数是俄罗斯人。在中国抗日战争期间，东正教会与日本人勾结，阻挠中国人民反抗日本人的侵略。在1945年抗战结束后，天津教区和上海教区仍不愿接受苏联莫斯科东正教会的领导，继续与流亡教会保持联系。

1955年，在中苏两国政府的授权下，两国东正教会的代表在上海举行会谈，莫斯科和全俄东正教会同意中国东正教会独立，拥有自主的权力和地位。从此，中国东正教会改称"中华东正教会"，不再受俄国教区管理，开始由中国人自行管理。"文化大革命"期间，中国的所有教会停止活动，"中华东正教会"亦不复存在了。

1984年以后，哈尔滨修建了一座东正教小教堂，恢复宗教活动。

在新疆，如今有大约3000名东正教徒，主要是俄国人。

4. 耶稣新教的传入

19世纪，统治中国近300年的清王朝（1616—1911年）开始步入衰落时期，而此时的欧洲各国则相反，正以一种狂热的激情试图征服整个世界。此时耶稣新教的传入，在中国掀起了第三次传教高潮。

1807年，新教传教士马礼逊（Morrison，1782—1834年）受伦敦传教差会的派遣来到广东，成为新教第一位来华的传教士。1813年，为了适应当时的传教工作，马礼逊将《新约》翻译成中文。后来，在另一位传教士米林的协助下，又将《旧约》译成中文，这是第一次将《圣经》完整地介绍给中国信徒。此外，马礼逊创办了一份中文报纸，并编纂6卷本的《华英字典》，为沟通中英两国语言起到了积极作用。

由于传教士不得进入中国内地，因此他们只能在一些大城市和东南沿海地区活动。除著书立说传播基督教义外，兴办学校、开设医院也是传教士们的重要工作。1839年，在澳门建立的第一所西式学校是"马礼逊学堂"，教授中文、英文、数学、地理、化学和地理等课程。1901年，由美国基督教监理会创建的苏州东吴大学，是国内第一所教会大学。而1854年由美国美部会传教士建立的广州博济眼科医院，则是中国第一所西式医院。

1847年，澳门马礼逊学堂的校长、毕业于耶鲁大学的布朗回国时，将三名中国学生带到美国留学。这三个孩子成为中国近代第一批留学生，其中一个就是容闳。到美国后，容闳考入耶鲁大学，成为该校第一位中国学生。在美学习期间，容闳深感中国闭关锁国的政策，是中国落后挨打的原因。因此他毕业后，积极提倡中国学生出国留学，学习西方的先进技术和进步理念。

经容闳领出去的留学生一共有 120 名，他们大多是贫寒人家的孩子。在那个年代，越洋过海到异国他乡求学，不是一件容易事，是需要一点胆识的。在容闳招收的小留学生中，许多成为中国发展科学技术的栋梁之材，其中最著名的是詹天佑，他是中国第一条铁路——京张铁路的设计者。

由于此时，中国仍然实行科举制度，新的西式学校的开办，并没有受到欢迎。科举制度，这个在中国延续千年的人才选拔的制度，是饱读儒家经典的文人考取功名的唯一通道，也是那些贫寒子弟步入上层社会的唯一阶梯，曾经为稳定中国的封建制度起到极其重要的作用。但到清朝末年，该制度已经严重地阻碍社会的发展与进步。直到 1905 年，清朝宣布废除科举制度后，西学才如雨后春笋般地发展起来了。

1905 年，美国圣公会创办上海圣约翰大学。

1911 年，美国浸礼会、美以会和长老会合办南京金陵大学。

1916 年，美国长老会、浸礼会和英国伦敦会等合办北京燕京大学。

1917 年，英国伦敦会、公理会等合办山东齐鲁大学。

……

此外，许多传教士在传教的同时，宣传民主、自由和人人平等的思想；他们提倡男女平等，反对中国传统的纳妾、缠足和溺婴等陋习；他们提倡妇女解放，并建立了众多的女子学校，为提高妇女的地位和文化做出了贡献。

尽管来华传教士在中西文化交流方面做了大量工作，促进了中西文化的发展。但在 19 世纪，一些传教士也以强硬的姿态密切配合各个列强帝国，试图打开中国的门户。他们一改前两次传教士的低调和谦卑，而以一种强烈的优越感和嚣张的气焰，干预中国的内政和外交。他们有的充当奸细，刺探中国的政治、军事和经济情报；有的则干脆脱去传教士的伪装，穿上军装直接参与对华侵略战争。在帝国主义列强的军舰和大炮长枪面前，清朝末代的皇帝们只能屈辱地接受一系列不平等条约，而在每一个不平等条约的背后，都有传教士闪烁的身影。

19 世纪下半期，由于一系列不平等条约的签定，历时 100 年之久的禁教令终于松动了。在不平等条约的保护下，大批传教士蜂拥而至，他们成立了跨越宗教派别的"中华内地会"，向中国广阔的内地渗透，直抵最偏远的地方，即使像四川这样地势险要的地区，也不肯放弃。到 19 世纪末，中国的每个省会甚至许多县城都建立了基督教堂,教会成为列强侵略中国的重要阵地。

此时的传教士,已经不单纯以传教为己任了,他们介入地方政治,干预人事任免和司法诉讼。同时如强盗般抢占民田,建造教堂,护佑教徒,欺压百姓,激起广大民众的强烈反抗。全国各地民众捣毁教堂,打死教士的事件时有发生。据统计,仅1845—1899年,全国发生大小教案300多起,著名的有台湾教案、扬州教案、天津教案等。而每次教案发生,列强便以此为筹码,要挟清政府镇压民众,给他们以更多的赔款和特权。此时的传教士,已经沦为了侵略者和强盗,因而激起中国民众一波又一波的反抗浪潮。1900年,终于爆发了以反洋人为号召的大规模的义和团运动。

1900年以后,国外的传教士逐步离开了中国。但基督教作为一种信仰体系,还是在中国保留下来了。特别是在改革开放以后,基督教在中国的知识阶层和年轻人中得到较快发展。据2008年基督教两会的统计,如今中国有300万天主教信徒,新教徒有2000万人。由于中国的传统思想体系和文化传统仍占据主导地位,因此基督教对绝大多数中国人的影响依然是十分有限的。

五、在日本的传播

日本位于亚洲东南部的太平洋上,是一个由4个大岛和4000多个小岛组成的岛国。

与地大物博、人口众多、具有悠久历史文化的中国不同,日本领土面积狭小、资源匮乏、历史也不够长。因此当中国政府以强烈的自豪感将一切外来事物拒之门外时,日本人却以极为敏锐的目光搜寻着他们可以学习和借鉴的东西。16世纪初,葡萄牙人和荷兰人相继到达中国华南沿海,中国人将他们赶了出去。尽管他们的火枪钢炮比中国的长矛大刀更具有杀伤力,但没有人想到要从他们那里学些什么。而日本则以完全不同的心态来对待列强军舰和传教士的到来,从而当清政府日益走向衰退、无力抗击外敌入侵之时,日本却以雄厚的经济和军事实力,步入世界强国的行列。

1. 基督教传入日本

亚洲东部是距离欧洲最遥远的地方,也是受列强的殖民扩张和征服最晚的地区。虽然欧洲人早已知道日本,但直到1543年,葡萄牙的商船才随风飘到九州岛的南部,这是欧洲人首次到达日本。随后,西班牙人也来到这里，他们将印度和东南亚各国的商品带到日本，从事中介贸易活动。

此时的日本，正是室町幕府的末期——战国时期。占有大片土地，拥有众多家臣的"大名"们成为封建割据的诸侯，他们脱离幕府的辖制，互相争斗不已。而天主教就是在这个时期，由一位名叫沙勿略的耶稣会士传入了日本。

方济各·沙勿略（Francis Xavier，1506—1552年）是耶稣会的创始人之一，他是伊纳爵·罗耀拉的同学和门生。在宗教改革后期成立的耶稣会，十分重视传教工作，便将得力干将沙勿略派往东方的印度传教。1542年，沙勿略到达葡萄牙在印度的殖民据点果阿，开始在这里传播天主教。1545年，他又来到马来群岛，然后从这里出发，于1549年抵达日本鹿儿岛。

沙勿略一行是经南方航路到达日本的，因此日本人称之为"南蛮人"。他们不仅带来基督教，而且带来了用于传教的印刷机、印刷技术以及南亚诸国的文化。耶稣会的修士们希望能拜见天皇，准许他们在日本传教。天皇没有接见他们，但允许他们在山口、平口等几个地方布道。

很快，沙勿略在日本的传教取得了进展，许多人日本怀着强烈的好奇心皈依了基督教。他们以长崎为中心，在大阪、江户等地建立一些小型聚会所，并与欧洲人进行贸易。1552年，沙勿略准备前往中国传教，但在途中因病去世，传教之事因此搁浅。而这一年，利玛窦出生。直到利玛窦30岁那年，天主教才由他再次传入中国。

1552年，日本政府允许在山口成立教会，并在此修建了日本第一座天主教堂——大道寺，亦称南蛮寺。九州的许多地方大名为了与欧洲人进行商业贸易，以获取西方的枪炮武器，与教会保持着密切的联系。而教会也希望得到这些地方领主的庇护，争取更多的民众成为基督教徒。日本第一个接受洗礼的大名是大村纯中，入教后他从自己的领地里划出一部分土地，供耶稣会使用，并明令非基督教徒不得在此地段居住。1570年，他还允许葡萄牙传教士在长崎传教，使长崎成为天主教会的又一个基地。

而此时，统治日本长达两个世纪的室町幕府已经遥遥欲坠。明古屋附近的大名织田信长（1573—1582年）依靠从欧洲输入的西洋枪炮，建立起自己的武装，陆续兼并周围的领地，成为实力雄厚的一方霸主。1568年，他率兵进占京都，1573年废黜幕府将军足利义昭，室町政权遂终。但织田信长并没有立即称将军，他表面上对天皇恭顺，实则操纵大权，成为日本中部地区的实际统治者。

自 1568—1582 年的 14 年间，织田信长采取了一些有益于社会、经济发展的措施，并将近一半的诸侯小国统一起来。织田信长厌恶佛教僧侣的腐化堕落，对强调清贫寡欲的耶稣会士颇有好感。在专权时期，他派兵占领大阪的佛教大寺院，将一些佛寺关闭甚至烧毁，并大肆屠杀僧侣，引起佛教界的愤恨。与此同时，织田信长积极扶持基督教。他允许教士们在京都布教，并划立京都、大阪和丰后为三大布教区，订立日本的传教制度，使基督教得到很大发展。

1582 年，织田信长被一个佛教徒刺死。而此时，日本已经建立大小教堂 200 余座，基督教在日本普通民众中得到广泛的传播。

基督教在日本传播的过程中，为了让更多的民众理解基督教义，许多宗教概念都用日本假名或汉字来标记。传播方式也多种多样，如用民众喜闻乐见的民间说唱和表演方式来讲述《圣经》故事；建立学校和神学院，以培养各种专门人才和传教士；并采用欧洲发明的铅字印刷机，出版大量宗教、文学书籍和词典等工具书等。随着天主教的广泛传播，圣像画也进入日本公众的视野，引起民众浓厚的兴趣，以致在诸侯内战之时，军旗上都绘有耶稣的圣像画。此外，日本画师吸取西方宗教画的技法，绘制出取材于《圣经》的西式版画和油画，开创了日本早期的西洋画派。

在传教过程中，西方的科学技术在日本得到广泛传播。教会在一些大城市建立多所医院，为大众治病，并开设培训班、培训日本医师。此外，建立大学，教授西方的天文、地理和数学等科学知识，将许多应用技术如天文观测法、地理测量法和航海技术引入日本，这些都极大地促进了日本科学技术的发展。特别值得一提的是，那些拥兵自重的大名们早已学会枪炮的制造技术，用西洋枪炮武装起来的步兵，已经取代单骑对阵的武士。

织田信长遇刺身亡后，其属下的将军丰臣秀吉（1536—1598 年）取代他的地位，继续日本的统一事业。丰臣秀吉以大阪为基地，用武力打败了江户主要的大名后，又先后占领四国岛和本州岛东部、北部地区，基本结束了日本持续百年的分裂局面，使国家初步得到统一。

对于基督教的传教，丰臣秀吉开始任其发展。1582 年，一些皈依基督教的大名派使者到罗马觐见教皇，表示归顺之意，对此丰臣秀吉十分不满。1597 年，丰臣秀吉开始禁教，他杀死了 26 名外国传教士和信徒，并命令传教士离开长崎。由于此时的丰臣秀吉正忙于侵略朝鲜的战争，因此禁教令并没有得到很好的贯彻。

2. 闭关锁国时代

丰臣秀吉死后，几十年的战国大名时代结束。

1600年，织田信长的另一个将军德川家康（1542—1616年）凭借着雄厚的军事力量，在关原战役中击退反对他的大名联军，取得征夷大将军称号，夺得对日本的实际统治权。因其以江户为幕府所在地，故称江户幕府时代（1600—1850年）。从此，日本进入长达250年的德川家族统治时期。

德川家康执政初期，允许基督教的传播，基督教信徒人数得到较快增长，已达75万之众。随着基督徒人数的不断增多，西方的生活方式开始逐渐渗入普通人的生活之中。与此同时，各个不同教派之间的竞争，以及同一教派内部的争斗也开始出现，在社会上，出现了一股反儒学、反佛教以及反日本传统神道教的倾向。而此时，荷兰为了取代葡萄牙人在对日贸易中的地位，其国王致信德川家康，告诉他传教士在日本唆使国民内乱，是为了日后征服日本，而这正是日本政府所担心的。

1613年，德川幕府下令全国禁教，驱逐所有传教士，收回长崎的教会领地，要求所有葡萄牙人迁到附近的海岛上。1616年，德川家康死后，幕府继续其禁教政策，迫使日本信徒改宗。要求基督徒用踩踏圣像的方式来表明自己放弃基督教信仰，凡坚持不从者皆被处死。1624年，在江户用火刑处死基督教徒50人，以后不断有此类事情发生。1638年，岛原地区信仰基督教的农民举行起义，反抗封建领主的压迫和剥削。幕府调军10万前来围剿起义军，起义军2.5万人坚守岛原城长达5个月，近万人牺牲，最终被残酷镇压。这次起义，也使江户的统治者坚定了禁教锁国的决心。

1639年，德川幕府颁布最后的锁国令，将所有西方人驱逐出境，断绝与外界的一切往来。同时禁止日本人出国，已在国外的侨民也不准回国。1640年，日本政府将前来要求恢复通商的葡萄牙使节处死，下令停止建造可从事海外贸易的船只，并将所有欧洲商人驱逐出境，只与专注做生意的荷兰人保持往来。对荷兰人，也限定每年只进1—2艘船，只准停靠在长崎港外的一个小岛上进行交易。

至此，天主教在日本传教的黄金时代宣告结束。

尽管处于锁国时期，但日本与荷兰仍保持着密切的往来。通过唯一的通商口岸，进口了大批荷兰书籍文献，将许多有实用价值的西方科学知识特别是医学、天文、语言、造船、冶金、机械等方面的书籍翻译成日文，并使之应用于实际。先进科学技术的应用，使日本的传统手工业逐步向机械生产转变，为日后日本维新变法，走上富国强兵之路奠定了基础。

德川幕府的闭关锁国政策持续了200多年。直到1860年，日本的门户才被美国的炮舰轰开，西方传教士重返日本各岛。

3. 明治维新时期的基督教

19世纪初期，西方列强加紧对世界各地的瓜分，并试图用武力征服中国。于是，地处美洲到中国航线上的日本，其战略地位变得日益重要起来。此时，日本仍处于德川幕府的统治下，幕府闭关锁国的政策，令西方各国十分恼火。他们迫切需要打开日本的门户，使日本的港口能够为过往的欧美商船提供补给，并让失事的船只得到妥善的救助。但这些通商要求，均遭到幕府的拒绝。1853年，在权衡利弊后，美国决定派出海军舰队，用武力迫使日本开埠。

1853年7月8日，美国海军准将马修·佩里率四艘巨型战舰在日本江户港抛锚，并带来一封美国总统的信件，要求幕府开放港口、发展贸易关系、保护失事船只上的船员等。一周后，舰队离开日本前往琉球群岛。临走前，佩里警告日本，来年春天等候回音。

1854年2月，佩里返回日本。3月31日，在美国武力的威逼下，日本被迫签订了《神奈川条约》和《下田条约》。条约规定日本无条件向美国开放港口，为美国船只的维修和补给提供便利，并为失事船只提供救助等。随着国门向美国开放，其他各国也纷至沓来，日本只得又与俄、英、荷兰签订开放口岸的条约。从此，日本的门户对外开放。

日本对西方列强开放口岸，引起国内民众的强烈不满，在幕府内部也产生分歧，引发了统治集团内的权力斗争。1860年，一位参与签订不平等条约的官员被暗杀，还发生了英国人在横滨被杀的报复性事件。与此同时，日本国内一些偏远地区的领主开始密谋推翻德川家族的统治。那些反幕府的领主，尤其是九州岛的萨摩藩和本州岛的长州藩组成的萨长集团，利用民众反列强的情绪，组织"尊王攘夷"运动，要求德川幕府还政于天皇。

1867年，孝明天皇病逝，因五个儿子早夭，只留下一个皇子佑宫。佑宫的生母只是普通的典侍，身份低微。于是，英照皇后将佑宫过继为子，赐名"睦仁"，使他成为天皇的唯一继承人。

1868年1月，年仅15岁的睦仁举行登基大典，成为日本第122位天皇。随后将江户改称东京，立为首都，天皇宫廷由京都迁到东京，改年号为明治。

明治天皇（1852—1912年）登基后，日本的倒幕派和保幕派发生了激烈的战争，1869年，日薄西山的德川幕府被彻底打败。维新一派在朝廷取得高官职位，辅佐新天皇执政。不久，天皇便先后签署并颁布《五条誓文》和《政体书》，确立了新天皇政府的政治纲领。随后，在维新派的辅佐下，明治天皇采取一系列措施，对国家的政治、经济、军事进行全方位的改革。

首先是学习西方先进的科学技术，建立新的教育体系。教育的根本目的是提高国民的文化水平，此时日本开始实行初等义务教育，允许外国教育家在日本兴办学校和大学，鼓励学校用英语和国外教材教学，并派遣大批留学生出国，学习各种科学知识，学成回国后在学校任教。

其次，改变日本封闭落后的传统习俗，推行一系列文明开化的政策。在历法上改传统的太阴历为欧洲通行的公历；废除江户时代确立的身份世袭制度，剥夺武士的特权；解除对贱民的种种限制；并废除历代禁止屠杀家畜禽类的规定，从此肉食进入日本人的餐桌上。在服饰上也模仿西方人，特别是天皇的形象有了根本改变。1871年，日本派出以岩仓具视为全权大使的大型使节团，出国对欧美国家进行全面考察。在出国之前，岩仓曾觐见明治天皇，当他看见天皇"涂脂抹粉、高蹙蚕眉、挽发结髻、牙齿用铁浆染成黑色，高高地坐在宝座上"时，他便意识到，维新要取得成功，首先必须改变天皇的形象。

1872年，在维新派的劝说下，明治天皇彻底改观。我们从他留下的照片中可以看到，此时的天皇，身穿配有绶带的西式军装，腰佩宝剑，一头修建整齐的短发，英姿勃发。这个判若两人的天皇形象，使人深切地感受到维新给日本带来的深刻变化。

1885年12月，在经过长时期的酝酿和准备之后，日本在政治体制上进行了重大改革。废除了封建的大政官制，实行西方的内阁制，成立内阁和枢密院，伊藤博文（1841—1909年）出任日本历史上首位内阁总理兼宫内大臣。在他主持内阁时期，综合对西方各国政体的考察后，认为普鲁士的君主立宪制最适合日本。最终，日本以1850年的《普鲁士宪法》为蓝本，制定了日本第一部宪法《大日本帝国宪法》。1889年2月1日，明治天皇正式颁布宪法，称之为"祖宗所授之大权"，亲自宣布此"永世不朽之大典"，故简称《明治宪法》。

该宪法确立了日本君主立宪的国体，规定了天皇和臣民各自的权力和义务。尽管宪法规定公民有财产权，不得随意逮捕公民，公民有言论、结社和宗教信仰自由的权利等，但实际上，政府有权随时中止这些权利。宪法最核心的内容仍然是维护天皇的"神权"统治和对天皇的崇拜，明确规定："日本帝国将永无间断地由万世一系的天皇代代统治和管辖。"此外，宪法允许军队独立于内阁部门之外，不受内阁管辖，这就为后来日本军国主义的发展提供了条件。

尽管《明治宪法》具有民主和开放的内容，但浓烈的神权色彩仍为其一大特点。为了突出日本天皇是天照大神后裔所具有的神性，因此明治时代重立神道教为国教，但不再禁止天主教在日本的传播。1891年，天主教在东京设立大主教区，和其他基督教派别一起取得合法的地位。但由于神道教是国教，得到国家的支持，因此基督教在日本发展一直十分缓慢。

进入20世纪后，特别是1946年日本颁布的新宪法规定公民有宗教信仰自由后，基督教各派才得到发展，其中尤以基督新教的发展最为迅速。二战期间，为了瓦解日本的民心，美国太平洋战区司令麦克阿瑟将军曾派遣1000名传教士到日本传播基督新教。结果在二战后，日本的基督徒人数大增，且教派林立。到70年代，日本有200多个教派，新教的每一个教派在日本都有信徒。

如今，日本新教徒大约有40多万人，略多于天主教徒。尽管日本的基督教徒仅占国民总数的0.7%，但由于教会多注重文化教育事业，故在日本仍有较大的影响力。

六、在朝鲜半岛的传播

早在旧石器时代，朝鲜半岛上就已有人居住了，并很早就与中国有了交往。朝鲜人也是蒙古人种，但其语言与汉语有很大不同，多数专家认为属于阿尔泰语系，并由此推测古代的朝鲜人是从西伯利亚一带迁徙而来的。

朝鲜半岛长期实行闭关自守和排外政策，他们炮轰靠近海岸的外国船只，驱赶失事船只的船员。18世纪，基督教传教士从中国来到朝鲜半岛，也受到排斥和迫害。与在中国和日本一样，为了引起人们的关注，传教士首先将先进的科学技术和知识带入这里，引起了不同的反响。一部分人开始认识到只有改革，接受新事物，国家才能够富强起来，才能对抗外敌的威胁。而另一部分保守派则坚持排外主义的立场，他们袭击外国人，迫害传教士和基督教徒。1862—1863年，朝鲜东南部发生具有排外情绪的农民起义，不久，出现了一个具有排外思想的新宗教"东学道"。

东学道的创始人崔济愚（1824—1864 年）与洪秀全一样，是一个屡试不第的落魄乡村文人并且也自称得到神的启示，要创造一种能打败西方人、恢复古老传统的新"道"。与"拜上帝会"一样，崔济愚的东学道也是一个融儒、道、佛、天主教以及朝鲜萨满教等为一体的"大杂烩"，具有巫术的特点。东学道得到下层农民的广泛支持和拥护。但与征战十几年，驰骋中国半壁河山，严重威胁清王朝统治的太平天国（1851—1864 年）不同，崔济愚很快被逮捕了。1864 年，他以颠覆罪被处死，但东学道仍然在朝鲜半岛流传。

在中国同治中兴时期（1861—1875 年），朝鲜摄政王大院君（1864—1873 年）也在进行一系列改革，加强中央集权的统治，克服官僚的腐败，并引进新式武器，但继续实行排外政策。大院君处死了几名法国天主教传教士，由此引起 1866 年法国海军的进犯。这里的闭关锁国政策，不仅使西方列强愤懑，也使日益强大起来的日本感到不满。1871 年，美国决定用与敲开日本国门同样的方法，来敲开其大门。同年，美国驻中国公使率五艘军舰驶入汉江入海口，并派官员顺汉江而上直抵汉城。朝鲜军坚决反击入侵之敌，击伤两艘军舰。美国要求朝鲜道歉，朝鲜不予理睬，恼羞成怒的美军用火炮击毁朝鲜的五座要塞，致使 250 名朝鲜士兵阵亡。但朝鲜依然不改初衷，坚持不与列强打交道。无奈之下，美国军舰只得丧气地离开。

1875 年，蓄谋已久进犯朝鲜半岛的日本人，以日本军舰在朝鲜沿海被攻击为借口，试图用武力迫使其打开国门。1876 年初，一艘日本军舰停泊在仁川港外，威胁朝鲜签订了第一个不平等条约《朝日修好条约》，即《江华条约》。条约规定朝鲜开放釜山、仁川、元山三个港口，日本在汉城设立使馆，日本人在朝鲜享有领事裁判权等。从此，朝鲜沦为日本的殖民地。

随后，朝鲜也与美国签订了开放门户的条约，美国传教士再次来到朝鲜半岛。对此，朝鲜国内产生了分歧，革新派和保守派的矛盾日益尖锐。在日本公使的支持下，革新派曾发动过一次政变。中国将领袁世凯受清政府委派，率军打败了日本公使的卫队，才使阴谋流产。1885 年，清朝大臣李鸿章与日本的伊藤博文签署了一份协定，此事才得以平息。

1894—1895 年的中日甲午战争中，中国战败，朝鲜随之宣布脱离中国。1904—1905 年的日俄战争中，俄国失败。在双方签订的《朴茨茅斯和约》中，俄国承认日本在朝鲜的"最高政治利益、军事利益和经济利益"，放弃在满洲里的所有优惠或独家特许权，并将萨哈林南部割让给日本，将辽东半岛的租借权转让给日本。随后,朝鲜宣布日本为其保护国。

对于日本的军事胁迫和控制,朝鲜再次爆发大规模群众抗议活动。对此,日本要求李朝国王退位,政府职能部门大部分由日本人控制。日本对民众的抗议活动采取严厉镇压的手段,致使1.2万人丧生。于1898年辞去内阁总理职务的伊藤博文,在日俄战争后成为第一位日本驻朝鲜总督。日本对朝鲜民众的高压政策,激起朝鲜人对日本的仇恨。1909年,伊藤博文在访问满洲里时被一名朝鲜爱国者刺死。日本以此为借口,于1910年将朝鲜归入日本的版图。

1910—1945年,朝鲜半岛一直处于日本的统治下。与其他殖民地相比,日本对朝鲜实行了最为严厉的统治。朝鲜的各种原材料源源不断地运到日本,而人民的生活极其贫困。学校禁止用朝语教学,许多人被剥夺了受教育的权利。在日本人眼里,朝鲜人只是"二等公民",备受歧视和凌辱。

为了与信仰佛教和神道教的日本人对抗,许多朝鲜人开始皈依基督教。在这种被奴役的屈辱日子里,信仰基督教对他们而言或许是一种心灵安慰。因此,在二战结束时,朝鲜的基督教徒占到全国总人口的20%,朝鲜成为亚洲仅次于菲律宾的基督教国家。

1945年,日本战败,苏联红军和美国军队分别占领了北纬38度线以北和以南的地区。后来,以此作为军事分界线,朝鲜半岛分为两个各自独立的国家。北部是朝鲜民主主义人民共和国,南部是大韩民国。虽然居住在朝鲜半岛上的居民属于同一个民族,但是不同的社会制度使他们走上了不同的发展道路。

基督教在韩国继续得到传播。据韩国官方统计,到20世纪80年代,韩国有天主教徒300万人,有教堂2000多座,神职人员5000余人。新教教徒有1200万,占其总人口的28%,有教堂2万座,神职人员4万余人,教会学校200所。此外,俄罗斯东正教在韩国也有一些信徒。

基督教在韩国传播的过程中,产生了一些新的宗教派别,例如由文鲜明创立的"世界基督教统一教会",其如今已经成为拥有数百万信徒、众多教产的国际性教派组织。

七、在菲律宾的传播

菲律宾位于亚洲东南部的菲律宾群岛上,由7000多个大小不同的岛屿组成,其中吕宋岛、棉兰老岛、撒马岛、班乃岛等13个较大的岛屿的面积加起来，约占全国总面积的96%。

菲律宾的主要居民是马来人，大约占人口总数的85%以上，其余为印尼人和华人。马来人并非一个单纯的民族，它是古代东南亚地区三次移民运动结果，是三大人种混血后产生出来的新种族。由于混血的成分不同，因此马来人表现出较大的差异性。

分散的岛屿、封闭的地理环境以及复杂的人种构成，使大部分岛屿上的居民拥有各自的语言、文化和习俗，他们彼此隔绝、不相往来。到16世纪西班牙人到来时，我们现在所称的各种文明要素还没有进入这个地方，这里的大多数人还生活在原始的状态中。

1521年3月，麦哲伦首次环球航行的船队，在茫茫大海上已经度过了98天。在饥渴交迫、精神就要崩溃之时，他们意外地发现了菲律宾群岛，这才使他们绝处逢生。麦哲伦登上菲律宾的土地后，展示西班牙国旗，宣布这些岛屿归西班牙所有。这是西方人第一次踏上亚洲的土地，也是西方殖民统治的开始。

早在西班牙人到来之前，伊斯兰教已经传播到棉兰老岛的大部分地区，但菲律宾其他地方仍然盛行各种精灵崇拜。西班牙人是狂热的天主教徒，他们强迫岛上的居民皈依天主教。1668年，古阿姆地区的部落酋长受洗成为基督徒。随后，传教士开始深入周边各岛进行传教。

与具有悠久历史的亚洲其他国家不同，此时的菲律宾还没有形成统一的国家，没有自己的文字，只有分散的原始信仰，因此菲律宾人很容易地皈依基督教和伊斯兰教。西班牙人顺利地征服了菲律宾的领土，同样也顺利地完成了传教的任务，大多数菲律宾人很快成为天主教徒。

总体而言，西班牙对菲律宾的殖民统治仅限于较大的吕宋岛和棉兰老岛，并未深入偏远多山地区和众多的小岛。然而，基督教的传入却对菲律宾产生了较大的影响。传教士在传教之时，兴办学校、开设医院，使西班牙语成为通用语言，为互不往来、语言差异很大的各地民众架起一座相互沟通的桥梁，由此逐渐形成一个上流社会的知识阶层。随着知识的普及，统一的语言和统一的宗教信仰，使菲律宾人开始萌生了民族的意识。

1870年，菲律宾一些精英人士提出改革要求，遭到西班牙人的镇压。1896年，艾米利奥·阿奎那多（Aguinaldo，1869—1964年）领导了抗击西班牙殖民者的斗争，宣布菲律宾脱离西班牙独立。但菲律宾的独立道路并不平坦。

1898年4月1日，为了从西班牙人手中夺取加勒比海地区和菲律宾，爆发了美西战争。最终西班牙不敌美国。同年12月，美西两国在巴黎签订和约，西班牙放弃古巴并承认古巴独立，将波多黎各和关岛割让给美国，并以2000万美元的价格，将菲律宾群岛的主权转让给美国。从此，菲律宾置于美国的控制之下。

1899年1月，菲律宾共和国正式宣告成立，阿奎那多当选为菲律宾首任总统。随后，菲律宾政府军收复了除马尼拉附近的大部分国土，将所有西班牙人驱逐出境。而此时，原本支持阿奎那多的美国，却背信弃义地转而镇压菲律宾军队。美国的真正意图并不是要菲律宾独立，而是要取代西班牙人，继续对菲律宾实施殖民统治。于是，菲美战争爆发。战争期间，美军攻占马尼拉，迫使政府军投降，一部分民族主义者只得进山打游击。战争的结果是不言而喻的，菲律宾最终成为美国的一个自治领。从此，美国的星条旗飘扬在菲律宾的上空，菲律宾的政治、经济、文化、教育全面美国化。

1946年，经历了二战的血雨腥风后，菲律宾重新获得了独立。

如今的菲律宾，绝大多数人（85%）的人信奉天主教，是亚洲天主教徒人数最多的国家。除一些孤岛和棉兰老岛热带雨林深处，还存在极少数原始土著人部落外，原有的土著文化大部分已经消失了。现在的菲律宾文化是350年西班牙殖民者的传统、美国文化和天主教信仰的混合体。尽管今天的菲律宾在各个方面都深受美国影响，但菲律宾的通用语言并不是西班牙语，也非英语，而是菲律宾自己独特的民族语言——他加禄语。

进入21世纪的菲律宾，正在远离过去的殖民时代，逐步进入建立自己本民族传统和文化的新时代。

八、在越南的传播

越南自古深受中国文化的影响，他们采用中国的文字体系，尊崇中国的儒家思想，按照古代中国的模式建立封建官僚机构，甚至照搬中国的科举制度。但数千年来，越南一直努力保持其民族的独立性，古代中国的影响只限于上层阶级和政治领域，越南的普通民众依然保持着融合了印度成分的东南亚文化传统。

17世纪，法国人来到东南亚地区，随行的传教士开始在各地城市乡村传播其信仰，劝导民众皈依基督教。很快，法国传教士在越南建立"法国耶稣会"，后又建立传教会。传教士们在越南取得很大成功，越南的基督教徒人数迅速增长，引起崇尚儒学、保守的越南政府的担忧。19 世纪，政府对日益增多的基督教徒和频繁的教会活动感到不满，开始迫害基督教徒。许多传教士和近 3 万名越南基督教徒被杀，引起法国殖民者的强烈不满，成为其进一步侵略的借口。

1859 年，法国以传教士受迫害为借口，发动侵略战争。法军首先攻占南方首都、重要的港口城市西贡以及周边各省。1862 年，越南被迫与法国签订不平等条约，将南方地区割让给法国，法国随即将邻近的柬埔寨也纳入殖民的范畴。但法国仍不满足，1882 年又夺取北方首都河内。此时，中国清政府出兵保护属国越南，于是爆发中法战争（1883—1885 年）。结果，法国凭借着军舰大炮取得胜利，双方签订了条约。随即，大批传教士涌入越南，在许多地方建立教堂，积极传播基督教。到 19 世纪末期，越南的天主教徒已经有 70 万人之多。

法国在殖民地实行严厉的掠夺性统治，试图将法国文化强加给越南的上层社会。除了榨取越南的资源外，他们极少考虑普通民众的利益。在法国统治期间，越南人生活水平不断下降，激起民众的不满。对此，法国采取严厉的镇压措施，许多爱国的民族主义者被杀或被监禁，有的被驱逐出境。在社会动荡的局势下，1926 年在越南南方出现了一个具有强烈民族主义色彩的宗教派别——高台教。该教将儒学、道教、天主教和古代的精灵崇拜等各种要素混合在一起，其崇拜的神灵中既有佛陀、耶稣，也有历史人物如恺撒、孔子。在二战期间，高台教曾组织自己的军队来抗击日本人的入侵。

据统计，到 20 世纪 60 年代，越南有 3 个总主教区，23 个教区，拥有 1000 多座教堂，300 多万教徒。1975 年，罗马教廷在河内设立了代表办事处。

九、在印度的传播

印度位于南亚次大陆的印度半岛上，面积近 300 万平方公里，是世界上人口最多的地区之一。

印度半岛是多种宗教的发源地，印度教、佛教、耆那教、锡克教都由这里发祥，而后由此再向外传播。这里除了具有完整信仰体系的宗教外，在部落民中还保留着各种原始的自然崇拜和神灵崇拜。由于有宗教信仰的传统，因此在近代，许多外来宗教也在印度得到很好的发展，使印度成为多种宗教信仰的汇集地。

纪元初年基督教诞生于地中海西岸的巴勒斯坦，虽然这里远离印度次大陆，但印度很早就有基督教徒。传说公元52年，使徒圣托马斯将基督教传入印度南部地区。也就是说，印度基督教的历史要早于任何一个欧洲国家。由于早期的基督教没有教派之分，故印度的基督教徒在很长时间内一直保持着早期教会的传统和信仰。

尽管基督教很早就传到印度，但在其后的1500年里，基督教主要局限在南印度沿海的喀拉拉邦一带。1498年5月，当达·伽马的船队首次绕过好望角，在一位阿拉伯领航员引领下抵达印度西海岸的卡利库特时，这里就有印度的基督教徒。但葡萄牙人将这些人视为异教徒，对他们加以迫害。

1541年，葡萄牙传教士在印度马拉巴尔海岸的果阿建立耶稣会教堂。1560年又在这里建立宗教法庭，自1600—1773年间，有73个印度人以异教罪被火刑处死。果阿是葡萄牙主要的海军基地和殖民大本营，直到1901年才被印度政府收回。

16世纪末期，英国找到了通往亚洲的航路，开始与其他列强争夺殖民地。1600年，英国成立东印度公司，与荷兰人争夺香料垄断权，但很快败下阵来，转而与葡萄牙人争夺印度。英国人首先博得莫卧儿皇帝的青睐，然后用武力打败与之竞争的法国人和葡萄牙人，最终在印度建立起庞大的殖民帝国。

与强行推行天主教信仰的葡萄牙人不同，英国人更关注自身的经济利益。他们对殖民地实行宽容政策，不干涉本地人的宗教信仰。在殖民初期，英国的殖民统治是通过印度的王侯或统治者而间接进行的。

在整个殖民统治期间，英国人除了禁止印度寡妇殉葬的陋习外，允许印度人保留原有的宗教信仰，基本上未触动印度原有的社会形态。在这种较为宽松的环境中，传入印度的基督教各派逐渐吸收、融合了印度教的许多成分，形成具有浓郁印度色彩的印度基督教。例如，在举行基督教婚礼时，也会像印度教那样，有新郎给新娘佩戴项链的环节。尽管绝大多数印度人仍然信仰本土的印度教，但他们并不排斥基督教，从而使基督教得到顺利发展，成为这个多元化国家一个重要的组成部分。

印度的基督教会，充分发挥了基督教兴办学校、医院，为穷人提供资助的传统。据报道，如今印度约有500万儿童在教会学校就读。在贫困的乡村，许多人在基督教会的医院里得到必要的治疗。基督教学者在文化事业上、特别是在印度语言的发展上做出了重大贡献，如比利时牧师卡米尔·巴尔克编著的《英语—印地语辞典》，德国传教士赫尔曼·贡德尔特编著的《马拉亚拉姆—英语词典》等，至今仍是翻译工作者必备的工具书。

如今，印度天主教会有三个独立的教会组织，即拉丁教会、马拉巴尔教会和马兰卡拉教会。其余基督教会团体还有叙利亚教会、果阿教会、泰米尔教会等，这里的每个教会都有自己独特的语言和社会风俗，但基本上都保持着印度的特征。在印度，基督教的圣诞节和印度教的灯节、伊斯兰教的开斋节一样，具有同样突出的地位。圣诞节早已超越宗教的界限，成为中产阶级和成千上万基督教信徒欢乐的节日。

印度基督教徒占全印人口的2.4%，成为仅次于穆斯林的印度第二大少数宗教群体。

20世纪70年代后，印度的基督教组织积极极参予国际活动，多次出席世界宗教和平大会，不断在国际舞台上向世人展现印度基督教徒的风采。

十、非洲的基督教

非洲是人类的故乡，也是种族构成最为复杂的地区，三大人种在这里都有分布，并产生出若干亚种类型，以及三大人种的混合人种。非洲的每一个民族都有自己的宗教信仰，他们相信万物有灵论，盛行图腾崇拜、祖先崇拜和多神崇拜。随着伊斯兰教和基督教的传入，非洲的宗教信仰更加多元化，而教派之间的争斗也成为非洲政治动荡的一个重要因素。

早在公元1世纪，基督教就从巴勒斯坦传入埃及，并在此形成科普特教派。4世纪初，叙利亚传教士将基督教传入埃塞俄比亚。340年，亚历山大牧首区的大主教阿塔纳修（293—373年），任命教会创始人福门提乌斯为埃塞俄比亚第一任主教，并在这里建立了主教区。

5世纪，埃及的科普特教会与正统派对峙，接受基督一性论的观点。不久，埃塞俄比亚成为特普特教会的一员。在举行仪式时，使用科普特（即埃及）语。后来，科普特教成为埃塞俄比亚王国的国教。

6世纪后，伊斯兰教开始大规模向地中海地区传播，埃塞俄比亚由于距离遥远，未受到穆斯林的入侵，科普特教会得以完好地保留下来。尽管16世纪后期，天主教和新教各派相继传入埃塞地区，并都在这里建立了教会组织，但科普特教依然是埃塞人的主要宗教信仰。据1984年的统计，埃塞俄比亚40%的人信仰科普特教，信徒人数达1400万。如今，在整个非洲只有埃塞俄比亚是以基督教为国教的国家。

实际上，在非洲历史的大部分时期，基督教的影响是极其有限的。

15世纪后，葡萄牙人开始沿非洲西海岸寻找通往东方的新航路。1445年，葡萄牙人到达塞拉利昂和赤道几内亚附近。随着新航路的开辟，非洲成为欧洲人进入东方的必经之路。葡萄牙人在非洲沿岸建立了许多基地，为往来的船队提供补给。随后，基督教传教士也来到非洲沿海地区，向黑人传播耶稣的教义。16—18世纪，葡萄牙传教士一直努力地规劝非洲人皈依基督教，但收效并不大。究其原因，非洲复杂的地形地貌使得欧洲人无法深入内地是原因之一，更重要的则是出于当时奴隶贸易的需要。

奴隶在非洲有很长的历史。早在欧洲人到来之前，阿拉伯人已经在从事贩奴贸易，被贩卖的奴隶穿过撒哈拉大沙漠到达北非或东非的沿岸港口后，再转运至塞舌尔群岛、马达加斯加岛以及阿拉伯半岛、土耳其、波斯、印度等地。15世纪，欧洲人开始大规模贩奴活动，他们将奴隶运送到美洲新大陆，在需要大批劳力的种植园里劳动。1510年，葡萄牙人向新大陆运送了第一批奴隶，此后西班牙、荷兰、英、法等国纷纷加入贩奴的行列。

对于贩奴这样罪恶的行径，无论对穆斯林还是基督徒来说都是一种罪。因此他们有意识地不让这些人改变宗教信仰，因为只有"异教徒"才可以做奴隶。如果让非洲人都皈依基督教，也就意味着将丧失大批的奴隶了。因此，除葡萄牙人外，其他国家并不急于在非洲传播基督教信仰，在殖民地获取最大的经济利益才是他们首先要考虑的问题。但随着全球奴隶贸易的结束，这种状况得到了根本的改变。

18世纪末，废奴运动首先在英国展开。到19世纪末期，许多国家都颁布了废除奴隶制的法令，其中包括蓄奴的美国、古巴、海地、巴西等美洲国家在内。至此，除极少数地区外，全球的奴隶贸易基本结束。

废奴运动结束后，没有了经济利益的羁绊，基督教开始对非洲大陆展开大规模的传教活动。此时，西方已经找到了通往非洲内陆的通道，各国列强开始陆续深入非洲内地，对非洲大陆进行争夺和瓜分。

尽管西方国家有先进的武器，但他们入侵非洲的行径，遭到非洲原住民激烈抗争，因此进展极为缓慢。直到1914年，除埃塞俄比亚仍然保持独立外，整个非洲已经被西方列强瓜分完毕。在非洲各国沦为殖民地的同时，传教工作也在紧锣密鼓地进行。

近代大规模的传教运动是从新教开始的，由于深入到非洲内陆进行传教，因此很快取得了成效。传教士们在传播耶稣教义的同时，不断地将《圣经》翻译成各种本地语言，而且积极兴教办学，传播西方的文化和思想。在这些学校里，除教授欧洲语言外，还用当地语言进行阅读和写作。有些传教士还创立了当地语言的文字，为后来非洲本地文学的发展打下基础。同时，教会开办医院，用现代医疗技术为病人治病，并向人们宣传公共卫生知识和应当遵守的行为规范。

20世纪后，罗马天主教恢复了在非洲的传教运动。如果说19世纪和20世纪初是耶稣新教的鼎盛时期，那么20世纪下半叶就是罗马天主教在非洲传教的黄金时代。如今，罗马天主教几乎是所有非洲国家中最大的宗教派别。除北非依然是穆斯林的天下外，非洲的基督教徒已经达到了1.5亿人，在扎伊尔、加纳、多哥、赞比亚、纳米比亚、安哥拉和南非这些各具特色的国家里，其国民中的大多数人都是基督教徒。

在一些国家里，天主教占有明显的优势。在加蓬的国民中，有60%的人是天主教徒。赤道几内亚90%的人信奉天主教。刚果50%的基督教徒中，有40%是天主教徒。乌干达63%的基督教徒中，有60%是天主教徒。南非除部分黑人信奉原始宗教外，其余信奉基督教的人中大多数也是天主教徒。南非约翰内斯堡圣公会的大主教迪斯蒙德·图图（Desmond Tutu，1931年—），由于坚定不移地反对种族主义，为争取南非黑人自由平等的地位做出卓越的贡献，而荣获1984年诺贝尔和平奖。

与北美洲被征服后，印第安人逐渐成为被边缘化的少数民族不同，非洲人口众多、地理环境复杂、欧洲移民极少，因此，殖民者不可能改变这里的社会形态和传统文化。尽管基督教在非洲取得了巨大成功，成为非洲许多国家的主体宗教，但并不能因此而认为非洲人已经"基督教化"了。实际上，除了少数地区和各国上层人士外，大多数非洲人依然保持着传统的信仰。即使在改宗的基督徒中，传统的宗教观念和巫术依然流行，他们将自己原始的神灵崇拜与基督教信仰融合起来，形成具有浓厚非洲地方色彩的新教派。

这些新教派的产生，可以追溯到19世纪。它的兴起有深刻的社会原因，其目的是为了恢复被殖民者剥夺的政治、经济和心理上的控制权。这些教派大多是从欧洲各个教派中分离出来的，因为在传统的基督教派别中，教会全部由白人控制，非洲本地人得不到培养和提升的机会。因此，这些新教派的领袖们时常会将"非洲人"一词加入教会的名称中，以彰显他们是非洲的、是具有非洲特色的基督教团体。

20世纪30年代，在东非的小国卢旺达出现了宗教复兴运动，或称"拯救运动"。该运动源自卢旺达的安立甘宗传教团，后来逐渐发展出一套经过改进的宗教礼仪制度和以乡村为基础的组织体系。随着运动的发展，该运动最终脱离安立甘宗，由更多的本地人来管理教会，成为新的教派，这对罗马天主教会产生了影响。不久，一位圣方济各修会的传教士在扎伊尔建立了一个称为加玛阿（Jamaa，斯瓦西里语，意为"家庭"）的运动。1955年，该运动从天主教会中分离出来，他们同样强调本地人管理教会的重要性。此后，类似的脱离天主教会的独立组织也在其他地方出现，如肯尼亚的马利亚军团和赞比亚的圣心天主教会等。

除脱离主流教会外，还出现一些受基督教影响的小教派。这些小教派大多来自美国，如南非完全独立的"锡安山主义教会"，其根源可以追溯到美国的福音天主教会。该教会是约翰·亚历山大·道威（Dowie）于1896年在美国伊利诺伊州成立的。在撒哈拉沙漠以南的非洲地区，传播最广的要数"守望楼教会"即基塔瓦拉运动，它起源于20世纪初到非洲传教的美国"耶和华见证会"的首批传教士，该运动强烈的千禧年思想感染激励了许多人。如今，在整个中非和南非都有守望楼教会的团体，具有广泛的影响力。

20世纪后，先知运动在非洲许多地方相继出现，其中有扎伊尔的"祖先的上帝教会"、加蓬的"创始教会"、西非的"基督的天堂教会"等，这些先知运动的领导人都自称是弥赛亚或千禧年的预言者。如今，在整个非洲的乡村和城市，自发的独立教会仍在不断产生。

这些新兴的教会，除了响应具有神授魅力的领袖人物的感召外，还积极将本地的宗教信仰和基督教结合起来，在宗教信条和宗教仪式中都保留了很多本地的传统元素，诸如祖先崇拜、饮食禁忌、巫术迷信、甚至多配偶制也被保留下来。在举行宗教仪式时，一改传统基督教会庄严肃穆的风格，而将节奏感强烈的非洲音乐，咚咚的鼓声以及热情奔放的非洲舞蹈融入其中，从而维护了本地传统在基督教中的优势地位，使非洲的基督教呈现出多样化发展的趋势。有统计资料显示，自19世纪80年代后，在非洲新兴的大小宗教运动有6000多个，且大多集中于撒哈拉沙漠以南的地区。

第十一章 20世纪的基督教

进入20世纪后,基督教面临新的挑战和机遇,同时出现了两种极端的发展趋势,一方面是与社会发展密切结合,为争取社会公正而努力的"解放神学""妇女神学"等新神学派别的蓬勃兴起;另一方面则是保守的基督教运动更趋保守。20世纪初期在美国出现的基要主义,至今仍然有着强大的影响力,并作为一种宗教势力介入美国的政治。在这两种极端的发展趋势之外,新宗教运动的蓬勃发展,使基督教呈现出多样化发展的态势,而普世教会运动也日益深入人心。

一、北美福音运动

20世纪上半叶,世界上发生的一连串事情让许多西方人对现代社会失去了信心。科学的发展使人成为机器的附属品,第一次世界大战造成几百万人丧生和巨大的财产损失,使人们对科技发展的后果和人类生存的意义产生了种种的疑问。启蒙时代的理性主义、对科技发展的美好愿望以及由此而产生的乐观积极的人生态度都被一种深深的悲观主义所取代。到二战结束时,特别是纳粹大规模屠杀犹太人的残暴行径被揭示出来后,人们更是跌入一种近乎绝望的境地。

两次世界大战带给人们心理上的阴影是长期的。在战后很长一段时间里,绝大多数人对宗教持冷漠态度,只是在名义上保留着教徒的身份,内心却逐渐远离了基督教,信徒的人数一直在减少。人们感到基督教似乎已无力应对现代社会严酷的现实,加之牧师的冷漠、教义的僵化以及仪式的枯燥,传统宗教再也没有吸引力了。于是,人们转而去寻找一种更加世俗的哲学,例如存在主义的精神分析法等,以舒缓现代社会的巨大压力。

在大西洋彼岸的美国,基督教新教正朝着更加保守的福音派方向发展。

福音派是通过传播福音来劝导人们信奉基督教的，福音神学更强调个人对神的体验，在北美新教历史中一直占有重要地位。而现代福音运动则是由20世纪初期，以颇有争议的基要主义为基础发展起来的。

自第二次世界大战后直到20世纪60年代，美国进入到一个经济繁荣的时期，此时的大多数美国人需要寻找一种完全适合中产阶级生活方式的、简便又稳妥的信仰，而不是向它提出疑问或改造的宗教。此外，战后西方国家与社会主义阵营之间的"冷战"，也是基督教徒人数大增的一个原因。因为美国人认为，既然社会主义是不信教的，那么成为教会的正式成员，也是爱国热情的一种表现。

在20世纪，福音派获得了新的发展机遇，尽管他们可以宽容地对待其他教派了，但仍然认为只有信仰耶稣才能拯救人类，所以福音派通过各种现代传媒如广播、电视、电影、录像、互联网来广泛宣传他们的信仰。这种以各种方式来强化基督教信仰的运动，被统称为福音运动，成为新教中一支活跃的力量。福音派将《圣经》和耶稣的复活放在一起研究，对人的本性持一种乐观的态度，更强调人的自由意志和自我决定。在其他神学和伦理问题上，该派兼容各种不同的观点，从保守主义到自由主义，应有尽有。此外，福音派成员热衷于参与各种社会活动，例如和平运动、减少贫困等。

美国的福音运动自20世纪30年代开始，在50年代达到高峰，一直持续到20世纪末期。但这种增长也是有限的，在经过十几年的迅速发展后，到1957年主流的新教徒人数达到顶峰，以后便出现逐年下降的趋势。

美国教会保守势力的发展，似乎与战后美国文化上的保守派势力的发展相吻合。50年代后期，美国社会的繁荣昌盛，使生活无忧的美国人一度将缅怀世界大战时期的陈年旧事视为一种时尚，美国文化再次朝着自由主义的方向移动。而每一次社会和文化的移动，基督教会都会缓慢地紧随其后，最终在教会中得到反映。

在自由主义的影响下，到了60年代，许多年轻人实际上已经抛弃基督教了，他们对神秘主义的实践活动更有兴趣。于是在各个阶层和各个民族的基督教徒中，都出现了一股体验神授魅力（一种感悟神的能力）的热潮，一时间巫术盛行于世。同时，他们也执迷于新宗教运动，例如基督教科学派。还有许多人对充满异国情调的东方宗教运动，如佛教中的禅宗、超觉静坐会，印度教的国际克里希纳意识会所吸引。还有人则采用"世俗"的心理疗法和其他治疗方法，来解决他们内心的焦虑和苦闷。虽然后来许多人还是回归了正统基督教，但经过这么一个过程后，美国的基督教各派都已经意识到：一个强大的、看似永存的基督教世界已经一去不复返了。

60年代这种文化和宗教上的混乱状况，使美国新教中的温和派开始积极与所有派别中的保守分子建立联系。70年代初期，出现了一个以福音派右翼为中心，联合基要派和其他基督教保守派团体组成的松散的"福音派联盟"。面对"反主流文化"，该联盟坦言尽管他们有着不同的历史传统和神学思想，但他们拥有某种共同的核心价值观：他们坚持《圣经》为最高权威，相信耶稣的神功奇迹，相信耶稣死而复活，相信耶稣的死是为人类赎罪，也相信他不久将重返人间；他们反对宗教自由化的倾向，如普世运动和人工堕胎等。除此以外，该联盟也一致同意将"以家庭为中心"的价值观提到社会和政治的议事日程上来。福音派联盟熟练地运用各种现代媒体技术，例如用电视媒介来推动他们的信仰，传播他们的理念，从而使许多传教士成为家喻户晓的人物。以至于一些政治家为了取悦民众，都不会忽视他们的存在。在美国总统大选中，教派首领的政治倾向，教会神父的一场布道，都会对选票的走向起到至关重要的作用。

20世纪80年代后，基要主义的福音派联盟已经加入美国右翼保守势力中，成为一股宗教势力，在美国政治中产生重要的影响。尽管如此，他们的成员从未超过美国总人口的16%，直到20世纪末期，这个数字基本保持稳定，没有太大的变化。

二、梵蒂冈第二次大公会议

二战后的罗马天主教同样面临宗教意识淡薄，世俗化的问题。尽管天主教在全世界取得骄人的成绩，但它在欧美的支持率却在下降。为了解决天主教面临的现代危机，罗马教廷决定召开一次大会，来统一思想。

1962年10月11日，教皇约翰十三世（1958—1963年）在梵蒂冈召开第二届大公会议。此次会议规模空前，有来自世界各地的2200多名主教出席会议。会议直到1965年12月8日才闭幕，历时三年，期间颁布各种宪章、法令和宣言共16个文件，创历史之最。而会议争论之激烈程度，亦属空前。

约翰十三世召开会议的目的，在于让教会焕发出新的活力，更好地适应现代社会的发展。据说，当有人对他的意图提出质疑时，教皇用手推开了一扇窗户，以示让清新的风吹进来。在会议召开期间，传统派和改良派的意见经常相左，争论不断。但在约翰十三世和后继教皇保罗六世

(1963—1978年)的努力下,会议取得了巨大的成功,通过了一系列决议,对天主教进行了多方位的改革,使之能够以更加开放和更加宽容的姿态来面对现代社会的挑战。

梵二会议在两大方面取得突破性进展。

首先在宗教礼仪上进行了改革。传道时由原来必须使用拉丁语改为允许使用本民族的语言;做弥撒时神父由原来面向布道坛,改为面向会众。此外,简化了仪式程序,如剔除不必要的繁文缛节,除传统管风琴及唱诗班的合唱外,允许引入本地民间音乐的素材。

梵二会议后,人们的创造性得到很大提升,出现了全新而简洁的公共礼拜仪式,如正式的民间弥撒,可以在吉他的伴奏下演唱民间的灵歌。举行仪式时,一改往日将非基督徒拒之门外的做法,开始积极邀请俗众参加,以提高俗众对教会的兴趣。大会还谨慎地同意对《圣经》进行高级考证,同时要求《圣经》的翻译更通俗易懂,便于现代人阅读。

第二个重要的改变是强调"普世主义"。会议认为基督教所有教派之间应当建立更为良好的合作关系。罗马天主教认为圣灵活跃在所有的基督教会中,其中包括耶稣新教和东正教在内,表达了在所有基督教徒间恢复统一的愿望。同时,会议也声称每一个教派都有权保留自己对信条的独特理解。在大会上,教皇保罗六世与东正教牧首阿德纳卡拉一世发表了共同声明,一致同意取消公元1054年东西方教会分裂时,双方相互发出的绝罚令。

会议提出了与犹太教对话的希望,承认长期以来基督教将"耶稣之死"归咎于犹太人是不恰当的,表示愿意与犹太人共享"精神遗产"。对穆斯林,天主教会也提出应当尊重他们,因为穆斯林也是崇拜唯一真主的一神教,而且他们将耶稣作为先知予以尊崇。会议对其他世界性宗教如印度教和佛教,也给予了正确的评价,认为这些宗教是通往基督教所称的神,即同一个最高存在的不同道路而已。

总体而言,梵二会议鼓励教会采取更为开放的政策,主张所有信徒平等,打破森严的教阶观念,允许俗众和低级教士向主教甚至更高层的神职人员提出质询。大会最后发表的声明中有多处现代派的观点,这引起大多数对改革派持怀疑态度的保守人士的不满。

在梵二会议开放思想的激励下,一些天主教徒乘势发起更为激进的改革运动,他们呼吁梵蒂冈的教廷改变长期以来对节制生育、教士结婚、同性恋以及女性担任神职等方面的禁令。然而,梵蒂冈对这些改革者的容忍似乎是出乎意外的短暂。会议结束后不久,保罗六世领导下的罗马教廷可能意识到开放的危险性,于是开始抵制现代主义的倾向。1968年保罗六世发表通谕《人的生命》,重申禁止人为节育和堕胎的教令。

1978年,教皇约翰·保罗二世(John Paul,1978—2007年)继任教皇后,重新坚持某些传统的立场,并加强了教会内右翼保守势力的地位。1979年,罗马教廷将几个主张改革的天主教神学家撤职。此后教廷一直积极寻找机会控制自由派建立的天主教神学院,并要求那些反对教会等级制度的主教们保持沉默,不得随意发表反教廷的言论。而那些提倡妇女有流产权、主张女性担任神职的妇女宗教运动,也一直受到教廷的严厉指责。1995年,教皇在通谕中坚持"人的生命的基本权利",指责人为流产和安乐死是"法则的犯罪,却可以成为合法"。[①]

约翰·保罗二世在位近30年,他虽然坚持保守主义的立场,但一直积极利用现代化的科技手段,包括利用电视和互联网来传布罗马教廷的信息。他以教皇的身份开展各种外交活动,出访各国,在世界各地广为宣传天主教的教义,劝导人们回归天主教的价值观。同时积极推动基督教的普世教会运动,与其他世界宗教开展对话,加强彼此之间的交流和沟通,以此来扩大天主教在国际上的影响力。

1998年,教皇对古巴表现出欢迎的姿态,令全世界为之震惊。因为自1958年后,古巴一直是无神论的社会主义国家。1991年苏联解体后,古巴在国际事务中一直保持中立的立场。由此可见,教皇的政治嗅觉是极为敏感的。当教皇访问古巴时,古巴共青团鼓励其50万名团员,到哈瓦那觐见教皇,以聆听"一个有才干和文化的伟人"的演讲,并认为教皇"关心现代人类最迫切需要解决的问题"。[②]

2013年,方济各当选为新的教皇,他是第一位出自耶稣会的教皇,也是第一位来自拉丁美洲的教皇。他上任后,通过各种途径向世界展现教会与时俱进的风范和品格。他直面教会存在的种种弊端,对教会长期存在的神父恋童问题不护短,在教廷建立专门的审裁机构,对神父猥亵案件以及包庇、亵渎的主教进行彻查。教皇本人则以亲民谦和的个人形象得到广大信众的爱戴。2014年9月,教皇先后访问了古巴和美国,为促使美国与古巴关系的正常化做出了贡献。

---

① Living Religion, Mary Pat Fisher, p. 332, Prentice Hall Inc. 2000.
② Living Religion, p. 333.

尽管人们对教皇给与了很多的关注，但天主教神父的队伍却一直在减少。如今，罗马教廷仍然要求神父过独身的禁欲生活，这是大批神父离开教会的一个重要原因。据估计，2000 年美国天主教神父的人数只有 1966 年的一半，现在的情况不得而知。妇女参加宗教事务的热情在不断提高，但梵蒂冈仍然不允许女人担任教会的圣职。尽管有人呼吁教皇要考虑到"不加节制的人口增长给环境和社会带来的严重后果"，但教皇坚持在控制生育、堕胎、试管婴儿、代孕母亲、基因试验、离婚和同性恋方面的一贯立场。

进入 21 世纪后，罗马教廷面临着现代社会的诸多挑战，但天主教依然是世界上人数最多、影响最大的一个宗教派别。有统计数字表明，在全世界 20 亿基督教信徒中，天主教徒大约有 12 亿—13 亿之多。虽然传统教会的成员在流失，但一些新的宗教团体和神学派别却在兴起，其中包括一些非西方的基督教、解放神学、女权神学以及基督教普世运动等。

三、主要神学思想

20 世纪，是各种思潮和社会运动不断兴起的时代，基督教神学也呈现出繁荣景象，历史神学、基要主义神学、存在主义等各种神学层出不穷，其中最重要的是解放神学和妇女神学。

1. 解放神学

1963 年召开的梵二会议和 1968 年在哥伦比亚召开的拉丁美洲主教大会后，解放神学在第三世界迅速蔓延，其中拉美的解放神学有较大的发展和广泛的影响力。

几百年来，无论在殖民时期还是在共和时期，拉美的罗马天主教基本是一个保守的组织，他们支持社会上层人士的权利和地位，很少关注下层民众的生活。在梵二会议后，大会呼吁要在世界范围内加强对社会公正的关心。在 20 世纪六七十年代，一批拉丁美洲的神学家开始倡导为实现社会公正而斗争，呼吁更多的教士和民众关注穷人的利益。此时，秘鲁神学家、天主教神父古斯塔夫·古铁雷斯（Gustavo Gutierrez）杜撰了"解放神学"一词。他认为教会应当：

> 承担起团结穷人、团结受苦和受到不公正对待的人们的责任……这不是将贫困作理想化解释的问题，而是将贫困作为一种邪恶来反对，

并为消灭贫困而斗争。①

巴西神学家伦纳德·波夫（Leonardo Boff，1938— ）认为，罪恶不仅仅只是个人堕落的结果，也是社会不公正造成的。因此，如同有义务反对个人的罪恶一样，天主教也有义务与社会的不公正现象做斗争。

在这种思想的启发下，在拉美工作的天主教神父和修女们开始有意识地去理解穷人，在争取社会公正的斗争中自觉站在穷人一边。虽然有少数教士和修女加入到更为激烈的革命运动中去了，但大多数神职人员依然用较为温和的方式来寻求社会的正义。

在20世纪七八十年代，拉美天主教召开了一系列主教会议，与会的宗教领袖们提出应当将工作重点放在政治、经济的公正上面，以反对美国的压制和不公正的对待。一些教士由于同情受压迫者，希望将社会的解放与神学的救赎结合起来。因此，在一些国家如危地马拉，天主教神父甚至受到政府当局的迫害。同时，这种神学思想也一直受到梵蒂冈内保守势力的尖锐批评。

1979年，罗马教廷对古铁雷斯和巴西神学家伦纳多·波夫进行调查。1984年和1986年经教皇约翰·保罗二世同意，教廷信理部的红衣主教拉齐格尔（Ratzinger）签署了两份文件，对解放神学予以强烈谴责，认为解放神学不恰当地强调从物质的贫困中得到解救，而非从罪恶中得到拯救。尽管罗马教廷反对，但在充斥着社会不公正现象的拉美地区，该运动依然得到广泛的传播。

解放神学不仅对拉丁美洲，也对菲律宾和南非的基督教产生深刻的影响。

2. 妇女神学

20世纪60年代，受美国女权运动的影响，在基督教内部产生出要求男女平等的妇女神学，亦称"女权主义神学"。基督教女权主义者提出男女权利平等的主张，反对教会对妇女的歧视，以及将妇女视为"二等教民"的做法。妇女神学的主要代表人物是美国波士顿天主教学院的玛丽·达莉（Mary Daly，1928— ）。1965年，达莉出版了《教会与第二等性》一书，对妇女神学起到了重要的推动作用。

在基督教的历史上，尽管耶稣有活跃的女门徒，早期教会中也有女性

---

① Brian Wilson, Living religion, p. 339, Calmann&King Ltd 1999.

首领，但教会一直是由男性来管理的。如今，对于早期基督教会的历史、教会等级管理制度的作用等问题的研究，已经成为重要的学术课题。在耶稣之后，圣保罗领导了教会的发展，因此他对女性的态度对于基督教会有着重要的指向作用。《圣经》中使徒所写的信件中，有些言语具有明显的压制妇女的倾向，而有些则表现了男女平等的思想，例如有的使徒认为男人在祈祷时不用遮盖住头部，而女人则必须带面纱或将头发遮住。在《哥林多前书》中，有这样的话：

> 男人本不该蒙着头，因为他是上帝的形象和荣耀，但女人是男人的荣耀。起初，男人不是由女人而出，女人乃是由男人而出；并且男人不是为女人造的，女人乃是为男人造的。因此，女人为天使的缘故，应当在头上有服权柄的记号。(11：7—10)

有女权主义者认为，在基督教最初阶段，妇女曾起过重要的作用。后来，由于《圣经》中的一些内容和历史原因，妇女被逐渐边缘化了。因此必须对经文进行更加详细的考察，不仅要看对女人说了什么，而且要考虑到作者的写作意图。

女权主义神学研究的第二个方面是《圣经》中为妇女提供的榜样。《新约》中主要的女性人物是圣母马利亚，她是以一个贞洁的母亲形象出现的，是一个纯洁和服从的女性典范。主教派教会的主教约翰·斯朋（John Spong）以马利亚为例，提出一种对基督教妇女形象化描述的激进观点。他说：

> 在西方历史上没有一个女性能在传统准则上与之抗衡，因为她以"童贞女"著称。她为基督教主要从性方面来看妇女的奇怪模式做出了贡献。妇女可以成为贞洁的修女来拒绝性，也可以成为多子女的母亲来放纵性。在这两种情况下，定义女人不是说首先是人，而后是女人，而是将性别放在第一和最重要的位置。她们的性别决定其身份。以这种方式来逐字逐句解读《圣经》，特别将对生育的描述对准一个童贞女身上，是支持和帮助了对女性的歧视。这种歧视至今依然存在，并继续对妇女造成伤害。①

妇女神学第三个主要方面是对神的性别概念的认识。通常"神"被称

---

① Living Religion, p. 339.

为"他"或"父",但学术研究认为,这种习俗并不是一成不变的,在《圣经》的一些段落暗示了一些更为模糊的性别特征。此外,神也有其他称谓如母、圣哲、朋友、爱人等。有学者认为,如果我们把神想象成"母亲",那么我们与神的关系就会完全不同。正如萨利·麦克法昆(Sally Mcfague)所说:

> 父亲神给我们的是宽恕罪恶,而母亲神给与我们的是生命——审判个人不是最重要的,而是召唤我们回归,希望与我们更完全的合一……我们所有的人,无论男人还是女人,母亲的子宫都是我们第一个家……因此,母亲神可以有更好的形象化表述,即我们的生命均出自于神。[1]

这些观点对当代认识基督教以及和基督教的宗教实践都产生了重要的影响。

四、普世教会运动

普世教会运动是现代基督教会倡导的基督教世界内部所有教派重新合一的运动,亦称教会再合一运动。

在基督教历史上经历了两次大分裂。第一次是 1054 年东西方教会大分裂,罗马天主教和希腊正教正式分离。第二次大分裂是 16 世纪的宗教改革运动,新教各派从天主教中分裂出来,致使欧洲天主教的一统地位被彻底打破。进入 19 世纪后,随着科学技术的不断发展,国际形势的错综复杂,人们的宗教观念日益淡薄,教派分裂的现象也日趋严重。

在这种情况下,为了壮大教会的力量,巩固教会传统的地位,19 世纪末至 20 世纪初,耶稣新教的一些派别开始加强彼此之间的联系,开展了一些交流活动。随后,发起一场旨在使全世界基督教会联合起来的运动。1910 年,在英国爱丁堡召开的"普世宗教会议"被认为是普世教会运动的开端。参加会议的教会和传教差会的代表一致同意,传教不是某个教派的行为,而是整个基督教全球传教事业的一部分。后来,又相继发展出涉及社会服务的"生活和工作""信仰和体制"的普世教会运动。二战前,这几个运动呈现出合并的趋势,决定成立统一的普世运动组织——"世界基督教协进会"。但由于二战的爆发,该项计划只得搁置下来。

---

[1] Living Religion, p. 340.

1948年，基督教新教各派在荷兰首都阿姆斯特丹召开大会，参加会议的有来自44个国家的147个新教各派的代表，君士坦丁堡和希腊正教会也派代表参加了会议。会议结束时发表声明，宣布"世界基督教联合会"（也称"基督教协进会"）正式成立，联合会是世界普世教会的领导机构，总部设在日内瓦。1961年后，俄罗斯东正教会以及其他一些东正教会也加入其中，成为正式会员，参与该组织的活动。

　　起初，罗马天主教对普世教会运动持反对态度，并禁止天主教神职人员参予其中。后来，罗马教廷的态度发生了改变。1961年，在德里召开第三届基督教联合会大会时，罗马教廷派出代表列席了会议。1963年召开的梵蒂冈第二次大公会议上，罗马教廷承认天主教是基督教中的一个教会，宣称圣灵同样活跃在其他基督教的教派中，从而打开了与其他教派对话的窗口。同年，罗马教廷成立了普世教会秘书处，以推动该运动的发展。

　　世界基督教联合会的历届大会都有一个共同关注的主题。1975年大会以"信仰、科学和未来"为主题。1983年的第六次大会，发表了"和平与正义"的声明，主张西方结束冷战，与社会主义阵营展开对话。在此次会议上，各派在礼仪方面达成共识，即各派在圣礼仪式上互相认同。并首次采用了《利马圣礼仪程》（1982年在利马通过），使圣礼在普世意义上得到了突破。

　　在联合会各机构的努力下，举办了数十次具有普世性质的对话，为各教派之间的沟通和交流提供平台和渠道。尽管各派在神学上仍有分歧，但在信仰方面能够达成一致。联合会下属的"信仰与体制委员会"已与300多个不同的教会团体建立了联系，许多教会也在为基督教的统一事业而积极努力的工作。

　　1988年，在津巴布韦首都哈拉雷召开了纪念世界基督教联合会成立50周年大会，会议的宣言强调"福音对于全体人类的价值观具有重要的作用"，认识到我们之中"有一个人受难，我们全体都会受到伤害……"，再次表达了全世界基督徒"期盼神的统治再次降临"的迫切心情。①

　　1995年，教皇约翰·保罗二世发布通谕强烈呼吁天主教、新教和东正教对历史上的错误互相谅解，号召全世界耶稣的信徒们团结起来。

　　据有关统计，到20世纪末期，世界各地大大小小的基督教派别大约有

---

① Living Religion, p. 342.

2万多个。要让这些组织重新联合起来,绝非易事。尽管普世教会积极致力于对话和交流,但各教派显然拒绝其他人对其组织权力有任何野心。至今为止,自称"神圣的普世的使徒教会"的东正教,以及罗马天主教会从未与其他教派的人共享圣餐仪式。而在耶稣新教中,也仍有一些小教派互相排斥,互不承认对方。

进入21世纪后,世界出现新的危机和动荡,普世教会运动的道路似乎并不平坦,要使基督教实现真正的统一恐怕只能是一个美好的愿望。

五、新宗教运动

20世纪60年代以后,世界上出现了大量非传统的宗教派别和团体,为了与传统宗教相区别,出现了"新宗教"(New Religion)一词。这是一个新的概念,所谓"新"并非特指时间上的"近",而是对现代社会出现的所有非传统宗教的教派和团体的统称。

自19世纪开始,随着现代社会的到来,各种宗教复兴运动层出不穷,从传统宗教中不断分化出新的教派,形成新的宗教。新宗教通常吸收一些新的社会元素,与传统信仰加以糅合,成为具有鲜明个性特点的、独立的教派。新宗教运动的蓬勃发展是当代基督教的一大特点。

新宗教的出现,是对传统宗教的批判、拒绝和挑战,而传统宗教也将他们视为"异端",极力与他们划清界限。新宗教门类繁多,五花八门,加之数量巨多,于是出现鱼龙混珠,良莠不齐的状况。新宗教在发展的过程中,逐渐出现分化,走上两条不同的发展道路。有些宗教派别在社会舆论的压力下,逐步放弃反传统、反社会的教义教规,回归传统社会,成为被社会接纳的宗教组织,如摩门教、统一教会等。另有少数教派,则日益走向极端,成为对他人、对社会构成危害的宗教团体。

在崇尚宗教信仰自由的西方国家,政府一般不会过多地干涉宗教事务,但对于超出法律允许范围内的行为,如危害他人健康、非法聚敛财富、扰乱公共秩序等,仍然会采取法律手段予以坚决的打击。

在20世纪,美国已经成为各种新兴宗教的发源地。据统计,19世纪末期美国共有26个教派,而到1916年已发展到190多个,进入20世纪后,除了原有的世界各主要宗教外,仅基督新教的教派已达150多个,此外还涌现出无数新兴宗教。新宗教运动的兴起,使本已纷繁复杂的世界,更趋多样化。

1. 摩门教

摩门教（Mormons）的正式名称为"耶稣基督末世圣徒教会"，因其以《摩门经》为圣典，故得名。该教派创建于1830年，创始人是约瑟·斯密（Joseph Smith, 1805—1844年）。

约瑟·斯密出生于佛蒙特州一个贫困的农家。他自称从少年时代起，就关注基督教各派教义上的差别，并祈求得到神的启示。后来，他的祈祷得到了回应。约瑟·斯密说：1823年一天夜里，他正在向神祷告时，发现房里有光出现，那光不断增强，直到屋里比白天还亮。此时，一位身穿洁白衣袍的"非凡的使者"向他显现。使者告诉斯密，他叫摩罗乃，他的父亲摩门曾于1400年前编写了一部经书，记录主耶稣基督复活后不久，来到南美洲向早期居民传道的经历。摩门将经书刻在金属页片上后，交给儿子摩罗乃。摩罗乃将这些金属页片封存在纽约附近的克莫拉山上。

斯密说，那天夜里使者向他显圣三次，每次都说着同样的话。

斯密在使者的指引下，来到克莫拉山，找到了刻有文字形状的金属页片、胸牌以及与之相连的两块宝石，这是用来翻译经书用的。但使者没有让他将东西取出来，而是让他此后每年的同一天到这里来一趟。直到第四年，也就是1827年，使者才同意他从巨石下取出全部金属片和两块宝石。于是，约瑟·斯密借助于宝石眼镜，将那些不为人知的文字翻译成英文，这就是《摩门经》。据说经文译出后，金属片便被使者收回了。但为了证明此事的真实性，经主同意，斯密曾将金属片向11个人展示。[①]

1830年，《摩门经》在纽约出版发行，在扉页上印有11个证人的见证词。

《摩门经》出版后，约瑟·斯密在纽约成立了第一个摩门教教会，称为"耶稣基督末世圣徒教会"，因为他们自认是最后的圣徒。教会成立之初仅6名成员，斯密被尊为先知，担任总会长。很快信徒队伍得到壮大，于是，斯密不失时机地开始向西部传教。尽管摩门教徒自称是基督教的信徒，但《摩门经》和斯密不断发出的新启示与基督教教义有明显的差异，因此受到正统基督徒的怀疑和敌视。

约瑟·斯密声称《摩门经》是对《圣经》的补充，是上帝的话的第二次记录。在《摩门经》中也有耶稣著名的山中布道的章节，几乎是一字不

---

① Mary Pat Fisher, Religion in the Twenty First, p. 79—80, Calmann&king Ltd. 1999.

落地照抄钦定詹姆斯版的《马可福音》的原文。对这种明显与《圣经》相似的情况，约瑟·斯密的解释是：神说的话，通过一个身穿白袍的超自然的人直接传达给了美洲的居民。

除了与《圣经》相似的教义外，《摩门经》中的许多内容涉及到人死后的生活，据说人死后，首先灵魂与肉体分离，然后灵魂又和肉体结合起来，再一起复活，进入永恒的幸福或痛苦之中。因此，摩门教要求信徒要避免罪恶、要忏悔、以耶稣的名义洗礼，求得神的宽恕等。在《摩门经》中耶稣直截了当地声明，那些不相信神、未经洗礼的人将被罚入地狱。

《摩门经》中预见了末世的到来和基督的第二次降临，而末世将紧随在"后期"出现。在"后期"，人类社会将变得极为腐败，甚至连教会也被玷污了。《摩门经》预言，耶稣第二次降临"将会在某一天到来，那时候将听到外地有火声、暴风雨声以及大地上弥漫着烟雾。此时，还会听见各地有战争、有关战争的传闻和地震的消息"。①

《摩门经》中关于末世的预言，极易使人们与当今的社会现状联系在一起，斯密成功地说服许多生活在后期的人们及早为拯救灵魂做好准备。因此，摩门教得到迅速发展，但它距离正统基督教也越来越远了。

在创建"后期圣徒教会"之初，斯密就以得到神的启示为名，在教会的高层内部实行一夫多妻制，这是正统教会绝对不允许的。当此事被揭发出来后，受到教会所在地伊利诺斯州民众的强烈抗议。1844年，约瑟·斯密及其弟被捕。三天后，有匪徒闯入监狱，将他们杀死。

约瑟·斯密死后，一部分人离开了教会，但大部分人接受新首领杨百翰（Brigham Young，1801—1877年）的领导。为躲避民众的攻击和敌视，杨百翰带领信徒们经过一年半的艰难跋涉，于1847年7月来到美国中部的盐湖山谷地带。此后，又有大批摩门教徒来到这里，他们散布在盐湖的四周，建立起自己的社区。

1857年，居住在盐湖地区的摩门教徒已经有近8万人，使盐湖城成为摩门教的基地和大本营。

1852年，杨百翰在教会全面推行多妻制，据说他本人有55个妻子和57个子女。这种做法再次激起社会舆论和民众的强烈反对。为此，美国国会通过《反重婚法案》，并拒绝接受摩门教所在地的犹他州为联邦成员。此

---

① 《摩门经》，8：28—33。

后，国会又通过法令，宣布一夫多妻为非法同居，剥夺其选举权和担任公职的权利，但均不奏效。

1887年，美国国会通过法案，强行没收摩门教会的财产。1889年，摩门教第四任总会长被迫宣布"接受了上帝的新启示"，废止一夫多妻制，并号召信徒遵守国家法律，国会这才归还了教会的财产。1892年，犹他州被正式接纳为联邦成员，再次成为美国的一个州。

从此以后，摩门教逐渐与美国主流文化融合，强调家庭生活，保持良好的卫生习惯，禁食烟酒咖啡等刺激性饮料，建立各种群众性组织如妇女会、儿童会、青年会等，开展扶贫济困活动以及各种灵性训练和文化活动。此外，摩门教建立了一套较为完善的社会福利服务体系，帮助有困难的同道，不仅加强了信徒对教会的凝聚力，也吸引更多的人加入教会，从而逐步改变了摩门教在民众中的不良形象。

20世纪60年代，摩门教利用各种宣传工具开展大规模的传教活动，取得了良好的业绩。20世纪末期，摩门教的会员已经达到950万人，约有5万名热情的传教士自愿在世界100多个国家和地区传播摩门的教义，并将摩门经译成多国文字，其中包括中文。

如今，摩门教总部所在的盐湖城，是美国犹他州的首府，这里的居民大约有18万人，大多数是摩门教信徒。与其他城市相比，这里的居民具有较高的文化水平。整座城市以摩门教圣殿为中心，形成方正的城市格局。摩门教堂自1853年开始动工，历时40年才得以完成，整座教堂由白色花岗岩砌成，六座塔楼上高耸的尖塔，直刺苍穹，成为盐湖城的标志性建筑。

走进盐湖城，街道整洁干净，四周绿树成荫，鲜花盛开，这里是美国最适宜居住的十大城市之一。在这座宁静的小城里，没有色情娱乐场所，无论男女，穿着都很端庄，男人长衣长裤，女人则穿着过膝的长裙。在这里看不到身穿超短裙，坦胸露背招摇过市的女孩子。而且，盐湖城也是美国离婚率最低的城市，这与摩门教重视家庭生活有直接的关系。

2007年，有媒体报道在美国盐湖城，发现有摩门教会诱骗少女强行"洗脑"、灌输摩门教义的事情发生。随后，美国警方捣毁了该窝点，解救了被蒙蔽的青少年。因摩门教的一些教会地处偏远地带，外人难以达到，很难发现他们的行踪，由此可以想到摩门教以前的一些非法行径，至今恐怕并未完全绝迹。

2. 耶和华见证会

在传播基督复临预言的新教派中，最为活跃的是耶和华见证会。该派相信我们正生活在一个收获时期，现存世界的末世，必将梦幻般地改变我们的生活。该运动可以追溯到19世纪30年代，当时正是北美大觉醒运动之时，美国新英格兰州的牧师威廉·米勒（William Miller，1782—1840年）将这种宗教的狂热解释为耶稣即将来临的一个信号。

米勒是浸礼会的牧师，和当时的许多福音派信徒一样，他认为世界末日即将到来。米勒虔心研究《圣经》，他认为自己破译了《圣经》中具有象征意义的密码。据他的推算，耶稣将在1843年3月21日至1844年3月21日之间的某个时刻重返人间。米勒十分自信地将这个预言印发出来，公布于众，立刻招来了众多的追随者，当时的报刊称他们为"基督复临派"或"米勒派"。然而，在预定的日子到来的时刻，却什么事情也没有发生，令热切期盼耶稣降临的信众大失所望。

此时的米勒，并没有丧失信心，他经过仔细的计算，又得出一个新日子即1844年10月22日，结果又有大批人相信他的话。在北美，当时有大约5万—10万人为此放弃了工作，抛弃了财产，一心一意地等待耶稣降临。然而，那一天耶稣仍毫无踪影，众多的人再次失望了，这天被称为"大扫兴日"。随后，许多信徒离开了他，连米勒本人也放弃了对耶稣降临的预测。然而，仍旧有少数人对耶稣的复临坚信不疑，他们在艾伦·怀特（Ellen White，1827—1915年）的领导下，组成"基督复临安息日会"，使其成为美国一个不断发展的新兴宗教派别。[1]

千禧年思想是基督教的一个传统信念，与复兴运动一样，它也是美国宗教画卷中的一个持久的闪光点。在美国，几乎每一代人中都会激发出一个新的千禧年浪潮。新的基督复临派还在不断涌现出来，其中耶和华见证会（Jehovah's Witnesses）就是一个突出的事例。

耶和华见证会的创始人查尔斯·泰兹·拉塞尔（Charles Taze Russell，1852—1916年），是宾夕法尼亚州的一个商人，公理会的信徒。他接受米勒的思想，在对《圣经》进行深入的研究后，他相信在1873年或1874年，全世界的人都将被大火烧死，唯有参加耶稣复临教会的人除外。1870年，拉塞尔在匹兹堡组织《圣经》学习班，但在预言到来的日子里，同样什么事情也没有发生。可是，拉塞尔却声称，基督已经到来了，只是人们看不见他而已，只有忠诚的人即该派的成员才能意识到基督的降临。

---

[1] Mary pat fisher, Religion in the Twenty First, pp. 82—83, Calmann&King Ltd 1999.

后来，拉塞尔成立了"守望楼圣经与传单会"，要求他的信徒为世界末日的到来做好一切准备。他再次预言，1878 年基督将回归人间，那时他的信徒将被升举到空中去迎接基督的到来。同时，拉塞尔还创办了一份杂志《守望楼与基督临在的通报》，在上面宣传自己的观点。他的努力很快得到回报，其信徒队伍很快超过 300 万人。于是，拉塞尔将其总部设在纽约的布鲁克林，守望楼会成为一个庞大的组织。

但是，1878 年仍然是空望一场。于是，拉塞尔又将"收获"的日子定在 1881 年，而后是 1914 年。直到 1916 年拉塞尔去世，耶稣仍然渺无音信。此后，曾任密苏里州法官的约瑟夫·拉瑟福德（Joseph Rutherford，1869—1941 年）接替了拉塞尔的首领地位。他修正了拉塞尔一些有争议的教义，建立了较为完善的传教体系。1931 年，拉瑟福德将守望楼会更名为"耶和华见证会"，并对基督复临的日期做出更准确的预言。他先说是 1925 年，而后是 1975 年。每一次期限到来时，该派的成员都处于一种极度的亢奋和企盼之中，但等待他们的是一次又一次的失望。1975 年，当希望再一次落空之后，大约 100 万醒悟的见证会成员离开了这个组织。但见证会并没有衰落，反而以更快的速度在发展，这种现象不能不引起人们的深思。

面对这么多次的失望，人们为什么还能够坚持这种信仰？社会学家注意到，当世界并没有像预言所说的那样结束时，信徒们首先感到的是失望、继而迷茫，接下来，一些信徒由于渴望得到拯救，他们会为预言的失误找到某种合理的解释，然后满怀着希望继续等待，希望预言不久将成为现实。耶和华见证会坚定不移的信念，不禁使人深切地感受到人们对理想社会的殷殷期盼和呼唤。可以预见，在进入新一个千年后，耶和华见证会的信徒们将继续着他们漫长的等待。

耶和华见证会尽管以基督教的末世论为依据，但它的教义与基督教正统派有很大不同。

该派反对三位一体论，认为上帝和耶稣不是一回事。上帝是无始无终的最高存在，而耶稣基督是受造的灵，因此是有始无终的圣子。对于复活，该派也有不同的看法，他们认为在最后审判时，由上帝选出的"义人"将永远居住在地球上，在肉体永存的状况下生活在一个人间天堂，在这里，人与动物和平共处。而另外 14.4 万名忠诚之士将生活在天国，与上帝和耶稣共同统治人间。拉塞尔告诉人们，守望楼会的成员资格就是一种拯救的手段，所有其他的人在耶稣率领的上帝军队与魔鬼撒旦的军队决战时都将被消灭光，只有该派的成员例外。

耶和华见证会自视为上帝的忠诚子民，将其他的教派都视为撒旦的代理人，因此大肆攻击天主教，受到天主教徒的强烈反对，他们与新教各派也没有建立良好的关系。

由于认为世界末日就要到来了，因此该派尽量远离世俗世界。他们不参与政治活动、拒绝服兵役。在二战期间，美国有2000名见证会信徒因拒绝服兵役而被逮捕，在英国和加拿大也发生过类似事件。他们不表现爱国精神，拒绝向国旗致敬，导致一些信徒的子女被学校开除。1943年，美国最高法院为解决这些人的子女入学问题，对他们网开一面，允许他们因宗教原因可以不向国旗敬礼。但在别的国家就没有这么幸运了，不向国旗敬礼仍被视为是一种对抗政府的行为。

此外，他们反对使用和制造武器，反对参加娱乐活动，不看色情书画，也不参加圣诞节和复活节的庆祝活动，认为这些节日都源于异教的节日。由于《圣经》中未提及，所以他们也不庆祝生日和参加别人的生日会。该派不鼓励人们接受高等教育，以此避免接受世俗的价值观念，但鼓励家庭成员一起学习《圣经》和守望楼杂志，使他们成为严格遵守道德规范、真诚传播信仰的人。

耶和华见证会采取家长式的管理模式，信徒将参加该运动的工作视为一种奉献，坚信这是唯一的拯救之路。该会的成员们逐门逐户地向人讲解他们的教义和千禧年的思想，成为当今世界上发展最为迅速的新宗教之一。

如今，耶和华见证会已经成为一个完全独立的国际性宗教组织。到20世纪末期，其在美国拥有近100万信徒，在全世界的信徒人数达到500万。守望楼杂志用110种文字出版，每期发行量超过1500万册，由传教士在世界各地免费散发。

3. 统一教会

统一教会（the Unification Church）源自于韩国，其全称为"世界基督教统一神灵协会"（HSAUWC），是一个名叫文鲜明（Sun Myung Moon，1920—）的基督徒创建的。

文鲜明出生于朝鲜的一个农家，14岁皈依基督教，18岁担任一所基督教主日学校的教师，后来赴日本早稻田大学学习。1945年朝鲜解放后，他在一所被传统教会斥为异端的修道院里呆了几个月。1946年，文鲜明开始在平壤传播他的教义。他声称在梦里看到耶稣向他显圣。耶稣告诉他，他拯救人类的任务还没有完成，只有文鲜明才能继承他的事业，在人间建立"上帝的国"。为此，文鲜明多次被当局关押，朝鲜战争爆发后，他又被关入一个集中营。后来，联合国军队解救了这个集中营，文鲜明和几个信徒一起来到韩国。在釜山，文鲜明将自己对《圣经》的理解转化为一种理论，他宣称自己是救世主，他要将一种自我牺牲的"爱"的新思想灌输给他的信徒。①

1953年，文鲜明来到汉城（现称"首尔"）。第二年，他在这里建立"统一教会"。

新教会成立不久，受到传统教会的排斥。当时由基督教创办的梨花女子大学中，也有一些教授和学生参加统一教会的培训班，于是该校的校长下令要他们离开这个有争议的运动，否则他们将被开除出校。与此同时，新闻媒体也发出一些负面报道，有的说文鲜明是朝鲜间谍；也有说某人通宵与文鲜明在一起，是在乱搞两性关系等。1955年7月，文鲜明因违反兵役法被拘禁三个月。被释放后，文鲜明继续传播他的思想，并派弟子到韩国各地传教。1957年底，统一教会已经在全国建立30个分会。随着国内传教的成功，文鲜明开始将门徒派到日本和美国，将统一教会的思想传播到海外。

1966年，文鲜明的《原理解说》出版发行，全书共分11章。在书中，文鲜明对自己的思想进行了全面的阐述，对《圣经》以及基督教的"创世论""原罪轮""预定论""末世论""救世主降临"等教义做出新的解释，提出了一些不同的见解。他认为当代世界存在三大问题：首先，由于道德的缺失导致了以自我为中心的个人主义。其次是基督教的衰落，以及各世界宗教之间缺乏相互间的沟通，无神论和共产主义思想的影响。第三，他认为神创造人类的目的，就是要组成以神为中心的"善家庭"，因此稳定的婚姻和家庭是通向拯救的唯一途径。在这个混乱堕落的时代，恢复神的完善社会，就是要建立"无罪家庭"，而这个任务现在就落到文鲜明夫妇的肩上。因此，统一教会极力强调家庭的神圣性和重要性，认为拯救应以家庭为单位。因此在统一教会里，入教人数不是以个人计算的，而是以家庭作为计算单位。只要一个人入教，全家都要随之入教，并以家庭为单位开展

---

① Religion in the Twenty First, pp. 94—95.

家庭教会活动。

此后,文鲜明开始在世界各地做巡回演讲。1965年1—10月间他访问了40个国家。在美国,他向那些对过度的物质主义已经不抱任何幻想,正在寻求更为利他主义生活方式的青年发出呼吁。在他的鼓动下,其信徒队伍迅速扩大。许多来自中产阶级家庭的年轻人,放弃学业、离开亲朋好友,拒绝物质主义和享乐主义文化的影响,加入统一教会苦行的队伍中。他们每天清晨开始祈祷和禅修,经常禁食,平常的饮食也极为简单,仅能果腹而已,同时对所有具有信仰的其他人表示出爱心。许多有忠诚表现的人被派遣到传教团里,前往国外招募信徒。惊恐的父母纷纷指责统一教会,对他们的孩子进行了"洗脑"。所谓"洗脑",就是长时间地、连续地、不间断地向人们灌输一种思想,使人在不知不觉中失去自我判断的能力,在精神麻木的状态下成为某个教派的信徒。于是,一些父母亲想方设法地将自己的孩子找回去,脱离该教会的控制。

1972年,文鲜明定居美国后,很快将统一教会传遍美国各地,并以美国为基地,开始大规模的面向世界的传教活动。为了扩大统一教会的影响力,文鲜明积极参加各项政治活动,他曾先后会见过许多国家的政要如美国总统肯尼迪、尼克松,日本首相岸信介、福田,以及苏联的戈尔巴乔夫和朝鲜的金日成等。

美国的传统基督教会无法容忍文鲜明自称是救世主的做法,认为有亵渎耶稣之嫌,对他的《原理解说》也不能认同。自1966年《原理解说》发表后,便被统一教会列为与《圣经》并列的经典,其许多内容与正统派基督教有很大的差异。但由于美国奉行宗教信仰自由的原则,因此正统基督教会无法据此来指控他有罪。但文鲜明最终还是因偷逃税款、触犯民法而被纽约检察厅起诉,尽管逃税的数额不是很大,但文鲜明最终还是被判处18个月的监禁和2.5万美元的罚款。

1985年,文鲜明被释放。随后,他回到韩国,开始对统一教会进行大规模的整顿,并将传教的目标锁定在韩国,将宣传的重点放在强调家庭价值的观念上。统一教会要求所有信徒必须结婚,因此,该教会经常为信徒举行集体婚礼。1960年,40岁的文鲜明与17岁的女中学生韩鹤子结婚后,统一教会便将每年的4月11日定为"父母成婚日",由文鲜明夫妇为新婚夫妇举行祝福的婚礼弥撒仪式。这个活动后来一直坚持下来了,成为统一教会最知名的活动。

如今，统一教会已经成为一个国际性的宗教组织，其以弥撒祝福的形式举办大型结婚仪式的活动，引起世人的关注。该项活动已经举办了很多年，参加婚礼的人数是由文鲜明牧师亲自确定的。1992年，他在首尔为来自131个国家的3万对新人主持了集体婚礼。1997年统一教会举办的盛大祝福仪式，得到美国首都华盛顿市政府的欢迎，2.8万对新人在RHK体育场受到文鲜明夫妇的祝福。全世界通过卫星电视网络接受祝福的结婚或重温婚约的夫妻则达到4000万对，他们遍及世界185个国家和地区。参加婚礼弥撒的夫妇要宣誓保持婚姻的纯洁性，按照统一教会制定的原则生活，并为世界和平做出贡献。统一教会认为由文鲜明夫妇亲自配对并祝福的婚姻是圣洁的、无罪的"新家庭"，因此文鲜明夫妇被信徒们尊为"真父母"。

1988年后，统一教会创立了"世界和平宗教联合会""韩国宗教妇女协议会"等参与社会事务的团体，并建立"世界和平统一党"，参与政治活动。该派拥有多家出版社、通讯社、广播电视机构，每年以多种文字出版发行大量刊物，在世界各地发行。此外，教会重视教育事业，创办了许多学校和多所大学。除了与宗教有关的事业外，统一教会还在许多国家投资，从事水产、造船、机械、冶金、木材、医药、印刷、旅游、餐饮、酒店甚至金融业在内的各种行业，成为一个拥有巨额财富的庞大的国际经济实体。

由于该教会的核心教义有悖于基督教的正统教义，因此始终受到正统基督教会的怀疑和排斥，在许多人的心目中统一教会属于"异教"的范畴。

1994年，在统一教会成立40周年之际，文鲜明宣布世界的一个大周期已将结束，统一教会将不复存在。他建立了一个新组织"世界和平和统一家庭同盟"（FFWPU），以此来取代原有的统一教会。

据统计，到1994年，统一教会在世界150个国家和地区拥有400多万信徒，在韩国国内有55万信徒，已成为一个世界性的新兴宗教。和其他流行的新宗教相比，统一教会的信徒人数不算很多，但是其信徒多为高学历的年轻人，男信徒的比例要高于其他宗教，这又是其他新兴宗教所比不上的。

六、结束语

如今，人类的脚步已经迈入第三个千年，未来的世界、未来的人类社会将是什么样子，现在的人们只能对它充满美好的幻想和期待。现代科学技术的迅猛发展，人类将进入一个智能化时代，这似乎已是一个可以预见到的发展趋势。然而，在现代科学日新月异的今天，宗教还有必要存在吗？宗教还会存在吗？许多人仍然会发出这样的疑问。

对于什么是宗教，西方宗教学的创始人麦克斯·谬勒（Max Muller，1827—1900年）在《宗教的起源与发展》一书中给出了如下的定义："宗教，乃是领悟无限的主观才能。"他指出人类对于宇宙本原、人生真谛和神秘事物的不断追寻和探索，完全是出于人的一种心理本能，这也是人类所具有的一种特殊的能力。

随后他进一步指出：哪里有人类生活，那里就有宗教。而哪里有宗教，由宗教产生的问题就不可能长久地秘而不宣。①

最近看到季羡林先生的一篇文章，他谈到了关于宗教前途的问题，是国家、阶级先消亡，还是宗教先消亡？季老先生的回答是："国家、阶级先消亡，宗教后消亡。即使人类进入大同之城共产主义社会，在一定时期内，宗教或类似宗教的想法，还会以某种形式存在着。"并且说"这看起来似乎类似怪论，我却至今深信不疑"。②

由此可知，在未来的世纪里，宗教仍然是人类文明的重要组成部分。因为思辨的心灵所关注的问题，科学似乎无法给出满意的答复。然而，尽管两者追寻的对象不同，但它们可以共存于世。正如有学者指出的：科学没有宗教，会导致人的自私和道德败坏，而宗教没有科学，也常常导致人的心胸狭窄和迷信。真正的宗教和真正的科学是互不排斥的，他们就像一对孪生子——从天堂出来的两个天使，充满光明、生命和欢乐来祝福人类。③

因此，我们可以预见：包括基督教在内的各种宗教还将长期存在下去。在新世纪的挑战面前，基督教将一如既往地通过不断地调整自身，进行变革，来适应社会前进的步伐，并伴随人类走向遥远的未来。

---

① 孙亦平主编：《西方宗教学名著提要》，江西人民出版社2002年版，第66页。
② 季羡林：《佛教十五题》，中华书局2007年版，第4页。
③ 王立新：《美国传教士与晚清中国现代化》，天津人民出版社1997年版，第5页。

参考书目

英文参考书目

1. Religion in the Twenty first, Mary Pat Fisher, Calmann&King Ltd, 1999.

2. Christianity, Brian Wilson, C & King Ltd, 1999.

3. Living Religions, Mary Pat Fisher, Prentice hall Inc, 2000.

4. World's Biggest Building, Nick Constable & Karen Farrington, Thunder Bay Press, 1998.

5. Holy Bible, Thomas Nelson Inc, 1982.

6. Religion, Myrtle Langley, Dorling Kindersley, 2000.

中文参考书目

1. 中国基督教协会：《圣经》，南京印1995年版。

2. 耶稣基督后期圣徒教会：《摩门经》，盐湖城2003年版。

3. ［英］赫·乔·韦尔斯著，吴文藻、谢冰心等译：《世界史纲：生物和人类的简明史》，广西师范大学出版社2005年版。

4. ［美］L. S. 斯塔夫里阿诺斯著，吴象婴等译：《全球通史：从史前史到二十一世纪》，北京大学出版社2001年版。

5. 周一良、吴于廑主编：《世界通史》，人民出版社1972年版。

6. ［美］罗兹·墨非著，黄磷译：《亚洲史》，海南出版社2005年版。

7. 冯国超：《世界文明史》，京华出版社2004年版。

8. 张建华：《俄国史》，人民出版社2006年版。

9. [荷兰]彼得·李伯庚著，赵复三译：《欧洲文化史》，上海社科院出版社 2004 年版。

10. 世界历史编委会编：《德国、英国、法国、美国、日本、俄罗斯》，吉林出版集团 2008 年版。

11. 《英语国家概况》，中国水利水电出版社 2001 年版。

12. 唐逸主编：《基督教史》，中国社会科学出版社 1983 年版。

13. 陈曦文：《基督教与中世纪西欧教会》，中国青年出版社。

14. 张达明：《俄罗斯东正教与文化》，中央民族大学出版社 1999 年版。

15. 于可主编：《世界三大宗教及其流派》，湖南人民出版社 2001 年版。

16. 王亚平：《修道院的变迁》，东方出版社 1998 年版。

17. 张柏：《世界著名教堂》，吉林教育出版社 1999 年版。

18. [美]凯伦·阿姆斯特朗著，蔡昌雄译：《神的历史》，海南出版社 2006 年版。

19. [美]加斯拉夫·帕利坎著，陈雅毛译：《基督简史》，山西师范大学出版社 2001 年版。

20. [古罗马]奥古斯丁著，王晓明译：《上帝之城》，人民出版社 2007 年版。

21. [英]马克斯·韦伯著，于晓、陈维纲译：《新教伦理与资本主义精神》，三联书店 1987 年版。

22. [德]大卫·弗里德里希·施特劳斯著，吴永泉译：《耶稣传》，商务印书馆 1999 年版。

23. 乐峰、文庸：《基督教千问》，红旗出版社 1995 年版。

24. 戴康生主编：《当代新兴宗教》，东方出版社 1999 年版。

25. 罗伟红：《世界邪教与反邪教研究》，宗教文化出版社 2007 年版。

26. [美]亨德里克·房龙著，臧翰之译：《圣经故事》，京华出版社 2003 年版。

27. [英]伯特兰·罗素著，何兆武等译：《西方哲学史》，商务印书馆 2010 年版。

28. [美]威尔·杜兰特著，梁春译：《西方哲学简史》，新世界出版社 2005 年版。

29. 张志伟：《西方哲学十五讲》，北京大学出版社 2004 年版。

30. 黄颂杰主编：《西方哲学名著提要》，江西人民出版社 2002 年版。

31. 孙亦平主编：《西方宗教学名著提要》，江西人民出版社 2002 年版。

32. ［美］罗伯特·所罗门主编：《从非洲到禅——不同样式的哲学》，上海人民出版社 2003 年版。

33. ［古罗马］马可·奥勒留著，何怀宏译：《沉思录》，中央编译出版社 2008 年版。

34. ［德］叔本华著，李成铭等译：《叔本华人生哲学》，九州出版社 2007 年版。

35. ［法］蒙田著，杨帆译：《蒙田随笔》，中国戏剧出版社 2006 年版。

36. ［美］亨德里克·房龙著，丁伟译：《西方美术简史》，陕西师范大学出版社 2004 年版。

37. ［德］斯佩泽尔·福斯卡著，路曦等译：《欧洲绘画史》，人民美术出版社 1984 年版。

38. 丰子恺：《丰子恺谈音乐》，东方出版社 2005 年版。

39. 丰子恺：《丰子恺谈建筑》，东方出版社 2005 年版。

40. ［德］维尔纳·施泰因：《人类文明编年纪事（音乐舞蹈分册）》，中国对外翻译出版公司 1992 年版。

41. ［英］斯坦利·萨迪主编，孟宪福主译：《剑桥插图音乐指南》，山东画报出版社 2002 年版。

42. J. B. 麦克著，商菊宋等注释：《18 位伟大西方作曲家生平》，世界图书出版社 1995 年版。

43. 李毅夫、赵锦元主编：《世界民族常识》，中国青年出版社 1988 年版。

44. ［美］弗格森著，李丽书译：《古希腊—罗马文明：社会、思想和文化》，华东师大出版社 2012 年版。

45. 王立新：《美国传教士与晚清中国现代化》，天津人民出版社 1997 年版。

46. ［意］利玛窦、［比］金尼阁著，何高济等译：《利玛窦：中国札记》，中华书局 2010 年版。

47. 饶本恕：《犹太人与欧洲文明》，人民出版社 2015 年版。

48. ［美］休斯敦·史密斯著，刘安云译：《人的宗教》，海南出版社 2013 年版。

49. ［美］房龙：《宽容》，广西师大出版社 2008 年版。

50. 季羡林：《佛教十五题》，中华书局 2007 年版。